Myla & Jon Kabat-Zinn

Mit Kindern wachsen

Aber das Bewusstsein vorausgesetzt, dass auch zwischen den nächsten Menschen unendliche Fernen bestehen bleiben, kann ihnen ein wundervolles Nebeneinanderwohnen erwachsen, wenn es ihnen gelingt, die Weite zwischen sich zu lieben, die ihnen die Möglichkeit gibt, einander immer in ganzer Gestalt und vor einem großen Himmel zu sehen!

Rainer Maria Rilke

Myla & Jon Kabat-Zinn

Mit Kindern wachsen

Die Praxis der Achtsamkeit in der Familie

Aus dem Amerikanischen von Mike Schaefer

arbor Arbor Verlag
Freiburg im Breisgau

Die Originalausgabe erschien unter dem Titel:
Everyday Blessings: The Inner Work of Mindful Parenting

3. Auflage 2017
(überarbeitete und erweiterte Neuauflage von *Mit Kindern wachsen*,
ISBN 978-3-936855-48-7)

Titelfoto: © 2015 Mr. Nico/photocase.com
Druck und Bindung: Kösel, Krugzell
Hergestellt von mediengenossen.de

Dieses Buch wurde auf 100 % Altpapier gedruckt und ist alterungsbeständig. Weitere Informationen über unser Umweltengagement finden Sie unter www.arbor-verlag.de/umwelt.

www.arbor-verlag.de

ISBN 978-3-86781-141-5

Wichtiger Hinweis
Die Ratschläge zur Selbstbehandlung in diesem Buch sind von der Autorin und dem Autor sowie dem Verlag sorgfältig erwogen und geprüft worden. Dennoch kann eine Garantie nicht übernommen werden. Bei ernsthafteren oder länger anhaltenden Beschwerden sollten Sie auf jeden Fall einen Arzt, Psychotherapeuten, Psychologen oder Heilpraktiker Ihres Vertrauens zu Rate ziehen. Eine Haftung der Autorin / des Autors oder des Verlages für Personen-, Sach- und Vermögensschäden ist ausgeschlossen.

Inhalt

4 *Achtsamkeit – eine Art zu sehen*

5 *Eine Art des Seins*

6 *Resonanzen, Sich-Einstimmen und Präsenz*

9 *Grenzen und Chancen*

10 *Dunkelheit und Licht*

Epilog

Danksagung

Bei der Arbeit an diesem Buch schrieb zunächst jeder von uns bestimmte Kapitel allein. Danach gaben wir einander Feedback und veränderten den Text. Schließlich überarbeiteten wir die ursprüngliche Fassung und bezogen das neue Material mit ein. Auf diese Weise entstand allmählich das vorliegende Buch. Alle Kapitel darin sind Produkte unserer gemeinsamen Bemühungen. Das Endergebnis ist aus unser beider Herz und Geist hervorgegangen und natürlich nicht zuletzt auch aus unserem langjährigen Zusammenleben.

Wir möchten zuerst unseren Kindern danken – für ihren respektlosen Humor, für ihre Ehrlichkeit und ihr Verständnis sowie dafür, dass sie uns auch an einem Teil ihres Lebens außerhalb der Familie teilnehmen lassen. Die Geschichten aus ihrer Kindheit, die wir hier mit ihrem Einverständnis wiedergeben, spiegeln kostbare Augenblicke, die letztlich einzig und allein ihnen gehören. Wir wissen ihre Nachsicht und Geduld mit uns zu schätzen, und es ist für uns ein großer Segen, dass sie ihr Leben und ihre Liebe mit uns teilen.

Wir danken auch unseren eigenen Eltern, Sally und Elvin Kabat sowie Roslyn und Howard Zinn, für alles, was sie uns gegeben haben.

In verschiedenen Entstehungsphasen dieses Buches haben wir Freunde um ihr Feedback gebeten. Ihnen allen möchten wir danken, dass sie uns geholfen haben. Larry Rosenberg, Sarah Doering, Robbie Pfeufer Kahn, Becky Sarah, Norman Fisher, Jack Kornfield und Trudy Goodman haben das ganze Manuskript gelesen und uns mit ihrer Kritik und ihren Anregungen sehr geholfen. Außerdem möchten wir Halé Baycu-Schatz, Kathryn Robb,

Jenny Fleming, Mary Crowe, Sala Steinbach, Nancy Wainer Cohen, Sally Brucker und Barbara Trafton Beall für ihre hilfreichen Anregungen danken.

Eine Reihe von Personen haben Beiträge zu diesem Buch geliefert und haben dadurch mit Herz und Seele Anteil daran, und wir sind ihnen für ihre Großzügigkeit und ihre Ausdruckskraft zu tiefem Dank verpflichtet. Wir möchten Caitlin Miller für ihre Gedichte in dem Kapitel *Briefe an ein junges Mädchen, das sich für Zen interessiert* danken, Susan Block für ihr Material in dem Kapitel *Es ist nie zu spät*, Ralph und Kathy Robinson für das Gedicht, das von ihrem Sohn Ryan Jon Robinson stammt, sowie auch für Ralphs Bericht über Ryans Leben und die Schilderung seines Todes im Kapitel *Vergänglichkeit*, Lani Donlon für die Geschichte in *Werte*. Cherry Hamrick für ihren Brief in *Achtsamkeit im Klassenzimmer* und Rebecca Clement, ihrer Schülerin, für den ihren. Auch Rose Thorne, Becky Sarah, Halé Baycu-Schatz und Robbie Pfeufer Kahn haben Material beigesteuert, für das wir ihnen ganz herzlich danken möchten.

Ich (Myla Kabat-Zinn) fühle mich insbesondere Robbie Pfeufer Kahn zu Dank verpflichtet für die vielen Gespräche über die Bedürfnisse von Kindern, die wir im Laufe der Jahre geführt haben. Durch meine täglichen Spaziergänge und Gespräche mit Halé Baycu-Schatz habe ich ebenfalls wichtige Anregungen erhalten.

Weiterhin möchten wir all denen von Herzen danken, die uns über ihre Erfahrungen als Eltern berichtet haben. Viele dieser Geschichten haben wir auf Bitte der Betreffenden hin in anonymer Form nacherzählt. Einige konnten wir aus Platzgründen oder aufgrund ihres Inhalts nicht verwenden. Trotzdem möchten wir denjenigen, die uns diese teilweise erschütternden Geschichten mitgeteilt haben, dafür danken.

Von Robert Bly habe ich (mkz) erstmals eine wunderschöne und herzergreifende Version der Geschichte *Sir Gawain und die hässliche Dame* gehört. Er wiederum beruft sich in seiner Darstellung auf Gioia Timpanelli, die die Geschichte seit mehr als zwanzig Jahren erzählt und ihre Version unter anderem aus der mündlichen Überlieferung des Mittelalters und von Chaucers *Wife of Bath's Tale* herleitet. Unsere eigene Version dieser Geschichte basiert hauptsächlich auf Rosemary Sutcliffs Erzählung in *The Sword and the Circle*.

Unsere Lektoren Leslie Wells und Bob Miller haben uns in den entscheidenden Phasen des Produktionsprozesses mit ihrer Erfahrung zur Seite gestanden. Wir wissen es sehr zu schätzen, dass sie uns während der gesamten Entstehungszeit des Buches die Unabhängigkeit gelassen haben, die wir brauchten, um unsere Ansichten so zu formulieren, wie sie nun in diesem Buch vor Ihnen liegen. Auch andere Mitarbeiter des Hyperion-Verlages haben uns in verschiedenen Phasen des Entstehungsprozesses wichtige Hilfe geleistet. Insbesondere sind wir Jennifer Lang zu großem Dank verpflichtet, die die Genehmigungen zur Benutzung fremder Quellen einholte.

Vorwort zur überarbeiteten Auflage

Haben Sie schon einmal Unkraut gejätet? Je mehr Sie auszupfen, desto mehr sehen Sie. In einem Moment denken Sie, sie hätten alles erwischt, und im nächsten Moment sehen Sie wieder neues. Sie müssen also geduldig sein und sich auf den Prozess selber einlassen und dürfen nicht nur auf das gewünschte Ergebnis schauen. Achtzehn Jahre, nachdem man die erste Fassung geschrieben hat, ein Buch über das Elterndasein zu überarbeiten, ist ganz ähnlich – und ein bisschen ernüchternd. Es war unvermeidlich, dass sich unsere Ansichten mit zunehmender Erfahrung als Eltern – und mittlerweile als Großeltern – im Laufe der Jahre änderten. Egal, wie klar uns manche Dinge in der Vergangenheit zu sein schienen: Durch die längerfristige Perspektive und die kontinuierliche Weiterentwicklung von Achtsamkeit hat sich unsere Fähigkeit, zu sehen und zu verstehen, entwickelt und vertieft, und was wir einst felsenfest glaubten, ist differenzierter geworden. Dies ist ein endloser Prozess, der uns hoffentlich ermöglicht, das ganze Leben lang weiter zu lernen. Vor diesem Hintergrund haben wir noch einmal das ganze Buch überarbeitet und dabei die Essenz der ursprünglichen Ausgabe zu bewahren versucht. Wir feilten an unserer Darstellung und machten unsere Aussagen klarer, wenn wir das Gefühl hatten, es sei nötig oder ein wichtiger Punkt oder eine wichtige Perspektive müssten stärker beleuchtet werden. Wir haben den Text sowohl in der Tonlage wie auch inhaltlich überarbeitet, um widerzugeben, wie sich unsere Ansichten seit der ersten Niederschrift verändert haben, und natürlich auch deshalb, weil sich auch die Welt so stark verändert hat – für Eltern wie für Kinder.

Die Welt, in die Kinder heute hineingeboren werden, ist in der Tat in vielerlei Hinsicht völlig anders als zu der Zeit, als unsere Kinder aufwuchsen. Zum einen wurden unsere Kinder in eine rein analoge – und deswegen viel langsamere – Welt hineingeboren. Heute muss man sich, nach dem Siegeszug von Internet und drahtloser Vernetzung, auch mit der digitalen Welt und ihrer immer rasanteren Geschwindigkeit auseinandersetzen – einer Parallelwelt, die uns trotz wunderbarer Nutzungsmöglichkeiten leicht zu Zerstreutheit und Körperferne verführt, und zwar genau dann, wenn es notwendig wäre, präsenter und wirklich im Körper anwesend zu sein, um die emotionalen Herausforderungen des Elterndaseins und des Lebens anzunehmen und auch dessen Freuden ganz zu erleben. Mehr denn je ist Achtsamkeit notwendig, um sich in diesem neuen Gebiet zu bewegen, während wir Kinder erziehen und selbst weiter wachsen und ein erfülltes Leben führen wollen. Diese beiden Ebenen des Lebens – sich um Kinder zu kümmern und selber zu wachsen – sind eng miteinander verflochten.

Achtsamkeit als eine Art des Daseins und als formelle wie auch informelle Meditationspraxis ist in einem Maße Teil des gesellschaftlichen Mainstreams geworden, wie es 1997 überhaupt nicht vorstellbar war. Es gibt mittlerweile eine schnell wachsende und zunehmend tragfähige Forschung zur Achtsamkeitspraxis und ihren Auswirkungen auf die Biologie, die Psychologie und die soziale Interaktion des Menschen. Die Praxis der Achtsamkeit beeinflusst unser Gehirn und unsere Gene, unsere Fähigkeit zu Aufmerksamkeit, emotionaler Selbstregulierung, Impulskontrolle, zum Perspektivenwechsel und zu Führungsaufgaben generell sowie viele andere wichtige Merkmale, die uns ausmachen: etwa die Fähigkeit, durch unsere angeborene Veranlagung zu Empathie, Sich-Einstimmen, Mitgefühl und Güte unsere tiefe gegenseitige Verbundenheit zu erkennen.

Nie zuvor sind die wissenschaftlichen Beweise so unwiderlegbar gewesen, dass die Schulung von Achtsamkeit ausgeprägte positive Effekte für einen selbst und für diejenigen haben kann, mit denen wir zusammenleben. Und nie zuvor ist es für Eltern wichtiger gewesen, diese Veranlagung, die wir alle haben, zu kultivieren – zu Bewusstheit und herzlicher Offenheit für den gegenwärtigen Moment und letztendlich zu größerer

Weisheit, wie man ein erfülltes und sinnvolles Leben führen kann, auf eine Art und Weise, die emotional und sozial intelligent ist.

Wir hoffen, dass diese überarbeitete Ausgabe von „Mit Kindern wachsen“ Sie anspricht und inspiriert, aktiv und aus ganzem Herzen eine größere Bewusstheit zu kultivieren – in Ihrem Elterndasein, in Ihrem Leben.

Myla & Jon Kabat-Zinn
22. Februar 2014

Prolog – jkz

Unser Sohn, gerade das erste Jahr im College, kommt um 1.30 Uhr in der Nacht auf Thanksgiving nach Hause. Ein Freund hat ihn gefahren. Als er am frühen Abend anrief und uns mitteilte, er schaffe es nicht, zum Abendessen bei uns zu sein – was wir eigentlich gehofft hatten –, waren wir alle enttäuscht, und einige Augenblicke lang hatte ich deutlich Verärgerung in mir gespürt. Wir hatten dann vereinbart, dass wir die Haustür offen lassen würden und dass er uns bei seiner Ankunft wecken sollte. Doch das war gar nicht nötig. Wir hörten ihn schon beim Betreten des Hauses. Selbst wenn er versucht, leise zu sein, ist seine junge und überschäumende Energie nicht zu überhören. Er kommt die Treppe herauf. Wir rufen ihn flüsternd, um seine Schwestern nicht aufzuwecken. Er kommt in unser dunkles Schlafzimmer. Wir umarmen uns. Er tritt an meine Seite des Bettes, lehnt sich quer über mich zu Myla hinüber und umarmt uns beide gleichzeitig, mit seinen Armen, und mehr noch: mit seinem ganzen Wesen. Er ist glücklich, wieder zu Hause zu sein. Als wäre es die natürlichste Sache der Welt, liegt er quer über mir. Jede Spur von Verärgerung über seine Verspätung, jede Enttäuschung darüber, dass er das gemeinsame Abendessen versäumt hat, ist augenblicklich verflogen.

Ich spüre, dass ein Glücksgefühl von ihm ausgeht, das weder übertrieben noch manisch ist. Er strahlt Freude, Zufriedenheit, Ruhe und Verspieltheit aus. Es ist, als würden alte Freunde einander wiedersehen, und mehr als das: wie ein Familienfest. Er ist jetzt zu Hause, hier, in unserem dunklen Schlafzimmer. Er gehört zu uns. Die Verbindung zwischen uns dreien ist spürbar. Ein Gefühl der Freude durchflutet mich, und ich sehe eine Folge von Bildern aus meinem Leben mit ihm, die die Fülle dieses Augenblicks widerspiegeln. Dieser große Neunzehnjährige, der quer über mir liegt und den ich so oft in meinen Armen gehalten habe, bis er sich von uns löste und in die Welt hinausging, der nun einen zerzausten Bart und starke Muskeln hat, ist mein Sohn. Ich bin sein Vater. Myla ist seine Mutter. Schweigend sind wir uns dessen bewusst. Während wir daliegen, baden wir in unseren Glücksgefühlen, die sich zu einer Einheit verbinden.

Nach einiger Zeit verlässt er uns, um sich einen Film anzuschauen. Er kann noch nicht schlafen, weil er zuviel Energie hat. Wir versuchen, wieder einzuschlafen, doch wälzen wir uns noch stundenlang im Bett herum, vor Erschöpfung wie betäubt. Ich überlege kurz, ob ich zu ihm in sein Zimmer hinübergehen soll, um mehr kostbare Zeit mit ihm zu verbringen, aber ich bleibe dann doch liegen. Es ist nicht notwendig, dass ich irgendetwas hinterherlaufe, weder ihm noch dem Schlaf, den ich eigentlich dringend brauche. Am nächsten Morgen breche ich zur Arbeit auf, lange bevor er aufwacht. Den ganzen Tag über begleitet mich das Bewusstsein, dass er am Abend bei meiner Rückkehr zu Hause sein wird und ich ihn sehen werde.

❁

Solche Augenblicke machen den Segen und die Freude aus, die wir Eltern erleben können, wenn wir es nicht selbst verhindern, so wie ich es an jenem Tag fast durch meine anfängliche Verärgerung getan hätte. Ebenso leicht können solch glückliche Augenblicke vorübergehen, ohne dass wir sie überhaupt bemerken. Doch was ist das Besondere an ihnen? Spüren wir nur bei der ersten Heimkehr aus dem College, bei der Geburt, beim ersten Wort oder beim ersten Schritt eine so tiefe Verbindung zu unseren Kindern? Oder sind solche Augenblicke häufiger, als wir vermuten? Könnte es sein, dass sie eher häufig als selten sind, dass wir sie praktisch jederzeit erleben können, selbst in schwierigeren Situationen – sofern wir sowohl mit unseren Kindern als auch mit *diesem* Augenblick in Kontakt bleiben?

Meine Erfahrung ist, dass es solche Augenblicke im Überfluss gibt. Nur gehen sie leicht unbemerkt und ohne dass ich ihren Wert erkenne, vorüber, wenn ich nicht wach genug bin, sie zu sehen. Es erfordert eine gewisse Art von innerer Arbeit, sie wahrzunehmen, denn mein Geist lässt sich so leicht und durch so viele Dinge von der Fülle jedes Augenblicks ablenken.

Wir Eltern befinden uns auf einer mühsamen Reise, einer Art Odyssee, unabhängig vom Alter unserer Kinder, ob uns dies bewusst ist oder nicht, ob es uns gefällt oder nicht. Diese Reise ist natürlich nichts anderes als das Leben selbst mit all seinen Windungen, mit all seinem Auf und Ab. Wie wir die Fülle der Ereignisse unseres Lebens mit unserem Geist und unserem Herzen aufnehmen, entscheidet über die Qualität unserer Reise und deren Bedeutung für uns. Unsere Wahrnehmung beeinflusst, wohin wir gelangen, was auf unserem Lebensweg geschieht, was wir lernen und wie wir uns bei alldem fühlen.

Wenn wir das Abenteuer unseres Lebens wirklich voll auskosten wollen, so erfordert dies eine besondere Art des Engagements und der Präsenz, eine stetige Aufmerksamkeit, die zugleich sanft und offen ist. Oft lehrt die Reise uns, aufmerksam zu sein, und weckt uns auf. Manchmal lernen wir auf eine sehr schmerzhafte oder gar beängstigende Weise, die wir niemals selbst gesucht hätten. Wie ich es empfinde, besteht die Herausforderung der Elternschaft darin, jeden Augenblick so intensiv und bewusst wie möglich zu leben, unseren Weg so gut zu planen, wie wir können, unsere Kinder zu fördern und in diesem Prozess selbst zu wachsen. Unsere Kinder und die Reise, auf der wir uns mit ihnen zusammen befinden, bieten uns in dieser Hinsicht unendlich viele Möglichkeiten.

Das ist eindeutig eine Lebensaufgabe – eine Aufgabe, die wir um des Lebens willen auf uns nehmen. Wir alle wissen im Grunde, dass es nicht darum geht, höchste Perfektion zu erreichen oder alles immer „richtig zu machen". Es geht mehr um die Suche selbst als darum, eine bestimmte Qualität zu erreichen. „Perfektion" ist in diesem Zusammenhang einfach keine adäquate Kategorie – was immer dieser Begriff im Hinblick auf die Aufgabe von Eltern beinhalten könnte. Wichtig ist, dass wir authentisch sind, dass wir unseren Kindern und uns selbst soviel Respekt entgegenbringen wie nur möglich und dass wir an alles, was wir tun, mit der festen Absicht herangehen, zumindest keinen Schaden anzurichten.

Meiner Ansicht nach besteht unsere Aufgabe als Eltern vor allem darin, Augenblick für Augenblick so aufmerksam wie möglich zu sein, so bewusst wie möglich zu leben, auch und gerade im Umgang mit unseren Kindern. Wir wissen heute, dass unbewusstes Verhalten eines oder beider Elternteile zwangsläufig Leiden für die Kinder mit sich bringt, insbesondere, wenn es sich in Form starrer Ansichten, egozentrischer Verhaltensweisen und eines Mangels an Gewahrsein und Aufmerksamkeit manifestiert. Wenn Eltern sich so verhalten, ist das häufig ein Symptom dafür, dass sie selbst leiden, auch wenn sie ihr Verhalten niemals in diesem Licht sehen mögen, solange sie nicht selbst eine tiefe Erfahrung des Aufwachens machen.

Vielleicht sollten wir alle, jeder auf seine Weise, Rilkes Einsicht beherzigen, dass stets „unendliche Fernen" sogar zwischen den einander nahestehendsten Menschen liegen. Wenn wir das wirklich verstehen und akzeptieren – so beängstigend es uns zuweilen erscheinen mag –, können wir uns vielleicht bewusst dafür entscheiden, so zu leben, dass sich Rilkes „wundervolles Nebeneinander-Wohnen" entwickeln kann, indem wir die Distanz nutzen und lieben, die es uns ermöglicht, den anderen „in ganzer Gestalt und vor einem offenen Himmel zu sehen".

Das ist, so meine ich, unsere Aufgabe als Eltern. Um sie zu erfüllen, müssen wir unsere Kinder fördern, schützen und sie so lange unterstützen und begleiten, bis sie selbstständig ihren eigenen Weg gehen können. Auch ist es sehr empfehlenswert, in unserem eigenen Leben Ganzheit anzustreben. Damit unsere Kinder, wenn sie uns anschauen, *unsere* Ganzheit vor dem Himmel betrachten können, müssen wir selbst völlig eigenständige Personen sein.

Das ist nicht immer leicht. Im familiären Alltag achtsam zu sein ist für Eltern harte Arbeit. Es bedeutet, dass wir uns innerlich gut kennenlernen und dass wir an jenem Berührungspunkt arbeiten, an dem unser eigenes inneres Leben und das Leben unserer Kinder zusammentreffen. Besonders hart ist diese Arbeit heute deshalb, weil die Kultur, in der wir leben, immer stärkeren Einfluss auf das häusliche Leben und auf das Leben unserer Kinder nimmt.

Ein Grund für meine regelmäßige Meditationsübung ist, dass ich auf diese Weise versuche, angesichts der ständigen ungeheuren äußeren Anforderungen mein inneres Gleichgewicht und meine geistige Klarheit zu erhalten. Außerdem hilft mir die Meditation, trotz aller Witterungsumschwünge, denen ich auf meiner Reise als Familienvater Tag für Tag ausgesetzt bin, einigermaßen „auf Kurs zu bleiben". Dass ich mir jeden Tag, gewöhnlich am frühen Morgen, eine bestimmte Zeitspanne für das stille Sitzen reserviere, hilft mir, ruhiger und ausgeglichener zu bleiben, einen klareren und umfassenderen Blick zu bewahren, mir ständig dessen bewusst zu bleiben, was wirklich wichtig ist, und mich immer wieder neu dafür zu entscheiden, dass ich mein Leben von jenem Gewahrsein leiten lassen will.

Die Achtsamkeit, die ich beim stillen Sitzen und bei der Ausführung alltäglicher Aufgaben entwickle, ermöglicht es mir, den gegenwärtigen Augenblick aufmerksam zu erleben – was mir wiederum hilft, im Herzen ein wenig offener und im Geist ein wenig klarer zu bleiben und dadurch meine Kinder so sehen zu können, wie sie sind; ihnen geben zu können, was sie von mir am dringendsten brauchen, und ihnen den Raum zuzugestehen, den sie benötigen, um ihre eigene Art zu finden, wie sie in der Welt leben wollen.

Doch ist auch mein regelmäßiges Meditieren keine Garantie dafür, dass ich immer ruhig, freundlich, sanft und in der Gegenwart zentriert bin. Oft bin ich das ganz und gar nicht. Die regelmäßige Meditationsübung hat auch nicht automatisch zur Folge, dass ich immer weiß, was in einer Situation zu tun ist, oder dass ich mich nie verwirrt oder ratlos fühle. Allerdings hilft mir die durch die Übung verstärkte Achtsamkeit, Dinge zu sehen, die ich andernfalls vielleicht nicht gesehen hätte, und kleine, aber wichtige und manchmal entscheidende Schritte zu gehen, die ich andernfalls vielleicht nie gegangen wäre.

Nach einem Workshop, in dem ich den Anfang dieses Prologs (noch in Manuskriptform) vorgelesen hatte, erhielt ich von einem Mann in den Sechzigern einen Brief folgenden Inhalts:

> Ich möchte Ihnen hiermit für ein ganz besonderes Geschenk danken, das Sie mir an jenem Tag gemacht haben … Die Beschreibung der Rückkehr Ihres Sohnes zu Thanksgiving hat mich sehr tief berührt. Das gilt insbesondere für Ihre Schilderung dessen, wie

> er Sie mit seinem Sein umhüllte, als er sich quer über Sie legte. Als ich das hörte, habe ich zum ersten Mal seit langer Zeit wieder liebevolle Gefühle meinem eigenen Sohn gegenüber gespürt. Ich weiß nicht genau, was geschehen ist, aber es ist, als hätte ich bisher immer das Gefühl gehabt, mein Sohn müsse anders sein, damit ich ihn lieben könnte, und das hat sich jetzt geändert.

Wenn sie niedergeschlagen oder enttäuscht sind, haben vielleicht alle Eltern hin und wieder das Gefühl, sie bräuchten eine andere Art von Kind, um es lieben zu können. Wenn wir dieses Gefühl nicht näher prüfen, kann es sich leicht von einem kurzlebigen Impuls in eine dauerhafte Enttäuschung verwandeln, und es kann sein, dass wir eine Sehnsucht nach etwas entwickeln, von dem wir glauben, wir hätten es nicht. Wenn wir dann später noch einmal genauer hinschauen, so wie dieser Vater es getan hat, stellen wir möglicherweise fest, dass wir die Kinder, die uns gegeben sind, verstehen und so lieben können, wie sie sind.

Jon Kabat-Zinn

Prolog – mkz

Die leidenschaftlich beschützende Liebe, die ich für meine Kinder empfinde, hat mich immer wieder dazu motiviert, die innere Arbeit zu tun, die wir „Achtsamkeit in der Familie“ nennen. Diese innere Arbeit hat mir unerwartete Geschenke und Freuden beschert. Sie hat mir geholfen, meine Kinder klarer so zu sehen, wie sie sind, frei von den Verzerrungen meiner eigenen Ängste, Erwartungen und Bedürfnisse, und zu sehen, was im jeweiligen Augenblick angebracht sein könnte. Diese Achtsamkeit im Umgang mit meinen Kindern hilft mir, mich selbst genauer wahrzunehmen, und sie ermöglicht es mir, mit schwierigen Situationen und mit jenen automatisierten Reaktionen anders umzugehen, die äußere Schwierigkeiten so leicht in mir auslösen – Reaktionen, die oft hart und destruktiv wirken und die dem Wohl meiner Kinder zuwiderlaufen.

Obgleich ich nie regelmäßig Sitzmeditation geübt habe, habe ich in meinem Leben immer darauf geachtet, dass ich eine gewisse Zeit und genügend Raum für Nicht-Tun, Stille und Schweigen zur Verfügung hatte. Dies sicherzustellen war besonders schwierig, als unsere Kinder klein waren, aber Möglichkeiten zum Alleinsein und zur Reflexion ergaben sich manchmal, wenn ich am Morgen noch im Bett lag, schon wach, aber noch nicht bereit, mich zu bewegen; noch meinen Träumen nachhängend, manchmal klar, manchmal in Gedanken verloren, empfänglich für Impulse und Bilder, die mich an jenem Ort irgendwo zwischen Wachsein und Schlaf besuchten.

Dies war für mich eine Art Meditation, war meine Art, meine inneren Ressourcen zu stärken. Dadurch wurde ein gewisser Ausgleich zu meinen äußeren „Meditationen" geschaffen – zum ständigen Gewahrsein, Sich-Einstimmen, Antworten, Festhalten und Loslassen, zu dem meine Kinder mich aufgrund ihrer Bedürfnisse veranlassten.

Meditative Augenblicke habe ich in vielen Formen erlebt: Wenn ich mitten in der Nacht aufstehen musste, um durchdrungen von tiefem Frieden mein Neugeborenes zu stillen und es mich durch die Süße seines Seins innerlich nährte; oder wenn ich mit dem weinenden Baby umherging und es zu beruhigen und durch Singen und Wiegen zu trösten versuchte, während ich gegen meine eigene Müdigkeit ankämpfte; oder wenn ich in das Gesicht eines unglücklichen, wütenden Teenagers schaute, versuchte, den Grund für das Unglücklichsein herauszufinden und zu erspüren, was dieses Kind brauchte.

Achtsam zu sein bedeutet, aufmerksam zu sein, und Aufmerksamkeit erfordert Energie und Konzentration. Jeder Augenblick bringt Neues mit sich und kann andere Anforderungen an mich stellen. Manchmal bin ich mit einem intuitiven Erkennen gesegnet, in anderen Fällen begreife ich nichts, bin verwirrt, aus dem Gleichgewicht, versuche aber, intuitiv und kreativ auf die Situation zu reagieren, in die ich gestellt bin. Es gibt die zutiefst befriedigenden Augenblicke reiner Glückseligkeit, in denen ein Kind sichtlich aufblüht und ausstrahlt, dass es ihm gut geht. Es gibt aber auch die vielen schwierigen, frustrierenden und schmerzhaften Augenblicke, in denen nichts von dem, was ich tue, richtig zu sein scheint, sondern offensichtlich gravierend falsch ist. Besonders schwer fällt es mir bei älteren Kindern, klar zu sehen. Bei ihnen sind die Probleme gewöhnlich viel komplizierter und die adäquaten Antworten selten einfach.

Doch wenn ich das Gefühl habe, als Mutter meinen Weg verloren zu haben, mich in einem dunklen Wald zu befinden, wo der Boden rau und uneben ist, das Gelände fremd und die Luft kalt, finde ich oft, nachdem ich wieder zu mir gefunden habe, irgendetwas in meiner Tasche. Ich muss mich nur darauf besinnen, innezuhalten, zu atmen, meinen Blick nach innen zu richten und genau anzuschauen, was da ist.

Jeder schwierige Augenblick enthält die Möglichkeit, Augen und Herz zu öffnen. Jedes Mal, wenn ich plötzlich etwas verstehe, was eines meiner Kinder betrifft, lerne ich auch etwas über mich selbst und über das

Kind, das ich selbst einmal war, und dieses Wissen dient mir fortan als Führer. Wenn ich den Schmerz, den ein Kind empfindet, mitzuempfinden vermag, wenn ich die konträren und irritierenden Verhaltensweisen akzeptieren kann, die meine Kinder manchmal ausprobieren oder manifestieren, dann heilt mich die Macht bedingungsloser Liebe ebenso, wie sie meine Kinder nährt. Während sie wachsen, wachse auch ich. Meine Transformationen finden in meinem Inneren statt.

Meine Sensibilität ist für mich mittlerweile nicht mehr von Nachteil, sondern sie ist zu meiner Verbündeten geworden. Im Laufe der Jahre habe ich gelernt, meine Intuition, meine Sinne, meine emotionale Antenne zu benutzen, um tief in die Ereignisse hineinzuschauen, mit denen ich in meinem Leben konfrontiert werde. Ein wichtiger Teil hiervon ist, dass ich versuche, die Dinge aus der Perspektive meines Kindes zu sehen. Diese Art der inneren Arbeit hat sich für mich als sehr wirksam erwiesen. Wenn ich mich dafür entscheiden kann, freundlich statt grausam zu sein, zu verstehen statt zu verurteilen, zu akzeptieren statt abzulehnen, werden meine Kinder innerlich gefördert und gestärkt, ganz gleich, in welchem Alter sie sich befinden.

Diese Einstellung zum Elternsein schafft Vertrauen. Es ist mir ein wichtiges Anliegen, dieses Vertrauen und das Gefühl grundlegender Verbundenheit zu erhalten, das im Laufe vieler Jahre emotionalen und physischen Bemühens zwischen uns entstanden ist. Wenn ich mich kurzzeitig zu Achtlosigkeit hinreißen lasse oder wenn ich zulasse, dass plötzlich alte destruktive Muster das Ruder in die Hand nehmen, so ist das ein Verrat am Vertrauen meiner Kinder, und ich muss nach solchen Augenblicken bewusst daran arbeiten, unsere Beziehung wieder aufzubauen und zu stärken.

In all diesen Jahren habe ich versucht, in meinem Leben als Mutter Augenblick für Augenblick achtsam zu sein: Indem ich beobachte, Fragen stelle, mir dessen bewusst werde, was ich am meisten schätze und wovon ich glaube, dass es für meine Kinder am wichtigsten ist. Obgleich unzählige Aspekte des Familienlebens in diesem Buch nicht behandelt werden, hoffe ich, dass es uns gelingen wird, durch Beschreibung der für Eltern relevanten inneren Prozesse und der Art, wie sie erlebt werden, einen Eindruck vom Erfahrungsreichtum und von den Wachstums- und Veränderungsmöglichkeiten zu geben, die ein achtsames Leben als Vater und als Mutter uns allen schenken kann.

Myla Kabat-Zinn

Teil Eins

Die Gefahr und die Verheißung

Die Herausforderung der Elternrolle

Eltern erfüllen eine der anstrengendsten, schwierigsten und stressigsten Aufgaben auf der Welt. Gleichzeitig ist es auch eine der wichtigsten, denn wie sie sie erfüllen, wirkt sich entscheidend auf Herz, Seele und Bewusstsein der nächsten Generation aus – darauf, worin diese jungen Menschen den Sinn ihres Lebens sehen und wie sie sich mit der Welt insgesamt verbunden fühlen; auf ihr Repertoire an lebenswichtigen Fähigkeiten, auf ihre tiefsten Gefühle für sich selbst sowie auf ihre Chancen, in einer sich schnell verändernden Welt zu überleben. Doch in einer Welt, die der Produktion von materiellen Dingen einen weitaus höheren Wert beimisst als der Art, wie Kinder aufwachsen, übernehmen angehende Eltern ihre wichtige Aufgabe fast immer ohne jede Vorbereitung oder mit nur sehr geringer Unterstützung.

Gute Handbücher für Eltern können uns manchmal helfen, einige Situationen auf eine neue Weise zu sehen, und uns vielleicht beruhigen, wenn wir uns unnötige Sorgen machen. Vor allem in den frühen Jahren der Elternschaft können sie Hinweise zur Lösung bestimmter Probleme liefern und deutlich machen, dass es verschiedene Möglichkeiten gibt, die Dinge zu sehen. Sie bringen uns auch zu Bewusstsein, dass wir mit unseren Schwierigkeiten nicht allein sind. Sie können uns außerdem einen Überblick über die Haupt-Etappen der Kindesentwicklung auf verschiedenen Altersstufen geben und uns damit vor überzogenen Erwartungen schützen.

Womit sich solche Ratgeber für Eltern jedoch meistens nicht beschäftigen, sind die inneren Erfahrungen, die Eltern bei der Erfüllung ihrer Aufgabe machen. Wie gehen wir beispielsweise mit den Gedanken und

Gefühlen um, die in uns auftauchen, wenn wir Kinder haben? Wie können wir es schaffen, uns nicht von unseren Zweifeln, unserer Unsicherheit und von den Problemen, mit denen wir konfrontiert werden, überwältigen zu lassen – von den Situationen, in denen wir uns in einem inneren Konflikt befinden, und von den Situationen, in denen wir Konflikte mit anderen Menschen haben, unter anderem auch mit unseren Kindern? Solche Bücher zeigen uns gewöhnlich nicht, wie wir unseren Kindern gegenüber mehr Sensibilität entwickeln und wie wir besser auf ihr inneres Erleben eingehen können.

Wenn wir mit Kindern wirklich neue Wege gehen wollen, erfordert dies, dass wir auch innerlich an uns arbeiten. Die konkreten Ratschläge, die uns jeder Elternratgeber für die Bewältigung der äußeren Probleme des Familienlebens liefert, müssen wir durch eine eigene, innere Autorität ergänzen, die wir nur durch unsere Erfahrung entwickeln können. Diese innere Autorität kann nur dann in uns entstehen, wenn uns klar wird, dass wir unser Leben trotz aller äußeren Einflüsse in erheblichem Maße selbst gestalten können – und zwar durch die Art und Weise, wie wir auf diese äußeren Einflüsse antworten. Im Laufe dieses Prozesses werden wir eine völlig individuelle, aus eigenen Entscheidungen gewachsene Lebensweise entwickeln und dabei von unseren tiefsten, besten und kreativsten Ressourcen profitieren. Ist uns das erst einmal klar geworden, erkennen wir vielleicht auch, wie wichtig es für unsere Kinder *und* für uns selbst ist, dass wir die Verantwortung für unsere Art zu leben und für die Konsequenzen unserer Entscheidungen übernehmen.

Wenn wir bereit sind, diese innere Arbeit zu tun, können sich innere Autorität und Authentizität in uns entwickeln. Unsere Authentizität und unsere Weisheit wachsen, wenn wir unserem Erleben und unserer alltäglichen Erfahrung bewusst Gewahrsein entgegenbringen. Wir lernen dann allmählich, unsere Kinder und ihre Bedürfnisse immer besser zu sehen und geeignete Möglichkeiten zur Förderung und Unterstützung ihres Wachstums und ihrer Entwicklung zu erkennen. Wir können auch lernen, ihre vielen verschiedenen, manchmal verwirrenden Signale zu interpretieren, und unserer Fähigkeit zu vertrauen, angemessen zu reagieren. Das Wichtigste dabei: Aufmerksamkeit, Nachdenklichkeit und Rücksichtnahme.

Wie wir als Eltern unsere Aufgabe erfüllen, ist letztlich immer eine ganz persönliche Angelegenheit, und unsere Fähigkeit dazu erwächst tief aus unserem Inneren. Wie jemand anders an die Sache herangeht, hilft uns vielleicht überhaupt nicht weiter. Wir müssen unsere eigene Art entwickeln, indem wir in diesem Prozess nützliche Hilfen anzunehmen und unseren Instinkten zu vertrauen lernen, wobei wir diese gleichzeitig weiter prüfen und hinterfragen.

Denn selbst das, was uns gestern gute Dienste geleistet hat, ist heute nicht unbedingt mehr die beste Möglichkeit. Um zu spüren, was jeweils zu tun ist, ist es unerlässlich, dass wir fest im gegenwärtigen Moment verwurzelt sind. Und wenn unsere eigenen inneren Ressourcen erschöpft sind, ist es hilfreich, wenn wir wirksame und gesunde Möglichkeiten kennen, sie wieder aufzufüllen und uns zu regenerieren.

Zu Eltern werden Menschen zufällig oder absichtlich, doch wie auch immer es dazu kommen mag, Elternschaft ist eine Berufung. So ruft uns unser Leben als Eltern dazu auf, die Welt jeden Tag neu zu schaffen, ihr in jedem Augenblick mit frischem, unvorbelastetem Blick entgegenzutreten. Diese Berufung ist tatsächlich eine strenge spirituelle Disziplin – eine Aufgabe, die es uns ermöglicht, unsere tiefste menschliche Natur zu erkennen. Schon die bloße Tatsache, dass wir Eltern sind, ist eine ständige Aufforderung an uns, unsere wohlwollendsten, klügsten und fürsorglichsten Qualitäten zu entwickeln und zum Ausdruck zu bringen – das Beste in uns zutage zu fördern, so gut wir eben können.

Wie jede spirituelle Disziplin ist der Weg der Achtsamkeit in der Familie voller enormer Versprechungen und Möglichkeiten. Gleichzeitig ist er eine Aufforderung, diese innere Arbeit zu tun, unserer Aufgabe als Eltern gerecht zu werden, so dass wir uns ganz auf diese Heldenreise einlassen – die lebenslange Suche, die ein gelebtes menschliches Leben letztlich ausmacht.

Menschen, die Eltern werden, übernehmen den härtesten aller Jobs – ohne jede Bezahlung, oft unerwartet und in relativ jungem Alter, unerfahren und häufig unter größten ökonomischen Schwierigkeiten. Gewöhnlich gehen Eltern ohne klare Strategie auf ihre Reise und ohne umfassenden Überblick über das, was auf sie zukommt. Sie treten diese Reise meist auf die gleiche intuitive und optimistische Weise an, auf die wir Menschen uns auch vielen anderen Aspekten unseres Lebens nähern. Wir lernen, unsere Aufgabe zu erfüllen, während und indem wir es versuchen. Und tatsächlich gibt es auch gar keine andere Möglichkeit, es zu lernen.

Zu Anfang ist uns gewöhnlich nicht einmal klar, dass unser Leben als Eltern völlig neue, ungewohnte Anforderungen an uns stellt, dass dieses neue Leben ungeheure Veränderungen für uns mit sich bringen wird, dass wir vieles Vertraute aufgeben und statt dessen zahllose Dinge tun müssen, mit denen wir uns bisher noch nie beschäftigt haben. Vielleicht ist es sogar gut, dass das so ist, denn letztendlich ist jedes Kind einzigartig und jede Situation anders. Um mit den unbekannten Anforderungen fertig zu werden, die das Kinderhaben und die Kindererziehung mit sich bringen, können wir uns letztlich nur auf unser Herz verlassen, auf unsere tiefsten menschlichen Instinkte sowie auf die Dinge, die wir noch aus unserer eigenen Kindheit in uns tragen – die positiven ebenso wie die negativen.

Mit den Erwartungen seitens unserer Ursprungsfamilie, der Gesellschaft und der Kultur konfrontiert, uns Normen anzupassen, die häufig unbewusst und nicht ausdrücklich definiert sind, und angesichts der Belastungen, die das Elterndasein mit sich bringt, stellen wir oft fest, dass wir als Eltern – genauso wie im übrigen Leben – mehr oder weniger automatisch funktionieren; dass wir von den Launen unseres Denkens geplagt werden, das normalerweise überaus impulsiv und pausenlos in unbewusste Abläufe verstrickt ist – trotz bester Absichten und trotz tiefer Liebe zu unseren Kindern.

Wenn wir chronisch überlastet sind und dauernd unter Zeitmangel leiden, sind wir wahrscheinlich weit entfernt von der Fülle des gegenwärtigen Augenblicks – der „Blüte des Augenblicks“, wie Thoreau es genannt hat. Meist erscheint uns dieser Augenblick – eigentlich jeder Augenblick – als viel zu gewöhnlich, alltäglich und flüchtig, als dass wir ihm Aufmerksamkeit widmen würden. Wenn wir tatsächlich in solchen geistigen Gewohnheiten gefangen sind, kann dieser ganze ungeprüfte Automatismus sehr leicht zu einem ähnlichen Automatismus in unserer Elternrolle werden. Wir nehmen vielleicht an, dass alles okay ist, was wir tun, solange unsere tiefe Liebe da ist und unser Wunsch, dass es ihnen gut geht. Wir können diese Sichtweise rationalisieren, indem wir uns einreden, Kinder seien unverwüstliche Geschöpfe und die kleinen Dinge, die sie erleben, seien nichts weiter als Kleinigkeiten, die wahrscheinlich keinerlei Folgen für sie haben. Kinder halten eine Menge aus, sagen wir uns. Und ein Stück weit stimmt das auch.

Doch werde ich (jkz) immer wieder durch die Geschichten von Patienten der *Stress Reduction Clinic,* in der ich arbeite, und durch Teilnehmer der Achtsamkeits-Workshops und -Seminare, die ich in ganz Amerika leite, daran erinnert, dass die Kindheit für viele Menschen eine Zeit offenen oder subtilen Verrats war, weil ein Elternteil (oder beide) unberechenbar war und die Kinder oft völlig unerwartet mit schrecklicher Angst, Gewalt, Verachtung und Gemeinheit konfrontiert wurden. Vieles davon rührt aus der Traumatisierung und Vernachlässigung her, die diese Eltern selbst erlitten haben, und den Süchten und der tiefen Unzufriedenheit, die daraus folgen. In der tragischsten Form wird solch schrecklicher Verrat am Kind manchmal von elterlichen Liebesbeteuerungen begleitet, was die Situation für die betroffenen Kinder noch verrückter und undurchschaubarer macht. Andere Menschen leiden immer noch darunter, dass sie als Kinder vernachlässigt, nicht wahrgenommen und nicht geschätzt worden sind. Dazu kommt, dass durch den ständig zunehmenden Stress in praktisch allen Bereichen der Gesellschaft und durch das immer stärker werdende Gefühl der Dringlichkeit und der eigenen Unzulänglichkeit auch die Situation in den Familien immer schwieriger geworden ist und das Maß des Erträglichen oft längst überschritten hat – wobei der Druck häufig von Generation zu Generation unerträglicher geworden ist, statt abzunehmen.

Eine Frau, die an einem fünftägigen Achtsamkeits-Seminar teilnahm, sagte:

> Ich habe diese Woche während der Meditation bemerkt, dass ich mich so fühle, als würden Teile von mir fehlen, dass ich gewisse Teile von mir gar nicht finden kann, wenn ich still werde und unter die Oberfläche meines Geistes schaue. Ich bin mir nicht sicher, was

das bedeutet, aber dieses Gefühl hat mich ein wenig geängstigt. Vielleicht werde ich, wenn ich regelmäßig meditiere, herausfinden, was mich davon abhält, ganz zu sein. Doch im Augenblick spüre ich Löcher in meinem Körper oder in meiner Seele, die bewirken, dass ich überall, wohin ich auch gehe, Schutzwälle um mich herum errichte. Ich fühle mich wie ein Schweizer Käse. Das ist schon seit meiner Kindheit so. Ich habe einige Verluste erlitten, als ich noch sehr klein war. Ich glaube, damals habe ich Teile von mir verloren, weil Menschen, die mir wichtig waren, gestorben sind und weil andere Menschen Teile von mir weggenommen haben. Meine Schwester ist gestorben, als ich noch sehr jung war. Und meine Eltern sind daraufhin in eine Art Depression verfallen, die bis zu ihrem eigenen Tod dauerte. Ich glaube, sie haben Teile von mir genommen und sich davon ernährt. Ich empfinde das so. Ich war früher ein sehr lebendiges Kind, das wusste, was es wollte, und ich habe das Gefühl, dass bestimmte Teile von mir einfach weggenommen worden sind. Es scheint mir nicht möglich zu sein, diese Teile wieder zurück zu bekommen. Warum ist mir das nicht möglich? Was ist mit mir geschehen? Ich habe Teile von mir verloren. Während ich heute hier sitze und meditiere, wird mir klar, dass ich noch immer nach diesen Teilen suche und dass ich nicht weiß, wo sie sind. Ich sehe keine Möglichkeit, ganz zu werden, wenn es mir nicht gelingt, die Teile wiederzufinden, die ich damals verloren habe. Meine ganze Familie ist mittlerweile tot. Sie haben all die Teile, die mir fehlen, mitgenommen und sind dann gegangen, und ich sitze jetzt hier mit diesem Schweizer Käse."

Ein schreckliches Bild, die Eltern hätten dieser Frau bestimmte Bereiche entfernt, um sich davon zu ernähren. Doch so etwas geschieht tatsächlich, und wenn es im Leben eines Kindes früh geschehen ist, leidet es sein ganzes Leben lang darunter.

Zu allem Überfluss fügen Eltern ihren Kindern oft im Namen ihrer Liebe tiefe Verletzungen zu, indem sie sie beispielsweise schlagen, um ihnen eine Lektion zu erteilen, und dabei auch noch Dinge sagen wie:

„Das ist nur zu deinem Besten", „Das tut mir mehr weh als dir" oder „Ich tue das nur aus Liebe" – dieselben Sätze, die sie selbst zu hören bekamen, als sie von ihren Eltern geschlagen wurden, wie die Schweizer Psychologin Alice Miller in *Am Anfang war Erziehung* gezeigt hat. Im Namen der „Liebe" werden Kinder hemmungsloser Wut, Verachtung, Intoleranz und Gewalt ausgesetzt. Von Eltern, die sich nicht darüber im Klaren sind oder denen es gleichgültig ist, welche Auswirkungen ihr Verhalten auf ihre Kinder hat, obwohl sie weder Freunde noch Fremde jemals so behandeln würden. Und solche Dinge geschehen in allen gesellschaftlichen Schichten.

Wir sind der Ansicht, dass automatisches, unbewusstes Verhalten, das sich am Maßstab des geringsten Aufwandes orientiert – ob es sich nun in Form physischer Gewalt manifestiert oder nicht –, bei den betroffenen Kindern tiefe, dauerhafte Schäden und gravierende Entwicklungsstörungen verursachen kann. Gleichzeitig nehmen wir uns als Eltern, wenn wir uns so verhalten, die Möglichkeit, an unserer Aufgabe zu wachsen. Die Folgen derart unbewussten Verhaltens sind häufig eine generelle Traurigkeit, das Gefühl, wichtige Chancen vertan zu haben, Verletztheit, Groll, Vorwürfe, eine Verengung des Selbst- und des Weltbildes – und letztlich Isolation und Entfremdungsgefühle.

Wenn wir jedoch wach bleiben gegenüber den Herausforderungen, mit denen wir als Eltern konfrontiert werden, so kann das alles nicht geschehen. Im Gegenteil, wir können dann alle Situationen im Zusammenleben mit unseren Kindern nutzen, um die Barrieren in unserem Geist und unserem Herzen abzubauen, um tiefer in unser eigenes Inneres zu schauen und um im Kontakt mit unseren Kindern stärker präsent zu sein.

✲

Wir leben in einer Kultur, die die Arbeit von Eltern nicht konsequent würdigt und anerkennt. Es gilt als völlig normal, dass wir hundert Prozent unserer Energie für Karriere oder „Beziehungen" oder „Selbstfindung" aufwenden, nicht aber für unsere Kinder. Dahinter steckt die Ansicht, dass man ein Kind nur „verwöhnt", wenn man ihm verlässlich und offen Aufmerksamkeit schenkt.

Die Gesellschaft als Ganzes und ihre Institutionen und Wertvorstellungen, die den Mikrokosmos unseres individuellen Geistes und seiner Werte sowohl erzeugen als auch spiegeln, tragen erheblich zur Unterminierung der Aufgabe der Eltern bei. Welche Arbeit wird in unserem Land am höchsten bezahlt? Ganz bestimmt nicht die der Tagesmütter, Erzieherinnen oder Lehrer, deren Arbeit eine so wichtige Unterstützung für die Bemühungen der Eltern ist. Wo sind die geeigneten Leitbilder, die unterstützenden Netzwerke, der bezahlte Erziehungsurlaub für junge Eltern, die Möglichkeiten zu Jobsharing und Teilzeitbeschäftigung für Mütter und Väter, die länger als nur ein paar Wochen nach der Geburt bei ihren Kindern zu Hause bleiben wollen? Wo bleibt die Förderung von Schulungsprogrammen für Eltern? Durch ihre bloße Existenz würden solche Programme deutlich machen, dass tüchtige Eltern für die gesamte Gesellschaft von größter Bedeutung sind und von dieser auch hoch geschätzt werden. Aber sie sind erschreckend selten.

Natürlich gibt es auch Signale, die hoffnungsvoll stimmen. Viele Eltern sehen ihre Aufgabe als heilige Herzensaufgabe an und entwickeln, oft trotz großer Hindernisse und Schwierigkeiten, kreative und einfühlsame Wege, ihre Kinder anzuleiten und zu fördern. Überall im Land ergreifen Menschen die Initiative und organisieren Vorbereitungskurse für Eltern, Kurse zu grundlegenden Kommunikationsfähigkeiten, zur Gewalt-Prävention und Stress-Reduzierung sowie Beratungsdienste für Eltern und Familien.

Es gibt auch zahlreiche Gruppen, die sich für den Aufbau und die Weiterentwicklung des Gemeinschaftslebens engagieren und sich politisch für die Interessen von Kindern einsetzen. Zahlreiche Bücher beleuchten die Rolle von Achtsamkeit, Gewahrsein und Einfühlung im Elterndasein. William und Martha Sears' *Baby Book* liefert einen Bezugsrahmen, wie die Bedürfnisse von Babys und Kleinkindern gewürdigt werden können. Dan Hughes' Buch „Attachment-Focused Parenting: Effective Strategies to care for children" und das Buch „Parenting from the Inside out" von Dan Siegel und Mary Hartzell verbinden neurowissenschaftliche Forschung zur Interpersonalität mit der Forschung zu Bindungsverhalten und zur Achtsamkeit. Nancy Bardackes Buch „Mindful Birthing: Training the Mind, Body and Heart for Childbirth and Beyond" ist eine Pionierarbeit zum

Thema Achtsamkeit, Gewahrsein und Elternschaft. Und ständig erscheinen neue Bücher zu diesen Themen

Doch sind die Probleme andererseits gewaltig, ja geradezu überwältigend. Wir leben in einer Zeit, in der es für Familien immer schwerer wird, Kinder auf gesunde Weise aufwachsen zu lassen. In vielen Haushalten ist heutzutage kein Erwachsener zu Hause, wenn die Kinder von der Schule nach Hause kommen, weil sowohl beide Eltern als auch die Nachbarn arbeiten müssen, um ihren Lebensunterhalt zu verdienen. Kinder bleiben sich deshalb in ihrer Freizeit häufig selbst überlassen. Manchmal haben sie mehr Kontakt zur Welt von Fernsehen und Internet als zu liebevollen und fürsorglichen Erwachsenen. Dass Kinder tagtäglich die Liebe, Unterstützung und Energie und das Interesse lebendiger Erwachsener und älterer Menschen erleben, die sie achten, wird in unserer Gesellschaft immer seltener.

Doch wir haben trotz der ungeheuer starken gesellschaftlichen Kräfte, die auf unser eigenes Leben und das Leben unserer Kinder einwirken, immer auch die Freiheit, als Individuen bewusst darüber zu entscheiden, wie wir mit den Umständen unseres Lebens umgehen wollen. Wir alle haben – meist mehr, als wir ahnen – das Potenzial, einen eingeschlagenen Weg zu hinterfragen und zu prüfen, ob er das widerspiegelt, was wir ersehnen und was uns wirklich wichtig ist. Wir haben immer die Möglichkeit, unser Leben aufmerksamer und bewusster zu leben, vor allem, wenn es unsere Kinder betrifft.

Die Schritte auf diesem eigenen Weg werden wesentlich leichter und sicherer wenn wir einen umfassenden Bezugsrahmen haben, innerhalb dessen wir untersuchen und verstehen können, was wir tun und um was wir uns vielleicht noch kümmern müssen. Einen Bezugsrahmen, der uns hilft, nicht vom Weg abzukommen, auch wenn sich die äußere Situation ständig verändert und oft nicht klar ist, welchen Schritt wir als nächsten tun müssen. Achtsamkeit kann uns einen solchen Rahmen bieten.

Beispielsweise kann es schon wichtige Türen in unserem Geist öffnen, wenn wir es schlicht für möglich halten, dass wir bestimmte Situationen auch anders sehen können, als wir es im Augenblick tun, und dass uns in jedem Augenblick mehr Handlungsmöglichkeiten offen stehen, als uns klar ist.

Achtsamkeit in die verschiedenen Aspekte unseres Tagesablaufs hineinzutragen, könnte eine ganz praktische und zugleich von Grund auf positive Alternative zu jenem getriebenen, automatischen Dahinleben sein, in dem wir oft einfach nur funktionieren, ohne es überhaupt zu merken. Das ist besonders wichtig für uns als Eltern, die wir ja versuchen, den vielen Pflichten und Anforderungen gerecht zu werden, die wir Tag für Tag auf uns nehmen, während wir gleichzeitig für unsere Kinder und ihre inneren und äußeren Bedürfnisse sorgen – in einer Welt, die zunehmend komplizierter und stressreicher wird.

Was heißt „Achtsamkeit in der Familie"?

Die Praxis der Achtsamkeit in der Familie ruft uns dazu auf, den Möglichkeiten, positiven Entwicklungschancen und Herausforderungen des Eltern-Seins mit einem neuen Bewusstsein und einer besonderen inneren Haltung zu begegnen. Sie bringt nicht nur mit sich, dass uns das, was wir tun, als wichtig erscheint, sondern zeigt uns, dass unser bewusstes Engagement als Eltern im wahrsten Sinne des Wortes das Wichtigste ist, was wir tun können – sowohl für unsere Kinder als auch für uns selbst.

Dieses Buch befasst sich mit den verschiedensten Aspekten dessen, was Eltern erleben. Es beschreibt, wie wir die Bedürfnisse unserer Kinder so umfassend wie möglich befriedigen können, indem wir eine bestimmte Art von Gewahrsein oder Bewusstheit entwickeln. Mit Hilfe dieses Gewahrseins, das auch *Achtsamkeit* genannt wird, können wir zu einem tieferen Verständnis für unsere Kinder und uns selbst gelangen. Achtsamkeit ermöglicht es, hinter den oberflächlichen Anschein der Dinge vorzudringen und klarer zu sehen, wie unsere Kinder wirklich sind. Mit Hilfe der Achtsamkeit können wir sowohl in unser Inneres schauen als auch die Außenwelt betrachten und aufgrund dessen, was wir dabei sehen, in unserem Handeln ein gewisses Maß an Weisheit und Mitgefühl entwickeln. Wenn Eltern sich bei allem, was sie tun, um Achtsamkeit bemühen, so kann das eine sehr heilende und transformierende Wirkung haben – sowohl auf ihre Kinder als auch auf sie selbst.

In Teil IV des Buches werden wir sehen, dass man das Leben mit Kindern im Geiste der Achtsamkeit wie eine außergewöhnlich lange und zuweilen sehr anstrengende Meditationsklausur verstehen kann, die einen großen

Teil unseres Lebens umfasst. Und wir können unsere Kinder als uns ständig fordernde Hauslehrer sehen, die uns von ihrer Geburt bis weit in ihr Erwachsenenleben hinein begleiten und schulen. Sie geben uns zahllose Gelegenheiten, mehr darüber zu erfahren, wer wir sind und wer sie sind. Dies wiederum gibt uns die Möglichkeit, mit den wichtigen Dingen in Kontakt zu bleiben und unseren Kindern zu geben, was sie für ihre Entwicklung am dringendsten brauchen. Vielleicht stellen wir im Laufe der Zeit fest, dass uns dieses Gewahrsein von Augenblick zu Augenblick von einigen der blockierendsten Gewohnheiten der Wahrnehmung und unserer Art, zu anderen Menschen in Beziehung zu treten, befreit – von den Zwangsjacken und Gefängnissen des Geistes, die die Vorgänger-Generation an uns weitergegeben hat oder die wir auf irgendeine Weise selbst geschaffen haben. Unsere Kinder können uns durch ihre bloße Gegenwart und oft ohne Worte oder Diskussionen dazu inspirieren, diese innere Arbeit zu tun. Je besser es uns gelingt, uns die dem Wesen unserer Kinder eigene Ganzheit und Schönheit zu vergegenwärtigen – insbesondere dann, wenn es uns gerade schwerfällt –, umso tiefer wird unsere Fähigkeit, achtsam zu sein. Je klarer wir sehen, desto besser, großzügiger und klüger können wir auf sie eingehen.

Wenn wir es uns zur Aufgabe machen, sie auch innerlich zu fördern und zu verstehen, wer sie sind, dann werden uns unsere „Hauslehrer" insbesondere in den ersten zehn oder zwanzig Jahren unserer „Ausbildung" unendlich viele Augenblicke des Staunens und der Glückseligkeit bescheren sowie zahllose Gelegenheiten, tiefste Gefühle der Verbundenheit und Liebe zu erfahren. Ebenso wahrscheinlich ist, dass sie zielsicher alle unsere wunden Punkte finden, alle unsere Unsicherheiten, an allen unseren Grenzen rütteln und all das in uns anrühren, wovor wir Angst haben und worin wir uns unzulänglich fühlen. Wenn wir bereit sind, das ganze Spektrum unserer Erfahrungen wirklich bewusst zu erleben, werden sie uns immer wieder an das Wichtigste im Leben erinnern – einschließlich seiner Mysterien.

Unsere Aufgabe als Eltern ist teilweise deshalb besonders intensiv und anstrengend, weil unsere Kinder von uns Dinge fordern, die niemand anders von uns fordern könnte und wie es niemand anders tun könnte oder würde. Sie kommen uns so nah wie kein anderer Mensch, und sie zwingen uns ständig, in den Spiegel zu schauen, den sie uns vorhalten. Dadurch geben sie uns immer wieder die Chance, uns auf neuartige Weise zu sehen und uns bewusst zu fragen, was wir aus jeder Situation lernen können, die wir mit ihnen erleben. Aus diesem Gewahrsein heraus können wir dann Entscheidungen treffen, die gleichzeitig dem inneren Wachstum unserer Kinder und unserer eigenen Weiterentwicklung zugutekommen. Unsere Verbundenheit mit ihnen und unsere Abhängigkeit voneinander eröffnen uns die Möglichkeit, gemeinsam zu lernen und zu wachsen.

❁

Um unsere Aufgabe als Eltern auf achtsame Weise erfüllen zu können, ist es hilfreich, etwas darüber zu wissen, was Achtsamkeit ist. Achtsamkeit ist ein Gewahrsein, das jeden einzelnen Augenblick erfasst, ohne darüber zu urteilen. Wir können dieses Gewahrsein entwickeln, indem wir unsere Aufmerksamkeit verfeinern, unsere Fähigkeit zur Konzentration auf den gegenwärtigen Augenblick schulen und diese Aufmerksamkeit so gut wie möglich aufrechterhalten. Wenn wir dies versuchen, wird unser Kontakt zu unserem Leben, so wie es sich Augenblick um Augenblick entfaltet, immer intensiver.

Gewöhnlich vergeht ein großer Teil unseres Lebens mit automatischen Reaktionen. Wir sind nur sehr partiell und eher zufällig aufmerksam, und viele wichtige Dinge erscheinen uns als Selbstverständlichkeiten, oder wir beachten sie erst gar nicht. Wir beurteilen gewöhnlich alles, was wir erleben, indem wir uns blitzschnell und oft völlig unkritisch Meinungen bilden, deren Maßstab in den meisten Fällen ist, was wir mögen oder nicht mögen, was wir wollen oder nicht wollen. Achtsamkeit kann Eltern sehr effektiv bei der Erfüllung ihrer Aufgabe helfen, all das bewusst zu registrieren, was in jedem einzelnen Augenblick geschieht, und so durch den Schleier der automatischen Gedanken und Gefühle zur Wahrnehmung einer tieferen Realität zu gelangen.

Achtsamkeit ist ein zentrales Anliegen buddhistischer Meditation, wobei es vor allem darum geht, Aufmerksamkeit zu entwickeln und zu kultivieren. Diese Praxis ist in verschiedenen Meditationsschulen in ganz

Asien seit mehr als zweieinhalbtausend Jahren gepflegt und weiterentwickelt worden, und sie stößt heute in vielen Bereichen der westlichen Gesellschaft auf zunehmendes Interesse – unter anderem in der Medizin, den Neurowissenschaften, der Psychologie, der Gesundheitsvorsorge, in der Erziehung, im Justizwesen sowie in Sozialprogrammen.

Achtsamkeit ist eine meditative Disziplin. Es gibt viele meditative Disziplinen. Wir könnten sagen, dass all diese Methoden Türen ähneln, die in ein und denselben Raum führen. Von jeder dieser Türen aus eröffnet sich dem Betrachter eine einzigartige Perspektive, die sich von dem Anblick, der sich von den anderen Türen aus bietet, völlig unterscheidet. Doch ganz gleich, durch welche Tür wir den Raum betreten, wenn wir darin stehen, ist es immer der gleiche Raum. Ganz gleich, an welcher Meditationsmethode oder -tradition wir uns orientieren: Was in der Meditation geschieht, ist immer ein Sich-Einstimmen auf die Ordnung und Stille, die jede Aktivität enthält, so chaotisch sie uns auch erscheinen mag. Dieses Sich-Einstimmen geschieht mit Hilfe unserer Fähigkeit zur Aufmerksamkeit.

Obgleich die Achtsamkeit in der buddhistischen Tradition besonders differenziert beschrieben worden ist, spielt sie in allen Kulturen eine wichtige Rolle und ist etwas wahrhaft Universales, da sie nichts anderes beinhaltet als die Entwicklung von Bewusstheit, Klarheit und Mitgefühl, also von Fähigkeiten, die alle Menschen besitzen. Es gibt viele Möglichkeiten, diese Kultivierungsarbeit zu leisten, und keine von ihnen ist die einzig richtige, ebenso wenig wie es eine einzig richtige Art gibt, mit Kindern umzugehen.

Achtsamkeit beinhaltet für uns als Eltern, dass wir uns im Alltagsleben mit unseren Kindern der wirklich wichtigen Dinge bewusst bleiben. Wir werden feststellen, dass wir uns die meiste Zeit über gezielt darum bemühen müssen, uns zu vergegenwärtigen, was dies ist. Es kann sogar sein, dass wir in bestimmten Augenblicken absolut nicht wissen, was wichtig ist, weil uns unsere Orientierung verloren gegangen ist – das kann sogar sehr leicht geschehen. Doch selbst in den schwierigsten und schrecklichsten Augenblicken unseres Lebens als Eltern können wir bewusst von der aktuellen Situation Abstand nehmen und uns mit einem frischen, unvorbelasteten Blick fragen: „Was ist in dieser Situation wirklich wichtig?“

Achtsamkeit beinhaltet für uns als Eltern, dass wir uns daran *erinnern*, diese Art der Aufmerksamkeit, Offenheit und Weisheit in allen Situationen, in denen wir mit unseren Kindern zusammen sind, zu entwickeln. Das ist eine echte *Übungsmethode*, eine innere Disziplin, eine Form der Meditation, die sowohl Kindern als auch Eltern großen Nutzen bringen kann.

Wenn wir von unseren Kinder lernen wollen, ist es notwendig, dass wir im Umgang mit ihnen aufmerksam sind und innerlich still werden. Diese innere Stille ermöglicht es uns, den ständigen inneren Aufruhr, die Unklarheit und die automatischen Reaktionen unseres Geistes zu durchschauen und so ein größeres Maß an Klarheit, Ruhe und Verständnis zu entwickeln – Eigenschaften, die sich unmittelbar auf unseren Umgang mit unseren Kindern auswirken.

Wie alle Menschen haben auch Eltern ihre Bedürfnisse und Sehnsüchte, und ebenso wie ihre Kinder haben auch sie ihr eigenes Leben. Das Problem ist, dass die Bedürfnisse der Eltern und ihrer Kinder sehr oft unterschiedlicher Natur sind. Sie sind gleichermaßen berechtigt und wichtig, aber sie sind ganz einfach unterschiedlich und stehen manchmal im Widerspruch zueinander. Durch dieses Aufeinanderprallen unterschiedlicher Bedürfnisse kann sich ein Kampf entwickeln, in dem es darum geht, wer von beiden Seiten „seinen Willen durchsetzt". Diese Gefahr besteht besonders dann, wenn wir uns als Eltern gestresst, überlastet und erschöpft fühlen.

Statt unsere Bedürfnisse gegen die unserer Kinder auszuspielen, können wir in solchen Augenblicken versuchen, uns der *Interdependenz* unserer Bedürfnisse bewusst zu werden. Unser Leben ist zutiefst mit dem Leben unserer Kinder verbunden. Wenn es ihnen nicht gut geht, leiden auch wir, und wenn es uns nicht gut geht, leiden sie.

Das bedeutet, dass es allen Beteiligten hilft, wenn wir uns der Bedürfnisse unserer Kinder und unserer eigenen Bedürfnisse bewusst sind, der emotionalen wie der physischen – und wenn wir dem Alter der Kinder angemessene Wege suchen, wie jeder bekommen kann, was er oder sie am meisten braucht. Schon allein diese Sensibilität im Umgang mit uns selbst und unseren Kindern verstärkt unsere Verbindung zueinander. Durch die Qualität unserer Präsenz spüren sie selbst in schwierigen

Situationen, dass sie uns wichtig sind und wir für sie sorgen. Treten dann Konflikte zwischen unseren Bedürfnissen und den Bedürfnissen unserer Kinder auf, so sind wir in der Lage, Entscheidungen zu treffen, die aus dieser Herzensbeziehung hervorgehen und so in stärkerem Maße von Güte und Weisheit getragen sind.

✲

Wir betrachten die Aufgabe, die Eltern übernehmen, als eine heilige Verantwortung. Eltern sind für ihre Kinder Beschützer, Ernährer, Tröster, Lehrer, Gefährten, Vorbilder und Quellen bedingungsloser Liebe und Geborgenheit. Wenn wir in diesem Bewusstsein leben und handeln und wenn wir uns bemühen, in dem Prozess, der sich Augenblick für Augenblick entfaltet, ein gewisses Maß an Achtsamkeit zu entwickeln, dann besteht eine größere Chance, dass die Entscheidungen, die wir als Eltern treffen müssen, aus dem Gewahrsein dessen erwachsen, was der Augenblick erfordert und was dieses Kind in dieser Phase seines Lebens durch sein Wesen und sein Verhalten von uns erbittet. Wenn wir uns dieser Herausforderung stellen, erhöht sich dadurch nicht nur die Chance, dass wir für unsere Kinder das Bestmögliche tun, sondern wir erkennen vielleicht auch zum ersten Mal die tiefsten und besten Kräfte in uns selbst.

Achtsamkeit im Umgang mit Kindern erfordert, dass wir die Herausforderungen erkennen, mit denen wir als Eltern tagtäglich konfrontiert werden, und dass wir versuchen, unsere Aufgaben mit Gewahrsein zu erfüllen. Dieses Gewahrsein kann alle Aspekte der Realität einschließen: unsere Frustration, unsere Unsicherheit und Unzulänglichkeit, unsere Grenzen und sogar unsere dunkelsten und destruktivsten Gefühle sowie die Situationen, in denen wir uns überfordert oder innerlich völlig zerrissen fühlen. Auch und gerade mit diesen problematischen Aspekten unseres Seins sind wir aufgefordert, bewusst und systematisch zu „arbeiten".

Dies zu verwirklichen ist eine gewaltige Aufgabe. Wir alle sind in vielerlei Hinsicht von den Ereignissen und Umständen unserer eigenen Kindheit geprägt, und wir können sogar in mehr oder weniger starkem Maße Gefangene dieser Geschehnisse sein. Und unsere eigene Kindheit hat nicht nur entscheidenden Einfluss darauf, wie wir die Welt und uns selbst wahrnehmen – unsere Lebensgeschichte wirkt sich zwangsläufig auch darauf aus, wie wir unsere Kinder wahrnehmen, darauf, was wir glauben, „was sie verdienen", wie für sie gesorgt und wie sie erzogen und „sozialisiert" werden sollten. Wir alle halten als Eltern sehr strikt und oft unbewusst an bestimmten Ansichten fest, was immer sie beinhalten mögen, als befänden wir uns unter dem Einfluss eines mächtigen Zaubers. Nur wenn wir uns dieser prägenden Einflüsse bewusst werden, können wir die Elemente unserer eigenen Erziehung nutzen, die sich für uns selbst als hilfreich, positiv und förderlich erwiesen haben, und erst dann wird es uns gelingen, über die destruktiven und blockierenden Aspekte hinauszuwachsen.

Für diejenigen unter uns, die sich in ihrer Kindheit verschließen mussten, um ihre Gefühle zu unterdrücken oder um sie „nicht zu sehen", weil sie nur so das Geschehen ertragen konnten, kann es besonders schmerzhaft und schwierig sein, ein größeres Maß an Achtsamkeit zu entwickeln. In Augenblicken, in denen die alten Dämonen wieder lebendig werden, wenn schädliche Überzeugungen, destruktive Muster und Alpträume aus unserer Kindheit wieder zutage treten und wir von dunklen Gefühlen und von Schwarzweißdenken geplagt werden, ist es besonders schwierig für uns, innezuhalten und einen frischen Blick auf die Dinge zu werfen.

Wir wollen hier keineswegs den Eindruck erwecken, dass es irgendeinen festen oder gar objektiven Maßstab für elterliche Achtsamkeit gibt, an dem Eltern sich orientieren oder messen sollten. Achtsamkeit erfordert immer die kontinuierliche Vertiefung und Verfeinerung des Gewahrseins und der Fähigkeit, in der Gegenwart präsent zu sein und angemessen zu handeln. Es geht also keineswegs darum, dass wir ein festes Ziel oder Ergebnis erreichen, so wertvoll uns ein solches auch erscheinen mag. Ein wichtiger Teil des Prozesses ist, dass wir uns selbst mit einem gewissen Maß an Güte und Mitgefühl sehen. Dazu gehört, dass wir uns unserer Schwierigkeiten, unserer Blindheit, unserer menschlichen Schwäche und Fehlbarkeit bewusst sind und dass wir so achtsam wie möglich an ihnen arbeiten. Auch in Augenblicken der Dunkelheit und Verzweiflung, die uns zeigen, dass wir im Grunde *nichts* wissen, können wir immer wieder frisch und unbelastet anfangen. Jeder Augenblick ist ein Neuanfang, eine Gelegenheit zur Einstimmung auf das, was ist, und vielleicht sogar eine Chance, uns selbst und unsere Kinder auf eine neuartige und tiefere Weise zu sehen, zu fühlen und zu erkennen.

Denn die Liebe zu unseren Kindern kommt in der *Qualität* unserer Beziehung zu ihnen in jedem neuen Augenblick zum Ausdruck, und sie vertieft sich in alltäglichen Momenten, sofern wir uns dieser Momente bewusst und wir in ihnen voll und ganz präsent sind. Liebe kommt nicht nur in großen Gesten zum Ausdruck, beispielsweise darin, dass wir unseren Kindern eine Reise in einen Erlebnispark schenken, sondern sie zeigt sich unter anderem in der Art, wie wir ihnen das Brot reichen oder wie wir ihnen „Guten Morgen“ sagen. Sie äußert sich in alltäglicher Güte, in dem Verständnis, das wir ihnen entgegenbringen, und in einer generell akzeptierenden Haltung. Wir bringen Liebe zum Ausdruck, indem wir liebevoll handeln. Ob es uns in einem bestimmten Augenblick gut oder schlecht gehen mag, der wichtigste Maßstab für unsere Fürsorge und beharrliche Liebe zu unseren Kindern ist die Qualität unserer Aufmerksamkeit.

✿

Dieses Buch wendet sich an Menschen, denen die Qualität des Familienlebens und das Wohl ihrer Kinder wichtig ist – der schon geborenen und der noch ungeborenen, der jungen wie der älteren. Wir hoffen, dass es Eltern in ihrem Bemühen unterstützt, ihre Liebe durch ihr Sein und Handeln im Alltag zum Ausdruck zu bringen. Das ist uns nur möglich, wenn es uns gelingt, in unserem eigenen Leben authentisch zu sein und wenn wir mit dem ganzen Spektrum unserer Gefühle in Kontakt sind – kurz gesagt: wenn wir wach sind.

In der Art, wie wir unsere Aufgabe als Eltern erfüllen, kommen unsere besten und übelsten Seiten zum Vorschein, und wir erleben in dieser Rolle sowohl die befriedigendsten als auch die erschreckendsten Momente unseres Lebens. Einfühlsam über das Leben von Eltern zu schreiben ist eine ungeheuer anspruchsvolle Aufgabe. Zeitweise haben wir das Gefühl, dass in unserer Familie alles zum Besten steht. Unsere Kinder wirken in solchen Momenten glücklich, stark und ausgeglichen. Am nächsten Tag jedoch – oder schon im nächsten Augenblick! – kann die Hölle losbrechen. Plötzlich wird unsere Welt beherrscht von Konfusion, Verzweiflung, Wut und Frustration. Was eben noch zu gelten schien, erweist sich nun als völlig unzutreffend und nützt uns nichts mehr. Alle Regeln scheinen über Nacht oder in einem einzigen Augenblick ungültig geworden zu sein. Wir wissen nicht mehr, was vor sich geht und warum bestimmte Dinge geschehen. Wir fühlen uns wie die erbärmlichsten Versager.

Doch selbst in solchen Augenblicken können wir versuchen, uns dessen bewusst zu bleiben, was geschieht, ganz gleich, wie unangenehm und schmerzhaft es auch sein mag. So schwer es uns auch fallen mag, wir versuchen anzunehmen, was geschieht und selbst in solch schwierigen Augenblicken herauszufinden, was die Situation von uns fordert. Die Alternative wäre, dass wir uns in unseren impulsiven und automatischen Verhaltensweisen verfangen und unserer Angst oder Wut oder Abwehr unser Mitgefühl und unsere Klarheit opfern. Und da auch dies zuweilen unvermeidlich ist, können wir in solchen Fällen das Geschehene später, in einem ruhigeren Zustand, noch einmal untersuchen, um vielleicht zumindest nachträglich etwas daraus zu lernen.

Dieses Buch ist aus unserer eigenen Erfahrung als Eltern entstanden. Sicherlich unterscheidet sich diese in vielerlei Hinsicht von dem, was Sie als Mütter oder Väter erleben. Vielleicht unterscheiden sich einige der spezifischen Verhaltensweisen, für die wir uns entschieden haben, um unsere Aufgabe als Eltern zu erfüllen, sehr stark von dem, wie Sie erzogen wurden oder von Ihrer eigenen Art, mit Ihren Kindern umzugehen. Vielleicht werden Sie auf einiges von dem, was wir in diesem Buch vertreten, oder auf bestimmte Entscheidungen, die wir beschreiben, mit starken Gefühlen reagieren. Das ganze Thema, wie wir mit unseren Kindern umgehen, kann sehr tiefe Emotionen wecken, weil es immer wieder unser Selbstbild und die Art, wie wir das Leben sehen, berührt und in Frage stellt.

Es geht uns keineswegs darum, dass Sie alles genauso machen sollen, wie wir es gemacht haben, oder Ihnen das Gefühl zu vermitteln, dass Sie andernfalls irgendetwas völlig falsch machen. Wie wir alle wissen, sind die Probleme, mit denen Eltern sich tagtäglich beschäftigen müssen, nicht leicht zu lösen, und es gibt auch keine allgemeingültigen Antworten und Lösungen. Ebenso wenig wollen wir den Eindruck vermitteln, dass Achtsamkeit die Antwort auf alle Probleme des Lebens oder auf alle Fragen ist, mit denen wir als Eltern konfrontiert werden. Wir wollen Ihnen lediglich eine andere Art, die Dinge zu sehen, nahe bringen; eine andere Art zu sein, die sich vielleicht auf viele unterschiedliche Weisen mit *Ihrer* persönlichen Art, Ihre Aufgabe als Mutter oder Vater zu erfüllen und Ihr Leben zu leben, vereinbaren lässt. Letztlich müssen wir alle ganz individuell entscheiden, was wir für unsere Kinder und für uns selbst für das Beste halten, und dabei sind unsere Kreativität und unsere Fähigkeit, wach und aufmerksam zu sein, unsere wichtigsten Stützen.

Wir möchten versuchen, Ihnen unsere Erfahrungen mit diesem Weg der „Achtsamkeit in der Familie" zu vermitteln, weil wir hoffen, dass das transformierende Potenzial dieses Weges Ihren Werten und Intentionen entspricht und Ihnen bei der Erfüllung Ihrer Aufgabe von Nutzen sein wird.

Achtsamer Umgang mit Kindern beinhaltet letztlich die Möglichkeit, sie klarer zu sehen und unserem Herzen zuzuhören und zu vertrauen. Achtsamkeit gibt den täglichen Herausforderungen des Elterndaseins Struktur und Unterstützung. Sie kann uns auch helfen, für unsere Kinder zu Quellen bedingungsloser Liebe zu werden – Augenblick für Augenblick, Tag für Tag.

Wie soll ich das schaffen?

Jede Familie befindet sich in einer ganz speziellen Situation, und keine kann auf genau die gleichen Ressourcen zurückgreifen wie eine andere. Doch glauben wir, dass alle Familien und Individuen, einfach weil sie Menschen sind, über immense innere Ressourcen verfügen, die sie nutzen und weiterentwickeln können, unabhängig von den Umständen, in denen sie sich befinden. Diese Ressourcen können uns bei unserem Bemühen, wichtige Entscheidungen für unser eigenes Leben und für unsere Familie zu treffen, in ungeheurem Maße helfen.

Es gibt Menschen, die stets Möglichkeiten finden, das Wohl ihrer Kinder an die erste Stelle zu setzen, so schwierig ihre persönliche oder ökonomische Situation auch sein mag. Wir meinen, dass Kinder es in jedem Fall verdienen, im Leben ihrer Eltern an erster Stelle zu stehen. Aber was heißt es, Kinder an die erste Stelle zu setzen? Es lohnt sich, darüber nachzudenken. Was auch immer es für Sie bedeutet, es wird sich ändern, während Ihre Kinder älter werden, und es kann für jedes Kind etwas anderes sein. Ganz bestimmt bedeutet es nicht, von unseren Kindern besessen zu sein und ständig wachsam über ihnen zu schweben (was in dem Schlagwort „Helikopter-Eltern" zum Ausdruck kommt). Es bedeutet auch nicht, dass Sie Ihre eigenen Bedürfnisse auf eine Art opfern müssen, die im Grunde unklug und für alle Beteiligten potenziell ungesund ist. Achtsamkeit bedeutet nicht, auf ein Kind dermaßen fokussiert zu sein, dass Sie sich selber verlieren. Der Dreh- und Angelpunkt für alles heißt „Balance". Achtsamkeit hilft uns dabei, unser Lebensgefühl eines buchstäblich „leibhaftigen"

Gewahrseins weiterzuentwickeln und zu vertiefen, die gelebte Erfahrung, im Körper und im Leben geerdet zu sein.

Wie bei einem Staffellauf, bei dem in einer Übergangsphase der Stab weitergereicht wird – sprich: wenn sie volljährig sind –, ist es unsere Aufgabe als Eltern, unseren Kindern eine gute Ausgangsposition zu verschaffen, damit sie ihre „Solo-Runden" erfolgreich laufen können. Um das zu ermöglichen, müssen wir ihnen in der Zeit, in der wir neben ihnen herlaufen, alles geben. Dazu gibt es viele Möglichkeiten. Es gibt nicht nur einen einzigen richtigen Weg, und es gibt kein Patentrezept. Es geht auch nicht nur um ein „Machen". Im Gegenteil: Auf lange Sicht gesehen, könnte es mehr um unser „Da-Sein" gehen als um unser Tun. Ganz gleich, unter welchen Umständen wir leben, wenn der Wille, die Motivation und das Interesse da sind, können wir lernen, die inneren Ressourcen von Stärke und Weisheit, Kreativität und Fürsorglichkeit zu nutzen, die in uns allen schlummern. Noch mehr: Jeder Augenblick gibt uns dazu aufs Neue Gelegenheit, und deshalb ist es wichtig, dass wir einen Rhythmus finden und verstehen, dass wir sanft zu uns sein müssen, denn wir haben einen weiten Weg vor uns. Und das ist es, was die Praxis der Achtsamkeit uns Eltern bietet.

Die Praxis der Achtsamkeit in der Familie fordert Eltern Energie und Engagement ab, so wie das auch für jede andere intensive spirituelle Praxis und für jede Bewusstseinsdisziplin gilt. Vielleicht werden wir uns hin und wieder fragen, ob wir wirklich in der Lage sind, eine solche Aufgabe auf uns zu nehmen, deren Erfüllung unser ganzes Leben in Anspruch nehmen kann. Vielleicht fragen Sie sich: „Wie soll ich das denn zusätzlich zu all dem anderen, was ich schon tue, auch noch schaffen?" Vielleicht unterstützt und inspiriert es Sie dann, wenn Sie entdecken, dass Sie aufgrund Ihrer Funktion innerhalb der Familie bereits mit wichtigen Aspekten systematischer Disziplin und mit Methoden der Achtsamkeit vertraut sind. Achtsamkeit als innere Disziplin zu praktizieren ist Eltern möglich, weil sich diese Art der Anwesenheit ganz natürlich aus den Erfahrungen und Anforderungen entwickelt, denen wir innerhalb der Familie Tag für Tag gegenüber stehen.

Wir müssen als Eltern ohnehin ständig aufmerksam und diszipliniert sein. Wir bringen uns dazu, jeden Morgen rechtzeitig aufzustehen, dafür zu sorgen, dass auch unsere Kinder aufstehen und frühstücken, so dass sie rechtzeitig zur Schule aufbrechen, und dann, falls wir nicht zu Hause arbeiten, uns selbst für die Arbeit bereitzumachen und rechtzeitig loszugehen. Es fordert Disziplin und Aufmerksamkeit, die komplizierten Zeitpläne unserer Kinder und unsere eigenen Termine aufeinander abzustimmen, und auch bei der Planung und Ausführung tagtäglicher Verrichtungen wie Einkaufen, Kochen, Waschen und Putzen sind diese Faktoren wichtig.

Wir haben bereits erstaunliche Fähigkeiten entwickelt. Wir betreiben Tag für Tag Krisenmanagement, jonglieren mit unterschiedlichen, oft miteinander konkurrierenden Anforderungen an unsere Zeit und Energie, und wir setzen jenen unglaublichen sechsten Sinn ein, den wir als Eltern sehr schnell entwickeln und der uns in jedem Augenblick sagt, wo unsere Kinder sind und ob ihnen Gefahr droht. Wir sind auch geübt darin, ein Gespräch zu führen, während wir andere Dinge erledigen, sowie darin, uns trotz unzähliger Unterbrechungen nicht von einem bestimmten Gedankengang abbringen zu lassen. Andere Menschen mögen sich zuweilen verletzt oder abgespeist fühlen, weil sie das Gefühl haben, dass wir ihnen nicht unsere volle Aufmerksamkeit schenken. Doch als Eltern können wir unsere Aufmerksamkeit gleichzeitig auf viele Dinge richten: Wir können uns mit jemandem unterhalten und dabei auf unser Kind aufpassen, eine Jacke zuknöpfen oder das Kind rasch auf den Arm nehmen, bevor etwas Gefährliches passiert. Solche Fähigkeiten entwickeln Eltern zwangsläufig. Je mehr wir sie nutzen und entwickeln – und das müssen wir als Eltern ohnehin –, umso besser werden wir darin. Sie gehen uns in Fleisch und Blut über.

Bei unseren Bemühungen, als Eltern Achtsamkeit zu praktizieren, können wir diese bereits vorhandenen Fähigkeiten sowie die Disziplin, die das Familienleben erfordert, überaus gut einsetzen. Das eine ist die natürliche Erweiterung des anderen. Um im Umgang mit unseren Kindern Achtsamkeit zu entwickeln, müssen wir einen Teil unserer Energie und Disziplin und Fürsorglichkeit *nach innen* richten, auf unseren eigenen Geist und Körper; auf unsere Erfahrungen und unser Bemühen, uns systematischer um das innere und äußere Leben unserer Kinder zu kümmern, ihre seelischen und ihre physischen Bedürfnisse gleichermaßen – etwa Kleidung, Nahrung und ein angenehmes Zuhause.

Wir können in jeden Augenblick Achtsamkeit einbringen, ganz gleich, wie kurz er ist oder wie gestresst wir sind oder wie „zu“ wir uns fühlen mögen. Doch um Achtsamkeit zu kultivieren, ist es erforderlich, dass wir uns tagtäglich engagieren.

Die meisten der vielen tausend Teilnehmer des auf der Achtsamkeitspraxis basierenden Anti-Stress-Programms, das an der *Stress Reduction Clinic* des Medizinischen Zentrums der Universität Massachusetts angeboten wird, sind Eltern. Viele von ihnen kommen mit schweren und manchmal lebensbedrohlichen Gesundheitsproblemen zu uns und haben oft auch noch erhebliche soziale, ökonomische und persönliche Probleme. Manche haben in ihrer Kindheit selber schreckliche Dinge erlebt. In ihrem Bemühen, mit ihrer extrem schwierigen Situation in der Gegenwart und mit ihren Problemen aus der Vergangenheit fertig zu werden, leisten viele dieser Menschen tagein, tagaus Erstaunliches. Während des achtwöchigen Kursprogramms versuchen sie, in ihrem Leben Achtsamkeit zu entwickeln, wobei sie auf dem aufbauen, was sie ohnehin bereits für ihr eigenes Wohlbefinden und für das Wohl ihrer Familien tun. Im Laufe dieses Kurses verändern sich die Einstellungen dieser Menschen sowie die Art, wie sie andere Menschen einschließlich ihrer Kinder sehen und wie sie zu ihnen in Beziehung treten, oft tiefgreifend und dauerhaft. Trotz der Schwierigkeiten, die es mit sich bringt, im Alltagsleben Achtsamkeit zu entwickeln und aufrechtzuerhalten, berichten viele Kursteilnehmer, dass sie sich aufgrund der für sie neuartigen Aufmerksamkeit sowohl zu Hause als auch bei der Arbeit entspannter, positiver und besser in der Lage fühlen, mit Schwierigkeiten fertig zu werden, und dass ihr innerer Friede und ihr Selbstvertrauen stabiler sind. Die Anwendung der Achtsamkeitspraxis eröffnet ihnen neue Möglichkeiten. Manche Teilnehmer berichten, dass sie sich innerlich freier und sicherer fühlen, als sie es je zuvor für möglich gehalten hätten – sie haben nicht mehr das Gefühl, den Umständen ihres Lebens hilflos ausgeliefert zu sein.

In diesem klinischen Programm erläutern Kursleiter den Teilnehmern die verschiedenen Aspekte der Meditationspraxis und geben ihnen außerdem Tipps, wie sie diese Methoden in problematischen Alltagssituationen anwenden können. Im Laufe des Programms merken die Teilnehmer weitgehend selbst, wie sie Achtsamkeit sinnvoll auf ihre spezielle Alltagssituation anwenden können. Dieser kreative und sehr intuitive Prozess entwickelt sich ganz natürlich aus der Achtsamkeitsübung selbst.

Ebenso verhält es sich mit der Anwendung der Achtsamkeit in der Familie. Wir haben nicht vor, Ihnen in diesem Buch konkret zu sagen, was Sie tun oder lassen sollten. Nur Sie selbst können das entscheiden, weil nur Sie Ihr Leben genau kennen und nur Sie wissen können, was Ihre spezifische Situation in einem bestimmten Augenblick erfordert. Sogar die Frage, wie Sie die Achtsamkeitspraxis anwenden können, behandeln wir nur in ganz allgemeiner Form. Wie Sie dabei im Detail vorgehen und welche spezifischen Entscheidungen Sie treffen sollten, kann sich nur aus Ihrer eigenen Motivation ergeben, jeden einzelnen gegenwärtigen Augenblick zu würdigen, indem Sie ihm Ihr volles Gewahrsein schenken – und aus der Sehnsucht Ihres eigenen Herzens. Wenn Sie so handeln, werden sich aus den Situationen, die Sie mit Ihren Kindern erleben, Entscheidungen entwickeln, die vom Geist der Achtsamkeit geprägt sind. Diese werden aus Ihrer eigenen Kreativität, Vorstellungskraft und Liebe, aus Ihrer persönlichen Genialität erwachsen, denn diese Ressourcen in Ihrem Inneren sind praktisch unerschöpflich.

Außerdem gibt es heute eine nahezu unübersehbare Vielfalt von Familiensituationen: alleinerziehende Mütter und Väter; Paare, die sich zwar getrennt haben, ihre Kinder aber trotzdem gemeinsam erziehen; Paare, die spät in ihrem Leben noch einmal Kinder bekommen, obwohl sie bereits erwachsene Kinder haben; Paare, die Kinder adoptieren oder als Pflegeeltern die Verantwortung für Kinder übernehmen; Großeltern, die die Kinder ihrer Kinder aufziehen; ältere Paare, die zum ersten Mal Kinder bekommen; gleichgeschlechtliche Paare; Paare, die sich bezüglich der Kindererziehung völlig einig sind, und Paare, die sich praktisch nie einig sind und die über ihre elterlichen Aufgaben völlig unterschiedliche Ansichten haben; Paare, bei denen die Beteiligung am Erwerbsleben und an der Erziehung der Kinder völlig ungleich verteilt ist; Familien, in denen beide Eltern einer Vollzeitbeschäftigung nachgehen oder sogar zusätzlich noch Überstunden machen; Familien mit einem Kind, das an einer lebensbedrohlichen Krankheit, einer körperlichen Behinderung oder einer Entwicklungsstörung leidet; Familien mit vom Alter her schnell aufeinander folgenden oder aber sehr weit auseinander liegenden Kindern, mit Zwillingen oder gar Drillingen; Familien von sehr unterschiedlicher Größe; Familien mit Kindern gleichen Geschlechts oder mit Kindern verschiedenen Geschlechts … Angesichts dieser Vielfalt von unterschiedlichen Familiensituationen kann es einfach keinen einzig richtigen Weg und kein allgemeingültiges Wissen geben, das unter allen Umständen relevant und nützlich ist.

Doch eben, weil Achtsamkeit uns keine standardisierten Formeln liefert; weil sie etwas mit der Qualität unserer Erfahrung als menschliche Wesen zu tun hat sowie damit, wie weit wir in unserem Leben zur Aufmerksamkeit fähig sind, hat sie einen tatsächlich universalen Anwendungsbereich und ist praktisch in allen Situationen sinnvoll. Jeder von uns hat einen Geist; jeder Mensch hat einen Körper, jeder vermag seine Aufmerksamkeit bewusst auf etwas zu richten; und das Leben eines jeden Menschen entfaltet sich in einer Folge einzelner Augenblicke. Achtsamkeit gibt uns keine Ratschläge, was wir tun sollten, sondern sie lehrt uns, auf unser Inneres zu hören, genau auf das zu achten, was wir selbst für wichtig halten, und unsere Vorstellungen darüber zu erweitern, was in einer bestimmten Situation und unter den verschiedensten Umständen angemessen sein könnte.

Als Eltern und als Menschen und ganz gleich, welchen Problemen wir uns in unserem persönlichen Leben gegenübersehen, sind wir alle zu erstaunlichem Wachstum und zu tiefgehenden Transformationen fähig, wenn wir lernen, unsere inneren Ressourcen zu erkennen, sie zu nutzen und einen Weg zu finden, der unseren persönlichen Werten entspricht und dem, was unser Herz uns sagt. Natürlich erfordert dies Arbeit, aber auch nicht viel mehr Arbeit, als wir ohnehin schon leisten. Vor allem erfordert es eine grundlegende Umorientierung unseres Bewusstseins, so dass wir lernen, auf jene tiefe Weise zu sehen, die aus dem Gewahrsein des gegenwärtigen Augenblicks erwächst und das Beste in uns selbst und in unseren Kindern zutage fördert.

Um nun in die Welt der elterlichen Achtsamkeit und davon, was sie von uns fordert und uns zu bieten hat, einzutreten, werden wir eine Geschichte erzählen. Wir werden für einen Augenblick in das Reich der Mythen und der Seele eintauchen. Vielleicht gibt uns das eine Ahnung davon, was es bedeuten könnte, tiefer in die Dinge hineinzuschauen und unserem eigenen Herzen zu vertrauen. Dabei können wir alle Personen in der Geschichte als verschiedene Aspekte unseres eigenen Seins auffassen und Männlichkeit und Weiblichkeit, Schönheit und Hässlichkeit, Güte und Hartherzigkeit als Eigenschaften verstehen, über die wir alle in unterschiedlichem Maße verfügen.

Teil Zwei

Sir Gawain und die hässliche Dame: Die Geschichte enthält den Schlüssel

Sir Gawain und die hässliche Dame

Vor langer Zeit sah sich König Arthur aus Gründen, die in diesem Zusammenhang unwichtig sind, am Weihnachtstage gezwungen, sich um eine gerechte Sache zu kümmern, und er wurde dadurch mit seiner eigenen Ohnmacht konfrontiert. Das Schicksal ereilte ihn, als er dem Ritter von Tarn Wathelan gegenübertrat, einer Gestalt von übermenschlicher Größe, von Kopf bis Fuß in eine schwarze Rüstung gekleidet, auf einem riesigen rotäugigen Schlachtross, das schwarz war wie die tiefste Nacht. Als Arthur sich dem Ritter näherte, um auf der Ebene vor dessen düsterer Burg gegen ihn zu kämpfen, stellte der Ritter den König unter einen Bann, der Arthur selbst und sein Pferd jeglicher Kraft beraubte. Wie ein eisiger Schatten überfiel ihn eine gewaltige Furcht, die umso schrecklicher war, als sie sich weder auf den Ritter noch auf irgendetwas anderes in dieser Welt bezog. Es war ein schwarzer Schrecken der Seele, der sich zwischen Arthur und den Himmel legte und ihm jede Kraft nahm, so dass sein Schwertarm und sein Schildarm kraftlos niedersanken und er sich nicht mehr bewegen konnte.

„Was … verlangst du … von mir?“ keuchte Arthur.

Statt ihn zu töten oder ihn in ein Verlies zu werfen und ihn zusammen mit anderen tapferen Rittern zugrunde gehen zu lassen und dann mit magischer Hilfe sein Reich in Besitz zu nehmen, bot ihm der Ritter von Tarn Wathelan an, ihm Leben und Freiheit zu schenken, wenn er ihm nach sieben Tagen, am Neujahrstag, die Frage beantworten könne: „Was begehren Frauen am meisten?“

Arthur, von Scham und Wut erfüllt, sah keine andere Möglichkeit, als in den Handel einzuwilligen. Dann ritt er davon. Während der ganzen

Woche zog er durch das Land und stellte jeder Frau, der er begegnete, ob Gänsemagd, Schankwirtin oder adlige Dame, diese Frage. Alle Antworten, die er erhielt, schrieb er eifrig auf, doch war ihm die ganze Zeit über klar, dass keine von ihnen die richtige sein konnte.

Schweren Herzens brach er schließlich am Morgen des Neujahrstags zur Burg des Ritters auf. Die Chance, sein Leben zu retten, hatte er offensichtlich vertan, und ihm war klar, dass er nun von der Hand des Ritters sterben würde.

Die Berge wirkten noch düsterer als beim ersten Mal, und es wehte ein rauer Wind. Der Weg erschien ihm viel länger und schwieriger, und doch näherte er sich seinem Ziel viel zu schnell.

Als Arthur mit gesenktem Haupt, nicht mehr weit von der Burg entfernt, durch ein Dickicht ritt, hörte er eine angenehm sanfte Frauenstimme: „Seid gegrüßt, König Arthur. Möge Gott Euch schützen und erhalten."

Er wandte sich um und sah zwischen den Bäumen auf einem Erdhügel neben dem Weg eine Frau in einem leuchtend scharlachroten Umhang sitzen. Als der König sie erblickte, durchfuhr ihn ein Schock. Er hatte erwartet, dass die sanfte Stimme einer wunderschönen jungen Frau gehörte, doch vor ihm saß die scheußlichste Kreatur, die er je gesehen hatte. Ihr Gesicht war so abgrundtief hässlich, dass er es kaum anschauen konnte, und ihre lange, mit Warzen bedeckte Nase bog sich nach unten, das lange, haarige Kinn nach oben. Das einzige Auge der Frau lag tief unter einer wulstig vorspringenden Augenbraue, und ihr Mund war nichts weiter als ein unförmiges Loch. Ihr Haar hing in grauen, verfilzten Strähnen vom Kopf, und ihre Hände glichen braunen Klauen. Einen krassen Gegensatz zu dieser unglaublichen Hässlichkeit bildeten die Juwelen, die an ihren Fingern funkelten, denn diese waren so schön und kostbar, dass sie selbst der Königin zur Ehre gereicht hätten.

Arthur stand völlig fassungslos da, bis die Frau ihn daran erinnerte, wie ein Ritter sich in Gegenwart einer Dame zu benehmen hatte. Zu seiner Verblüffung stellte er fest, dass sie über seine Frage Bescheid wusste und auch darüber, dass er trotz der vielen Antworten auf die Frage, was Frauen am meisten begehren, von keiner die richtige Antwort erhalten hatte. Sie teilte dem erstaunten König mit, dass nur sie allein die richtige Antwort kenne und dass sie ihm diese nur verraten werde, wenn er ihr einen heiligen Eid schwöre, ihr als Lohn dafür zu geben, was immer sie verlange. Er willigte in diesen Handel ein, und sie bedeutete ihm daraufhin, sein Ohr zu ihren Lippen niederzubeugen. Dann flüsterte sie ihm die Antwort ins Ohr.

Sobald Arthur die Antwort der Frau gehört hatte, wusste er in seinem tiefsten Inneren, dass es die richtige war. Die Antwort war so simpel, dass er lauthals in ein Gelächter ausbrach, das ihm fast den Atem nahm.

Die Antwort, die er auf seine Frage „Was begehren Frauen am meisten?“ erhielt, lautete *Selbstbestimmung*.

Dann fragte Arthur die Frau, was sie als Gegenleistung erwarte. Sie jedoch sagte, sie werde ihm das erst mitteilen, wenn er die Antwort dem Ritter von Tarn Wathelan überbracht und sich ihre Richtigkeit bestätigt habe. Also ritt Arthur davon, und nachdem er den riesigen Ritter ein wenig auf die Folter gespannt hatte, teilte er ihm schließlich die Antwort mit. Da es die richtige war, war er auf der Stelle frei. Anschließend kehrte er zu der Stelle zurück, wo die Hässliche auf ihn wartete.

Als Belohnung forderte Lady Ragnell – das war der Name der Frau – von König Arthur, dass einer der Ritter seiner Tafelrunde, tapfer, höflich und schön anzusehen, sich bereit erkläre, sie zu seiner Frau zu machen. Arthur war erschüttert und geriet angesichts dieser ungeheuerlichen Forderung sichtlich ins Schwanken. Erst als sie ihn daran erinnerte, dass er dieser hässlichen Frau sein Leben zu verdanken hatte und dass er ihr als Gegenleistung für ihre Hilfe sein ritterliches und königliches Versprechen gegeben hatte, erklärte er sich einverstanden.

Hätte Arthur nun einem seiner Ritter befohlen, diese Frau zu heiraten, so hätte er damit die unabhängige Entscheidungsfreiheit des Mannes missachtet. Er musste also jemanden finden, der sich freiwillig dafür entschied, sie zur Frau zu nehmen. Als Arthur an seinen Hof zurückkehrte und der erstaunten Versammlung seiner Ritter von seinem einwöchigen Abenteuer berichtete, erbot sich sein Neffe Sir Gawain, aus Loyalität seinem Onkel, dem König, gegenüber und aus seiner eigenen Güte heraus, Lady Ragnell zu heiraten. Als Arthur das vernahm, wollte er nicht zulassen, dass Gawain diese Entscheidung traf, ohne die Frau zuvor gesehen zu haben.

Also brachen die Ritter am nächsten Morgen in die Wälder auf. Nach einiger Zeit sahen sie zwischen den Bäumen das scharlachrote Gewand auftauchen. Beim Anblick von Lady Ragnell überkamen Sir Kay und die übrigen Ritter tiefe Abscheu, und einige von ihnen ließen sich sogar zu beleidigenden Äußerungen über ihre Hässlichkeit hinreißen. Andere wendeten sich aus Mitleid ab und verbargen ihre Gefühle, indem sie sich um ihre Pferde kümmerten.

Sir Gawain hingegen schaute die Lady unerschrocken an. Irgendetwas an ihrem ergreifenden Stolz und an der Art, wie sie ihren scheußlichen Kopf erhob, erinnerte ihn an ein von Jagdhunden gestelltes Reh. Irgendetwas in der Tiefe ihres trüben Blicks erreichte ihn wie ein Hilfeschrei.

Er blickte seine Kameraden herausfordernd an und sagte: „Was schaut ihr so betreten zur Seite und zeigt so schlechte Manieren? An meiner Entscheidung bestand nie der geringste Zweifel. Habe ich denn nicht schon gestern Abend zum König gesagt, dass ich diese Dame heiraten werde? Und wenn sie mich akzeptiert, dann werde ich das auch tun!“ Dann sprang er vom Pferd, kniete vor ihr nieder und sagte: „Edle Dame, seid Ihr bereit, mich zum Ehemann zu nehmen?“

Die Lady schaute ihn einen Augenblick lang mit ihrem einen Auge an und sagte dann mit ihrer erstaunlich anmutigen Stimme: „Das werdet Ihr doch nicht im Ernst wollen, Sir Gawain. Ihr beliebt zu scherzen, ebenso wie die anderen.“

„Nie in meinem Leben lag es mir ferner zu scherzen“, protestierte er.

Wieder versuchte sie, ihn von seinem Vorhaben abzubringen. „Denkt nach, bevor es zu spät ist. Wollt Ihr tatsächlich eine Frau heiraten, die so hässlich und alt ist wie ich? Meint Ihr wirklich, ich sei die richtige Frau für den Neffen des Königs? Was werden Königin Guinevere und ihre Hofdamen sagen, wenn Ihr solch eine Braut an den Hof bringt? Und was werdet Ihr selbst insgeheim empfinden? Ihr werdet Euch schämen um meinetwillen.“ Dies sagte die Lady, und sie weinte bitterlich, und ihr Gesicht war von Tränen nass und aufgequollen und noch hässlicher.

„Lady, wenn ich Euch beschützen kann, so könnt Ihr sicher sein, dass ich auch mich selbst zu schützen weiß“, antwortete Gawain und blickte grimmig und mit kämpferischem Blick in die Runde der übrigen Ritter.

„Kommt nun mit mir zum Schloss, denn noch heute Abend soll unsere Hochzeit gefeiert werden."

Daraufhin antwortete Lady Ragnell mit Tränen in ihrem einen Auge: „Fürwahr, Sir Gawain, Ihr mögt es nicht glauben, aber Ihr werdet diese Hochzeit nicht bereuen."

Als sie sich erhob, um das Pferd zu besteigen, das die Ritter für sie mitgebracht hatten, stellte sich heraus, dass sich zwischen ihren Schultern ein Buckel befand und sie auf einem Bein lahm war. Gawain half ihr in den Sattel, bestieg sein Pferd und ritt neben ihr her, und dann machten sich alle auf den Weg zurück zum Schloss des Königs.

Die Neuigkeit eilte ihnen voraus, und an den Stadttoren versammelten sich die Menschen, um Sir Gawain und seine Braut vorüberreiten zu sehen. Alle, die sie sahen, erschraken, weil der Anblick ihre schlimmsten Befürchtungen noch weit übertraf.

Am gleichen Abend fand in der Schlosskapelle die Hochzeit statt. Die Königin selbst war Brautführerin, und der König war Trauzeuge. Sir Lancelot trat als erster vor und küsste die Braut auf ihre welke Wange. Die übrigen Ritter schlossen sich ihm an, doch blieben ihnen fast die Worte im Halse stecken, als sie der Braut und Sir Gawain eine glückliche Ehe wünschten. Und die arme Lady Ragnell schaute auf die gebeugten Köpfe all der Damen, die vortraten, um ihre Fingerspitze so kurz wie nur eben möglich zu berühren, denn sie konnten es nicht ertragen, sie anzuschauen oder sie auf die Wange zu küssen. Nur Cabal, der Hund, kam und leckte ihre Hand mit seiner warmen, feuchten Zunge, und er schaute sie mit seinen bernsteinfarbenen Augen, die ihre Scheußlichkeit gar nicht wahrnahmen, lange an, denn die Augen eines Hundes sehen anders als die Augen eines Menschen.

Das Gespräch bei Tisch war zäh und angestrengt, ein vergeblicher Versuch, Freude zu heucheln, während Sir Gawain und seine Braut starr neben dem König und der Königin an der Tafel saßen. Als die Tische abgeräumt worden waren und die Zeit zum Tanzen gekommen war, dachten viele, dass Sir Gawain nun wohl die Chance ergreifen und sich zu seinen Freunden gesellen würde. Doch er sagte: „Braut und Bräutigam müssen den ersten Tanz gemeinsam tanzen" und bot Lady Ragnell seine Hand. Sie nahm sie mit einer scheußlichen Grimasse, die wohl ein Lächeln andeuten sollte, und machte dann einen ungelenken Satz nach vorn, um mit Sir Gawain den Tanz zu eröffnen. Unter den wachsamen Augen des Königs und Sir Gawains wagte es während des ganzen Festes keiner der Gäste, den Eindruck aufkommen zu lassen, es sei irgendetwas nicht in bester Ordnung.

Schließlich endete das etwas gezwungene Fest, und die Neuvermählten zogen sich in das Hochzeitsgemach zurück. Dort warf Gawain sich vor dem Kamin in einen Sessel mit vielen Kissen und starrte in die Flammen, ohne seine Braut zu beachten. Da wehte ein plötzlicher Luftzug die Kerzenflammen zur Seite, so dass es schien, als würden die Wesen auf den bestickten Wandteppichen zum Leben erwachen. Irgendwo in sehr weiter Ferne glaubte Gawain das schwache Echo eines Jagdhorns zu hören, als käme es aus dem Herzen des verwunschenen Waldes.

Vom Fußende des Bettes her vernahm er eine leichte Bewegung und das Rascheln eines Nachtgewandes. Dann ertönte eine leise, sanfte Stimme und sagte: „Gawain, mein Liebster, weißt du denn nichts zu mir zu sagen? Kannst du es nicht einmal ertragen, mir einen Blick zu schenken?"

Gawain zwang sich, ihr seinen Kopf zuzuwenden. Dann sprang er auf, denn er konnte nicht fassen, was er sah: Zwischen den Kerzenleuchtern stand die schönste Frau, die er je in seinem Leben gesehen hatte.

„Lady", sagte er atemlos und nicht sicher, ob er wach war oder träumte, „Wer seid Ihr? Wo ist meine Frau, Lady Ragnell?"

„*Ich bin* deine Frau, Lady Ragnell", antwortete sie, „die Frau, die du im Walde gefunden und die du heute abend geheiratet hast, um die Schuld deines Königs zu begleichen – und vielleicht auch ein wenig aus Güte."

„Aber – aber ich verstehe das nicht", stammelte Gawain. „Ihr habt Euch so verändert."

„Ja", sagte die junge Frau. „Ich habe mich verändert, nicht wahr? Ich befand mich unter einem Zauber, und ich bin auch noch nicht völlig frei davon. Doch kann ich nun eine kleine Weile in meiner wahren Gestalt mit dir zusammen sein. Ist mein Herr zufrieden mit seiner Braut?"

Sie kam ein wenig auf ihn zu, und er streckte seine Arme nach ihr aus und umfasste sie. „Zufrieden? Meine Geliebte, ich bin der glücklichste

Mann auf der ganzen Welt; denn ich glaubte, die Ehre meines Onkels, des Königs zu retten, und tatsächlich ist mein Herzenswunsch in Erfüllung gegangen. Und doch habe ich schon im ersten Augenblick unserer Begegnung gespürt, dass irgendetwas in dir mich berührte und irgendetwas in mir auf diesen Impuls antwortete."

Nach einer Weile legte die Lady ihre Hände auf seine Brust und drückte ihn sanft von sich weg. „Hör zu", sagte sie, „du musst nun eine schwierige Entscheidung treffen. Ich habe dir schon gesagt, dass ich bis jetzt nur teilweise von dem Zauber befreit bin, der auf mir lastet. Weil du mich zur Frau genommen hast, ist er zur Hälfte gelöst; aber eben nur zur Hälfte."

Lady Ragnell erklärte, dass sie nun jeweils die Hälfte eines Tages in ihrer natürlichen Gestalt erscheinen könne, und Gawain müsse entscheiden, ob er sie am Tage schön und in der Nacht hässlich oder in der Nacht schön und am Tage hässlich sehen wolle.

„Das ist wahrlich eine schwere Entscheidung", sagte Gawain.

„Denke nach", erwiderte Lady Ragnell.

Doch Sir Gawain sagte ohne zu zögern: „Meine Liebe, sei hässlich am Tag und schön für mich allein!"

„Wohlan", antwortete Lady Ragnell, „ist das deine Entscheidung? Muss ich hässlich und entstellt sein unter den Damen der Königin und ihre Verachtung und ihr Mitleid ertragen, obgleich ich in Wahrheit so schön bin wie sie alle? Sir Gawain, ist dies Eure Liebe?"

Sir Gawain beugte nun sein Haupt. „Ich habe nur an mich selbst gedacht. Wenn es Euch glücklicher macht, so seid schön am Tage und nehmt bei Hof den Platz ein, der Euch gebührt. In der Nacht werde ich Eure sanfte Stimme in der Dunkelheit hören und mich daran erfreuen."

„Das ist fürwahr die Antwort eines Geliebten", sagte Lady Ragnell. „Aber ich möchte schön für dich sein; nicht nur für den Hof und für die Welt am Tage, die mir weitaus weniger bedeuten als du."

Und Gawain sagte: „Wie es auch sei, du bist es, die am meisten leidet; und da du eine Frau bist, glaube ich, dass du in diesen Dingen über mehr Weisheit verfügst als ich. Entscheide selbst, meine Liebe, und wie du auch entscheiden magst, ich werde damit zufrieden sein."

Daraufhin schmiegte Lady Ragnell sich an ihn und weinte und lachte zugleich. „Oh, Gawain, mein Liebster, indem du erkannt hast, dass ich die Entscheidung treffen muss, indem du mir *meinen eigenen Willen* gelassen hast, indem du mir eben jene Selbstbestimmung gewährt hast, die die Antwort auf die Rätselfrage war, hast du den Zauber völlig gebrochen, und ich bin nun frei von ihm und kann bei Tag und bei Nacht meine wahre Gestalt zeigen."

Sieben Jahre lebten Sir Gawain und Lady Ragnell überglücklich zusammen, und während dieser ganzen Zeit war Gawain sanfter, gütiger und unerschütterlicher, als er je zuvor gewesen war. Nach sieben Jahren jedoch ging Lady Ragnell davon – niemand wusste wohin –, und etwas von Gawain entschwand mit ihr.

Teil Drei

Grundlagen der Achtsamkeit in der Familie

Selbstbestimmung

Schauen wir uns nun das geheimnisvolle Juwel im Herzen von Gawains Geschichte an: *Selbstbestimmung,* die Antwort auf die Rätselfrage: „Was begehren Frauen am meisten?"

Das *Wissen* von der Selbstbestimmung errettete König Arthur vor dem sicheren Tod. Doch erst das tiefe *Gefühl* für den Wert der Selbstbestimmung, das aus Sir Gawains Empathie gegenüber Lady Ragnell erwuchs, löste ein Dilemma, das allein mit Hilfe des Denkens nie hätte gelöst werden können: Indem er ihr die Entscheidung überließ, gestand er ihr Selbstbestimmung zu, und dadurch wurde die Transformation möglich.

Dies ist auch der Schlüssel, wenn wir Achtsamkeit in der Familie kultivieren wollen. Indem wir unseren Kindern Selbstbestimmung und Entscheidungsfreiheit zugestehen, ermöglichen wir ihnen zum einen, sich so zu zeigen, wie sie wirklich sind, und zum anderen, ihren eigenen Weg zu finden. Beides benötigen sie, um wirklich erwachsen werden zu können.

Wie oft sind unsere Kinder wie in einem Zauber gefangen, wie oft werden sie von mächtigen Energien mitgerissen, so dass sie plötzlich zu Dämonen, Hexen, Trollen, Ungeheuern und Kobolden werden? Sind wir als Eltern in solchen Augenblicken so wie Gawain in der Lage, die äußere Erscheinung zu durchschauen, über die wir vielleicht erschrecken, und ihre wahre Natur hinter dem Zauber zu erkennen? Können wir Raum in uns schaffen, so dass wir sie so lieben können, wie sie sind, ohne dass sie sich verändern müssen, um uns zu gefallen? Und wie oft stehen wir Eltern selbst unter einem Zauberbann? Wie oft zeigen wir unseren Kindern unsere grausame Seite, den Menschenfresser oder die Hexe in uns?

Wie sehr sehnen wir uns insgeheim danach, von anderen so gesehen und akzeptiert zu werden, wie wir sind, und unseren eigenen Weg in unserem Leben zu finden?

Mary Pipher weist in ihrem Buch *Reviving Ophelia* darauf hin, dass die Antwort auf Sigmund Freuds gönnerhafte Frage: „Was wollen Frauen?“ in Therapiesitzungen mit Frauen immer wieder zutage tritt und dass, obwohl sie alle „etwas anderes und Spezielles wollen ... jede Frau letztlich das gleiche will – die sein, die sie tatsächlich ist, die werden, die sie werden kann“, „das Subjekt ihres eigenen Lebens und nicht [nur] Objekt im Leben anderer“.

Wenn Selbstbestimmung bedeutet, die Person zu sein, die man wirklich ist, und die Person zu werden, die man werden kann, könnte sie dann nicht auch die Antwort auf die allgemeinere Frage sein: „Wonach sehnt sich jeder Mensch in seinem Herzen am meisten?“ oder gar: „Was verdient jeder Mensch am meisten?“

So verstanden, ist Selbstbestimmung kein äußeres Streben nach Macht, obgleich es sehr machtvolle Auswirkungen haben kann, mit ihr in Kontakt zu sein. Man könnte eine tiefe Beziehung zwischen der Vorstellung innerer Selbstbestimmung und der buddhistischen Vorstellung der *Buddha-Natur* sehen, die wiederum mit der Vorstellung des wahren Selbst verwandt ist. Die Gestalt des Buddha ist die Verkörperung eines Geistes- und Herzenszustandes, der am besten als „mit sich selbst in Kontakt sein“, „bewusst sein“, „wissen“ oder „erwacht sein“ umschrieben werden kann. Nach buddhistischer Auffassung sind unser individueller Geist und der Buddha-Geist im Grunde ein und dasselbe, und unsere wichtigste Aufgabe als Menschen besteht darin, uns dieser essentiellen Einheit bewusst zu werden. Die Buddha-Natur liegt allem zugrunde. Alles ist vollkommen und einzigartig, und doch ist nichts vom Ganzen getrennt. Insofern ist die wahre Natur jedes Menschen die Buddha-Natur, und in dieser Hinsicht sind wir alle gleich. Die wahre Natur jedes Menschen ist souverän selbstbestimmt. Wir müssen nur erkennen, dass das für alle Menschen gilt, und es würdigen – bei unseren Kindern, bei uns selbst, letztlich bei allen Wesen.

Natürlich ist dieses „nur erkennen“ nicht so leicht, wie es sich anhört. Es ist eine Arbeit, die ein ganzes Leben oder vielleicht sogar viele Leben erfordert. Oft kennen wir unsere eigene wahre Natur nicht oder haben den Kontakt zu ihr verloren. Doch wenn wir den Kontakt zu unserer wahren Natur verloren haben, kann das für uns selbst und andere viel Leid hervorbringen.

> Der Buddha wird manchmal „einer, der Selbstbestimmung gegenüber sich selbst hat" genannt. Ereignisse reißen uns mit sich, und wir lieben uns selber. Die Geh-Meditation hilft uns, unsere Selbstbestimmung wiederzufinden, unsere Freiheit als menschliche Wesen. Wir gehen mit Anmut und Würde, wie ein Kaiser, wie ein Löwe. Jeder Schritt ist Leben.
>
> Thich Nhat Hanh, *The Long Road Turns to Joy*

Dass wir den innersten Kern anderer Menschen wertschätzen, kommt symbolisch in der Sitte zum Ausdruck, sich bei der Begrüßung vor anderen zu verneigen. In vielen Ländern geben die Menschen einander zur Begrüßung nicht die Hand, sondern legen die Handflächen vor ihrem Herzen zusammen und verneigen sich leicht voreinander. Das bedeutet: „Ich verneige mich vor dem Göttlichen in dir." Diese Geste ist ein Zeichen dafür, dass wir die jedem Wesen innewohnende Ganzheit in jedem Menschen anerkennen, die in jedem Augenblick gegenwärtig ist. Wir verneigen uns mit unserer eigenen wahren Natur vor der des anderen, indem wir uns vergegenwärtigen, dass beide im tiefsten Sinne ein und dasselbe sind, auch wenn wir auf anderen Ebenen alle unterschiedliche, einzigartige Ausdrucksformen dieser Einheit sind. Manchmal verneigen sich Menschen vor Katzen und Hunden, manchmal vor Bäumen und Blumen, manchmal vor Wind und Regen. Und manchmal verbeugen sich dann auch die Katzen und Hunde, die Bäume und Blumen und sogar Wind und Regen. Denn alles, was ist, hat eine Wesensnatur, die es zu dem macht, was es ist und ihm hilft, seinen Platz innerhalb des Ganzen einzunehmen; und die Beziehung zwischen uns selbst und all diesen Wesen ist immer wechselseitig. Ich (jkz) verneige mich gern auf diese Weise vor Babys und vor meinen Kindern. Manchmal tue ich das, wenn sie schlafen. Meist verneige ich mich innerlich vor ihnen.

Unsere elterlichen Entscheidungen darüber, in welcher Form wir unseren Kindern Selbstbestimmung ermöglichen wollen, fallen natürlich je nach Alter und Wesensart der Kinder und je nach den Umständen unterschiedlich aus. Was sich hingegen nicht ändern wird, ist hoffentlich unsere tiefe innere Verpflichtung, das grundsätzliche Geburtsrecht unserer Kinder auf Selbstbestimmung zu respektieren. Die Voraussetzung hierfür ist, dass wir uns als Eltern der Selbstbestimmung, des grundlegenden Gutseins und der wesenseigenen Schönheit unserer Kinder bewusst sind, selbst wenn wir mit diesen Eigenschaften in bestimmten Momenten absolut nicht in Kontakt sind oder wenn es einmal keinerlei äußere Anhaltspunkte für ihr Vorhandensein gibt.

Wie alle Eltern wissen oder zumindest bald herausfinden, kommt jedes Kind mit individuellen Eigenschaften, einem eigenen Temperament und ganz persönlichen Begabungen in diese Welt. Unsere Aufgabe als Eltern ist es, unsere Kinder in ihrer Einzigartigkeit zu erkennen und zu würdigen, indem wir ihnen, so wie sie sind, Raum geben statt sie zu ändern versuchen – so schwer uns das manchmal auch fallen mag. Da sie sich ihrer eigenen Natur gemäß ohnehin ständig verändern, ermöglicht diese Art des Gewahrseins ihnen vielleicht, auf eine Weise zu wachsen und sich zu verändern, die am besten für sie ist und die wir nicht durch unseren Willen beeinflussen können.

Kinder werden mit innerer Selbstbestimmung geboren, insofern sie genau als die geboren werden, die sie sind. Während Selbstbestimmung für unsere menschliche Natur fundamental ist, wächst unsere Fähigkeit, dies zu spüren und zu nutzen, mit zunehmender Lebenserfahrung, wobei es eine entscheidende Rolle spielt, wie wir selbst in unserer Kindheit und Jugend behandelt wurden. Denn unser Wissen über unsere eigene Selbstbestimmung als Person und über die Selbstbestimmung anderer sowie unser Gefühl dafür kann durch Vernachlässigung oder schlechte Behandlung verblassen.

Doch was wir Selbstbestimmung nennen, ist so tiefgreifend, so hartnäckig, so lebenswichtig und so unverzichtbar für unsere Natur – weil es unsere wahre Natur ist –, dass viele Menschen *trotz* extrem problematischer Kindheitserfahrungen Nahrung und Stärke daraus beziehen.

Manchmal übernimmt anstelle der Eltern ein anderer Erwachsener die wichtigste Rolle im Leben eines Kindes: zu sehen, wer dieses Kind wirklich ist, und seine Entwicklung durch Ermutigung und Güte, Anerkennung und Verständnis zu unterstützen. Viele Menschen sind sich dessen bewusst, dass sie ihren Erfolg im Leben einer ganz bestimmten Person zu verdanken haben, die ihr Wesen erkannt und sie dazu ermutigt hat, diesem Wesen entsprechend zu leben. Dass Menschen, die zu einem gewissen Grad ihre Ganzheit erkannt haben und so zur Entfaltung der Ganzheit und inneren Schönheit in anderen beitragen können, Kinder und Jugendliche unterstützen, ist die heilige Pflicht von Erwachsenen in jeder gesunden Gesellschaft.

Die Erfahrung der Selbstbestimmung wird vertieft, wenn ein Kind lernt, mit der Welt aus eigener innerer Stärke und eigenem Selbstvertrauen heraus in Kontakt zu treten, in dem Wissen, dass es geliebt wird und liebenswert ist, *so, wie es ist,* und akzeptiert wird *als das, was es ist*.

Dass die innere Selbstbestimmung von Kindern so betont wird, könnte beim ersten Hinsehen in der Weise missverstanden werden, dass wir denken, Kinder sollten nun wie Königinnen und Könige behandelt werden, die ständig bedient werden müssen. Darum geht es natürlich nicht. Nichts läge unserem Verständnis von Selbstbestimmung ferner. Obgleich uns die Selbstbestimmung unserer Kinder wichtig ist, lassen wir nicht zu, dass sie sich über die Bedürfnisse und Interessen anderer Menschen in ihrer Umgebung hinwegsetzen. Es geht uns nicht darum, hier für eine falsche Vorstellung von „Selbstachtung" einzutreten, die nicht dem Verhalten und den realen Erfahrungen der Kinder entspricht. Selbstbestimmung bedeutet nicht, dass wir den Kindern erlauben, zu tun, was sie wollen, oder dass alles, was sie tun, in Ordnung ist, oder dass sie immer bekommen sollten, was sie wollen, weil sie in jedem Fall ihren Willen bekommen und immer glücklich sein sollten.

Selbstbestimmung – bezogen auf die wahre Natur eines Menschen – ist eine universelle Qualität des menschlichen Lebens und vor allem eine Gelegenheit zu verstehen, was jene wahre Natur ist und wie sie bei jedem von uns zum Ausdruck kommt. Kinder sind *in sich selbst* souverän, und das gleiche gilt natürlich auch für ihre Eltern und für alle anderen Menschen.

Um die Selbstbestimmung in Kindern zu stärken, so dass sie ihren eigenen Weg in der Welt finden können, müssen wir uns fragen: Wie können wir ihre Selbstbestimmung würdigen und gleichzeitig unsere eigene Selbstbestimmung respektieren? Wie unterstützen wir sie darin, alle Aspekte ihres Seins zu entwickeln, mit ihrer Ganzheit in Kontakt zu sein und dadurch zu lernen, zentriert und selbstsicher zu sein? Und wie können wir ihnen gleichzeitig vermitteln, dass sie die Selbstbestimmung anderer Menschen sehen und respektieren?

Selbstbestimmung ist etwas völlig anderes als ein hemmungsloses Sich-Ausleben. Selbstbestimmung bedeutet nicht, dass Kinder alles bekommen sollten, was sie wollen, oder dass andere für sie die Arbeit tun sollten. Unsere Aufgabe besteht darin, die Selbstbestimmung unserer Kinder zu respektieren, ohne ihnen gleichzeitig das Gefühl zu vermitteln, alles, was sie tun, sei völlig in Ordnung, egal, was dabei herauskommt, weil nur sie wichtig seien und nur ihre Sicht der Dinge oder ihre Wünsche zählten. Die Selbstbestimmung eines Menschen kann nie isoliert gesehen werden, sondern steht immer zur Selbstbestimmung aller anderen Menschen in Beziehung, weil wir alle Teile eines größeren Ganzen sind und weil alles, was wir tun, alles andere beeinflusst.

Natürlich haben unsere Kinder ein Recht auf viele Dinge. Und natürlich haben auch Erwachsene Rechte. Doch weist die Beziehung zwischen Erwachsenen und Kindern wichtige Ungleichgewichte auf: Die Erwachsenen sind für die Kinder verantwortlich. Die Kinder haben *ein Recht* darauf, geliebt, versorgt und von ihren Eltern oder von anderen Erwachsenen beschützt zu werden. Als Erwachsene und als Eltern können wir von unseren Kindern nicht erwarten, dass sie *unsere* emotionalen Bedürfnisse erfüllen, weil wir sie damit überfordern würden. Um diese Bedürfnisse zu erfüllen, müssen wir uns um uns selbst kümmern oder uns die emotionale Zuwendung, die wir brauchen, von anderen Erwachsenen holen. Den Segen, den unsere Kinder uns unablässig schenken, ohne dass wir sie darum bitten – einfach dadurch, dass sie so sind, wie sie sind –, dürfen wir natürlich ohne Schuldgefühle annehmen und genießen.

Es mag durchaus sein, dass wir als Erwachsene und Eltern eine stärkere Verbindung zu unserer eigenen grundlegenden Selbstbestimmung entwickeln müssen, da diese so wichtig und gleichzeitig auch so vage ist. Das ist die innere Arbeit, die nötig ist, damit wir zu unserer eigenen wahren Natur erwachen. Möglicherweise werden wir einwenden, dass wir die meiste Zeit über zu beschäftigt sind, um Aufforderungen wie jenes berühmte „Erkenne dich selbst" der alten Griechen überhaupt beherzigen zu können. Doch könnte es nicht sein, dass wir es uns im Grunde nicht leisten können, *nicht* nach unserer wahren Natur zu suchen und zu lernen, im Einklang mit ihr zu leben? Wenn wir es nicht tun, schlafwandeln wir dann nicht über weite Strecken unseres Lebens und wissen am Ende trotz allen Nachdenkens nicht, wer wir sind oder waren und wer unsere Kinder sind?

Wie wir gesehen haben, ist die Praxis der Achtsamkeit ein Weg, diese Entdeckungsreise nach innen anzutreten. Wir können das auf zwei unterschiedliche Arten tun, die einander ergänzen: indem wir alle Aspekte unseres alltäglichen Lebens mit Aufmerksamkeit betrachten und indem wir uns täglich einer formellen Meditationsübung widmen, die darin besteht, eine gewisse Zeitspanne innezuhalten und Augenblick für Augenblick, in Stille, die Aktivitäten unseres Geistes und Körpers wahrzunehmen. Wenn wir versuchen, auf eine oder beide Arten die Achtsamkeit in unserem Leben zu verwurzeln und uns der Frage zuzuwenden, wer wir wirklich sind, so hilft uns das, unsere eigene wahre Natur zu erkennen und unseren Kindern Selbstbestimmung einzuräumen.

✿

Was kann es für uns als Eltern bedeuten, wenn wir es unserem Kind ermöglichen, seinen eigenen Weg zu gehen? Was bedeutet es eigentlich, *seinen eigenen Weg zu gehen*? Was ist der wahre eigene Weg eines Menschen überhaupt? Was beinhaltet die Erfahrung der Selbstbestimmung für einen Erwachsenen und für ein Kind? Wie wird diese Selbstbestimmung in verschiedenen Lebensaltern und auf verschiedenen Entwicklungsstufen erfahren? Und wie erfahren sie Kinder mit sehr unterschiedlichem Temperament?

Die Selbstbestimmung eines Kindes zu respektieren bedeutet zunächst einmal, dass wir uns der Existenz verschiedener Entwicklungsstufen und Temperamente bewusst sind. Es kann bedeuten, dass wir auf die Botschaften, die ein Baby uns gibt, angemessen reagieren, denn wir sind für das Baby die wichtigste Verbindung zur Welt. Wenn das Baby weint, wenden wir uns ihm zu, nehmen es vielleicht auf den Arm, halten es und nehmen mit ihm Kontakt auf, indem wir anwesend sind und ihm zuhören. Wir versuchen, bei ihm zu sein und ihm ein Gefühl des Wohlbefindens zu vermitteln. Auf diese Weise respektieren wir die Fähigkeit des Kindes, die Welt zu einer Reaktion auf seine Bedürfnisse zu veranlassen; wir gestehen ihm diesen Respekt zu und vermitteln ihm, dass die Welt auf seine Signale reagiert und dass es in der Welt einen Platz hat – dass es dazugehört. Wir tun das, unabhängig davon, ob wir gerade Lust dazu haben oder nicht.

Wenn wir unseren Kindern, ihrer Altersstufe gemäß, Selbstbestimmung zugestehen wollen, so kann das bedeuten, dass wir unser Haus so „kindersicher" machen, dass unser Krabbelkind ungefährdet seine Umgebung erkunden kann. Doch selbst in einer relativ ungefährlichen Umgebung ist es wichtig, Krabbelkinder nicht aus den Augen zu lassen. Wir ignorieren durchaus nicht die Selbstbestimmung eines Krabbelkindes, wenn wir weitgehend wahrzunehmen versuchen, was es gerade tut. Wir bringen dadurch zum Ausdruck, dass das Kind unsere kontinuierliche Aufmerksamkeit verdient. Für Eltern mit Kindern in diesem Alter wird sie zu einer Art sechstem Sinn, mit dessen Hilfe sie beispielsweise augenblicklich erkennen, dass ein Glas zu nah am Tischrand steht, und es so, unmittelbar bevor das Kind danach greift, von dort wegstellen können, selbst wenn sie sich gleichzeitig mit einer anderen Person unterhalten.

Hingegen können ständige ängstliche Warnungen wie: „Tu das nicht! Pass auf, du tust dir weh!", wenn ein Kind seine Umgebung erforscht, das Selbstvertrauen des Kindes unterminieren, und unsere Ängste werden so auf das Kind übertragen. Stattdessen könnten wir ruhig dabei sein und das Kind mit unserer Aufmerksamkeit begleiten. So können wir einen Unfall verhindern oder das Kind notfalls aufnehmen, ohne seine Abenteuerlust durch unsere eigenen Ängste zu bremsen.

Das Selbstbestimmungsbedürfnis Heranwachsender können wir auf angemessene Weise unterstützen, indem wir uns nicht dadurch irritieren lassen, wie sich unsere Kinder in diesem Alter anziehen oder wie sie ihre Individualität zum Ausdruck bringen. Stattdessen können wir uns auf ihr grundlegendes Gutsein beziehen, auch wenn ihre Versuche, ihre innere Kraft zum Ausdruck zu bringen, auf uns und andere Erwachsene oft schockierend und abstoßend wirken. Wir gestehen ihnen Selbstbestimmung zu, indem wir ihnen zuhören und ihre individuellen Ansichten, Erkenntnisse, Fähigkeiten und Stärken zu verstehen und zu würdigen versuchen. Wir tun es auch, indem wir uns der unzähligen Einflüsse bewusst bleiben, mit denen sie in dieser Zeit in Kontakt kommen. Das bedeutet, dass wir in der Lage sein müssen, zu erkennen, wann es besser ist, nichts zu ihnen zu sagen und sie in Ruhe zu lassen, und wann wir besser verbal oder aber nonverbal Kontakt zu ihnen aufnehmen – und zwar auf eine Weise, die ihre wachsende Autonomie respektiert. Und manchmal bedeutet es, dass wir klare Grenzen definieren und dann wohlwollend, aber gleichzeitig auch unerschütterlich dazu stehen.

Das sind nur ein paar Beispiele, wie wir Kindern in verschiedenen Altersstufen Selbstbestimmung zugestehen können. So wie bei Lady Ragnell ist auch unsere wahre Natur nicht immer leicht zu erkennen. Die Klarheit, die es uns ermöglicht, den Schleier der äußeren Erscheinungen zu durchschauen und zum Besten unserer Kinder zu handeln, entwickeln wir, indem wir das Gewahrsein für jeden Augenblick schulen. Selbstbestimmung kann weder uns selbst noch einem anderen allein durch eine einzelne vertrauensvolle Handlung gewährt werden, so wichtig solche Handlungen und Augenblicke auch sein mögen. Selbstbestimmung entsteht vielmehr dadurch, dass wir versuchen, jedem Augenblick mit offenem Herzen und gesundem Unterscheidungsvermögen zu begegnen.

Kein Tag vergeht, an dem wir uns nicht auf irgendeine Weise auf die Probe gestellt fühlen, an dem wir nicht unsere Selbstbestimmung hinterfragen oder das Gefühl haben, dass sie nicht mit der Selbstbestimmung unserer Kinder zu vereinbaren ist. Oder, anders ausgedrückt: Die Aufgabe, die Eltern Tag für Tag erfüllen, kann manchmal sehr erschöpfend sein und ist immer harte Arbeit, so wie auch der Versuch, kontinuierliche

Aufmerksamkeit zu entwickeln, harte Arbeit ist. Wie wir bereits gesehen haben, erfordert Elternschaft Disziplin; sie fordert ständig, dass wir uns an die Möglichkeit des Präsent-Seins erinnern; dass wir unsere Kinder als die sehen und akzeptieren, die sie sind, und uns, indem wir das tun, im Umgang mit ihnen von unserer besten Seite zeigen, zu ihrem und unserem eigenen Wohlergehen.

Ein Teil dieser Arbeit besteht darin, nie zu vergessen, dass wir unsere eigenen Probleme und die unserer Kinder nicht ausschließlich durch Denken lösen können. Wir verfügen über andere, ebenso wichtige geistige Ressourcen, und als Eltern müssen wir lernen, diese zu nutzen, denn nur dann können wir auch unseren Kindern helfen, sie zu entwickeln. Eine dieser Ressourcen ist die *Empathie*, die Kunst, sich einzufühlen und mitzufühlen. Sir Gawain *empfand* etwas für Lady Ragnell. Indem er auf sein Gefühl vertraute – auf das, was wir seine „Intuition", sein „Herz" nennen würden –, gelang es ihm, die äußere Erscheinung und den Entweder-oder-Schleier seines eigenen Denkens zu durchdringen. Erst als er sich von seiner Hoffnung auf ein bestimmtes Ergebnis löste und er sowohl sein Dilemma *als auch* Lady Ragnells Selbstbestimmung akzeptierte, wurde eine Lösung möglich und die zuvor scheinbar unmögliche Befreiung.

Wenn jeder Augenblick wirklich eine Gelegenheit ist, zu wachsen; eine Chance, dem eigenen Wesen näher zu kommen, eine Weggabelung, die zu einem der unendlich vielen möglichen nächsten Augenblicke führt, je nachdem, wie wir den jetzigen sehen und erleben – dann schafft die Selbstbestimmung, die einem Kind in einer bestimmten Situation angemessen ist, den Raum, in dem seine wahre Natur in Erscheinung treten, gesehen werden und still gewürdigt werden kann. Und dadurch können im heranwachsenden Kind Selbstachtung, Selbstvertrauen und Vertrauen in die eigene wahre Natur und in den eigenen Weg Wurzeln fassen und sich entwickeln.

Die Kraft der Empathie und des Annehmens ist ungeheuer stark und wirkt sowohl bei der Person, die sie empfängt, als auch bei derjenigen, die sie einem anderen Menschen entgegenbringt, zutiefst transformierend. Mehr als alles andere stehen die sorgsame Unterstützung der Selbstbestimmung eines Kindes und eine allgemein mitfühlende, empathische und verständnisvoll-akzeptierende Haltung im Zentrum der Bemühungen um den achtsamen Umgang mit Kindern.

✿

Die folgende Geschichte veranschaulicht sehr eindrucksvoll, wie ein Vater seinem Sohn in einer schwierigen Situation das Geschenk der Selbstbestimmung machte.

> „Papa wird darüber sehr wütend sein", sagte meine Mutter. Es war im August des Jahres 1938 in einer Pension in den Catskill-Bergen. An einem heißen Freitagnachmittag war es uns – drei neunjährigen Jungs aus der Stadt – sehr langweilig. Wir hatten schon so ziemlich alles gemacht, was man in den Sommerferien auf dem Land machen kann: Frösche gefangen, Blaubeeren gepflückt und im eisigen Flusswasser gebibbert. An diesem unerträglich langweiligen Nachmittag wollten wir jetzt endlich ein bisschen Action. Um zu überlegen, was wir anstellen könnten, verkroch ich mich mit Artie und Eli zusammen in die Kühle des „Casinos", eines kleinen Gebäudes, in dem die Gäste abends Bingo spielten und sich hin und wieder die Vorführung eines durchreisenden Zauberkünstlers anschauten.
> Schließlich kam uns die zündende Idee: Das Casino war einfach zu neu. Die Holzbalken und die weiße Rigipsverschalung der Wände waren einfach zu perfekt. Wir wollten diesen Eindruck ein wenig abschwächen und in dem Raum für alle Zeiten ein paar anonyme Spuren hinterlassen. An die möglichen Konsequenzen dachten wir natürlich keinen Augenblick. Wir nahmen eine lange hölzerne Bank und rammten sie wie einen Rammbock in eine Wand. Ein wundervolles Loch blieb zurück – aber nur ein kleines. Also wiederholten wir das Ganze noch einmal und dann noch einmal …
> Anschließend betrachteten wir Helden außer Atem und schwitzend unser erstes wirklich ansehnliches Loch. Die Aktion hatte uns soviel Spaß gemacht, dass wir uns völlig von unserer Idee mitreißen

ließen und weitermachten. Nach einer Weile war kaum noch ein Stück Wand unbeschädigt. Noch bevor die ersten Gewissensbisse einsetzten, tauchte plötzlich Mr. Biolos, der Besitzer, in der Eingangstür auf. Er war außer sich vor Wut. Wenn unsere Väter am Abend aus der Stadt kämen, würde er ihnen Bescheid sagen und dafür sorgen, dass der Gerechtigkeit Genüge getan würde!

Dann informierte er zunächst einmal unsere Mütter. Meine Mutter war der Meinung, was ich getan hätte, sei so ungeheuerlich, dass sie es meinem Vater überlassen müsse, mich zu bestrafen. „Und Papa wird darüber *sehr* wütend sein!" kündigte sie mir an.

Um sechs Uhr hatte sich Mr. Biolos auf dem Zufahrtsweg postiert und wartete grimmig auf das Eintreffen unserer Väter. Hinter ihm drängten sich die ebenfalls wütenden Gäste auf der Veranda vor ihrem Bingo-Palast – wie beim Fußballspiel auf den billigen Stehplätzen. Sie hatten gesehen, was aus ihrem „Casino" geworden war, und wussten, dass sie diesen Anblick nun für den Rest des Sommers ertragen mussten. Auch sie forderten nachdrücklich Gerechtigkeit. Artie, Eli und ich hatten uns jeder einen unauffälligen Platz gesucht, vorsichtshalber nicht zu weit von unseren Müttern entfernt. Wir warteten.

Arties Vater traf als erster ein. Nachdem Mr. Biolos ihm die Neuigkeit mitgeteilt und ihm das verwüstete Casino gezeigt hatte, zog er bedächtig seinen Gürtel aus der Hose und drosch dann mit nicht zu übersehender Routine auf seinen schreienden Sohn ein – natürlich unter den sichtlich beifälligen Blicken der gehässigen Menge, zu der die ansonsten immer so freundlichen Gäste geworden waren.

Als nächster traf Elis Vater ein. Nachdem auch er gehört und gesehen hatte, was sein Sohn zusammen mit uns beiden anderen angerichtet hatte, wurde er so wütend, dass er ihn mit einem Schlag gegen den Kopf zu Boden streckte. Eli lag weinend im Gras, doch sein Vater trat ihm weiter gegen die Beine, in den Hintern und in den Rücken. Als der Sohn aufzustehen versuchte, trat der Vater ihn erneut.

In der Menge wurde gemurmelt: „Daran hätten die Kinder vorher denken können. Unkraut vergeht nicht. Macht euch keine Sorgen. Ich wette, die machen so etwas nie wieder."

Ich schaute mir all das an und fragte mich, was *mein* Vater wohl tun würde. Er hatte mich noch nie im Leben geschlagen. Ich wusste, dass andere Kinder von ihren Vätern geschlagen wurden, hatte gesehen, dass einige meiner Schulkameraden mit blauen Flecken zur Schule kamen, und manchmal hatte ich sogar abends aus einigen Häusern in unserer Straße Schreie gehört. Doch das waren eben immer diese anderen Kinder, andere Familien, und warum und wie sie an ihre blauen Flecken gekommen waren, war mir immer völlig unklar gewesen. Bis jetzt.

Ich schaute zu meiner Mutter hinüber. Sie war offensichtlich sehr aufgewühlt. Sie hatte mir schon vorher klargemacht, dass ich eine Art Verbrechen begangen hatte. Bedeutete dies, dass von jetzt ab auch für mich Prügel an der Tagesordnung waren?

Plötzlich kam mein Vater in unserem Chevy an. Er bekam gerade noch mit, wie Eli von seinem Vater über die Eingangstreppe ins Haus gezogen wurde. Er stieg aus dem Auto, offensichtlich überzeugt – so glaubte ich –, dass Eli die Strafe verdient haben musste. Mir wurde schwindelig vor Angst. Mr. Biolos begann mit seiner Ansprache. Mein Vater hörte ihm zu. Sein Hemd war schweißnass, ein feuchtes Taschentuch hing ihm um den Hals. Feuchte Witterung machte ihm immer sehr zu schaffen. Ich schaute zu, wie er Mr. Biolos in das Casino folgte. Mein Vater, stark und prinzipientreu, verschwitzt und sichtlich bedrückt – was mochte er über all das denken?

Als sie aus dem Casino zurückkamen, schaute mein Vater zu meiner Mutter hinüber und rief ihr ein leises „Hallo" zu. Dann sah er mich und warf mir einen langen ausdruckslosen Blick zu. Während ich noch versuchte, diesen Blick zu deuten, wandte er sich von mir ab und schaute die Menge an, schaute von Gesicht zu Gesicht.

Dann stieg er zum allgemeinen Erstaunen wieder ins Auto und fuhr davon! Niemand, nicht einmal meine Mutter, konnte sich vorstellen, wohin er wohl fuhr.

Eine Stunde später kam er zurück. Auf das Dach des Wagens hatte er einen Stapel Rigipsplatten geladen. Beim Aussteigen hielt er eine Einkaufstüte in der Hand, aus der ein Hammerstiel herausragte. Ohne ein Wort zu sagen, lud er die Platten ab und trug sie nacheinander ins Casino.

An diesem Abend tauchte er nicht mehr auf.

Während des Abendessens, das ich zusammen mit meiner Mutter schweigend aß, und während des ganzen restlichen Freitagabends bis spät in die Nacht hinein hörte ich – hörte jeder – die stetigen Hammerschläge meines Vaters. Ich stellte mir vor, wie er schwitzte, sein Abendessen versäumte, die Gesellschaft meiner Mutter vermisste und immer wütender auf mich wurde. Würde morgen der letzte Tag meines Lebens sein? Es war drei Uhr nachts, als ich endlich einschlief.

Am nächsten Morgen erwähnte mein Vater mit keinem Wort, was am Vortag geschehen war. Er ließ auch keine Spur von Wut erkennen und verhielt sich mir gegenüber in keiner Hinsicht abweisend. Wir verbrachten einen ganz normalen Tag zusammen, er, meine Mutter und ich, unser normales, angenehmes Familienwochenende. War er wütend auf mich? Und ob er das war! Doch zu einer Zeit, in der viele seiner Generation es noch als ein gottgegebenes Recht ansahen, ihre Kinder körperlich zu züchtigen, war es in seinen Augen ein kriminelles Vergehen, die eigenen Kinder zu schlagen. Ihm war klar, dass sich Kinder, wenn sie geschlagen werden, an den Schmerz erinnern, auch wenn sie den Grund für die Schläge längst vergessen haben.

Jahre später wurde mir klar, dass es für ihn unvorstellbar gewesen wäre, mich zu demütigen. Anders als die Väter meiner Freunde hatte er für Rache und öffentliche Demütigung nichts übrig.

Dennoch hatte mein Vater mir eine Lektion erteilt. Ich habe die Ungeheuerlichkeit meiner Zerstörungswut an jenem heißen

Augustnachmittag nie vergessen. Und ich werde auch nie vergessen, dass mir an jenem Tag erstmals klar wurde, wie tief ich ihm vertrauen konnte.

Mell Lazarus
(Schöpfer der Comic-Strips *Momma*
und *Miss Peach* und Roman-Autor),
aus: „Angry Fathers“, *Sunday New York Times,*
„About Men“, 28. Mai 1995

Empathie

Empathie war einer der Hauptgründe dafür, dass es Sir Gawain gelang, Lady Ragnell von ihrem Zauber zu befreien. Er hatte ihren Schmerz gespürt und in ihren Augen eine unvorstellbare verborgene Schönheit erahnt: „Irgendetwas an ihrem ergreifenden Stolz und an der Art, wie sie ihren scheußlichen Kopf erhob, erinnerte ihn an ein von Jagdhunden gestelltes Reh. Irgendetwas in der Tiefe ihres trüben Blicks erreichte ihn wie ein Hilfeschrei."

Der Hund des Schlosses zeigte gegenüber Ragnell ein Maß an Empathie, mit dem er die Menschen beschämte. „Nur Cabal, der Hund, kam und leckte ihre Hand mit seiner warmen, feuchten Zunge, und er schaute sie mit seinen bernsteinfarbenen Augen, die ihre Scheußlichkeit gar nicht wahrnahmen, lange an …". Hunde und Katzen können uns Menschen ungeheuer viel über Selbstbestimmung, Empathie und Akzeptieren lehren. Vielleicht leben wir deshalb mit ihnen zusammen – und sie mit uns. Sie vermitteln uns die Grundlagen; die Erziehung unserer Kinder ist dann das Training für Fortgeschrittene. Wir beginnen damit, ungeachtet dessen, ob wir dafür bereit sind oder nicht. Und wer ist schon wirklich bereit für diese Aufgabe?

✿

Wenn wir darüber nachdenken, welche Bedeutung Empathie in unserem Leben hat, dann könnten wir uns vielleicht fragen: „Was habe ich mir als Kind von meinen Eltern am sehnlichsten gewünscht?" Vielleicht könnten Sie einmal eine oder zwei Minuten darüber nachdenken und schauen, welche Wörter oder Bilder Ihnen dabei in den Sinn kommen …

Was sich die meisten Menschen am sehnlichsten von ihren Eltern gewünscht hätten: Dass sie von ihnen als die gesehen und akzeptiert worden wären, die sie waren. Dass man sie mit Güte, Mitgefühl, Verständnis und Respekt behandelt hätte. Sie hätten sich gewünscht, dass man ihnen Freiheit und eigenen Raum zugestanden und ihnen ein Gefühl der Sicherheit und Zugehörigkeit vermittelt hätte. Alle diese Dinge können Kinder nur erfahren, wenn ihre Eltern zu echter Empathie fähig sind.

Es ist leicht, Empathie für ein Kind zu empfinden, wenn es Schmerzen hat. Wesentlich schwieriger ist es, wenn das Kind um sich tritt, mit Gegenständen schmeißt und mit wütendem Geschrei seinen Unmut kundgibt. Ebenso schwierig ist es, wenn die Interessen oder Ansichten des Kindes unseren eigenen zu widersprechen scheinen. Wenn wir in größerem Umfang zu Empathie fähig sein wollen, müssen wir bewusst an der Entwicklung dieser Fähigkeit arbeiten.

Unsere Empathie unserem Kind gegenüber können wir weiterentwickeln, indem wir uns bemühen, Situationen aus seiner Perspektive zu sehen. Wir versuchen, uns in die Gefühle und Erfahrungen des Kindes hineinzuversetzen. Wir versuchen, das, was in jedem Augenblick geschieht, mit wohlwollendem Gewahrsein aufzunehmen. Dies schließt auch das Gewahrsein unserer eigenen Gefühle ein.

Was könnte es zum Beispiel bedeuten, Empathie mit einem Neugeborenen zu entwickeln, sich vorzustellen, wie es für das Kind sein mag, in diese Welt zu kommen, nachdem es neun Monate lang in einer völlig anderen gewesen ist?

Wir könnten uns zunächst vorzustellen versuchen, wie das Leben im Uterus gewesen sein mag – an einem geschützten Ort, an dem es angenehm warm und feucht ist, wo ständig rhythmische Geräusche ertönen, wo es das Gefühl gibt, geborgen und getragen zu sein, sanft geschaukelt zu werden – eine Welt ungeteilter Ganzheit, wo es kein Wollen gibt und wo es an nichts fehlt.

Der folgende Auszug aus einem Brief eines Neunzehnjährigen an seine Mutter zum Muttertag gewährt uns einen tiefen Einblick in diese Welt.

Viel Frieden und Stärke aus meinem Herzen für dich
für die neun Monate köstlichster Meditation,
in denen ich wie ein Fisch im Wasser atmen konnte,
in denen die Nahrung so rein war,
dass weder Mund noch Kehle benötigt wurden …
Gesegnet seist du.

Bei unserer Geburt verlassen wir dieses harmonische Universum und betreten eine neue, völlig andere Welt. Dort werden wir vielleicht durch grelles Licht und kalte Luft überrascht. Vielleicht hören wir laute, unerwartete Geräusche und spüren etwas Raues und Hartes auf der Haut. Wir empfinden zum ersten Mal Hunger. All das trifft uns als raue, reine Erfahrung, die wir noch nicht durch irgendwelches Wissen filtern können. Stellen wir uns einmal vor, wir würden plötzlich in eine solch unvertraute Umgebung versetzt und wären völlig abhängig von der Fähigkeit ihrer Bewohner, unsere Sprache zu verstehen und zu begreifen, was wir im jeweiligen Augenblick brauchen.

Welche Art von Empfindung wäre Ihnen lieber: die eines kalten Kunststoff-Nippels oder die einer warmen, weichen und süß duftenden Brust? Sanft in liebevollen Armen gehalten zu werden – oder in einer Wiege oder auf einem Babysitz aus Kunststoff zu liegen? Dass man Sie schreien lässt, bis Sie einschlafen, oder mitfühlende Anteilnahme zu spüren? Dass Sie, wenn Sie weinen, auf den Arm oder an die Brust genommen werden, dass man Ihnen ruhig und achtsam die Windel wechselt, Sie auf dem Arm wiegt und Ihnen ein Lied vorsingt?

Warum fällt es uns so schwer, unsere kleinen Kinder als vollwertig empfindende, vollwertig erfahrende Wesen zu sehen? Warum erscheint es uns als völlig normal, Kinder schreien zu lassen, bis sie nicht mehr können, wohingegen wir die Schreie oder das Weinen eines Freundes oder einer Geliebten – ja selbst eines Fremden – niemals ignorieren würden? Gegen was wehren oder wovor schützen wir uns, wenn wir uns vom Schmerz und Kummer eines Babys distanzieren?

Natürlich könnte es sein, dass wir uns vor mehr Arbeit schützen wollen. Auf kurze Sicht erfordert es natürlich wesentlich mehr Arbeit, unsere Kinder wirklich Augenblick für Augenblick zu begleiten und angemessen auf ihre Bedürfnisse einzugehen. Sich auf die Körpersprache eines Kindes einzustellen, verschiedene Dinge auszuprobieren, die Sensibilität zu entwickeln, die erforderlich ist, damit wir weder zu wenig noch zu sehr auf es eingehen; ein Kind zu halten, zu trösten oder durch sanftes Summen zu beruhigen – all das erfordert Zeit und Energie. Und natürlich rauben uns Kinder häufig auch den Schlaf – sowohl im wörtlichen als auch im metaphorischen Sinne. Sicherlich fällt es uns leichter, Empathie für unsere Kinder zu entwickeln, wenn es unseren eigenen Bedürfnissen entgegenkommt. Die wirkliche Prüfung in dieser Hinsicht sind Situationen, in denen sich ihre und unsere eigenen Bedürfnisse im Konflikt befinden.

Es kann auch sein, dass wir uns in solchen Situationen durch Mangel an Empathie vor dem Schmerz zu schützen versuchen, den wir selbst erlebt haben, als in unserer eigenen Kindheit unsere physischen und emotionalen Bedürfnisse nicht erfüllt wurden. Empathie mit der Verletzbarkeit eines Kindes zu entwickeln, kann uns auf sehr direkte Weise an unsere eigene erinnern.

Ein Weg, wie wir es als Erwachsene vermeiden können, uns unsere eigenen schmerzhaften Erfahrungen als Kinder einzugestehen, besteht darin, in einen Mechanismus zurückzufallen, dessen wir uns bedient haben, als wir selbst noch Babys waren. In einer Umgebung, die nicht angemessen auf ihre wirklichen Bedürfnisse zu antworten vermag, verschließen sich viele Babys emotional, ziehen sich zurück und „schalten ab". Wenn wir als Kinder gelernt haben, auf diese Weise mit Schmerz und Frustration fertig zu werden, so verhalten wir uns oft auch als Erwachsene so, und zwar meist völlig automatisch und ohne dass es uns bewusst wird. Statt auf die Gefühle unseres Babys einzugehen und uns der eigenen emotionalen Reaktionen auf die Gefühle des Kindes bewusst zu sein, ignorieren wir sie oder spielen sie durch Rationalisierungen herunter wie: „Kinder halten eine Menge aus; sie wird sich schon daran gewöhnen", „Weinen wird ihm nicht schaden",

„Wir wollen sie ja nicht verwöhnen". Dann versuchen wir vielleicht unser eigenes Unbehagen zu beschwichtigen, indem wir nach etwas zu essen greifen, zu einem Drink oder Drogen; wir setzen uns vor den Fernseher oder lesen die Zeitung, um uns zu beruhigen und den Schmerz auszublenden.

Wir sind uns dabei wahrscheinlich gar nicht bewusst, dass wir über gewaltige innere Reserven verfügen, die derartige Fluchtversuche überflüssig machen. Sich auf die Situation einzustimmen und in eine empathische Verbindung zu unserem Kind zu treten ist in solchen Augenblicken eine bessere Alternative und dabei sowohl für die Eltern als auch für das Kind wesentlich befriedigender. Selbst wenn wir das in unserer Kindheit nicht erfahren haben, können unsere Babys und Kinder diese ursprüngliche Fähigkeit im tiefsten Inneren unserer Seele wecken – sofern wir bereit sind, diesen Weckruf zu hören.

In vielen Studien, bei denen Mütter gebeten wurden, absichtlich besonders stark oder schwach auf ihre Babys zu reagieren, statt sich auf ihre wirklichen Bedürfnisse einzustimmen, reagierten die Kinder augenblicklich mit Bestürzung und Schmerz. Daniel Goleman, der in seinem Buch *Emotionale Intelligenz* über diese Untersuchungen berichtet, schreibt:

> Ein längeres Ausbleiben der Abstimmung zwischen Mutter und Kind fordert einen ungeheuren emotionalen Tribut vom Kind. Zeigt die Mutter beharrlich keinerlei Einfühlung in bestimmte Emotionen des Kindes – seien es Freuden oder Tränen, sei es das Schmusebedürfnis –, so fängt das Kind an, die Äußerung, vielleicht sogar das Empfinden dieser Emotionen zu meiden. Auf diese Weise können vermutlich ganze Empfindungsbereiche aus dem Repertoire für intime Beziehungen getilgt werden, besonders wenn diese Gefühle während der Kindheit weiterhin versteckt oder offen entmutigt werden.
>
> Daniel Goleman, *Emotionale Intelligenz*

Die Konsequenzen aus derartigen Untersuchungen sind weitreichend. Nach den Erkenntnissen des Forschers und Psychiaters Daniel Stern, den Goleman zitiert, sind diese kleinen, wiederholten kommunikativen

Transaktionen zwischen Eltern und Kindern Grundlage für die elementarsten emotionalen Lernprozesse. Wenn das stimmt, ist es für die kontinuierliche Entwicklung der Kinder zu emotional kompetenten, heilen und selbstbestimmten Wesen von entscheidender Bedeutung, dass sich ihre Eltern aus ganzem Herzen dem ständigen kommunikativen Austausch mit ihren Kindern widmen.

Aus dieser Perspektive betrachtet könnte das „gute" Baby, das nach zehn Minuten zu schreien aufhört, schon gelernt haben, aufzugeben. Und wollen wir unseren Kindern tatsächlich beibringen, aufzugeben? Meinen wir tatsächlich, wir könnten unseren Kindern „Unabhängigkeit" beibringen, indem wir sie lehren, sich mit der *Nicht*erfüllung ihrer Bedürfnisse abzufinden? Wollen wir wirklich, dass unsere Kinder sich emotional verschließen und ihre Lebendigkeit und Offenheit verlieren? Oder wollen wir ihnen vermitteln, dass ihre Gefühle wichtig sind und dass wir bereit sind, auf sie einzugehen? Dass es Menschen gibt, auf deren Sensibilität sie vertrauen und sich verlassen können? Und dass es nicht gefährlich ist, offen zu sein, sich auszudrücken und um das zu bitten, was sie brauchen – kurz gesagt, in einer *Wechselbeziehung* zu ihrer Umgebung zu stehen?

✿

Wenn Babys zu Kleinkindern werden und anfangen, die Welt zu erforschen, entwickeln sie eine natürliche Neugier und Freude an allem, was sie umgibt. Gleichzeitig werden sie mit zahllosen Frustrationen konfrontiert, weil sie versuchen, Dinge zu tun, die sie noch nicht können und weil ihnen noch viele Fähigkeiten fehlen. Auf ihren Entdeckungsreisen brauchen sie eine liebevolle und verständnisvolle Person, zu der sie immer wieder zurückkehren können. Krabbelkinder brauchen die Sensibilität und das Verständnis ihrer Eltern (oder, wenn diese nicht zu Hause sind, eine ähnliche Situation in der Kinderkrippe), um sich eine Umwelt erobern zu können, die ihrer Neugier genügend Anregung bietet, in der sie gefahrlos ihren Forschungs- und Entdeckungsdrang befriedigen können und die ihnen gleichzeitig Wärme und Sicherheit gibt – zum Beispiel in Form eines aufnahmebereiten Schoßes oder indem es gehalten oder getragen wird.

Wenn unsere Kinder älter werden, nimmt unsere Empathie ihnen gegenüber andere Ausdrucksformen an, obgleich es auch dann noch Situationen gibt, in denen das Wichtigste, was sie brauchen, eine stille Umarmung ist oder dass wir ihnen die Hand halten. Die Signale, die wir von ihnen empfangen, sind oft verwirrend und schwer zu verstehen. In einem Augenblick sind sie freundlich und kommunikativ, im nächsten wütend und ablehnend.

Unsere Fähigkeit oder auch nur die Möglichkeit, zu kommunizieren, hängt zu einem großen Teil davon ab, ob wir selbst dann zu unserem vollkommenen und tiefen Engagement unserem Kind gegenüber stehen, wenn es die Beziehung zu uns in Frage stellt oder auf unsere Vorschläge oder Fragen nicht eingeht.

Um trotz einer Zurückweisung weiterhin empathisch sein zu können, dürfen wir uns nicht durch unsere eigenen verletzten Gefühle an dem Bemühen hindern lassen, uns in den Schmerz hineinzuversetzen, den unsere Kinder in der Situation empfinden. Sie müssen spüren, dass wir ihnen verbunden bleiben, ganz gleich, wie sehr uns ihr Verhalten missfallen mag, und ganz gleich, wie finster die Masken auf uns wirken mögen, die sie aufsetzen. Wenn wir diese achtsame Beharrlichkeit auch in schwierigen Situationen aufrecht erhalten, so nicht aus dem Wunsch heraus, die Macht über unsere Kinder zu behalten, sie zu kontrollieren, zurückzuhalten oder uns aus unserer eigenen Bedürftigkeit heraus an sie zu klammern, sondern aus unserem Bemühen heraus, für sie da zu sein; ihnen zu zeigen, dass sie nicht allein sind, dass wir nicht aus dem Blick verloren haben, wer sie sind und was sie uns bedeuten.

Und hilft es nicht uns allen, wenn wir uns verwirrt und hilflos fühlen, zu spüren, dass die Menschen, die uns am nächsten stehen, immer noch unsere Verbündeten sind, dass sie immer noch tief in unser Inneres zu sehen vermögen und dass sie uns immer noch lieben? Deshalb ist es unsere Aufgabe als Eltern, unsere Beziehung zu unseren Kindern immer wieder neu herzustellen. Dies erfordert Zeit, Aufmerksamkeit und eine wirkliche innere Verpflichtung. Wenn wir ständig abwesend sind – oder zwar körperlich anwesend, aber mit unserer Aufmerksamkeit und unserem Herzen abwesend –, spürt unser Kind wahrscheinlich nicht das Vertrauen und die Nähe, die es braucht, um uns seine Probleme mitteilen zu können.

Kinder verfügen über die wundervolle Fähigkeit, blitzschnell zum Kern eines Problems vorzustoßen. Eine Freundin erzählte uns die folgende Geschichte: Eines Abends brachte sie ihre achtjährige Tochter ins Bett. Das Kind hatte nachts seit einigen Jahren immer wieder große Angst vor Räubern und Kidnappern. Die Mutter saß auf dem Bett des Mädchens und hörte ihm zu. Dabei kämpfte sie innerlich mit dem Wunsch, das Kind zu beruhigen, es davon zu überzeugen, dass es nichts zu befürchten brauche. Doch es war ihr klar, dass es nichts nützen würde, gegen die tiefe immer wiederkehrende Angst der Tochter Argumente vorzubringen.

Stattdessen erzählte sie ihrer Tochter, auch sie habe in ihrem Alter abends oft große Angst gehabt. Das Mädchen schaute die Mutter erstaunt an und sagte: „Wirklich?“ Die Mutter bestätigte dies mit einem Nicken. Daraufhin dachte die Tochter einen Augenblick lang nach und fragte sie dann sehr ernst: „Konntest du es deiner Mami erzählen?“ Die Mutter dachte an ihre Kindheit zurück und antwortete dann: „Nein, das konnte ich nicht.“

Mit ihren acht Jahren wusste die Tochter aus eigener direkter Erfahrung, wie wichtig es ist, einem vertrauten Menschen mitteilen zu können, wie man sich fühlt. Sie wusste, wie wichtig es ist, die Offenheit, das Verständnis und die mitfühlende Teilnahme einer Mutter oder eines Vaters zu spüren. Ihre Ängste wurden nicht als unbedeutend abgetan, und es wurden keine Witze darüber gemacht. Trotz der sehr realen Ängste fühlte sich die kleine Tochter geborgen genug, um der Mutter ihre Gefühle schildern zu können. Sie brauchte sich in ihrer Angst nicht allein zu fühlen.

Als Eltern lernen wir viel über uns selbst, indem wir uns mit Achtsamkeit der Gedanken und Gefühle gewahr werden, die wir empfinden, wenn ein Kind uns etwas Problematisches mitteilt. Wenn es uns gelingt, das Unbehagen zu beobachten, das gewisse Gefühle in uns erzeugen, und wenn wir jeden Impuls registrieren, bestimmte Sorgen oder Ängste zu beschönigen oder sie als unbedeutend abzutun, so kann uns das helfen, unsere automatischen Verhaltensweisen zu verändern und uns unseren Kindern gegenüber mitfühlender und fürsorglicher zu verhalten.

Stattdessen überschütten wir in manchen Augenblicken, in denen es das Beste wäre, einfach nur zuzuhören, empathisch zu sein und unserer Fürsorglichkeit Ausdruck zu geben, unsere Kinder mit unseren eigenen starken Gefühlen und Reaktionen. Schließlich kann es sogar soweit kommen, dass das Kind glaubt, es müsse sich um uns kümmern, statt umgekehrt.

Wenn wir solche Augenblicke, in denen wir wider Willen auf Abwege geraten sind, mit Achtsamkeit betrachten, wird uns vielleicht klar, was da vor sich geht, und wir können innehalten oder unserem Verhalten vielleicht sogar eine andere Richtung geben. Dieses sensible Gewahrsein jedes einzelnen Augenblicks ermöglicht es uns, die Bewegungen unserer Energie zu verfolgen. Es erinnert uns daran, dass wir unsere Unterscheidungsfähigkeit wirklich entwickeln können; bewusst entscheiden können, wann es hilfreich ist, unsere Gefühle mitzuteilen, und wann es unnötig ist oder sogar negative Auswirkungen hat. Wir können durch ein *inneres* Zuhören lernen, wann es richtig ist, die Initiative zu ergreifen und wann wir die Dinge besser auf sich beruhen lassen; wann Sprechen und wann Schweigen die bessere Wahl ist und wie wir schweigend gegenwärtig sein können, so dass ein anderer Mensch das als empathische Präsenz empfindet und nicht als Ablehnung und Rückzug. Niemand kann uns diese Dinge lehren. Wir müssen sie durch eigene Erfahrung lernen, indem wir auf die Signale und Hinweise achten, die wir erhalten, und auf das Kommen und Gehen unserer eigenen psychischen Zustände.

Die ständige Arbeit am Aufbau und an der Wiederherstellung empathischer Verbindung zu unseren Kindern ist eine wichtige Grundlage für die Achtsamkeit in der Familie. Wenn wir lernen, die Dinge aus der Perspektive eines Kindes zu sehen, so kann uns das helfen, adäquate Entscheidungen zu treffen, und es hilft uns auch, allem, was Augenblick für Augenblick geschieht, im Geiste mitfühlender Präsenz zu begegnen.

Akzeptieren

Zu Selbstbestimmung und Empathie kommt ein drittes Grundelement achtsamer Elternschaft: Akzeptieren. Die drei ergänzen sich und hängen eng zusammen. Man kann sie sich als die Seiten eines gleichseitigen Dreiecks vorstellen. Akzeptieren ist eine innere Einstellung, die erkennt und anerkennt, dass die Dinge sind, wie sie eben sind – unabhängig davon, ob sie uns gefallen oder nicht und egal, wie schrecklich sie in einem bestimmten Moment sind oder uns vorkommen. Auch wenn es einem vom Philosophischen her einleuchtet, ist das im Alltagsleben nicht einfach umzusetzen. In der Praxis der Achtsamkeit geht es darum, dass wir Bewusstheit für unsere Beziehung zum gegenwärtigen Moment entwickeln und bemerken, wenn wir uns gegen die jeweils gegebene Lage der Dinge sträuben. Die Geschichten, die wir gerade erzählt haben, illustrieren die Möglichkeiten, die sich ergeben, wenn es uns glückt, uns nicht im Netz stark ablehnender Gedanken und Emotionen zu verfangen.

Gawain akzeptierte Ragnell so, wie sie war. Mel Lazarus' Vater akzeptierte, dass das, was die Jungs angerichtet hatten, eben passiert war. Indem er das tat, erkannte er, dass der nächste Moment nach etwas Neuem verlangte; nach etwas, was Wiedergutmachung, Aufarbeitung und Respekt fördern würde. Das Akzeptieren dessen, was ist, ist die Grundlage für die Fähigkeit zu wählen, wie man sich zu dem verhalten soll, was gerade geschieht. Akzeptieren ist kein passives Resignieren, keine Niederlage. Genauso wenig, wie Selbstbestimmung ein Freibrief für alles ist, heißt Akzeptieren, dass für uns alles okay ist, was unsere Kinder machen. Aber genau in dem Moment, wo wir unseren Kindern klar sagen, dass bestimmte Verhaltensweisen inakzeptabel sind, können sie trotzdem spüren, dass wir sie voll und ganz akzeptieren. Das Akzeptieren ist eine Tür, die uns zu neuen Arten des Sehens und zum Entdecken neuer Möglichkeiten führt, wenn wir sie öffnen. Achtsamkeit ist der Schlüssel, um ein Mindestmaß des Akzeptierens zu entwickeln, daher wird es zu einer Form der Praxis, mit dem Thema „Akzeptieren" zu arbeiten. Zu der Praxis gehört, sich bewusst zu werden, wie viel Widerstand wir manchmal erleben, wenn etwas nicht in unserem Sinne läuft. In solchen Situationen kommen alle möglichen Emotionen hoch, unter anderem Frustration und Zorn. Paradoxerweise kann aber eine gewisse Offenheit und Entkrampfung entstehen, wenn wir diese belastenden Emotionen liebevoll und klar betrachten. Eine große Rolle spielt dabei, dass wir nicht Dinge persönlich nehmen, die im Grunde nicht persönlich sind. Nicht so einfach, wenn es um das Verhalten unserer Kinder geht – oder was es auch immer ist, was wir bedrohlich oder empörend finden.

✿

Ich (Myla) bin mit meinen beiden Töchtern in einem Schuhgeschäft. Die eine ist vier und die andere noch ein Baby. Die Vierjährige braucht neue Schuhe, und nichts passt so richtig. Als wir gehen, beginnt sie zu schreien und zu kreischen, greift sich einen der ausgestellten Schuhe und lässt ihn nicht mehr los. Während ich das Baby im Arm halte, greife ich ihre Hand und gehe zum Ausgang, wo ich eine Verkäuferin bitte, ihr den Schuh wegzunehmen. Es folgt ein wüstes Gezerre. Ich empfinde Wut, Hilflosigkeit und Ohnmacht. Schließlich schaffe ich es, uns aus dem Geschäft zu kriegen. Sie schreit und weint immer noch, mit brennend rotem Gesicht. Sie ist rasend vor Zorn, weil sie keine neuen Schuhe bekommt. Ich muss kämpfen, um sie auf den Autositz zu bekommen. Dabei tritt sie gegen die halb offene Autotür und tritt die Plastikverkleidung kaputt.

Wie ich auf diese ganze Episode reagiere, wird davon bestimmt, wie ich mein Kind in diesem Moment sehe oder nicht sehe. Im Moment selber, überwältigt von der Heftigkeit ihrer Reaktion, war ich wütend und nicht besonders mitfühlend. Ich war nicht besonders empathisch, aber ich habe auch nicht zurückgeschlagen. Es erforderte meine ganze Aufmerksamkeit und Energie, uns einfach wieder nach Hause zu bringen und zu verhindern, dass sie jemandem wehtat. Erst später war ich fähig, mir den Vorfall anzuschauen und ein wenig Mitgefühl für sie zu empfinden, während ich das Geschehene zu verstehen versuchte und alle Puzzleteile zusammensetzte.

Die möglichen Ursachen waren höchst verschiedenartig: Übermüdung, Hunger, die starken Ledergerüche in dem Geschäft; dazu kam ihre Frustration, weil sie nicht bekam, was sie wollte, und das vor dem Hintergrund, dass sie mich nicht für sich hatte, sondern mit ihrer kleinen Schwester teilen musste. Wahrscheinlich war es alles zusammen.

In der Rückschau sah ich ein, dass sie nicht aus Böswilligkeit oder weil sie mich ärgern oder manipulieren wollte, geweint und um sich getreten und das Auto beschädigt hatte. Ihr Zorn darüber, dass sie keine Schuhe bekam, löste eine riesige Kettenreaktion aus, die sie nicht kontrollieren konnte. Sie war irgendetwas völlig ausgeliefert, einer Art Fluch.

❁

Es gibt viele verschiedene Betrachtungsweisen für das, was wir bei Kindern oft „schwieriges“ oder „negatives“ Verhalten nennen. Was für den einen vielleicht völlig inakzeptabel ist, mag für mich ein normales Verhalten sein und umgekehrt. Konditioniert von Meinungen und Gefühlen, die meist nicht hinterfragt werden, sind wir sehr oft auf eine einzige Betrachtungsweise festgelegt, in der die sozialen Anstandsregeln – was andere vielleicht denken oder wie peinlich etwas ist – vor dem emotionalen Wohlergehen unserer Kinder rangieren.

In solchen Momenten fühlt man sich von seinen Kindern schnell manipuliert und fremdbestimmt, völlig hilflos und dann natürlich ungeheuer wütend. Gut möglich, dass wir zurückschlagen, weil wir unsere Autorität wiederherstellen und die Kontrolle über die Situation zurückgewinnen möchten.

Da solche Situationen, vor allem, wenn die Kinder noch klein sind, im Elterndasein überreichlich vorkommen, bieten sich uns viele Möglichkeiten, mit diesen impulsiven Mustern zu arbeiten und aus unserem wachsenden Gewahrsein und Urteilsvermögen heraus eine Reihe von angemesseneren und konstruktiveren emotionalen Reaktionen zu entwickeln.

Das ist der Punkt, wo die Bewusstheit für unsere emotionalen Reaktionen und auch das kleinste Engagement in der formellen Meditationspraxis zusammenwirken können. Will heißen, dass wir, wenn es unsere restlichen Verpflichtungen erlauben, formell Meditation praktizieren, wie in Teil 4 beschrieben, um unsere natürliche Fähigkeit zu größerer Bewusstheit und klarerer Wahrnehmung zu vertiefen. Formelle Meditation kann als eine Art Labor fungieren, in dem wir in hohem Maße vertraut werden mit unseren verschiedenen Geistes- und Gefühlszuständen und damit, wie sie uns beeinflussen. Sie gibt uns endlose Möglichkeiten, Moment für Moment unseren Gedanken und Gefühlen beim Entstehen zuzuschauen und sie als unpersönliche Ereignisse im Geist zu sehen, ganz ähnlich den verschiedenen Spielarten des Wetters, auf die wir in keiner bestimmten Weise reagieren müssen – wenn überhaupt. Sich seiner Emotionen gewahr zu sein heißt einfach, ganz bewusst anzuerkennen, dass sie da sind. Ohne sie zu beurteilen (was im Normalfall heißt, dass wir nicht darüber urteilen, dass wir sie eigentlich dauernd beurteilen), akzeptieren wir ganz einfach – vielleicht ist es auch nicht „ganz einfach" –, dass das jetzt, ob wir es mögen oder nicht, im Moment unsere Gefühle sind.

Indem wir im Rahmen unserer Bemühung um Achtsamkeit lernen, unser ganzes Spektrum an Gefühlen zu beobachten und zu akzeptieren, darunter auch hochgradig aufwühlende, werden uns natürlich auch die Gefühle von anderen bewusster, vor allem die unserer Kinder. Wir lernen allmählich die Landschaft der Gefühle und ihre wechselhafte Natur besser kennen, neigen zu mehr Wohlwollen und gleichzeitig weniger dazu, sie persönlich zu nehmen. Wir sind fähiger, ihr Erleben und ihre Gefühle zu akzeptieren, auch wenn uns ihr Verhalten vielleicht nicht behagt. Dadurch sind wir in der Lage, aus dem beschränkten Bereich herauszutreten, in dem wir Eltern uns oft wiederfinden: wo wir von unseren eigenen Gefühlen und unserem Festhalten an der eigenen Meinung so beherrscht sind, dass wir uns von unseren Kindern entfremden und sie auf eine ganz fundamentale Weise im Stich lassen.

Auch hier gilt wieder, dass uns unsere Kinder zahllose Übungsmöglichkeiten bieten: die Schleier unserer emotionalen Impulsivität zu durchschauen und die Dinge so, wie sie sind, zu akzeptieren, um dann, wenn wir den größeren Zusammenhang sehen, so gut wir können zu handeln.

❁

Wie wir handeln, ist immer davon geprägt, wie wir etwas auffassen. Wenn ein Baby schreit, sehen wir das dann als eigensinnigen Versuch an, uns seinen Willen aufzuzwingen, oder als Zeichen, dass es uns braucht oder sich nicht wohl fühlt? Wenn ein Kind zu krabbeln und die Umgebung zu erforschen beginnt, sehen wir seine durch nichts zu bremsende Neugier dann als Zeichen von Intelligenz, Stärke und Lebensmut oder als Bedrohung für unsere Vormachtstellung oder, wenn es älter ist, als Ungehorsam? Wie betrachten wir es, wenn ein Sohn seine Schwestern maßlos ärgert, wenn ein Mädchen im Teenageralter launisch und reserviert ist, kritisch und anspruchsvoll, oder wenn ein Kind so wütend ist, dass es damit droht, von zu Hause wegzulaufen?

Unsere Kinder so akzeptieren, wie sie sind. Klingt einfach. Aber wie oft finden wir uns in der Situation wieder, dass wir unsere Kinder anders haben wollen? Wollen, dass sie anders handeln, aussehen oder sind, als sie es im Moment gerade tun? Wie oft wünschen wir uns, sie wären so, würden so aussehen oder sich benehmen wie damals, in jenem anderen Moment, zu jener anderen Zeit? Und wie oft akzeptieren wir nicht – obwohl alles dafür spricht –, dass genau hier, genau jetzt, die Situation eben nicht so ist, wie wir es wünschen, sondern unleugbar so, wie sie eben ist?

Wenn die Lage unserer Kontrolle entgleitet, tendieren wir impulsiv dazu, irgendeine Methode zu ergreifen, um den Übeltäter zu „disziplinieren" und die Ordnung wiederherzustellen. Dieser Kreislauf aus „schlechtem Verhalten" und einer darauf folgenden, von uns verhängten Disziplinierungsmaßnahme beinhaltet oft keinerlei Versuch von unserer Seite, Empathie für das Erleben des Kindes zu haben. Statt dass ein schwieriger Moment zu größerem gegenseitigem Verständnis und einer tieferen Verbindung zwischen Eltern und Kind führt, werden dann vielleicht Distanz und Entfremdung erzeugt.

Die Alternative dazu ist ein Prozess, der viel weniger scharf umrissen ist. Es gibt kein Patentrezept dafür. Aber wir können sagen: Er beginnt mit dem Versuch, offen zu sein, unser Kind in genau diesem Moment mit neuen Augen zu sehen. Wenn wir das versuchen, stellen wir oft fest, dass unsere Sichtweise von eigenen Bedürfnissen geprägt ist, unseren Ängsten und Erwartungen und von der Fülle oder dem Mangel an Handlungsmöglichkeiten im gegebenen Moment. All das kommt zusammen, um unseren Blick zu filtern, so dass alles in einem bestimmten Licht erscheint, oder um unseren Blick gänzlich zu trüben. In jedem Fall sehen wir nicht mehr das Gesamtbild. Nur noch bestimmte Farben und Einzelheiten dringen durch. Unsere selektive Wahrnehmung kann dazu führen, dass wir das Verhalten unseres Kindes gewohnheitsmäßig negativ kategorisieren und werten, und damit zu unterdrückter Aggression und emotionaler Abkapselung.

Wenn wir genau in diese Momente, wo wir spüren, dass wir Perspektive und Klarheit verlieren, Achtsamkeit einbringen; wenn wir uns erlauben, voll präsent zu sein – uns vielleicht mit Hilfe des Atems im Körper erden – und versuchen, sorgfältig auf das zu schauen, was mit unserem Kind wirklich vor sich geht, so stellen wir oft fest, dass unter der Oberfläche, auf die wir reagieren, viel mehr passiert. Wenn wir zugestehen, dass das „schwierige" Verhalten eines Kindes eine tiefer liegende Ursache hat – auch wenn wir sie nicht gleich sehen und nicht verstehen, was los ist –, können wir vielleicht ein wenig mitfühlender und nachgiebiger sein.

Es beeinflusst die Beziehung zu unseren Kindern enorm, wie wir das betrachten, was abläuft – ob mit Wertung und Ablehnung oder mit der offenen Bereitschaft, tiefer zu schauen. Das schwierige Verhalten eines Kindes auf eine weniger wertende, mitfühlendere und offenere Weise zu betrachten, ermöglicht uns, zum Verbündeten des Kindes zu werden und eine Herzensverbindung zu ihm aufrecht zu erhalten, auch wenn uns nicht gefällt, was es tut.

Wenn wir fähig sind, unsere gewohnheitsmäßigen, oft hoch kritischen Ansichten gegenüber chaotischem oder schwierigem Verhalten beiseite zu lassen, sehen wir vielleicht, dass wildes, lautes, wütendes Benehmen nicht unbedingt „negativ" ist. Manchmal agieren Kinder etwas aus, um ihr Gleichgewicht zurückzugewinnen. Vielleicht fühlen sie sich von Seiten der Schule oder durch die Anforderungen bestimmter Pflichten unter Druck gesetzt und brauchen ein Ventil für ihre Energie, ihre Vitalität, ihre Kraft.

Wenn unsere Kinder besonders wild, albern oder kindisch waren, hat es mir (Myla) im Laufe der Jahre geholfen, das als Abreagieren oder Dampf-Ablassen zu sehen, als ganz wichtigen Weg, etwas herauszulassen, statt es in sich hineinzufressen. Manchmal platzen Kinder vor unbändiger Energie. Ein anderes Mal zeigen sie vielleicht tiefe, unterschwellige Emotionen. Sogar wenn sie durchdrehen, brüllen, schreien, treten oder schlagen: Ich werde toleranter, wenn ich solches Verhalten als Ausdruck ihrer Lebendigkeit betrachte. Es als gesundes und normales Abreagieren zu sehen, rückt für mich die Dinge etwas zurecht und hilft mir, sie nicht so persönlich zu nehmen. Ich kann mich dafür entscheiden, unbeschwerter zu sein. Und den Kindern gibt es die Freiheit, verschiedene Verhaltensweisen auszuprobieren, statt durch elterliche Autorität in einen engen Rahmen gezwängt zu werden, was im menschlichen Dasein akzeptabel ist und was nicht.

Manchmal hilft es, einen Gefühlsausbruch wie einen plötzlichen Wetterumschlag zu betrachten. Ab und zu müssen wir solch eine Eruption einfach aussitzen, so, wie wir auch das Ende eines Gewitters abwarten würden. Gehen wir eigentlich davon aus, dass ein Gewitter „seinen Willen durchsetzen" will (eine Formulierung, die oft gebraucht wird, wenn ein Kind sich nicht so benimmt, wie wir wollen)? Manchmal ist ein Ausbruch für unsere Kinder der einzige Weg, neu anzufangen. Wenn sich aus irgendeinem Grund ein Ungleichgewicht aufbaut, ist eine Entladung vielleicht der einzige Weg, um zu dem Frieden zu gelangen, der meistens folgt – dem Aufatmen, dem Loslassen. Manchmal müssen Kinder uns wegschieben und einen neuen Raum in sich finden, bevor eine Versöhnung möglich ist, eine neue Verbindung, ein neuer Anfang.

Jedes Mal, wo wir gegen diese Energie angekämpft und uns gegen sie gesträubt, sie zu kontrollieren versucht oder negativ kommentiert haben, haben wir alles nur noch schlimmer gemacht. In solchen Momenten hilft es, wenn wir einen Weg finden, mit unseren Kindern mitzugehen, statt uns lediglich zu wehren; mit ihnen zu arbeiten statt gegen sie.

Manchmal müssen wir dabei ihrer Energie irgendwie ein Ziel bieten. Wenn zum Beispiel ein Kleinkind oder auch ein Schulkind wild und unbändig wird, will es vielleicht mit Ihnen ringen oder irgendetwas anderes Körperbetontes machen, das ihm hilft, seine Energie abzulassen, aber auf eine eindeutigere, geerdete Art. Wenn die Verbindung wieder hergestellt ist, ist es einfacher, ihm bei dem Übergang zu dem, was es im Moment gerade nötig hat, zu helfen.

Wenn wir aufmerksam sind, werden wir mit der Zeit schon ganz früh die Warnzeichen entdecken, dass sich etwas zusammenbraut. Dann können wir in einem ruhigen Moment, wenn sie empfänglich sind, mit unseren Kindern arbeiten und sie ermuntern, darauf zu achten, wie sie sich in diesen Momenten der „Ruhe vor dem Sturm" fühlen. Sie können anfangen, sich zu fragen: „Bin ich vielleicht müde? Oder hungrig? Bin ich wütend oder traurig?" Allmählich können unsere Kinder lernen, um das zu bitten, was sie brauchen – ob es nun ein bisschen Ruhe allein im Zimmer ist oder eine Umarmung oder ein warmes Bad oder eine Kleinigkeit zu essen oder eine Balgerei. Und sogar nach einer Explosion können wir, wenn sie ein wenig älter sind, in einem ruhigen Moment zurückblicken und Problemlösung betreiben. Je nach Alter können wir ihnen sagen, was wir gespürt und gesehen haben – wie sie sich vielleicht gefühlt haben (frustriert, wütend, verletzt usw.) – und zuhören, was sie darauf antworten. Es kann hilfreich sein, sie wissen zu lassen, wie ihr Verhalten uns und andere Mitmenschen beeinflusst (dass es für andere zum Beispiel schwieriger wird, zuzuhören, dass sie sich abgelehnt fühlen usw.). Wir können fragen, ob sie irgendwelche Ideen haben, wie sie ihre Gefühle und Bedürfnisse so ausdrücken könnten, dass sie besser wahrgenommen werden. Auf diese Weise können sie allmählich lernen, ihr Erleben zu reflektieren und im Idealfall brauchbarere Wege finden, mit schmerzhaften Emotionen umzugehen.

Es kann für Eltern genauso schwer sein wie für Kinder, zu lernen, nach innen zu schauen, auf die eigenen Gefühle zu achten und die Signale, die der Körper aussendet, vor allem in Zeiten emotionaler Turbulenzen. Energie, Aufmerksamkeit und ständige Übung sind vonnöten, um geeignete und befriedigende Wege des Umgangs mit unseren eigenen Bedürfnissen und denen unserer Kinder zu finden.

✲

Dass wir offen, empfänglich und wohlwollend sind, bedeutet nicht, dass wir naiv oder passiv sind. Es gibt wahrscheinlich jeden Tag viele Momente, wo wir eingreifen und entschlossen handeln müssen. Natürlich hängt es stark vom Alter des Kindes und der Situation ab, was wir tun. Manchmal machen Kinder einfach zu viel zu schnell und wollen alles auf einmal. Sie können sich noch nicht so regulieren, wenn sie klein sind. Sie brauchen uns vielleicht, damit wir sie ein wenig zügeln, ihnen ein wenig Grenzen setzen, einen Widerstand entgegensetzen, der sie ein wenig bremst und wieder auf den Boden bringt.

Ein anderes Mal läutet unser Kind vielleicht die Alarmglocke, sendet ein Notsignal: „Achtung! Irgendwas stimmt nicht!“ Diese Alarmsignale können viele verschiedene Formen und Muster annehmen: Wutausbrüche, Ängstlichkeit, Verschlossenheit, körperliche Symptome oder Abneigung gegen die Schule. Wenn wir ihrem Verhalten in solchen Zeiten automatisch die schlechtesten Motive unterstellen und mit strafender Härte und Zynismus reagieren oder sie ignorieren, würdigen wir unsere Kinder und uns selber herab. Wir können nicht sicher wissen, was die Motive unserer Kinder sind, genauso wenig wie bei jemand anderem. Wenn wir behaupten, sie wollten mit ihrem Verhalten „ihren Willen durchsetzen“, und mit Missbilligung und Disziplinierung reagieren, schotten wir uns in diesen Momenten im Endeffekt von ihnen ab – genau dann, wenn sie uns am meisten brauchen. Unser Verurteilen baut eine Barriere auf. Es wird zur Sackgasse. Wir verpassen eine Gelegenheit, Vertrauen und ein Gefühl der Verbundenheit aufzubauen. Wir verpassen vielleicht auch eine Gelegenheit, ein sehr reales Problem aufzugreifen und mit dem unterschwelligen Schmerz, der damit einhergeht, mitzufühlen.

Zu solchen Zeiten müssen wir hinter die Fassade schauen und sehen, was tatsächlich los ist. Es kann schwierig sein, den Gründen für diese Alarmsignale auf die Spur zu kommen. Aber statt einer negativen, ängstlichen, abwertenden Perspektive könnten wir eine offenere und fürsorglichere zu pflegen versuchen: „Was haben diese Signale zu bedeuten? Womit müssen wir hier arbeiten?“ Wenn wir für die Stichworte und Indizien, die unsere Kinder uns liefern, sensibler und aufmerksamer sind und sie kombinieren mit dem, was wir über sie wissen, sehen wir normalerweise, was die tiefer liegenden Ursachen sind und was gerade zu tun ist.

Allerdings: Wenn ein Kleinkind brüllt und um sich tritt, wenn ein Schulkind schreit und Türen knallt, ist vielleicht nicht gerade die beste Zeit, um über die Gründe nachzusinnen. Zuerst müssen wir einmal die akute Krise überstehen. Was immer der Grund sein mag: Wenn Kinder durchdrehen, denken sie nicht nach. Normalerweise stecken sie bis über die Ohren in starken Gefühlen und wollen darüber mit uns nicht diskutieren. Eigentlich sind sie, wie wir aus der Gehirnforschung wissen, in solchen Momenten nicht einmal in der Lage, uns zu hören, geschweige denn uns zu verstehen. Was sie brauchen, ist: Dass wir den Sturm mit ihnen durchstehen und selber unsere Mitte nicht verlieren, bloß weil sie ihre verloren haben. Wir können uns vorstellen, dass wir in diesem Sturm eine mächtige, weit ausladende Eiche sind, ein solider, beschirmender Freund, der nicht unbedingt alles versteht oder Antworten hat, sondern einfach wohlwollend da ist.

Wenn sich der Sturm verzogen hat, kommt der Moment, sich zu fragen: Was geht hier vor? Wir werden Detektive. Wir ziehen verschiedene mögliche Gründe für ihr Unglücklichsein, ihre Verstimmung in Betracht. Ist es irgendetwas in der Schule oder zu Hause? Ist es körperlich, emotional oder beides? Ist es etwas relativ Einfaches, wie etwa Übermüdung, Hunger, Überreizung, oder ist etwas Verstörendes passiert? Geschehen die Dinge in einem bestimmten Muster? Welche Stressfaktoren gibt es in ihrem Leben? Welche inneren oder äußeren Reserven haben sie oder brauchen sie?

Um empfänglich und zugänglich zu sein dafür, wer und was unsere Kinder sind und was sie durchmachen, müssen wir uns solche Fragen stellen und das, was wir dabei herausfinden, sehr gründlich anschauen.

❋

Meine zehnjährige Tochter sagt zu mir (im Bett, Licht ist aus):
„Mammi, ich bin so durcheinander."
Ich antworte: „Weshalb?"
Sie sagt: „Ich weiß nicht. Ich bin einfach durcheinander."

Ich kämpfe mit meinem Verlangen, etwas Bedeutendes zu sagen …
„Es ist okay, durcheinander zu sein."
Sie sagt: „Echt?"
Ich sage: „Ja klar."
Sie schweigt und gleitet in den Schlaf.
Sie brauchte in dem Moment keine Diskussion und keine Lösung. Sie fühlte sich von mir getragen und konnte Unsicherheit und Verwirrung akzeptieren. Mein Akzeptieren brachte sie dazu, sich ebenfalls zu akzeptieren.

❁

Gegenüber unseren älteren Kindern akzeptierend zu sein, ist nicht immer einfach, vor allem, wenn alles, was sie sagen, eine direkte Kritik an uns zu sein scheint. Gewöhnlich passiert das am Ende eines langen Tages, wenn alle müde und erschöpft sind. In Kombination mit einem manchmal scheinbar endlosen Strom negativer und abschätziger Kommentare hören wir Forderungen, dies und jenes für sie zu erledigen, und Klagen, wie müde sie sind und wie viel sie machen müssen. Je größer die Kluft zwischen uns wird, desto wütender und kritischer und fordernder werden sie. Dieses Verhalten wiederum kann in uns Wut auslösen und uns ihnen gegenüber noch widerwilliger und ablehnender machen.

Meine Tochter (Teenageralter) kommt in die Küche, fröstelnd, mit nur einem T-Shirt an, und es ergibt sich folgender Dialog:

„Es ist kalt hier."

„Zieh dir doch noch was an."

(Verärgert) „Ich brauch mir nichts anzuziehen, es ist kalt hier."

„Es ist nicht sehr kalt hier, warum ziehst du dir nicht einfach was Wärmeres an?"

(Wütend) „Wenn's nicht kalt wäre, bräuchte ich mir nichts anzuziehen!"

Jede Interaktion treibt uns weiter auseinander. Ihr Verhalten ärgert mich, und ich bin wegen der vielen Male in den letzten Tagen, bei denen ich das Gefühl hatte, rücksichtslos attackiert zu werden, nicht besonders wohlwollend. Später mündet das Ganze in eine extrem stürmische Szene, bei der sie in ihrem Zimmer ist und nicht mehr mit mir redet. Das hat auf mich die Wirkung einer kalten Dusche und weckt mich auf. Endlich bin ich fähig, über meine Wut hinauszuschauen und zu erkennen, wie schwer sie es gerade hat. Mir wird klar, dass sie immer wütender geworden ist, je mehr die vergangenen Wochen uns voneinander entfremdet haben; und ich bin immer distanzierter und wütender geworden, je mehr sie mich angeschnauzt hat. Ein schrecklicher Teufelskreis, der jetzt in diese Sackgasse gemündet ist. Wie geht es weiter?

Klar ist, dass ich ein Ende machen muss, und dass sie von mir nicht bekommen kann, was sie braucht. Sie will irgendwas, aber nicht von mir... sie will es und will es doch nicht. Ein vollkommenes Rätsel.

Als sie sich beklagte, es sei ihr kalt, und nichts anziehen wollte, hätte ich mitfühlender sein und einfach die Heizung aufdrehen können, was ihr vielleicht auf eine Art, die sie akzeptiert hätte, Wärme gebracht hätte. Es gab alle möglichen Alternativen, aber stattdessen erlaubte ich meiner Verärgerung aus den zurückliegenden Tagen, mich starrköpfig werden zu lassen. Ich distanzierte mich von ihr und schob ihr das Problem zu.

In diesen Momenten hätte es ihr geholfen, wenn ich ihre Vorwürfe aus den vergangenen Tagen nicht persönlich genommen, sondern als Anzeichen für ihre inneren Kämpfe und den Stress, unter dem sie stand, gesehen hätte. Das meiste konnte ich nicht ändern, aber ich hätte empathischer sein und mich bemühen können, die Gefühle hinter ihren Worten und ihrem Handeln zu hören. Manchmal suchen Teenager nach Liebe, manchmal brauchen sie mehr Distanz von uns und schieben uns weg.

Es kann für uns viel schwerer sein, Kindern im Teenager-Alter die Wärme und Zuneigung zu zeigen, die wir leicht haben geben können, als sie klein waren. Wir müssen Wege finden, sie daran zu erinnern, dass wir auf ihrer Seite stehen und sie für uns genauso kostbar sind wie die entzückenden, pausbäckigen Engel von damals.

Die Gefühle unserer Kinder gehören ihnen. Wie sie sie ausdrücken, betrifft uns und andere. Wenn ihr Verhalten abschätzig, verletzend, grob oder respektlos ist und andere vor den Kopf stößt, dann hilft es weder uns noch ihnen, wenn wir unsere Gefühle ignorieren und die Wirkung, die ihr Verhalten auf uns und die Beziehung hat. Sich klar zu werden, was wann zu sagen ist – wenn etwas gesagt werden muss –, fordert von uns Offenheit und Kreativität. Es gibt kein Patentrezept, nicht die richtige Antwort. Die Kreativität entsteht als Reaktion auf die Besonderheiten jeder Situation von jedem Kind und uns. Aus diesem Grund kann eine achtsame Antwort nur aus unserer Bereitschaft kommen, offen in der Situation zu verweilen und nicht aus Unbehagen und dem Wunsch, zu belehren oder „in Ordnung zu bringen" oder zu korrigieren, zu vorfabrizierten „Lösungen" zu greifen.

Manche Verhaltensweisen unserer Kinder können in uns wahre Vulkanausbrüche von Gefühlen und destruktiven Reaktionen auslösen. Diese impulsiven Reaktionsmuster sind wahrscheinlich Teil der Landschaft unserer Kindheit gewesen, und wir haben sie wahrscheinlich übernommen, ohne es zu merken. Sie treten dann zutage, wenn ähnliche Bedingungen herrschen. Unsere Reaktionen können die Form von unbewusstem Imponiergehabe, Anspannung, Selbstgerechtigkeit, Verachtung, Intoleranz, Böswilligkeit und Weltuntergangsstimmung annehmen. Um akzeptierendes Verhalten zu kultivieren, hilft es, sich der Emotionen bewusster zu sein, die in solchen Momenten in uns aufsteigen. Jedes Mal, wo wir ein bisschen klarer sehen, wo unsere eigenen Problemthemen liegen und wo sie herstammen, wird die Möglichkeit größer, dass wir uns gegen automatische und oft destruktive Reaktionen entscheiden und stattdessen neue, gesündere Antworten erfinden.

Man kann jedes Verhalten in den schwärzesten Farben oder auch in einem toleranteren, wohlwollenderen Licht sehen. Wenn wir in einer Umgebung voller Misstrauen aufgewachsen sind, wenn wir durch Verdächtigungen und Werturteile verletzt worden sind, wenn man uns abgewertet und verspottet hat, sind wir auf diese vertrauten Muster programmiert und wiederholen sie mit unseren eigenen Kindern. Aus ihnen auszubrechen, erfordert kontinuierliche, in jedem Moment neue Bewusstheit. Mitten in diesen geladenen Momenten müssen wir darauf achten, was wir sagen, wie wir es sagen und wie es auf unsere Kinder wirkt.

Zu viele Kinder und Erwachsene leben mit dem Gefühl, dass sie nicht akzeptiert werden, wie sie sind; dass sie, irgendwie, ihre Eltern „enttäuschen" oder ihre Erwartungen nicht erfüllen – dass sie nichts taugen. Wie viele Eltern verbringen ihre Zeit mit Nachdenken darüber, ihr Kind sei „eben sehr dies" und überhaupt „viel zu wenig das"? Dieses distanzierte, abwertende Verhalten von Elternseite ist die Ursache für viel unnötigen Kummer und Schmerz. Hat elterliche Missbilligung, in Form von Schmähung, Demütigung und Liebesentzug, jemals das Verhalten eines Kindes positiv beeinflusst? Das erzeugt vielleicht Gehorsam, aber um welchen Preis für das Kind und den Erwachsenen, zu dem das Kind wird?

Eltern müssen nicht alles mögen, mit allem einverstanden sein, was ihr Kind macht oder wie es lebt, wenn es älter ist. Es wird immer Differenzen geben. Letztendlich muss jedes Kind seinen eigenen Weg finden.

Wenn ein Kind, egal wie alt, sein Angenommensein spürt; wenn es unsere Liebe spürt, nicht nur für seine pflegeleichten, liebenswerten, anziehenden, angenehmen und akzeptablen Seiten, sondern auch für seine schwierigen, abstoßenden, anstrengenden Seiten, dann kann es ihm das ermöglichen, ganz ausgeglichen und intakt zu werden. Kinder können sich allen möglichen Schwierigkeiten und Herausforderungen stellen, wenn sie zu der Quelle unserer bedingungslosen Liebe zurückkommen können. Denn indem wir ihr ganzes Selbst würdigen, finden inneres Wachstum und Heilung statt.

Teil Vier

Achtsamkeit – eine Art zu sehen

Eltern-Sein ist „die volle Katastrophe"

Wenn wir Eltern werden, ob absichtlich oder zufällig, verändert sich sofort unser ganzes Leben. Es kann allerdings einige Zeit dauern, bis wir merken, wie umfassend diese Veränderung tatsächlich ist. Als Eltern sind wir zwangsläufig großem Stress ausgesetzt. Auch sind wir auf eine Weise verletzlich, wie wir es vorher nicht kannten. Eltern zu werden fordert von uns eine völlig neue Art der Verantwortlichkeit. Es ist eine bis dahin ungekannte Herausforderung und zwingt uns, unsere Zeit und Aufmerksamkeit von anderen Dingen – uns selbst eingeschlossen – in einem bis dahin ungekannten Maße abzuziehen. Eltern werden mit Chaos, Unordnung und Gefühlen der eigenen Unzulänglichkeit konfrontiert, es ergeben sich zahllose Anlässe für verbale Auseinandersetzungen, Streit und Irritationen – sie leiden unter dem Lärm, den scheinbar unendlichen Verpflichtungen und Erledigungen. Ständig gibt es neue Anlässe, sich hilflos, festgefahren, wütend, gereizt, verletzt, überfordert, alt oder unwichtig zu fühlen. Das erleben wir als Eltern nicht nur, solange unsere Kinder noch klein sind, sondern auch noch, wenn sie schon erwachsen sind und ein eigenes Leben führen. Kinder zu haben heißt, um Ärger förmlich zu betteln.

Warum sollte man sich das also antun? Kinder geben uns die Möglichkeit, am pulsierenden Leben selbst teilzuhaben – auf eine Weise, wie wir es vielleicht nicht erleben könnten, wenn sie nicht ein Teil unseres Lebens würden. Besonders wenn unsere Kinder noch sehr jung sind, ist es unsere Aufgabe, für sie da zu sein und sie, so gut wir können, zu unterstützen und zu schützen, damit sie unbekümmert das immense Potenzial des Kind-Seins erfahren können. Wir müssen ihnen dabei auf eine unaufdringliche Weise unsere Unterstützung und unser Wissen zur Verfügung stellen, damit sie ihren eigenen Weg finden können.

Kinder verkörpern die besten Seiten des Lebens. Sie leben in der Gegenwart, sie sind reine Möglichkeit, und sie verkörpern Vitalität, Entwicklung, Erneuerung und Hoffnung. Sie sind ganz und gar nur das, was sie sind. Und sie teilen dieses vitale Sein mit uns und erwecken es auch in uns zu neuem Leben, wenn wir ihren Ruf zu hören vermögen.

Sobald wir Kinder haben, verändert sich unser Kontakt zum übrigen Universum und unsere Sicht der Dinge völlig. Wir empfinden plötzlich eine Verbundenheit mit den Hoffnungen und Schmerzen anderer, wie wir es vielleicht noch nie erlebt haben. Wir verspüren plötzlich ein tieferes Mitgefühl mit den Leiden und Problemen anderer Menschen. Wenn wir uns um das Wohl unserer Kinder sorgen, sehen wir auch Armut, Umweltprobleme, Kriege und die Zukunft in einem anderen Licht.

Sorbas, der rauhe, warmherzige Held aus Nikos Kazantzakis' Roman *Alexis Sorbas*, antwortete auf die Frage, ob er jemals verheiratet gewesen sei: „Bin ich etwa kein Mann? Natürlich war ich auch verheiratet. Frau, Haus, Kinder, einfach alles … die volle Katastrophe." Und er sagte auch: „Probleme? Das Leben ist ein einziges Problem! Nur der Tod ist kein Problem."

Ob achtsam oder nicht, letztlich treffen wir unsere Entscheidungen immer selbst und müssen dann mit den Konsequenzen leben. Trotzdem wissen wir nie, was als nächstes kommt. Die ständige Ungewissheit des Lebens ist ein wichtiger Teil der „vollen Katastrophe". Die Frage ist: Können wir lernen, alle Lebensumstände für uns zu nutzen, selbst die schwierigsten und belastendsten, um an Stärke und Weisheit und Offenherzigkeit zu wachsen, so wie ein Seemann die verschiedensten Winde zu nutzen weiß, um ein Segelschiff in eine bestimmte Richtung zu steuern? Wenn wir unsere Kinder sicher durch alle Stürme geleiten wollen, so dass sie in einer geborgenen Umgebung ihren Bedürfnissen und ihrem inneren Zeitplan entsprechend heranwachsen können, und wenn wir bei alldem auch selbst weiter wachsen wollen, so ist es eine absolute Notwendigkeit für uns, alle Situationen des Lebens für uns zu nutzen.

Zen-Meister in den eigenen vier Wänden

Obwohl wir keine Buddhisten sind, wurden wir in einer Zen-Zeremonie getraut und gelobten, einander zu helfen, „zum Wohle aller Wesen den *großen Geist* zu erlangen“. Seit ich (jkz) vor vielen Jahren die Zen-Tradition kennenlernte, hat sie mich immer sehr beschäftigt. Die Zen-Schulung ist sehr anstrengend und intensiv, und sie kann sehr unvorhersehbar verlaufen. Sie kann wild und verrückt sein, aber auch sehr liebevoll und lustig. Sie ist sehr einfach, aber andererseits doch nicht so einfach. Ihre wichtigsten Aspekte sind Achtsamkeit und Nicht-Festhalten; im tiefsten Sinne zu erkennen, wer wir sind und was wir tun, was paradoxerweise das Nicht-Wissen und das Nicht-Tun einschließt.

Das raue Klima des Zen-Trainings weist meiner Ansicht nach viele Parallelen zum familiären Alltag auf. In beiden Fällen geht es darum, ohne irgendwelche Umwege und Einschränkungen zum Leben selbst zu erwachen. Und da unsere Babys wie alle Babys mit ihrem runden Bauch, ihrem großen Kopf und ihrem geheimnisvollen Lächeln kleinen Buddhas ähneln, war für mich der Gedanke naheliegend, sie als kleine Zen-Meister anzusehen, die direkt bei uns im Haus leben. Zen-Meister erklären nicht, was sie meinen. Sie verkörpern einfach nur Präsenz, Gegenwärtigsein. Sie verlieren sich nicht in Gedanken und Erwägungen über dieses und jenes. Sie halten nicht daran fest, dass Dinge so und nicht anders sein müssten. Was sie tun oder sagen, ist in sich nicht immer schlüssig. Ein Tag muss bei ihnen nicht unbedingt genauso sein wie der nächste. Ihre Gegenwart und das, was sie uns lehren, können uns helfen, zum direkten Erleben unserer eigenen wahren Natur zu gelangen, und sie können uns dazu anregen, hier und jetzt unseren eigenen Weg zu finden. Sie sagen uns nicht, wie wir dabei vorgehen sollen, sondern sie konfrontieren uns immer wieder mit neuen Herausforderungen, die wir durch Denken allein nicht lösen können – indem sie uns das Leben in seiner ganzen Fülle spiegeln, indem sie auf die Ganzheit verweisen. Vor allem verkörpern Zen-Meister Wachheit, und diese Wachheit versuchen sie auch in uns zu aktivieren.

Kinder und insbesondere Babys sind in vielerlei Hinsicht ähnlich. Je älter sie werden, umso schwieriger wird es für uns, das zu sehen. Doch ihre wahre Natur ist immer gegenwärtig und spiegelt uns unsere eigene, sofern wir bereit sind, wirklich hinzuschauen.

Kinder haben den „ursprünglichen Geist", einen Geist, der offen, rein und noch nicht mit allen möglichen Dingen überfrachtet ist. Sie sind unübersehbar völlig gegenwärtig. Sie lernen, entwickeln und verändern sich unablässig und verlangen so von uns, immer wieder neu auf sie einzugehen. Während sie heranwachsen, stoßen sie uns auf jeden Punkt, an dem wir vielleicht noch festhalten – auf jede Erwartung, jede liebgewonnene Überzeugung und jedes Haften daran, dass bestimmte Dinge so und nicht anders sein sollten. Als Babys füllen unsere Kinder unser ganzes Leben aus, und die Erfüllung ihrer physischen und emotionalen Bedürfnisse verlangt von uns soviel Aufmerksamkeit, dass das zu einem Aufruf wird, präsent zu sein, sensibel zu erkunden, was tatsächlich vor sich geht, neue Verhaltensweisen auszuprobieren und aus ihren Reaktionen zu lernen. Sie lehren uns, wie wir uns auf sie einstimmen und wie wir in unserer Verbundenheit mit ihnen Freude und Harmonie finden können. Für theoretische Erwägungen ist bei alldem nicht viel Zeit, und Theorie ist ohnehin meist nicht besonders hilfreich, wenn sie nicht in Beziehung zur Praxis steht.

Natürlich sind Kinder keine wirklichen Zen-Meister. Kinder sind Kinder, und Zen-Meister sind Zen-Meister. Doch wenn wir unsere Kinder offen anschauen und dann sehen, wie in ihrem Sein die Reinheit des Lebens zum Ausdruck gelangt – in jedem Alter –, so kann uns das helfen, in jedem Augenblick ihre und unsere eigene wahre Natur bewusst zu erleben.

Nichts vermag uns letztlich auf das vorzubereiten, was tatsächlich auf uns zukommt, wenn wir Eltern werden. Wir lernen das, indem wir Eltern *sind*, indem wir unsere Rolle als Eltern ausfüllen. Wir müssen unseren Weg selbst finden, uns auf unsere inneren Ressourcen verlassen, auch auf diejenigen, von deren Existenz wir gar nichts ahnen. Dabei kommen die entscheidenden Anstöße und Signale von unseren Kindern und aus jeder neuen Situation, mit der wir konfrontiert werden. Nur indem wir Eltern sind, können wir herausfinden, was es bedeutet, Eltern zu sein. Es beinhaltet eine unablässige, tiefe innere Arbeit, eine umfassende spirituelle Schulung, Augenblick für Augenblick – sofern wir uns entscheiden, das Familienleben auf diese Weise zu betrachten.

Wir können den Strom der Lernsituationen, in denen wir uns mit unseren Kindern kontinuierlich befinden, völlig ignorieren oder uns ihnen widersetzen, weil sie uns ungelegen kommen oder unwichtig erscheinen. Oder wir können uns darauf einlassen und die Hinweise ernst nehmen, die uns zeigen, worauf wir in einem bestimmten Augenblick achten sollten und was in einer gegebenen Situation zu tun ist. Es liegt völlig in unserer Hand, wie wir mit diesen Anregungen umgehen. Wenn wir uns ihnen widersetzen, kann das unnötige Kämpfe und viel Schmerz verursachen, denn wenn wir gegen die Lebenskraft unserer Kinder ankämpfen, während sie ihre Umwelt erforschen, lernen und wachsen, wenn wir ihre Selbstbestimmung nicht anerkennen und respektieren, dann leugnen wir damit eine wichtige Realität, die sich trotz unseres Leugnens schließlich auf irgendeine Weise bemerkbar machen wird.

Wenn wir beispielsweise einen Augenblick lang vergessen, dass ein Zweijähriger ein Kind ist, und wir ihm unnachgiebig und gefühllos unsere Vorstellungen aufzuzwingen versuchen, wie es sich verhalten sollte, dann ignorieren wir, dass das Kind einfach nur tut, was Zweijährige eben tun. Wenn wir möchten, dass das Kind sich anders verhält, als es das im betreffenden Augenblick tatsächlich tut, wenn wir mit seinem Verhalten nicht einverstanden sind und versuchen, ihm unsere Vorstellungen aufzuzwingen, so kreieren wir dadurch vor allem eine Menge Schwierigkeiten. Wir alle haben als Eltern sicherlich schon erfahren müssen, welche Folgen es haben kann, sich so gegen die Realität zu sträuben.

Gelingt es uns hingegen in einem solchen Augenblick, uns von den Vorstellungen darüber, wie etwas eigentlich „sein sollte", zu lösen und die Situation stattdessen mit den Augen des Kindes zu sehen – das heißt: wenn wir uns bewusst sind, dass wir die Erwachsenen sind und in der betreffenden Situation in unser Inneres schauen können, um einen Weg zu finden, mit einem gewissen Maß an Verständnis und Güte zu handeln –, dann befinden wir uns in einem völlig anderen inneren Zustand. Und auch unsere Entscheidungen darüber, was wir tun, fallen völlig anders aus – sie werden sich quasi von einem Moment zum nächsten ergeben. Wenn wir uns für diesen Weg entscheiden, ermöglichen wir es unserem Kind, uns etwas sehr Wichtiges zu zeigen. Es kann uns nämlich zu Bewusstsein bringen, wie sehr wir uns darauf versteifen, dass Dinge auf eine ganz bestimmte Weise passieren; dass unser Geist augenblicklich unruhig wird, wenn es schwierig wird – dass wir aber immer viele verschiedene Möglichkeiten haben, uns zu entscheiden. Eine dieser Möglichkeiten ist, dass wir uns von unseren eigenen automatischen Reaktionen und unserem Mangel an Gewahrsein mitreißen lassen, indem wir aus dem Blick verlieren, dass Zweijährige eben Sachen machen, die für Zweijährige typisch sind. Eine andere Möglichkeit ist, dass uns die Tendenz zu automatischen Reaktionen bewusst ist und wir uns für einen anderen Weg entscheiden – einen Weg, auf dem wir uns sowohl mit unseren automatischen Reaktionen beschäftigen als auch damit, was wirklich mit unserem Kind los ist. Unter anderen Bedingungen oder kurz vorher „wissen" wir all das theoretisch vielleicht, aber nicht auf eine Weise, die uns davor bewahrt hätte, automatisch zu reagieren. Unsere Zweijährige hat uns also wie ein Zen-Meister durch ihr Sein gezeigt, dass wir nur zu leicht automatisierten emotionalen Verhaltensmustern zum Opfer fallen – und dass das nicht so sein muss. Eine wichtige Erkenntnis, die sich auf viele Bereiche unseres Lebens anwenden lässt. Schließlich folgt uns unser Geist überallhin, und gewöhnlich reagiert er stets ähnlich, wenn ihm etwas, das geschieht, nicht gefällt oder wenn er keinen Einfluss darauf zu haben glaubt.

Gelingt es uns, so schmerzhaft und furchterregend es auch sein mag, unsere Bewusstheit auf die problematischen Bereiche unseres Lebens zu richten – ob es sich dabei um unsere Aufgaben als Eltern oder um andere Dinge handelt –, so kann uns die Bereitschaft, präsent zu sein und *alles* anzuschauen, helfen: zu akzeptieren, wie die Dinge tatsächlich sind, und in Harmonie mit diesem „Es ist, wie es ist" zu leben. Doch das kann nur geschehen, wenn wir hören lernen, was die Welt uns sagt, und mit größerer Offenheit in unser Erleben schauen, während es sich entfaltet.

Seltsamerweise entsteht durch die Disziplin, in jedem Moment auf das, was vor einem liegt, neu achtsam zu sein, ohne die Dinge auf eine ganz bestimmte Weise haben zu wollen, eine geistige Stabilität, eine Offenheit und Klarheit des Herzens, die wir niemals erreichen könnten, wenn wir versuchen würden, eine bestimmte Lösung oder ein bestimmtes Ergebnis zu erzwingen. Denn diese Harmonie liegt allem zugrunde. Sie ist hier und jetzt in uns und in unseren Kindern, sofern es uns gelingt, immer wieder den Raum zu schaffen, dass sie sich manifestieren kann.

❁

Zuerst flechten wir Grashalme und spielen Tauziehen,
dann singen wir und versuchen, einen Fußball in der Luft zu halten.
Ich kicke den Ball, und sie singen, sie kicken, und ich singe.
Die Zeit ist vergessen, die Stunden vergehen im Flug.
Menschen, die vorübergehen, deuten auf mich und lachen:
„Warum machst du dich zum Narren?"
Ich nicke und antworte nicht.
Ich könnte etwas sagen, aber wozu?
Möchtest du wissen, was in meinem Herzen ist?
Vom Anbeginn der Zeit: Nur das! Nur das!

Ryokan
(Japanischer Zen-Meister des 18. Jahrhunderts,
Einsiedler, Kalligraph, Dichter)

Eine achtzehnjährige Meditationsklausur

Ebenso wie es uns helfen kann, unsere Aufgabe als Eltern besser zu erfüllen und gleichzeitig selbst innerlich zu wachsen, wenn wir uns vorstellen, unsere Kinder seien kleine Buddhas oder Zen-Meister, kann es auch hilfreich sein, unser Leben in der Familie als eine außergewöhnlich lange Meditationsklausur zu verstehen – als eine Chance zu tiefer innerer Arbeit, von der sowohl unsere Kinder als auch wir selbst dauerhaft profitieren können.

Gewöhnlich dauern Meditationsklausuren ein paar Tage, einige Wochen oder höchstens einige Monate. Unsere „Elternklausur" jedoch umfasst mindestens achtzehn Jahre – für jedes Kind. Natürlich unterscheiden sich die Aufgaben, die Eltern Tag für Tag erfüllen müssen, sehr stark vom typischen Tagesablauf einer Meditationsklausur. Beides als ähnliche Formen langfristiger innerer Arbeit zu sehen, hat mir (jkz) aber Energie und manchmal Auftrieb gegeben bei der Aufgabe, achtsame Elternschaft – die vielen Jahre an Aufmerksamkeit, Fürsorge und Klugheit, die von uns Eltern gefordert werden – beharrlich in einem übergreifenden Zusammenhang zu sehen.

Doch was ist eine Meditationsklausur? Welchen Zweck erfüllt sie? Und wie kann uns die Metapher der „Elternklausur" helfen, besser zu verstehen, was achtsamer Umgang mit Kindern beinhaltet, selbst wenn wir nicht regelmäßig meditieren und noch nie an einer Meditationsklausur teilgenommen haben? Wie könnte es unser eigenes Wachstum und unsere eigene Entwicklung fördern, wenn wir unsere Aufgabe als Eltern aus dieser Perspektive betrachten?

Als Teilnehmer einer Meditationsklausur widmen wir uns einer bestimmten Art innerer Arbeit, zu der wir in unserem normalen Alltag nur sehr schwer kommen, weil wir so viele Verpflichtungen erfüllen müssen und mit so vielen Ablenkungen und Verlockungen konfrontiert werden. Weil wir während einer solchen Klausur die Anforderungen des Familien- und Berufslebens für eine bestimmte Zeit hinter uns lassen, haben wir die seltene und kostbare Gelegenheit, unser Leben zu vereinfachen und dem Da-Sein große Sorgfalt und Aufmerksamkeit zu widmen.

Meditationsklausuren werden häufig von erfahrenen Lehrern oder Lehrerinnen geleitet, die die Teilnehmer ermutigen, inspirieren, anleiten und mit ihnen über ihre Erfahrungen sprechen. Die grundlegende Praxis besteht größtenteils aus stiller Meditation im Sitzen und meditativem Gehen, wobei die Übungen gewöhnlich früh am Morgen beginnen und bis zum späten Abend fortgesetzt werden. Nur sitzen. Nur gehen. Gewöhnlich wird auch eine bestimmte Zeitspanne für schweigende Alltagsarbeit angesetzt, so dass wir Gelegenheit erhalten, aus der Geisteshaltung heraus, die wir beim Sitzen und Gehen zu kultivieren versuchen, Toiletten und Duschen zu putzen, Geschirr zu spülen und im Garten zu arbeiten. Worin genau die Arbeit besteht, die wir verrichten, ist nicht so wichtig; entscheidend ist, in welchem Geist wir es tun.

Die Aufmerksamkeit wird primär nach innen gerichtet, auf ein paar wenige, elementare Aspekte der Lebenserfahrung, die gewöhnlich als völlig selbstverständlich hingenommen und übersehen werden, beispielsweise auf das Ein- und Ausströmen des Atems und auf das, was wir Augenblick für Augenblick in unserem Körper und in unserem Geist wahrnehmen. Abgesehen davon tun die Teilnehmer nichts anderes, als schweigend zu essen, und natürlich schlafen sie. Gewöhnlich ist es während der Klausur nicht erlaubt, zu lesen, zu schreiben oder zu telefonieren. Die Teilnehmer sind also, abgesehen von gelegentlichen Gesprächen mit dem Lehrer, wirklich mit sich selbst allein. Solche Klausuren können sehr anstrengend und eine große Herausforderung sein – und sie können zutiefst heilend wirken.

Zu Beginn kann der Geist hoch aktiv oder aufgewühlt sein, aber im Laufe der Zeit kann er allmählich zur Ruhe kommen und tief konzentriert und gesammelt sein. Manchmal kann er über lange Zeit hinweg konzentriert, relativ ausgeglichen und ruhig bleiben. Wenn wir so auf kontinuierliche Weise unsere Aufmerksamkeit entwickeln und gleichzeitig lernen, das Wahrgenommene als das zu erkennen, was es ist, und es anzunehmen, lernen wir die Landschaft unseres eigenen Geistes und Herzens auf völlig neuartige Weise kennen. Es kann sich ein durchdringendes Gewahrsein entwickeln, das uns einen tiefen Blick in die Natur unseres Seins liefert, hinter die Fassade der Erscheinungen, unserer Fixierungen und unserer persönlichen Geschichte. Solch intensive und nachhaltige Aufmerksamkeit kann manchmal tiefe Einsichten auslösen – Augenblicke wahrhaftig erhellenden Erwachens –, die uns für uns selbst die Augen öffnen und das Leben auf eine Art und Weise buchstäblich erleuchten, die wir vielleicht nicht kennen oder nicht für möglich gehalten hätten.

Intensive Meditationspraxis ist sowohl ein Spiegel als auch ein Reinigungsprozess. Sie hilft uns, umfassender und genauer hinzuschauen, was uns tiefe Erkenntnisse über uns selbst offenbaren und, vielleicht am wichtigsten, ein ebenso tiefes Loslassen bewirken kann – ein Loslassen all dessen, womit wir uns auf dogmatische und starre Weise identifizieren: unserer Abhängigkeit von Dingen, unserer Sichtweisen, unserer fixen Ideen.

Wenn wir unsere Aufmerksamkeit über längere Zeit auf unseren eigenen Geist richten, erkennen wir, dass er immer wieder bestimmten Mustern folgt. Indem wir einfach still sitzen und gehen, können wir erkennen, wie der Strom der Gedanken unablässig dahinfließt, wie chaotisch der Denkprozess ist – denn manchmal ist es schwer, eine Ordnung darin zu erkennen –, und wie unzuverlässig und ungenau die meisten unserer Gedanken sind. Vielleicht erkennen wir auch, wie stereotyp-automatisch unser Geist die meiste Zeit reagiert und wie machtvoll die Gefühlsstürme sind, die ihn immer wieder erschüttern.

Vielleicht sehen wir, dass der Geist ungeheuer viel Zeit in der Vergangenheit weilt, indem er sich an Dinge erinnert, sich ärgert oder sich selbst und anderen Vorwürfe macht – und in der Zukunft, indem er sich Sorgen macht, plant, hofft und träumt. Wir können uns zudem bewusst werden, dass unser Geist ständig sich selbst und alles andere danach beurteilt, ob er eine Erfahrung in einem bestimmten Augenblick als angenehm, unangenehm oder neutral empfindet. Vielleicht merken wir auch, wie stark unser Geist an allem Möglichen haftet, wie er ständig Menschen, Dinge und Meinungen in seine Raster einzuordnen versucht, dass er meist von Wunschdenken und dem Verlangen, irgendwo anders zu sein, getrieben wird; dass er sich Dinge und Beziehungen ständig anders wünscht, als sie im betreffenden Augenblick tatsächlich sind.

Wir lernen außerdem zu sehen, wie schwer es dem Geist fällt, sich auf den gegenwärtigen Augenblick einzulassen, und wir merken, dass es möglich ist, ihn so weit zu beruhigen, dass er einen großen Teil seiner eigenen unablässigen Aktivitäten zu sehen und zu einer inneren Stille und einem Gleichgewicht zu gelangen vermag, das sich nicht mehr so leicht durch die eigene Geschäftigkeit stören lässt.

Wenn unsere Motivation so stark geworden ist, dass wir uns selbst in schwierigen Zeiten der Meditationspraxis widmen können; wenn wir gelernt haben, den körperlichen Schmerz anzunehmen und auszuhalten, der durch langes stilles Sitzen entstehen kann; wenn wir das Verlangen unseres Geistes nach Gesprächen oder nach Unterhaltung, Ablenkung und Anregungen zu ertragen vermögen; wenn wir Langeweile, Widerstand, Kummer, Schrecken und Verwirrung, die auftauchen können und es gewöhnlich auch tun, aushalten können; und wenn wir gleichzeitig gütig, sanft und ohne Erwartungen fortfahren, einfach das wahrzunehmen, was Augenblick für Augenblick im Feld unseres Gewahrseins auftaucht – dann kann unser Geist durch die Meditationsübung tiefe Zustände der Stille, des Wohlbefindens und der Weisheit erreichen.

Denn der Geist ähnelt in vielerlei Hinsicht einem Gewässer, einem Meer. Je nach Jahreszeit, Witterung und Windverhältnissen kann seine Oberfläche völlig ruhig und glatt oder von meterhohen Wellen aufgewühlt sein. Doch wenn man tief genug hinabtaucht, bleibt das Wasser sogar bei heftigen Stürmen sehr ruhig.

Wenn wir beharrlich mit der Übung fortfahren, können wir bei einer solchen längeren Klausur erfahren, dass unser Geist einem Meer ähnelt: dass Ruhe und tiefe Stille seinem Wesen eigen sind, dass Ruhe, Stille und Gewahrsein auch bei heftigen Gefühlsstürmen weiter gegenwärtig sind – unter der Oberfläche, eingebettet in unser Sein, ein integraler Bestandteil davon. Wir können diese Ruhe, die Stille und das Gewahrsein nutzen, nicht um den aufgewühlten Zustand der Oberfläche zu beseitigen (wir versuchen ja auch nicht, die Wellen des Meeres zu glätten), sondern um den Aufruhr zu verstehen und um einen größeren Rahmen für ihn zu schaffen, einen Kontext, in dem wir den Sturm selbst betrachten und ihn sogar zur Vertiefung unserer Einsicht nutzen können.

Wir erkennen vielleicht, dass unsere Gedanken und Gefühle uns nicht mitreißen oder blind machen müssen, wie es uns so häufig im Leben ergeht. Und wir brauchen sie nun nicht mehr zu unterdrücken, um all das Leiden von uns fernzuhalten, das sie enthalten oder erzeugen.

Die Wahrnehmung der Aktivität unseres eigenen Geistes wird uns vielleicht auch zu der Erkenntnis führen, dass wir keineswegs isoliert, getrennt und allein sind. Vielleicht erkennen wir, dass auch „ich" und „mein" nur Gedanken sind, mächtige, tief verwurzelte und zählebige Gewohnheiten unseres Geistes, aber trotzdem nur Gedanken. Wir erleben uns dann nicht mehr als isoliert und die meiste Zeit mit individuellen Problemen und mit persönlichem Gewinnen und Verlieren beschäftigt, sondern erkennen, dass wir Teil einer alles umfassenden, fließenden Bewegung sind, die größer ist als wir und der wir angehören.

Vielleicht sehen wir auch das tiefe Mysterium, dass unser Leben durch die Vereinigung unserer Eltern entstanden ist und ihr Leben durch die Vereinigung ihrer Eltern – dass wir Vermittler zwischen unseren eigenen Eltern und unseren Kindern sind, zwischen allen, die uns vorangegangen sind und die wir nie kennenlernen werden, und allen, die den Kindeskindern unserer Kinder folgen werden und die wir ebenfalls nie kennenlernen werden.

Vielleicht erkennen wir, dass der tiefste Wesenskern des Universums seine Einheit ist, ein nahtloses Ganzes, und dass alles, was ist, in allem anderen enthalten ist. Vielleicht erkennen wir, dass alles von allem gespiegelt wird, dass alles und jedes in sich ganz und Teil einer größeren Ganzheit ist und dass der Sinn und die spezifischen Einzelheiten unseres fließenden, sich ständig verändernden individuellen Lebens aus gegenseitiger Verbundenheit und Abhängigkeit hervorgehen.

Vielleicht erkennen wir mit frischem Blick und einem neuen Verständnis, dass die Entwicklung des Lebens sowohl unpersönlich als gleichzeitig auch sehr persönlich ist. Wenn die Schleier des Denkens und der

Fixierungen schwinden, kann sich uns direkt offenbaren, dass wir hier und jetzt die sind, die wir sind; dass unser Sein einzigartig ist; dass wir alle unser eigenes Gesicht, unseren eigenen Charakter und einzigartige Sehnsüchte haben; dass wir alle eine einzigartige Geschichte haben und all das genau so ist, wie es ist, weil wir genau die Eltern haben, die wir haben und weil wir genau auf diese Weise aufgewachsen sind – und dass wir unseren ganz besonderen, geheimnisvollen Weg gehen oder dass wir einer Berufung folgen, die unserem Leben eine umfassendere Perspektive gibt und es mit Leidenschaft erfüllt. Wir alle arbeiten da, wo wir arbeiten, wir leben da, wo wir leben, und unsere Pflichten sind *unsere* speziellen Pflichten, unsere Kinder *unsere* Kinder, unsere Hoffnungen *unsere* Hoffnungen, unsere Ängste *unsere* Ängste.

Vielleicht begreifen wir nun, dass „getrennt" und „nicht getrennt" ebenfalls nur Gedanken sind, Versuche, eine tiefere Realität zu beschreiben, die wir sind. Wir erkennen vielleicht, wie wir unbeschwerter leben können; wir sehen, dass die Dinge, die uns begegnen, *uns* begegnen, und gleichzeitig erkennen wir, dass es nicht ratsam ist, dies ganze Geschehen zu persönlich zu nehmen, weil es gleichzeitig auch unpersönlich ist; dass die Vorstellung, es existiere ein festes, dauerhaftes Ich, problematisch – Buddhisten würden sogar sagen: unhaltbar – ist. Natürlich sind wir alle die, die wir sind, und wir sind für viele Dinge verantwortlich, doch sind wir ganz gewiss nicht, wer wir zu sein glauben, weil das Denken begrenzt, unsere wahre Natur aber grenzenlos ist.

In einer Meditationsklausur können wir zu der Erkenntnis gelangen, dass wir weder unser Körper noch unsere Gedanken noch unsere Gefühle noch unsere Ideen und Ansichten noch unsere Ängste, unsere Unsicherheit und unsere Verletzlichkeit sind – obwohl alle diese wichtigen Bestandteile unserer Erfahrung unser Leben stark beeinflussen können, so wie das Wetter die Meeresoberfläche beeinflusst. Dieser Einfluss ist umso stärker, je mehr wir uns mit Zähnen und Klauen an den genannten Faktoren festklammern, so dass wir alles wie durch eine dunkle oder helle oder bunte oder kaleidoskopartige Brille sehen.

Wir *sind* nicht unsere Vorstellungen und Ansichten. Wenn wir im Bewusstsein dieser Tatsache leben und die Brille absetzen könnten, die unsere Erfahrung filtert: welch einen Unterschied in unseren Sichtweisen, Entscheidungen und der Art, wie wir Tag für Tag leben, könnte das bewirken! Schon allein diese Einsicht könnte bewirken, dass wir uns selbst und unsere Aufgabe als Eltern in einem völlig neuen Licht betrachten und eine völlig neue Lebensweise entwickeln.

Vielleicht erkennen wir durch die Meditationsübung außerdem, dass wir wie alle Menschen nur für sehr kurze Zeit hier sind, dass die kurze Zeit unseres Lebens aber gleichzeitig unendlich lang ist, wenn wir die einzelnen Augenblicke mit Gewahrsein erleben. Denn jedes Leben besteht aus einer nahezu unendlichen Folge einzelner Augenblicke. Wenn wir in der Gegenwart leben, verlassen wir das Reich der linearen Zeit und treten in die zeitlose Gegenwart ein. Solche Erfahrungen können uns vor Augen führen, dass wir nicht völlig an die lineare Zeit gebunden sind.

Vielleicht sehen wir dadurch die Vergänglichkeit in einem völlig neuen Licht, denn nichts, worauf wir unsere Aufmerksamkeit konzentrieren, hat lange Bestand. Jeder Atemzug kommt und geht, Körperempfindungen kommen und gehen, Gedanken kommen und gehen, Gefühle kommen und gehen, Ideen und Ansichten kommen und gehen, Augenblicke kommen und gehen, Tage und Nächte kommen und gehen. Vielleicht erkennen wir, dass auch die Jahreszeiten und die Jahre kommen und gehen, dass die Jugend kommt und geht, dass berufliche Aufgaben und Menschen kommen und gehen – dass selbst Berge und Flüsse und die unterschiedlichen Arten von Lebewesen kommen und gehen. Nichts ist von Dauer, auch wenn es uns so erscheinen mag. Alles ist ständig in Bewegung, in Veränderung begriffen, im Werden und in der Auflösung, im Entstehen, in der Entwicklung. Alles Leben ist ein komplexer Tanz, wobei der äußere Tanz der Welt sich gar nicht so sehr vom inneren Tanz unseres eigenen Geistes unterscheidet. Vielleicht erkennen wir, dass selbst unsere Kinder ein Teil dieses Tanzes sind … dass sie ebenso wie wir nur für kurze Zeit Gäste in dieser wunderschönen und gleichzeitig so seltsamen Welt sind, dass unsere Zeit mit ihnen zusammen sogar noch kürzer ist und niemand weiß, wie lange sie dauern wird.

Könnte diese Erkenntnis uns nicht zutiefst berühren und uns etwas sehr Wichtiges lehren? Könnte uns das nicht vor Augen führen, wie kostbar die Zeit ist, die wir mit unseren Kindern zusammen sind, und in uns den Wunsch wecken, unsere schnell dahin fließenden Augenblicke mit ihnen zusammen in Bewusstheit zu genießen? Könnte das alles sich nicht darauf auswirken, wie wir unsere Kinder in den Arm nehmen, wie wir ihnen Gute Nacht sagen, wie wir sie im Schlaf anschauen und sie am Morgen wecken? Könnte dieses Verständnis uns nicht davon abbringen, es ihnen schwer zu machen, wenn sie versuchen, ihren eigenen Weg zu finden – wenn sie sich gegen unsere Vorstellungen und Ansichten zur Wehr setzen, wenn sie unsere Geduld und unser Bestreben, stets recht zu behalten und als allwissend zu erscheinen, auf die Probe stellen? (Wobei wir in solchen Augenblicken ja meist vergessen, dass wir eigentlich viel größere und lebensbejahendere Dinge kennen.)

Wenn wir die Erfüllung unserer Aufgabe als Eltern wie eine Art Meditationsklausur verstehen und im Umgang mit unseren Kindern Tag für Tag und Augenblick für Augenblick Achtsamkeit zu üben versuchen, im gleichen Geist konzentrierter und stetiger Bemühung um Aufmerksamkeit und Präsenz, wie wir es während einer tatsächlichen Meditationsklausur tun würden – dann erkennen wir vielleicht, welch ungeheure Kraft darin liegt, den größeren Zusammenhang zu sehen und sich an ihn zu erinnern, so dass wir uns nicht mehr in den Wellen an der Oberfläche unseres Geistes und unseres manchmal nur sehr oberflächlich wahrgenommenen Lebens verlieren. Vielleicht gehen wir dann anders mit unseren Augenblicken um. Vielleicht lassen wir sie nicht mehr so unbemerkt und ungenutzt verrinnen. Vielleicht wissen wir dann mehr zu schätzen, was uns gegeben ist: unser Körper, unser Leben, unsere Beziehungen, unsere Kinder, unsere Eltern, unsere Kindeskinder und schließlich die Welt, die uns gegeben wurde, damit wir darin leben und die wir an die nachfolgenden Generationen weitergeben.

Vielleicht wären wir sorgsamer und würden uns anders um Menschen und Dinge kümmern. Vielleicht wären wir aufmerksamer und anders aufmerksam, wenn wir uns stets in Herz und Geist vergegenwärtigen würden, was wir im tiefsten Inneren bereits wissen, aber gewöhnlich vergessen. Vielleicht würden wir dann in unserem Leben auf eigenen Füßen stehen, würden die Erde unter uns und den Wind spüren, wie er uns übers Gesicht und den Körper streicht. Vielleicht würden wir jeden Ort als „hier“ und die Zeit als „jetzt“ erfahren und die geheimnisvolle Weisheit achten, die allen Wesen und auch unseren Kindern innewohnt.

Dies sind einige Ahnungen von dem, was Menschen durch intensive Übung der Achtsamkeit in einer längeren Meditationsklausur sehen oder erkennen können. Solche Klausuren können sehr hilfreich sein, sofern wir Zeit dazu haben. Doch es kann oft sein, dass es gerade für Menschen, die sich bemühen, ihre Verpflichtungen als Eltern im Familienleben und im Beruf zu erfüllen, nicht möglich, nötig oder ratsam ist, sich für längere Zeit aus dem Alltagsleben zurückzuziehen.

Genau für solche Menschen kann es nützlich sein, ihr gesamtes Zusammenleben mit Kindern wie eine lange Meditationsklausur zu sehen. Natürlich ist es kein Rückzug aus der Welt, wenn Eltern sich um ihre Kinder kümmern – obgleich das Familienleben die Belastungen auffängt, denen die Mitglieder der Familie in der Außenwelt ausgesetzt sind, was ein Gefühl innerer Sicherheit und des Friedens geben kann. Es geht vielmehr darum, dass wir die oft schwierige Situation unseres Lebens in der Welt und in der Familie nutzen, so gut wir können, um Achtsamkeit zu entwickeln, tief in unser Leben hineinzuschauen und unser Tun aus unserem Sein hervorgehen zu lassen – nicht nur hin und wieder während einer „Klausur“, sondern gezielt, als Lebensstil.

Natürlich ist der Tageslauf des Familienlebens wesentlich komplizierter und chaotischer als der einer Klausur. Er wird sich verändern, wie sich unsere Kinder verändern und größer werden, manchmal von Tag zu Tag oder sogar von Augenblick zu Augenblick. Doch die Essenz der Praxis bleibt immer gleich: So gut wie möglich völlig gegenwärtig zu sein, so gut wie möglich zu verstehen, was tatsächlich passiert – nicht immer einfach, wie wir gesehen haben –, und, wenn etwas getan werden muss, mit klarer Absicht, bewusst und freundlich zu handeln. Unsere innere Arbeit bekommt durch Phasen formeller Meditationsübung zu geeigneter Zeit eine Verankerung, doch die wichtigste Verpflichtung ist in jedem Fall, im Alltagsleben Achtsamkeit zu entwickeln – wobei wir auf die ständig neu entstehenden Aufgaben als Eltern reagieren, Moment für Moment,

Tag für Tag, und jeden Tag und jeden Augenblick zum Anlass für die Vertiefung unseres Gewahrseins nehmen.

Dann wird das Aufwachen am Morgen zur Aufwach-Meditation, und das Zähneputzen wird zur Zähneputz-Meditation. Und wenn wir keine Zeit finden, uns die Zähne zu putzen, weil das Baby schreit, so wird auch dies für uns zur Meditation. Und so geht es weiter durch den Tag: die Kinder anziehen, das Frühstück auf den Tisch stellen, die Kinder zur Schule schicken, selbst zur Arbeit gehen, Windeln wechseln, einkaufen, Erledigungen machen, putzen, kochen – all dies kann uns dienen, unsere Achtsamkeit zu entwickeln. Alles.

Warum Praktizieren wichtig ist

Die Qualität des Tages zu beeinflussen:
Das ist die höchste aller Künste.

Henry D. Thoreau,
Walden oder Leben in den Wäldern

Bei einigen Menschen verändert sich schon viel, wenn sie nur davon hören, wie wichtig es ist, in der Gegenwart präsent zu sein, bewusster und mitfühlender zu sein, im eigenen Leben mehr zu akzeptieren und insbesondere in ihrer Funktion als Eltern mehr Verständnis zu zeigen. Schon allein dies weckt in ihnen die Fähigkeit, bewusst „die Qualität des Tages zu beeinflussen“, wie Thoreau es ausgedrückt hat. Es inspiriert sie zu einer neuartigen Offenheit und Sensibilität.

Doch wir wissen auch, dass der menschliche Geist auf eine ganz eigene Art arbeitet, die es den meisten von uns schwer macht, plötzlich „einfach aufzuwachen“. Mit dem gegenwärtigen Augenblick in Kontakt zu treten erfordert gewöhnlich eine gewisse Art von Bemühung und auch kontinuierliche Praxis. Es ist sehr schwer, dauerhaft klar zu sehen. Vielleicht erhaschen wir nur gelegentliche, flüchtige Ahnungen von unserer eigenen Selbstbestimmung und unserer Fähigkeit, sie im Alltagsleben zum Ausdruck zu bringen. Gewöhnlich fällt es uns Menschenwesen nicht leicht, zu Einsicht und Transformation zu gelangen.

Wir müssen üben und lernen, in der Gegenwart zu leben. Und wir müssen auch *üben*, mit den Augen der Ganzheit zu sehen. Warum? Weil wir den größten Teil unseres Lebens damit verbringen, das genaue Gegenteil von Achtsamkeit zu üben – vielleicht aufgrund der Beschaffenheit des menschlichen Geistes. Wir *üben* dann, *nicht* im gegenwärtigen Augenblick zu leben. Wir üben, uns durch unsere Gedanken und Gefühle, unsere Vorlieben und Abneigungen aus unserem Zentrum – von unserer Selbstbestimmung, von unserer Verbundenheit mit allen und allem – wegreißen zu lassen. Wir üben, ängstlich zu sein. Wir üben, wütend zu werden. Und je mehr wir das alles üben, indem wir diese Muster in unserem Leben ständig wiederholen, umso „besser" werden wir darin und umso schwerer fällt es uns, daraus auszubrechen. Wir üben, an Sichtweisen und Modellen der Wirklichkeit festzuhalten, die nur teilweise oder ganz und gar nicht zutreffen. Dadurch festigen wir unser automatisches Verhalten, und unser keineswegs souveränes, mitfühlendes und verständnisvolles Handeln führt zu Konsequenzen, die unsere Probleme, unsere Verwirrung und unseren Mangel an Klarheit bezüglich unseres eigenen Lebens noch vergrößern.

Deshalb ist es wichtig, Achtsamkeit im familiären Alltag als *Übung* zu praktizieren, statt sie nur als Philosophie oder als eine gute Idee anzusehen. Als Übung hilft Achtsamkeit, uns von den tief in unserem Geist und in unserem Leben eingeprägten Mustern zu befreien, die uns von uns selbst und vom gegenwärtigen Moment fernhalten. Denn letztlich haben wir nichts anderes als den gegenwärtigen Augenblick, um zu leben, zu wachsen und unsere Verbundenheit mit allem und allen immer stärker zu erfahren.

Wir benutzen hier das Wort „Übung" etwas anders, als es gewöhnlich verstanden wird. Wir verstehen darunter: *in diesem Augenblick Ganzheit verkörpern.* Es hat keine Ähnlichkeit mit dem Üben von Tanzschritten oder am Klavier. Es ist keine Gymnastik und keine Theaterprobe. Es geht nicht darum, in einer bestimmten Tätigkeit besser zu werden, indem man sie unablässig wiederholt – obwohl Achtsamkeit tatsächlich tiefer wird, je mehr wir uns in ihr üben.

Jedes Mal, wenn Sie Ihr Kind auf den Arm nehmen und es ganz bewusst tun, üben Sie Achtsamkeit. Wichtig ist dabei, dass Sie völlig bei dem sind, was Sie tun. Und was bedeutet „völlig dabei sein"? Es bedeutet, voll und ganz hier zu sein. Sie wissen, dass Sie Ihr Baby hochnehmen, während Sie das tun. Es bedeutet, dass Sie mit dem Fühlen, Riechen,

Berühren, Zuhören, Halten und Atmen in Berührung sind; mit allem, was geschieht, und dass Sie es mit Gewahrsein umhüllen, während Sie tun, was Ihre Intuition und Ihr Baby und der Augenblick Ihnen als wichtig erscheinen lassen – ob Sie nun das Kind stillen, seine Windel wechseln, es ankleiden, ihm etwas vorsingen oder was auch immer. Dieses „was auch immer" kann auch beinhalten, dass Sie gar nichts tun. Vielleicht ist im betreffenden Augenblick *nichts* anderes wichtig, als so präsent wie möglich zu sein.

Sie brauchen darin nicht „gut" zu sein, und ganz sicher ist es nicht im Sinne der Achtsamkeit, dass Sie sich selbst beurteilen. Es genügt vollauf, im betreffenden Augenblick *da* zu sein. Warum? Weil Sie ohnehin schon da sind. Warum also nicht voll und ganz da sein? Vielleicht werden Sie dann in jenem Augenblick die Ganzheit kosten, denn sie ist hier und jetzt immer vorhanden, so dass wir sie jederzeit sehen, fühlen und mit ihr eins werden können.

Praxis oder Übung bedeutet also einfach, dass wir uns bewusst daran erinnern, in dem, was jeweils geschieht, völlig präsent zu sein, dass wir also nicht dauernd automatisch oder mechanisch handeln. Wenn Sie das Baby hochnehmen, nehmen Sie das Baby hoch. Wenn Sie Ihr Kind umarmen, sind Sie da und umarmen Ihr Kind. Ihr Geist ist nicht irgendwo anders – oder, wenn er das ist, sind Sie sich dessen bewusst und können ihn deshalb in die Gegenwart zurückbringen. Es ist einfach, jedoch andererseits auch nicht so einfach, weil unser Geist die Eigenart hat, so schnell abzuschweifen.

Es gibt viele verschiedene Möglichkeiten, Achtsamkeit zu üben. Es gibt keinen Aspekt unseres Lebens, der nicht einfach dadurch zur Übung werden könnte, dass wir uns seiner bewusst werden und seine Entfaltung mit Gewahrsein verfolgen. Je größer unsere Bereitschaft ist, aufmerksam zu sein, umso tiefer können wir uns in der Achtsamkeit verwurzeln, und umso achtsamer können wir unsere Aufgaben als Eltern erfüllen. Jeder einzelne von uns verfügt über die Voraussetzungen für diese innere und äußere Arbeit. Jedes Kind, jede Situation, jeder Atemzug, jeder Moment ist vollständig und wartet darauf, in diesem Augenblick angenommen zu werden. Wenn wir uns dem Leben auf diese Weise nähern, dann wird es, wie Thoreau gesagt hat, zu einer wahren Kunst, die Qualität des Tages zu beeinflussen. Diese Kunst ist eine immer weitergehende Verfeinerung unserer Lebens- und Seinsweise in der Welt, indem wir uns von dem kultivieren lassen, was der Tag uns bringt.

Atmen

Wie nun können wir in unserem familiären Alltag auf eine Art und Weise mit der Praxis der Achtsamkeit beginnen, bei der wir uns wohlfühlen? Warten wir auf den „richtigen Augenblick", oder lassen wir die Augenblicke unseres Lebens einfach so zu, wie sie sind? Müssen wir in der Schwangerschaft oder bei der Geburt unseres ersten Kindes damit beginnen, oder können wir jederzeit beginnen, an welchem Punkt unseres Lebens wir auch stehen?

Da die Gewohnheiten unseres Geistes nun einmal so sind, wie sie sind, ist es wahrscheinlich das Beste, mit dem Beginnen nicht auf einen ominösen „richtigen Augenblick" zu warten, sondern mit den Augenblicken Vorlieb zu nehmen, die wir ständig erleben, so unvollkommen, gewöhnlich und uninteressant sie uns auch erscheinen mögen.

Schon allein der Entschluss, dort zu beginnen, wo wir gerade stehen, hier und jetzt, mit den Ressourcen, die uns im Augenblick zur Verfügung stehen, versetzt uns in eine Haltung achtsamer Übung. Wir können selbst untersuchen, welchen Wert es für uns hat, völlig präsent zu sein, egal, was geschieht und genau dort, wo wir uns in diesem Moment befinden – ob wir gerade erst Eltern werden, schon erwachsene Kinder haben oder bereits Großeltern sind.

Eine Möglichkeit, mit der Übung der Achtsamkeit in der Familie zu beginnen, besteht darin, sich mit dem eigenen Atem vertrauter zu machen, in Augenblicken der Stille, aber auch im gesamten Tagesverlauf. Unser Atem fließt ununterbrochen. Er ist immer präsent. Er ist tief mit unserem Leben, mit unserem Körper und mit unseren Gefühlszuständen verbunden. Indem wir uns unseres Atems bewusst werden, versetzen wir unseren Geist und Körper in den gegenwärtigen Augenblick – und dadurch wird auch unsere Wahrnehmung klarer.

Wenn Sie möchten, können Sie jetzt gleich einmal versuchen, zu Ihrem Atem in Kontakt zu treten und sich seiner ein paar Minuten lang gewahr zu sein. Versuchen Sie, den Atem zu *spüren*, wie er in den Körper hinein- und wieder herausfließt, wobei Sie sich beim Einströmen des Atems vergegenwärtigen, dass er einströmt, und beim Ausströmen, dass er ausströmt. Sie können mit Ihrer Aufmerksamkeit sozusagen auf den Wellen Ihres Atmens reiten, sein Steigen und Fallen wahrnehmen, so wie Sie in einem Schlauchboot die sanften Bewegungen der Wellen spüren. Später können Sie versuchen, die Aufmerksamkeit bei allem, was Sie tun, auf den Atem zu richten.

Wahrscheinlich werden Sie bei diesem Versuch schnell feststellen, dass Ihr Geist, so wie der Geist aller Menschen, ein Eigenleben führt. Er hat vermutlich nicht die geringste Lust, sich des Atems bewusst zu werden und mit ihm in Kontakt zu bleiben. Er ist es nicht gewöhnt, das Gewahrsein aufrechtzuerhalten. Sie werden feststellen, dass er ständig hierhin und dorthin abschweift, in die Vergangenheit, in die Zukunft, von einem Gedanken zum nächsten und von einem Gefühl zum nächsten. Noch unsteter verhält er sich, wenn wir unter Zeitdruck stehen oder wenn wir versuchen, irgendwelche akuten Probleme zu lösen. Wenn Sie erstmals innehalten, um auch nur ein paar Minuten lang Ihrem Atem zu folgen, werden Sie diese Eigenart Ihres Geistes schnell entdecken. Sie manifestiert sich sogar in einer besonders ruhigen äußeren Situation.

Durch regelmäßige Übung können Sie eine Vertrautheit mit dem Atem entwickeln, die es Ihnen ermöglicht, allmählich alles, was im betreffenden Augenblick in Ihnen und um Sie herum geschieht, in Ihr Gewahrsein einzubeziehen. Auf diese Weise wird es Ihnen in zunehmendem Maße möglich sein, das in jedem Augenblick enthaltene Potenzial zu erschließen.

Je länger Sie an der Entwicklung des Atem-Gewahrseins arbeiten, umso mehr werden Sie davon profitieren. Es lässt den gegenwärtigen Augenblick in einem helleren Licht erscheinen und hilft Ihnen, tiefe Ruhe und Klarheit zu finden. Doch erfordert es viel Energie und Engagement, sich des

Atems bei allem, was man tut, gewahr zu sein und dies aufrechtzuerhalten. Es ist gleichzeitig ein Ausschau-Halten und ein In-sich-hinein-Schauen, also ein Schauen *und* Sehen, das man *Unterscheidungsfähigkeit* oder kluge Aufmerksamkeit nennen könnte. Sie können dieses Gewahrsein in jeden Aspekt Ihres Lebens einbringen: Sie können sich Ihres Atems bewusst sein *und* die Windel wechseln, sich des Atems bewusst sein *und* einkaufen, sich des Atems *und* des Augenkontakts bewusst sein, sich des Atems bewusst sein *und* mit Ihren Kindern spielen, ihnen vorlesen oder sie ins Bett bringen oder mit einem älteren Kind reden. Sie können sich des Atems bewusst sein *und* dass Sie kochen, des Atems *und* dass Sie versuchen, zehn Dinge gleichzeitig zu tun, wobei Sie das Gefühl haben, es nicht mehr zu schaffen; sich des Atems bewusst sein *und* des Gefühls, es nicht geschafft zu haben und nun irgendwie die Scherben wieder zusammenfügen und weitermachen zu müssen. Es erfordert keine zusätzliche Zeit, sondern nur, dass wir uns daran erinnern.

Windeln wechseln, Chaos aufräumen, Streit schlichten, geschäftig hierhin und dorthin laufen, dasitzen und sich Sorgen machen und Angst haben, arbeiten oder spielen, „Arbeit“ oder „Freizeit“ – alles sind gute Gelegenheiten, den Atem zu nutzen, um stärker präsent zu sein.

Die innere Kunst der Achtsamkeit

Sie können Achtsamkeit in Ihrem Leben und in Ihrer Familie ebenso kultivieren, wie Sie Tomaten oder Mais in Ihrem Garten ziehen, und dieses Kultivieren meinen wir, wenn wir von *Übung* oder *Praxis* sprechen. Wenn wir etwas kultivieren wollen, müssen wir uns um das kümmern, was wir kultivieren möchten. Wir müssen es pflegen, ob es nun unsere Absicht ist, achtsamer zu werden, oder ob es um das Wachstum unserer Kinder geht. Sich um etwas oder jemanden zu kümmern bedeutet, dass wir der betreffenden Sache oder Person unsere Aufmerksamkeit schenken. Es geht also darum, präsent, wach, auf etwas konzentriert, aufmerksam und bewusst zu sein – es geht darum, durch eine liebevolle und zugewandte innere Haltung eine wirkliche Verbindung herzustellen.

Dieses Sich-Kümmern ist das Herz der Achtsamkeitsübung. Ebenso wie junge Pflanzen benötigen auch Kinder Schutz, und genau das gleiche gilt für das zarte Pflänzchen unserer Achtsamkeitspraxis. Wenn Sie Ihre Aufgabe in Ihrer Familie im Geiste der Achtsamkeit erfüllen wollen, so müssen diese Absicht und Ihre Bemühungen, sich dieser Übung zu widmen, geschützt werden, weil sie andernfalls leicht chaotischen äußeren Umständen und den tagtäglichen an uns gestellten Anforderungen zum Opfer fallen. Unsere Bemühungen um die Entwicklung von Achtsamkeit können wir am besten schützen, indem wir einen geschützten Raum schaffen, so wie wir ja auch junge Pflanzen durch Stäbe stützen und sie durch Maschendraht oder Zäune schützen.

Diesen geschützten Raum schaffen bestimmte formelle und auch formlose Übungen und Disziplinen, die zusammen die Praxis der Achtsamkeit ausmachen. Die formellen Übungen erfordern ein bisschen Zeit. Ob und wie viel Sie üben wollen, bleibt immer Ihnen überlassen. Die formlosen Übungen wie etwa die, im Tagesverlauf mit dem eigenen Atem in Kontakt zu bleiben, brauchen, wie wir bereits gesehen haben, keinerlei zusätzliche Zeit. Wir müssen uns lediglich an sie erinnern und aufmerksam sein.

Obgleich wir alle zuweilen im herkömmlichen Sinne achtsam sind, ist es sinnvoll, dass wir, um ein meditatives, nicht-wertendes und nicht durch automatische Verhaltensweisen behindertes Gewahrsein aufrechtzuerhalten, die *Absicht*, achtsam zu sein, immer wieder wachrufen und erneuern. Zum Teil muss man dazu lernen, sich nicht selbst zu behindern, sich nicht so von Gedanken und Gefühlen beherrschen zu lassen. Gewöhnlich müssen wir diese Lektion immer wieder neu lernen. Dies können wir durch die Wahrnehmung unserer Gedanken und Gefühle erreichen und indem wir üben, uns nicht von ihnen mitreißen zu lassen.

So wie bei Tomaten oder Mais ist auch in diesem Fall Disziplin der Schlüssel zum Erfolg – nicht eine von außen auferlegte Disziplin, sondern die innere Selbstdisziplin der Achtsamkeit. Wie wir gesehen haben, ist Achtsamkeit an sich eine Disziplin, eine Möglichkeit, in Verbindung, in Fühlung zu bleiben – mit dem, was T. S. Eliot den „ruhenden Pol, um den die Welt sich dreht" genannt hat.

Weil sowohl die Achtsamkeitsübung als auch das Leben mit Kindern die gleiche Basis an Aufmerksamkeit erfordert, liegt es im Grunde nahe, beides gleichzeitig zu entwickeln, denn dann fördert, vertieft und unterstützt das eine das andere.

In der Zen-Tradition sagt man gern, die Meditationspraxis sei nichts Besonderes. Die Praxis ist ebenso wenig etwas Besonderes, wie es etwas Besonderes ist, dass eine Mutter ein Kind gebiert, dass ein Mann Vater ist, dass ein Bauer die Früchte der Erde erntet, ja sogar, dass man lebt.

All das stimmt natürlich. Aber versuchen Sie einmal, das einer Mutter oder einem Vater oder einem Bauern klarzumachen. „Nichts Besonderes" bedeutet gleichzeitig „etwas ganz Besonderes". Das total Gewöhnliche ist total außergewöhnlich. Alles hängt davon ab, wie Sie die Dinge sehen und ob Sie bereit sind, tief in das Herz der Dinge hineinzuschauen und entsprechend dem zu leben, was Sie sehen, fühlen und wissen.

Gedanken sind nur Gedanken

Wenn wir die Teilnehmer unserer Achtsamkeitskurse in der *Stress-Reduction-Clinic* nach den wichtigsten Resultaten ihrer Teilnahme an dem Programm fragen, erwähnen sie praktisch immer zwei Dinge: Das erste ist „das Atmen", das zweite ist, „zu wissen, dass ich nicht mit meinen Gedanken identisch bin".

Natürlich haben alle diese Menschen auch schon vor der Teilnahme an dem Programm geatmet. Was sie mit „Atmen" meinen, ist eine für sie neuartige Bewusstheit ihres Atmens und die Entdeckung der starken Wirkung, die es haben kann, über längere Zeit achtsam dem Atem zu folgen und dies mit alltäglichen Aktivitäten zu verbinden.

Die zweite Aussage verweist darauf, dass wir uns bestenfalls nur vage bewusst sind, dass wir ständig denken. Meist fällt uns das erst auf, wenn wir versuchen, unsere Aufmerksamkeit systematisch auf den Atem zu konzentrieren und ohne Urteil wahrzunehmen, was im Geist vor sich geht. Erst dann merken wir, wie schwierig es ist, unsere Aufmerksamkeit zu stabilisieren und sie über längere Zeit auf irgendetwas zu richten, selbst auf etwas scheinbar so Simples wie den eigenen Atem.

Wenn wir anfangen, auf den Atem zu achten *und* darauf, was uns vom Atem ablenkt, merken wir gewöhnlich sofort, dass wir praktisch ununterbrochen denken und die meisten Gedanken irgendwie besserwisserisch, aber teilweise oder gänzlich unzutreffend sind. Wir merken, dass unser Denken hauptsächlich aus Beurteilungen und Bewertungen unserer Wahrnehmungen besteht sowie darin, Vorstellungen und Meinungen über Dinge zu entwickeln. Außerdem erkennen wir, dass unser Denken komplex, chaotisch, unvorhersehbar und häufig ungenau, zusammenhanglos und widersprüchlich ist.

Dieser unaufhörliche Gedankenstrom wird von uns praktisch nicht wahrgenommen und nicht hinterfragt. Unsere Gedanken scheinen eine Art Eigenleben zu führen. Sie gleichen Wolken, die kommen und gehen, momentanen Ereignissen im Feld unseres Bewusstseins. Doch kreieren wir aus ihnen ständig neue Modelle der Wirklichkeit in Form von Ideen und Meinungen über uns selbst und andere in der Welt, und diese halten wir dann für wahr, wobei wir Beweise für das Gegenteil häufig leugnen.

Wenn uns nicht klar ist, dass Gedanken nichts weiter sind als Gedanken, können wir praktisch in jedem Bereich unseres Lebens in Schwierigkeiten geraten. Wenn wir das wissen, kann es uns helfen, den Fallen auszuweichen, die das Denken uns stellt. Das gilt insbesondere für unsere Aufgabe als Eltern.

Wenn Sie beispielsweise denken: „Tom ist faul“, werden Sie bald glauben, dass Tom *tatsächlich* faul ist, also vergessen, dass das im Grunde nur *Ihre Meinung* über Tom ist. Sie werden Tom dann jedes Mal, wenn Sie ihn sehen, als faul einstufen und darüber alle anderen Aspekte seiner Persönlichkeit vergessen, weil diese durch Ihre festgefahrene Meinung über ihn – für die Sie Gründe haben mögen oder auch nicht – blockiert oder ausgeblendet werden. Wahrscheinlich wird der Spielraum, wie Sie zu ihm in Beziehung treten, sehr eingeschränkt sein, und seine Reaktion auf Ihr Verhalten wird Sie in Ihrer Ansicht noch bestärken.

Tatsächlich haben Sie Tom in Ihrem Denken „faul gemacht“ und sind nicht in der Lage, Tom als Tom zu sehen, das heißt als die Ganzheit, die er ist. Stattdessen sehen Sie nur das eine Attribut, mit dem Sie so beschäftigt sind, obwohl es wahrscheinlich nur teilweise zutreffend ist oder sich verändern kann. Ihre Einstellung kann es Ihnen unmöglich machen, eine sinnvolle Beziehung zu Tom herzustellen, weil alles, was Sie sagen oder tun, von Ihrem Vorurteil geprägt ist und von ihm wahrgenommen und als unangenehm empfunden wird, wobei Sie möglicherweise nicht einmal merken, dass diese Wirkung von Ihnen ausgeht.

Lehrer verhalten sich manchmal so, und auch Eltern. Im Grunde gehen wir alle nicht nur mit Kindern und anderen Menschen, sondern auch mit uns selber so um. Wir reden uns ständig ein, dass wir „zu sehr dies“ oder „zu wenig das“ seien. Wir etikettieren uns in einem fort. Wir urteilen über uns, glauben dann diesem Urteil, und indem wir es glauben, verengen wir unseren Blick dafür, was real und was wahr ist. Unsere Sichtweise nimmt also den Charakter einer selbsterfüllenden Prophezeiung an. Dadurch schränken wir uns selbst und unsere Kinder ein, und wir werden blind für die in uns selbst und in anderen schlummernden Möglichkeiten der Transformation, weil wir eine starre Sicht der Dinge haben, die die vielfältigen Dimensionen, die Komplexität, die Ganzheit und die beständige Veränderung aller Dinge und Menschen nicht wahrnimmt.

Bei der Achtsamkeitspraxis geht es darum, zu lernen, Gedanken als Gedanken und nicht einfach als „die Wahrheit“ zu sehen. Mit Gefühlszuständen verhält es sich natürlich genauso.

Wenn wir uns Gedanken und Gefühle auf diese Weise anschauen, wird die hartnäckige Herrschaft der Personalpronomen über den Geist zuweilen gelockert. In solchen Augenblicken ist das, was wir erfahren, nicht mehr „mein“ Gedanke, sondern lediglich „ein“ Gedanke, nicht mehr „mein“ Gefühl, sondern einfach „ein“ Gefühl. Das kann uns vom hartnäckigen Festhalten an „unseren“ Gedanken, Meinungen und Gefühlszuständen befreien und uns eine umfassendere Perspektive sowie größere Freiheit geben. Ob es sich um ein Gefühl der Verärgerung oder der Peinlichkeit, der Ungeduld oder der Wut handelt: Wenn wir es im Geiste der Achtsamkeit registrieren und es als das erkennen, was es ist, erschließen wir uns neue Verhaltensalternativen, so dass wir uns nicht mehr zwangsläufig darin verwickeln oder automatisch darauf reagieren müssen. Das bedeutet keineswegs, dass wir unsere Gefühle und Gedanken nicht mehr ernst nehmen oder dass wir sie nun einfach ignorieren. Doch kann das Gewahrsein, dass Gedanken eben Gedanken sind und Gefühle eben Gefühle, helfen, angemessenere Verhaltensweisen zu entwickeln, den Kontakt zu uns selbst zu verbessern und den Erfordernissen einer Situation besser gerecht zu werden.

❁

Sei frei von Sorgen.
Bedenke, wer die Gedanken erzeugt!

Warum bleibst du im Gefängnis,
Obwohl die Tür weit geöffnet ist?

Befreie dich aus dem Gestrüpp des Angst-Denkens.
Lebe in Stille.

Fließe abwärts und immer weiter abwärts
In ständig weiter werdenden Ringen des Seins.

Rumi

Verurteilen oder Unterscheiden

Achtsamkeit wird als eine Bewusstheit definiert, die entsteht, wenn man im gegenwärtigen Moment und ohne zu urteilen gezielt aufmerksam ist. Das Nicht-Urteilen spielt dabei eine wichtige Rolle. Wenn wir herauszufinden versuchen, was in unserem Geist vor sich geht, werden wir bald feststellen, dass in uns fast ständig eine Art innerer Zensor aktiv ist, der nicht nur alles, was in unserer Umgebung geschieht, sondern auch sich selbst und das eigene Erleben beurteilt. Ohne es zu wissen, können wir Gefangene unseres eigenen unablässigen Bewertens sein. Dies bindet sehr viel Energie und hindert uns häufig daran, die Dinge klar zu sehen.

Wie wir schon im vorigen Kapitel gesehen haben, bilden wir uns oft blitzschnell Meinungen und halten dann an ihnen fest, als wären sie die Wahrheit, obgleich sie in Wirklichkeit nichts weiter als Gedanken sind und der *Inhalt* dieser speziellen Gedanken die Schlussfolgerungen über Dinge oder Menschen oder uns selbst sind, zu denen unser Geist gelangt ist. Und wie wir uns auf alle Gedanken, die in unserem Geist auftauchen, fixieren können, so können wir uns auch auf diese Schlussfolgerungen fixieren, ganz gleich, ob sie positiv oder negativ sind. Dadurch verlieren wir die Fähigkeit und Freiheit, außer ihnen noch irgendetwas anderes zu sehen. Unser Festhalten an Vorstellungen und Meinungen engt uns ein und beschränkt unsere Möglichkeiten, zu wachsen.

Wenn wir lange so leben, stellen wir bei einem Rückblick nach vielen Jahren vielleicht mit tiefem Bedauern fest, dass unsere Meinungen nichts weiter als eben Meinungen waren. Wir erkennen dann vielleicht, dass sie uns davon abgehalten haben, andere Möglichkeiten auszuprobieren oder auch nur zu sehen, und dass sie uns dazu verleitet haben, Wege einzuschlagen, die nicht unserem inneren Wesen entsprachen. Unsere Meinungen können die Möglichkeit, ein selbstbestimmtes Leben zu leben, überschatten, so wie Wolken das Licht der Sonne verdecken können. Sie hindern uns auch daran, die Selbstbestimmung anderer zu sehen und zu respektieren, unter anderem auch die unserer Kinder.

Natürlich ist dieses ständige Beurteilen bei der Entwicklung von Achtsamkeit und bei ihrer Anwendung im Zusammenleben mit unseren Kindern hinderlich. Stattdessen benötigen wir *Unterscheidungsvermögen*, die Fähigkeit, tief in das Wesen der Dinge hineinzuschauen und Unterschiede scharf und klar zu erkennen. Unterscheidungsvermögen ist die Fähigkeit, dies *und* das zu sehen, im Gegensatz zu dies *oder* das – das vollständige Bild mit allen Einzelheiten zu sehen und Abstufungen zu erkennen. Diese Fähigkeit, zu unterscheiden, ist ein Ausdruck von Respekt der Realität gegenüber, weil wir sowohl die Feinheiten als auch die groben Umrisse der Phänomene registrieren und beachten und uns somit der Komplexität und des Mysteriums der Dinge bewusst sind. In dieser Sichtweise kommt eine Aufrichtigkeit und Rechtschaffenheit zum Ausdruck, weil sie der Wirklichkeit in ihrer Totalität gerechter wird. In der Geschichte *Sir Gawain und die hässliche Dame* urteilten Sir Kay und die übrigen Ritter über Lady Ragnell aus einer sehr begrenzten Perspektive, nämlich allein aufgrund ihrer äußeren Erscheinung, und dadurch verrieten sie ihren ritterlichen Ehrenkodex. Hingegen beurteilte sie Sir Gawain, der ein tieferes Unterscheidungsvermögen entwickelt hatte, nicht nach ihrer äußeren Hässlichkeit.

Wenn wir Achtsamkeit als nicht-urteilendes Gewahrsein bezeichnen, so bedeutet das nicht, dass wir die Dinge nicht so sehen, wie sie sind, weil wir uns weigern würden, notwendige und wichtige Unterscheidungen zur Kenntnis zu nehmen. Tatsächlich können wir nur dann sehen und fühlen, was tatsächlich geschieht, wenn wir uns des Urteilens enthalten, wenn wir die oberflächlichen Erscheinungen zu durchschauen vermögen – die Filter unserer eigenen beschränkten Ansichten, von dem, was wir mögen und was wir nicht mögen, die Filter unserer Glaubenssätze und Ängste, unserer ungeprüften und manchmal unbewussten Vorurteile und unserer tiefen Sehnsucht danach, dass die Dinge so sein mögen, wie wir es gerne hätten.

Nicht zu urteilen bedeutet, dass wir uns der ständig urteilenden Aspekte unseres eigenen Geistes bewusst sind, dass wir uns des Urteilens enthalten und die Tätigkeit des Geistes darauf richten, von Augenblick zu Augenblick Unterschiede und Veränderungen wahrzunehmen. Diese Orientierung ist nicht nur wichtig für die innere Arbeit der Achtsamkeit und des Lebens mit Kindern, sondern sie ist auch für andere Tätigkeiten, etwa wissenschaftliche Untersuchungen unverzichtbar, die versuchen, an der Grenze zwischen Bekanntem und Unbekanntem eine den Phänomenen zugrunde liegende Ordnung zu erkennen. Wissenschaftler sind sich heutzutage darüber im Klaren, wie wichtig es ist, dass sie sich der Begrenztheit ihrer eigenen Perspektive und ihrer Vorurteile bewusst sind sowie der Tendenz des menschlichen Geistes, voreilig Schlüsse zu ziehen oder aus Bequemlichkeit bei dem zu verharren, was er zu wissen glaubt.

Ein unterscheidendes Gewahrsein vermag selbst unser eigenes Urteilen als solches zu erkennen. Wir können diese tiefsitzende Gewohnheit unseres Geistes mit einem gewissen Mitgefühl wahrnehmen und uns bemühen, uns nicht zu verurteilen, weil wir so viel urteilen. Indem wir erkennen, was etwas, das wir sehen, bedeutet, erwächst aus unserer Unterscheidungsfähigkeit Weisheit. Unsere Unterscheidungsfähigkeit gibt uns die Freiheit, uns unseren Kindern gegenüber weiser zu verhalten, ohne uns ständig in den eigenen Vorlieben und Abneigungen zu verstricken, weil wir diese nicht klar als das erkennen, was sie sind. Es liegt in der Natur des Geistes, dass er urteilt. Doch ohne Unterscheidungsvermögen sind unsere Urteile häufig ungenau, von unbewussten Tendenzen geprägt und ganz und gar nicht weise.

Wenn die Mutter eines fünfjährigen Jungen dauernd und überall Gefahren wittert, deshalb ständig in seiner Nähe bleibt und ihn vor allen möglichen schrecklichen Dingen warnt, die ihrer Meinung nach passieren könnten, wenn er dieses oder jenes tut, dann ist sie in einer sehr engen Sichtweise gefangen. Sie ist sich wahrscheinlich nicht bewusst, welche Auswirkungen ihr Denken und Verhalten auf ihren Sohn haben könnte. Durch ihr Verhalten verstärkt sie die Ängste, die der Junge ohnehin hat, oder sie stellt ihm Hindernisse in den Weg und engt ihn unnötig ein.

Würde sie hingegen ihr eigenes Verhalten und die geistige Haltung, die es zur Folge haben wird, sehen und durchschauen, so könnte sie vielleicht einige ihrer auf Angst beruhenden Impulse modifizieren und dadurch freier und weniger zwanghaft werden. Vielleicht würde sie dann merken, dass sie wesentlich mehr Möglichkeiten hat, als sie bisher glaubte, und vielleicht würden dann ihre Ängste das Bedürfnis ihres Kindes nach Autonomie nicht mehr lähmen, und Neugier und Forscherdrang des Jungen könnten sich entfalten. Natürlich können auch Väter in ein solches von Angst geprägtes Verhalten verfallen, und es kann sich genauso auf Töchter wie auf Söhne beziehen.

Es hilft, die eigene tief verwurzelte Tendenz, Dinge nur als gut oder schlecht, als gefährlich oder sicher, als okay oder nicht okay zu sehen, mit etwas Großmut zu betrachten. Wenn Sie beispielsweise als Vater oder Mutter Dinge getan haben, die Sie heute bereuen, so versuchen Sie, sich auch das zu vergegenwärtigen, was Sie Ihrer Ansicht nach gut gemacht haben, und umgekehrt. Eine starre Schwarzweiß-, Entweder-oder-Sichtweise muss zwangsläufig ungenau sein und nährt nur Illusionen, Selbsttäuschungen und Konflikte zwischen Ehepartnern und mit Kindern.

Wenn wir unsere Aufgabe als Eltern im Geiste der Achtsamkeit und Unterscheidungsfähigkeit wahrnehmen, kommen wir vielleicht zu der Erkenntnis, wie sehr wir dazu neigen, uns selbst als Eltern und unsere Kinder zu verurteilen. Wir haben feste Meinungen über sie, darüber, wer sie sind und wie sie sein sollten, und wir messen sie an irgendeinem Maßstab, den wir in unserem Denken entwickelt haben. Indem wir unsere Kinder auf diese Weise beurteilen, zerreißen wir unsere Verbindung zu ihnen. Wenn wir unser Urteil dagegen bewusst zurückstellen und größeres Unterscheidungsvermögen entwickeln, schaffen wir die Möglichkeit, die Verbindung zu ihnen – und zu uns – wieder herzustellen.

Unterscheidungsvermögen schließt die Erkenntnis ein, dass wir sogar dann, wenn wir versuchen, unsere Kinder so zu sehen, wie sie wirklich sind, niemals voll und ganz sehen werden, wer sie sind oder wohin ihr Leben sie führen wird. Wir können sie nur lieben und akzeptieren und das Mysterium ihres Seins respektieren.

Formelle Achtsamkeitspraxis

Selbst wenn Sie sich nicht der formellen Achtsamkeitspraxis widmen wollen oder es nur hin und wieder tun, ist es sinnvoll, die Anweisungen für die formelle Meditationsübung zu kennen, denn sie liefern eine klare Landkarte, wie Achtsamkeit kultiviert werden kann, und eine nützliche Anleitung, wie sie in alle Bereiche des Alltags- und Familienlebens integriert werden kann. Wenn Sie alle Ihre Erfahrungen in diesem Licht sehen, wird Ihr ganzes Leben zu einer Meditationsübung. Dann sind alle Augenblicke Ihres Lebens für Sie Gelegenheiten, Gewahrsein zu entwickeln und aufzuwachen.

Wenn Sie sich der formellen Meditationsübung widmen wollen – um Ihre Aufgaben als Eltern bewusster erfüllen zu können, um den Stress in Ihrem Leben zu reduzieren oder um sich auf eine sehr tiefe Weise weiterzuentwickeln –, können Sie Augenblicke der Stille für diese Art der Übung nutzen, selbst wenn diese in Ihrem Leben selten sind oder Sie sie erst schaffen müssen, indem Sie beispielsweise früher als gewöhnlich aufstehen oder zu bestimmten Tageszeiten das Telefon abstellen.

Für uns alle ist es eine wichtige Form der Regeneration, dass wir Zeit allein verbringen. Diese Möglichkeit geht vielen von uns heute zunehmend verloren, weil unser Alltagsleben immer schnelllebiger wird. Für Eltern scheint es zu manchen Zeiten praktisch unmöglich, eine bestimmte Zeit, in der sie nicht zu erschöpft sind, für die formelle Meditationsübung zu reservieren. Wir alle können selbst entscheiden, ob, wann und in welcher Form wir in unserem Leben Zeit für diese Art stillen Seins haben.

Eine solche Zeit der Ruhe braucht nicht besonders lang zu sein. Schon eine oder zwei Minuten sind ein guter Anfang. Sie können sie in der Mitte des Tages auf dem Sofa verbringen oder unmittelbar vor dem Einschlafen im Bett. Sie können fünf Minuten während der Mittagspause dafür reservieren oder sich im geparkten Auto diese Zeit nehmen, während Ihr Baby schläft. Wenn Sie es wirklich wollen, können Sie wahrscheinlich irgendwann im Laufe des Tages ein paar Minuten Zeit erübrigen, vielleicht sogar eine Viertelstunde. Allerdings müssen Sie es wirklich wollen, insbesondere, wenn Ihnen das Meditieren als schwierig oder langweilig erscheint. Denn andernfalls füllen wir unsere „freien" Augenblicke gewöhnlich rasch aus, indem wir eine Zeitung lesen, den Fernseher oder das Radio einschalten oder uns auf irgendeine andere Weise „die Zeit vertreiben".

Ruhige Augenblicke, in denen wir uns in Achtsamkeit üben, nähren Körper und Seele. Eltern kleiner Kinder brauchen diese Augenblicke mehr als andere Menschen. Zeit für sich selbst, Zeit, allein zu sein, ist das, was viele Eltern am wenigsten haben und am meisten ersehnen. Dennoch wissen wir, wenn wir einmal Zeit haben, oft nicht, was wir tun sollen – insbesondere, wenn es nur ein paar Minuten hier und da sind, also nicht genug Zeit, um gezielt irgendetwas anzufangen, und wenn wir genau im falschen Moment plötzlich Zeit haben.

Die formelle Achtsamkeitsübung nimmt natürlich eine gewisse Zeit in Anspruch. Doch lohnt es in jedem Fall, sich diese Zeit zu nehmen, wenn Sie sich davon angesprochen fühlen, und entscheidend ist nicht, dass Sie besonders viel Zeit dafür erübrigen. Wenn wir im Augenblick präsent sind, aus dem Strom der ständigen Gedanken heraustreten und Vergangenheit und Zukunft wirklich loslassen, machen wir eine Erfahrung der Zeitlosigkeit. Schon ein paar Minuten unserer normalen, linearen Zeit können dann sehr erholsam wirken, weil zeitlose „Augenblicke" uns befreien. In solchen Momenten brauchen Sie sich weder irgendwohin zu begeben, noch brauchen Sie etwas zu tun. Sie sind für einen kurzen Moment vom Druck Ihrer Verpflichtungen befreit, können in die Erfahrung der eigenen Ganzheit eintreten und sich gleichzeitig als Teil eines umfassenden Ganzen erleben.

Wenn Sie die formelle Meditationspraxis in Ihr Leben integrieren wollen, so beginnen Sie wie folgt: Nehmen Sie sich ein paar Augenblicke

Zeit. Legen Sie sich hin, oder setzen Sie sich in einer aufrechten Haltung. Richten Sie die Aufmerksamkeit einige Augenblicke lang auf Ihren Bauch, und spüren Sie, wie er sich mit dem Atem bewegt; oder richten Sie die Aufmerksamkeit auf Ihre Nasenöffnungen, und spüren Sie den Luftstrom dort. Versuchen Sie in keinem Fall, den Atem oder die Bewegungen des Bauches zu forcieren, sondern lassen Sie den Atem einfach fließen und Ihren Bauch sich frei bewegen.

Die Konzentration der Aufmerksamkeit auf den Atem und auf den Körper beinhaltet nicht, dass Sie irgendetwas an dem, was ohnehin geschieht, verändern sollen. Sie brauchen lediglich zu registrieren, was in Ihrem Körper vor sich geht, und sich der Empfindungen beim Atmen, beim Ein- und Ausströmen der Luft bewusst zu werden. Sie können wahrnehmen, wie sich die Bauchdecke hebt und senkt, sich bei jedem Einatem dehnt und bei jedem Ausatem zusammensinkt, oder wie die Luft durch die Nasenöffnungen ein- und ausströmt. Nachdem Sie mit beidem eine Weile experimentiert haben, konzentrieren Sie Ihre Aufmerksamkeit auf eines dieser beiden Phänomene.

Wie bereits erwähnt, ist der Geist oft aufgewühlt wie die Oberfläche des Meeres oder flatterhaft wie eine Fahne im Wind, denn er ist ständig mit irgendetwas beschäftigt. Er lässt sich von Gedanken und Gefühlen mitreißen. Ihre Aufmerksamkeit wird wahrscheinlich immer wieder vom Atem weggelenkt werden, und oft werden Sie nicht einmal für die Dauer eines Atemzuges Frieden und Kontinuität erfahren. Vielleicht ist es sogar alles andere als entspannend für Sie, bei der Wahrnehmung des Atems zu bleiben, weil Sie dabei vor allem Angstgefühle verspüren oder sich dauernd abgelenkt fühlen.

All das ist völlig in Ordnung. Sie müssen nicht unbedingt ein Gefühl der Entspannung erleben, obgleich die Übung oft entspannend wirkt. Es geht nicht darum, dass Sie bestimmte Gefühle entwickeln. Sie sollen sich nur dessen bewusst werden, wie die Dinge für Sie von Augenblick zu Augenblick tatsächlich sind. Wenn Sie sich also angespannt fühlen, dann registrieren Sie die Angespanntheit; wenn Sie sich wütend fühlen, dann akzeptieren Sie, dass Sie wütend sind; wenn Sie sich dumpf und schläfrig fühlen, dann sind Sie eben dumpf und schläfrig. Das ist alles.

Sie nehmen einfach bewusst Ihren Geist und Körper wahr. Urteile sind generell unnötig. Wir versuchen, uns auf unsere Erfahrung in *jedem* Augenblick zu konzentrieren, ohne zu urteilen, ohne darauf zu reagieren. Wir nehmen lediglich wahr, was da ist, und versuchen, jegliche Tendenz loszulassen, mit Gefühlszuständen ein Personalpronomen zu verbinden.

Eine andere wichtige Anweisung, die Sie beherzigen sollten, wenn Sie mit der formellen Achtsamkeitsübung beginnen wollen, ist Folgende: Immer wenn Sie merken, dass Ihre Aufmerksamkeit nicht mehr auf Ihren Atem oder Ihren Körper gerichtet ist, dann stellen Sie fest, *wo* sie sich befindet. Mit anderen Worten: Stellen Sie fest, was in Ihrem Geist vor sich geht. Dies zu registrieren ist sehr wichtig, weil es Gedanken, Gefühle und Bilder zu Bewusstsein bringt und die Vertrautheit mit den eigenen Geisteszuständen vertieft. Sobald es Ihnen gelungen ist, sich bewusst zu vergegenwärtigen, was in diesem Augenblick in Ihrem Geist vor sich geht, können Sie den Entschluss fassen, es loszulassen, und wieder zu Ihrem Atem zurückkehren (also ihn entweder an der Bewegung Ihrer Bauchdecke oder am Luftzug in Ihren Nasenöffnungen verfolgen und einfach die Empfindungen und das direkte Erleben dieses Einatmens, dieses Ausatmens registrieren). Wenn Ihr Geist tausendmal vom Atem abschweift, dann bringen Sie ihn eben tausendmal auf die beschriebene Weise wieder dorthin zurück, nachdem Sie mit Gewahrsein registriert haben, was in Ihrem Geist vor sich gegangen ist (was immer es auch war). Sie folgen weder dem Inhalt Ihrer Gedanken, noch versuchen Sie, irgendeine Aktivität Ihres Geistes zu unterdrücken. Sie beobachten sie vielmehr einfach, lassen sie so sein, wie sie ist, und kehren zur Beobachtung Ihres Atems zurück. Im Laufe der Zeit können Sie Ihre Übung so erweitern, dass sie außer dem Atem auch andere Objekte der Aufmerksamkeit umfasst.

Formelle und informelle Übung ergänzen und stärken einander. Letztlich unterscheidet sich Meditation nicht vom Leben selbst. Nur können Sie während des stillen Sitzens Ihre Aufgaben in der Familie nicht erfüllen; deshalb ist jeder Augenblick wichtig. Wir brauchen nur unsere Kinder und alles andere in unserem Leben zu Lehrern werden zu lassen und unsere Absicht, gegenwärtig zu sein, so stark und lebendig wie möglich zu erhalten.

Es gibt noch viele andere Möglichkeiten, formell Achtsamkeitsmeditation zu üben, wenn Sie die Zeit dazu haben. Bei der *MBSR-Methode (Mindfulness-Based Stress Reduction)* üben die Teilnehmer mit Hilfe einer Reihe unterschiedlicher Methoden, darunter Body-Scan, Sitzmeditation und Hatha-Yoga im Geiste der Achtsamkeit. Nähere Details über diese verschiedenen Übungsarten können Sie den Büchern *Gesund durch Meditation, Im Alltag Ruhe finden* und *Zur Besinnung kommen* entnehmen. Tonbandkassetten und CDs mit geführten Achtsamkeitsübungen verschiedener Länge können Ihnen bei der Entwicklung und Vertiefung der formellen Meditationspraxis helfen. Nähere Angaben dazu finden Sie am Ende dieses Buches.

Briefe an ein junges Mädchen, das sich für Zen interessiert

Eines Tages erhielt ich (jkz) einen Brief von Caitlin, der Tochter eines Freundes. Sie hatte sich entschlossen, für die Schule eine Projektarbeit über Zen-Buddhismus zu schreiben, und sie wollte über Zen mehr herausfinden, als sie den verfügbaren Büchern entnehmen konnte. Ihr Vater hatte ihr geraten, mir zu schreiben. Ihr Brief war wunderschön formuliert. Aus ihren Fragen sprach ein so offensichtlich echtes Interesse und ein so starkes Engagement, dass ich ihr sofort antwortete und versuchte, ihr einen Eindruck von der Schönheit und Tiefe der Zen-Meditation zu vermitteln. Später fiel mir auf, dass die Art, wie ich in dieser Antwort die wichtigsten Elemente der Meditationspraxis beschrieben hatte, auch für Erwachsene hilfreich sein könnte. Deshalb möchte ich zwei meiner Briefe an Caitlin in diesem Kapitel wiedergeben.

Generell müssen wir sehr vorsichtig sein, wenn wir Kindern die Meditation nahe bringen wollen. Natürlich spricht nichts dagegen, wenn sie erleben, wie wir meditieren. Als unsere Kinder noch klein waren, kamen sie manchmal während meiner Sitzmeditation zu mir und setzten sich auf meinen Schoß. Ich umhüllte sie dann mit meiner Decke und meinen Armen und meditierte weiter. Wenn sie wieder gehen wollten, öffnete ich die Decke und ließ sie gehen. Wenn wir uns als Eltern bemühen, alles in unserem Leben im Geiste der Achtsamkeit zu tun, ist es sehr wichtig, äußerst feinfühlig dafür zu sein, was wirklich von unseren Kindern kommt – und was wir ihnen aus dem Wunsch heraus, sie an dem teilhaben zu lassen, was *uns* wichtig und wertvoll ist, aufzuzwingen versuchen.

Caitlins Impuls, etwas über Meditation zu lernen, kam eindeutig von ihr selbst. Meine Antwort auf ihren Brief war ein Versuch, ihr Werkzeuge an die Hand zu geben, mit denen sie ihren eigenen Garten bearbeiten konnte. Ich stellte fest, dass sie schon bemerkenswerte „gärtnerische" Fähigkeiten entwickelt hatte. Mit ihrer Zustimmung veröffentliche ich in diesem Kapitel Auszüge aus meinen Briefen an sie sowie einige Gedichte, die sie mir geschickt hatte.

❁

11. Februar 1996

Liebe Caitlin,
vielen Dank für Deinen wunderschönen Brief vom 31. Januar. Es hat mich gefreut zu hören, dass Du von Zen und vom Buddhismus so begeistert bist und dass Du mehr darüber erfahren möchtest, als Du in den Büchern gefunden hast, die Dir zur Verfügung stehen. Bücher können sehr nützlich sein. Deshalb habe ich Dir ein paar meiner Lieblingsbücher beigelegt. Ich hoffe, dass sie Dich Dein ganzes Leben lang begleiten werden und dass Du immer mal wieder hineinschaust – so alle fünf Jahre vielleicht, denn du wirst sehen, dass sich das, was sie Dir zu sagen haben, im Laufe der Zeit verändert. Doch ist es insbesondere im Zen wichtig, über das, was in Büchern geschrieben steht, hinaus zu gelangen und das, worauf sie verweisen, zu erfahren, denn nur so kann man wirklich verstehen, worum es im Zen geht.

Im Zen und im Buddhismus geht es eigentlich darum, herauszufinden, wer man ist. Nun könntest du sagen: „Das ist doch Unsinn. Ich weiß doch, wer ich bin!" Und Du könntest fortfahren: „Ich bin Caitlin, und ich bin elf Jahre alt." Aber „Caitlin" ist im Grunde nur ein Klang, den Deine Eltern Dir gegeben haben, als Du geboren wurdest. „Elf Jahre alt" ist nichts weiter als die Anzahl der Umkreisungen der Erde um die Sonne seit deiner Geburt. Warst Du auch schon „Du", bevor man Dir den Namen Caitlin gab? Und bist Du noch das gleiche „Du", das Du mit fünf oder mit zwei Jahren warst? Natürlich bist Du das, aber gleichzeitig bist Du es auch wieder nicht, weil Du ständig wächst und Dich veränderst. Was Du damals gedacht oder gewollt oder gefühlt hast, ist wahrscheinlich nicht das gleiche wie das, was Du heute denkst oder willst oder fühlst. Aber jenes tiefe Etwas, das „Du“ bist, ist immer noch Du und wird immer Du sein.

Du hast sicher schon gemerkt, dass die Antwort auf die Frage, wer Du bist, ein wenig mysteriös ist. Im Zen geht es darum, sich selbst kennen zu lernen, sich selbst zu verstehen und zu erkennen, was das bedeutet. Unter anderem bedeutet es, zu begreifen, dass es Arten des Wissens und Verstehens gibt, die über das hinausgehen, was Denken und Worte uns vermitteln und worüber andere Menschen uns etwas sagen können. Dieses Wissen ist sehr persönlich und intuitiv. Deshalb ist ein Großteil des Zen-Gedankenguts in Form von Gedichten und unlösbaren Rätseln ausgedrückt worden. Diese überschreiten die Grenzen des normalen Denkens und verweisen auf etwas, das freier und grundlegender ist als das, was unser herkömmlicher Geist zu erfassen vermag. Das bedeutet allerdings nicht, dass das normale Denken im Zen als „schlecht“ angesehen wird. Es ist zweifellos sehr wichtig, und ebenso wichtig ist es, dass wir unsere Denkfähigkeit gut entwickeln. Doch Denken ist nicht alles, und wenn wir nicht achtsam sind, kann es sich die Herrschaft über unser ganzes Leben aneignen, und dadurch wiederum können wir die tieferen, die emotionalen, intuitiven und künstlerischen Aspekte unseres Seins oder unseres wahren Selbst vergessen (so nennen die Buddhisten ..., wer Du „wirklich“ bist ... unabhängig von Deinem Namen und Alter, von Deinen Meinungen und dem, was du magst oder nicht magst). Klingt das verwirrend? Wenn es so wirkt, dann nur, weil ich versucht habe, etwas mit Hilfe von Worten auszudrücken, das Worte nicht zu fassen vermögen. Im Grunde ist das alles sehr einfach, und die Schönheit des Zen liegt nicht zuletzt in der unglaublichen Einfachheit dieser Lehre. Doch eben deshalb erscheint Zen von außen betrachtet oft geheimnisvoll, was es tatsächlich aber nicht ist. Es ist nur wichtig, zu verstehen, worauf es hinzielt.

Im Folgenden habe ich ein paar traditionelle Zen-Aphorismen aufgeschrieben. Eine Freundin von mir hat kürzlich ein kleines Buch veröffentlicht, in dem sie solche Weisheiten gesammelt und ihnen Illustrationen hinzugefügt hat. (Narayan Liebenson-Grady, *When Singing, Just Sing – Life as Meditation*)

Wenn du sitzt, dann sitze nur.
Wenn du isst, dann iss nur.
Wenn du gehst, dann gehe nur.
Wenn du redest, dann rede nur.
Wenn du zuhörst, dann höre nur zu.
Wenn du schaust, dann schaue nur.
Wenn du berührst, dann berühre nur.
Wenn du denkst, dann denke nur.
Wenn du spielst, dann spiele nur,
und erfreue dich jedes Augenblicks und jedes Tages.

Du hast mich gefragt, ob es Zen-Rätsel gibt (traditionell werden sie auf Japanisch *Koan* genannt), die mir persönlich wichtig sind und die mich durch den Tag begleiten. Tatsächlich gibt es solche Rätsel, die mich begleiten, und ich habe im Laufe der Jahre erfahren, dass sie sehr hilfreich sind. Wie Du selbst schon vermutet hast, ist das Entscheidende, dass wir ihnen gegenüber offen sind und sie im Laufe des Tages immer wieder zu uns sprechen lassen.

Hier ein paar Beispiele:

Hat ein Hund Buddha-Natur?
Was war dein Gesicht, bevor deine Eltern geboren wurden?
Woher kommst du?
Wer bist du?
Hast du dein Frühstück beendet? Dann reinige die Essschale!

Vergiss nicht, dass man diese Rätsel nie völlig zufriedenstellend beantworten oder verstehen kann, indem man über sie nachdenkt und auf die übliche Weise über sie spricht. Einer meiner Lehrer, ein koreanischer Zen-Meister, pflegte zu sagen: „Öffne deinen Mund, und schon hast du Unrecht." (So oder so ähnlich reden Zen-Meister häufiger.) Im Zen gibt es eine Spruchweisheit: „Verwechsle den Finger, der auf den Mond zeigt, nicht mit dem Mond." Zen-Rätsel und Zen-Geschichten sind solche „Finger", die uns auf irgendetwas aufmerksam zu machen versuchen. Doch ist der Hinweis selbst nicht das, worum es letztlich geht. (Du kletterst ja auch nicht auf einen Wegweiser, auf dem „New York City" steht, und meinst dann, Du wärst in New York City angekommen.) Im Fall der Zen-Koans ist das „Etwas", auf das verwiesen wird, nicht einmal ein „Ding". Am besten behältst du das Rätsel oder die Frage oder die Geschichte einfach im Inneren wach, hütest sie in Deinem Geist und in Deinem Herzen – was immer das für Dich bedeuten mag –, und versuchst nicht, sie zu beantworten oder sie rational zu verstehen. Das ist, worum es in der Meditation eigentlich geht: dass wir uns der Schönheit des Lebens und seines Geheimnisses bewusst werden und bleiben – dessen, dass wir einen Körper „haben", dass wir lebendig sind, dass wir mit unserer Familie, mit unseren Freunden, mit der Natur und mit dem Planeten Erde verbunden sind, dass wir nicht alle Antworten kennen und nicht einmal immer wissen, wohin wir gehen. All das ist okay. Wichtig ist, dass wir bei alldem *wach* sind, dass wir im jeweiligen Augenblick *präsent* sind – mit unserer gesamten Erfahrung, mit unseren Gefühlen, unserer Intuition und Imagination, unserem Körper und allem, was er tut und empfindet, und mit unserem Denken. All das gehört zu Dir, aber Du bist mehr als all diese Dinge, denn Du bist ein Ganzes, das ständig wächst und sich verändert. Es ist nicht nur alles okay, so wie es ist, sondern es ist sogar wunderbar. Demnach bist auch *Du* schon jetzt wunderbar. Du brauchst also nicht erst wunderbar oder besser zu werden. Du brauchst nur zuzulassen, dass Du Du selbst bist, und Du musst lernen, Dir nicht selbst im Weg zu stehen. (Vielleicht hast Du dieses Problem nicht, aber viele Menschen leiden darunter; deshalb ist Meditation für sie oft sehr hilfreich.) Genau das hat der Buddha entdeckt. Und das ist einerseits etwas ganz Besonderes und andererseits nichts Besonderes, weil der Geist jedes Menschen potenziell dem Geist des Buddha gleich ist. Man muss nur wach und aufmerksam sein. Deshalb hat meine Freundin Joko Beck ihrem Buch, das ich ebenfalls beigelegt habe, den Titel *Nothing Special (Nichts Besonderes)* gegeben. Sie ist eine achtundsiebzigjährige Zen-Meister-Oma, doch wenn Du sie sehen würdest, würdest Du sie für eine ganz normale alte Frau halten, denn das ist sie tatsächlich auch: ein ganz normaler Mensch wie Du und ich, wie Deine Mutter und Dein Vater – nichts Besonderes und gleichzeitig etwas ganz Besonderes.

Nun komme ich zu Deiner dritten Frage, in der Du mich nach speziellen Methoden fragst. Ja, es gibt Methoden, die uns helfen können, besser zu verstehen, wer wir sind, mehr zu schätzen, dass wir leben und dass wir unser Leben mit allen anderen Lebewesen teilen. Doch bevor ich Dir etwas über einige dieser Methoden schreibe, ist es mir wichtig, dass Du Dich daran erinnerst, dass auch Techniken und Methoden nur Finger sind, die auf den Mond weisen. Sie sind nicht das Ziel, sondern nur Wegweiser, die auf Deine eigene Erfahrung verweisen. Sie sind Hilfsmittel wie die Stützräder an einem Kinderfahrrad, die das Kind braucht, bis es ein „Gefühl" für das Radfahren entwickelt hat. Ebenso brauchen wir diese Techniken, bis wir ein Gefühl dafür entwickelt haben, was es wirklich bedeutet, Augenblick für Augenblick gegenwärtig zu sein. Erinnere Dich: „Wenn du gehst, dann gehe nur ...", denn das ist es letztlich, was es bedeutet, den „Zen-Geist" zu haben.

Tatsächlich ist dieses „nur gehen" oder „nur sitzen" oder „nur was auch immer tun" nicht so einfach, wie es klingen mag. Nehmen wir beispielsweise das Gehen. Wenn Du versuchst, „nur zu gehen", wirst Du wahrscheinlich feststellen, dass Du nicht nur gehst, sondern gleichzeitig auch darüber nachdenkst, wohin Du gehst, oder dass Du Dir Sorgen machst, dass Du Dich vielleicht verspäten wirst. Oder Du denkst darüber nach, was geschehen wird, wenn Du ankommst, und deshalb bist Du nicht völlig Deines Körpers gewahr, beispielsweise Deiner Füße oder Deiner Hände oder Deiner Wirbelsäule oder Deines Atems. Es ist also gar nicht so leicht, einfach nur zu gehen. Du musst daran arbeiten, wenn Du es erlernen möchtest, und diese Arbeit wird gewöhnlich „Übung" oder auch „Praxis" oder „Meditationsübung" genannt. Zu meditieren bedeutet, dass wir uns bemühen, uns jedes Augenblicks bewusst zu sein, bei allem, was wir tun, und dass wir uns nicht von unseren Gedanken oder Gefühlen mitreißen lassen, was immer sie beinhalten mögen – ob sie interessant oder leeres Gerede sind, ob wir glücklich oder unglücklich sind. Dazu brauchen wir nichts von dem, was wir tun, zu ändern. Es geht nur darum, dass wir uns dieses gegenwärtigen Augenblicks bewusst sind, während wir ihn erfahren.

Wenn Du das in jungen Jahren lernst und es zu einer Lebensweise entwickelst, kann sich das sehr positiv auf Dein Leben auswirken, denn dadurch entwickeln sich in Dir die Fähigkeiten, zu einem klügeren, fürsorglicheren, glücklicheren und spielerischeren Menschen zu werden. Wir alle haben diese Fähigkeiten, wenn wir noch jung sind, aber mit zunehmendem Alter kann das Leben manchmal derart schwer auf Menschen lasten, dass sie vergessen, was für wundervolle Wesen sie sind und welch ungeheures Potenzial an Weisheit, Mitgefühl und Kreativität sie eigentlich haben. Indem Du meditierst, kannst Du verhindern, dass Du das jemals vergisst, und gleichzeitig hilft es Dir, Dein Leben zu nutzen, Dich zu der zu entwickeln, die Du bist. Dadurch werden sich viele Dinge für Dich verändern – manchmal auf eine sehr angenehme, manchmal auf weniger angenehme Weise. Du wirst an diesen Veränderungen teilhaben, sie beeinflussen und Deinem Leben aus Deiner eigenen Weisheit und Bewusstheit heraus eine Richtung geben können. So wirst Du in Deinem Leben gesündere Entscheidungen treffen, und es wird Dir leichter fallen, auch mit schwierigen Situationen und mit großem Stress fertig zu werden.

Wenn Du also mit der Meditationsübung beginnen willst, so kannst Du das mit Hilfe vieler verschiedener Techniken tun. Am Anfang ist es wahrscheinlich das Beste, die Aufmerksamkeit auf Deinen Atem zu richten, denn Dein Atem begleitet Dich überallhin. Du gehst, redest, sitzt oder isst nicht ständig, aber atmen tust Du ununterbrochen. Deshalb kannst Du Dir in jedem Augenblick Deines Atems bewusst werden und Dich so mit ihm anfreunden. Wenn Du aufgeregt oder wütend bist, wirkt es beruhigend, wenn Du auf den Atem achtest. Doch noch wichtiger ist, dass Dir das hilft, mit dem gegenwärtigen Augenblick in Berührung zu bleiben. Dieser Augenblick ist entscheidend. Er wird nie wiederkommen. Deshalb ermahnt uns das Zen: Verpasse ihn nicht. „Lass eine solche Gelegenheit nicht ungenutzt verstreichen!“ hat der große indische Sufi-Dichter Kabir gesagt.

Und noch etwas: Genauso wie die Techniken nicht das letztendliche Ziel sind, sondern nur Möglichkeiten, sich mit dem eigenen Leben vertrauter zu machen, beschränkt sich auch die Meditationsübung nicht auf die formelle Meditation im Sitzen oder Liegen oder auf eine bestimmte Zeitspanne am Tag, in der wir versuchen, mit dem Atem eins zu werden. Letztendlich geht es darum, dass Du Augenblick für Augenblick, Tag für Tag bei allem, was Du tust, präsent bist. Und da Dein Atem Dich überallhin begleitet, kannst Du Deinen Körper mit seiner Hilfe immer wieder in den gegenwärtigen Augenblick zurückbringen, so dass das Folgende wirklich zutrifft:

Wenn du gehst, dann gehst du nur.
Wenn du isst, dann isst du nur.
Wenn du deinem kleinen Bruder hilfst,
dann hilfst du nur deinem kleinen Bruder.
(Wenn du deinen kleinen Bruder neckst,
dann neckst du nur deinen kleinen Bruder.)
Wenn du am Telefon mit jemandem sprichst,
dann telefonierst du nur.
Wenn du lernst, dann lernst du nur …

Ich nehme an, Du verstehst jetzt ungefähr, was ich meine.

Noch etwas: Die Grundidee ist, sich in jedem Augenblick des Atems (oder einer anderen Sache) bewusst zu sein, ohne Wertung und ohne große emotionale Reaktion. Das heißt nicht, dass Wertungen und Emotionen nicht mehr vorkommen. Natürlich kommen sie vor. Die Grundidee ist aber, sich des ständig urteilenden Geistes bewusst zu sein, das Urteil in der Schwebe zu lassen und die Dinge einfach so zu lassen, wie sie sind – zumindest während der Übung. Wenn Du ständig über alles und alle urteilst und über alles und alle Meinungen hast, sind Dein Geist und Dein Herz angefüllt mit Denken und Urteilen, mit Mögen und Nicht-Mögen, und aufgrund der vielen Meinungen wird es Dir schwer fallen, klar zu sehen.

Eine meiner Lieblingsgeschichten aus der Zen-Tradition ist die folgende: Ein Universitätsprofessor besucht einen Zen-Meister, um ihn zu fragen, worum es im Zen wirklich geht. Er hat schon viel über Zen gelesen und will nun herausfinden, was es wirklich damit auf sich hat.

Der Zen-Meister fordert den Professor auf, am Tisch ihm gegenüber Platz zu nehmen, und serviert ihm Tee. Er gießt den Tee in die Tasse des

Gastes, und als die Tasse voll ist, gießt er weiter und weiter, so dass der Tee über den Rand der Tasse, über den Unterteller, über den Tisch und schließlich auf den Boden läuft.

Erstaunt ruft der Professor: „Was machen Sie da? Sehen Sie denn nicht, dass die Tasse schon voll ist?"

„Doch, das sehe ich", antwortete der Zen-Meister. „Ähnlich ist es mit Ihrem Geist. Wie können Sie erwarten, dass ich ihn mit irgendetwas fülle, wo er ohnehin schon voll ist mit Vorstellungen und Meinungen?"

Es ist also nicht nötig, ständig alles zu beurteilen und ständig über alles und jedes eine definitive Meinung zu haben. Ich weiß, dass das schwer ist, weil wir durch die Schule und durch die ganze Gesellschaft ständig dazu angehalten werden, zu allem Meinungen zu haben und Stellung zu beziehen. Es ist gut, sich daran zu erinnern, dass wir nicht mit unseren Meinungen identisch sind. Du bist auch nicht mit einem einzigen Deiner Gedanken identisch. Nun könntest Du einwenden, dass Du die bist, die denkt, fühlt oder sieht. Doch damit kommen wir auf die Frage zurück, die ich ganz zu Beginn dieses Briefes gestellt habe: Wer ist das? Diese Frage können wir uns unablässig stellen. Setze Dein Vertrauen vor allem in Gewahrsein und Wachheit. Vertraue Deinem wahren Selbst, Deinem Herzen, Deiner Intuition. Oder, anders gesagt: Es ist nichts dagegen einzuwenden, dass Du Meinungen hast, aber wenn Du Dir dessen nicht bewusst bist, ist die Gefahr groß, dass Du so sehr an ihnen festhältst und so engstirnig wirst, dass Du nichts Neues mehr lernen kannst.

Du hast mich auch gefragt, warum ich mich dafür entschieden habe, diese Techniken und Lehren zu üben. Meine Antwort lautet: Weil ich tief innen spürte, dass es im Leben mehr geben musste als das, was ich beim Studium der Molekularbiologie erfahren hatte, und weil ich mein Leben nicht einfach so verstreichen lassen wollte. Ich fing an, mich mit Yoga, Meditation und östlichen Kampfkünsten zu beschäftigen, weil ich das Gefühl hatte, dass dadurch tief in meinem Inneren etwas befriedigt wurde, das durch nichts von dem, was ich damals tat, Nahrung bekam. Das Resultat war, dass ich nicht mehr so wütend war wie vorher und dass ich generell ein glücklicherer Mensch wurde. Meditation hilft mir, ruhiger, klarer und liebevoller zu werden, und ermöglicht es mir, verständnisvoller zu sein und effektiver zu handeln, als ich es vermutlich heute könnte, wenn ich nicht vor etwa dreißig Jahren mit der Meditationspraxis begonnen hätte. Und ich meditiere immer noch jeden Tag – nicht, um ein bestimmtes Ziel zu erreichen, oder gar um mich gut zu fühlen. Ich tue es, weil ich es als gute Möglichkeit empfinde, das Leben lieben zu lernen, und mit dem in Berührung zu bleiben, was wirklich wichtig ist. Ich lausche so gerne der Stille.

Du fragst, welchen Einfluss Buddhismus und Zen auf die Welt haben. Ich denke, beide verweisen auf etwas Universelles im Leben und in allen Menschen, das für unser Überleben als Spezies ebenso wichtig ist wie für das Glück des einzelnen Menschen und der menschlichen Gemeinschaft. Da die Welt immer komplizierter und schnelllebiger wird und wir immer stärker unter Zeitdruck und Stress stehen, werden wir lernen müssen, besser für uns selbst und unseren Planeten zu sorgen. Die Weisheit des Buddhismus kann in dieser Hinsicht sehr hilfreich sein. Es gibt sogar eine Art „buddhistische Wirtschaftsphilosophie". Vielleicht hast Du schon einmal den Slogan „Small is beautiful" („Klein ist schön") gehört. Der gehört dazu. Anderen Lebewesen nicht zu schaden, ist ein weiteres Element, von dem die Welt lernen könnte. Ich glaube, dass es in der Politik, im Wirtschaftsleben und generell in allen Lebensbereichen sehr wichtig ist, dass wir Menschen mehr Gewahrsein und mehr Selbstlosigkeit entwickeln. Mittlerweile meditieren Millionen von Amerikanern. Vor zwanzig Jahren sah das noch anders aus, und ich denke, das ist eine sehr positive Veränderung.

Schließlich fragst Du in Deinem Brief noch nach ungewöhnlichen Überzeugungen oder Übungen, die mir interessant und wichtig erscheinen. Vielleicht ist für Dich ja alles, was ich bis jetzt in diesem Brief geschrieben habe, ungewöhnlich. Ich möchte an dieser Stelle wieder auf das zurückkommen, was ich gleich am Anfang geschrieben habe, nämlich dass es im Zen und allgemein im Buddhismus letztendlich darum geht, den eigenen Geist kennen zu lernen. Es ist nichts dagegen einzuwenden, dass wir etwas glauben oder von etwas überzeugt sind. Aber es ist wichtig, nicht so starr an unseren Überzeugungen festzuhalten, dass sie uns für andere Aspekte der Wirklichkeit blind machen. Letztendlich ist entscheidend, dass wir wir selbst sind und uns in unserer eigenen Haut wohlfühlen. Die Übungen sind dafür da, dieses Ziel zu erreichen und uns daran zu erinnern, dass wir okay sind, so wie wir sind, und dass wir alle wundervoll und einzigartig sind.

Vielleicht kennst Du das Sprichwort: „Ich habe ihn gefragt, wie spät es ist, und er hat mir erklärt, wie eine Uhr funktioniert." Vielleicht habe ich es in diesem Brief genauso gemacht. Ich weiß es nicht. Jedenfalls hat mir Dein Brief und die Begeisterung, die aus ihm sprach, gefallen; deshalb habe ich Dir eine so lange Antwort geschrieben. Ich hoffe, ich habe nicht zu viel gesagt und die Dinge nicht zu kompliziert dargestellt. Sollte es der Fall sein, dann nimm Dir aus dem, was ich geschrieben habe, das heraus, womit Du etwas anfangen kannst, und lass den Rest einfach weg.

Wenn Du möchtest, kannst Du mir gern zurückschreiben. Und viel Glück bei Deinem Projekt.

Herzliche Grüße
Jon

✼

22. Februar 1996

Liebe Caitlin,
vielen Dank für Deinen Brief und für die Gedichte. Was für ein wunderbares Projekt hast Du Dir ausgesucht (oder hat es Dich gesucht?). William Stafford, einer unserer großen zeitgenössischen Dichter, hat jeden Morgen, bevor er irgendetwas anderes tat, ein Gedicht geschrieben, und das dreißig Jahre lang. Was für eine Meditationsübung!

Natürlich hast Du recht, wenn Du sagst, dass Dein Verständnis des Zen und des Buddhismus im Laufe der Jahre wachsen wird. Aus Deinen Briefen und Gedichten kann ich jedoch entnehmen, dass Du schon jetzt eine Menge „aufgesaugt" hast, wie Du sagst.

Vielen Dank für die Freude, Dich auf diese Weise kennengelernt zu haben. Viel Glück bei Deinem Projekt. Du kannst mir jederzeit schreiben, wenn Du möchtest.

Alles Gute wünscht Dir
Jon

✼

Kostproben von Caitlins Zen-Gedichten

Zweige,
Dünn, ineinander verschlungen,
Eine Silhouette, wie kein Künstler sie schaffen könnte
außer der Natur.

❁

*Mara** *nimmt viele Formen an,*
von Gold und Juwelen und Samtvorhängen,
von Diamantringen und Plastikherzen,
falschen „Ich-liebe-Dichs" auf Glückwunschkarten.
Er jagt, versucht und fängt dich ein,
ködert dich mit kitschigem Gesang.
Um nach den Wahrheiten zu suchen, wozu Buddha uns aufrief,
musst du Reichtümern aus alter Zeit lauschen.
Die Bäume, die Luft und das Lied der Natur
sind zu allen Zeiten die wahren Freuden gewesen.

❁

Zen
Still, bestimmt
Verstehen, sein, beobachten
Eine einzelne Blume im Sternenlicht
Gewahrsein

❁

* Der Legende nach versuchte Mara mit seinen Töchtern, durch weltliche Verlockungen Buddha kurz vor seiner Erleuchtung vom Weg abzubringen

Die Stille zwischen zwei Wellen

Achtsamkeit und die Klarheit, die aus ihr erwachsen kann, sind etwas sehr Einfaches. Sie sind tatsächlich nichts Besonderes und gleichzeitig doch etwas Besonderes. Im letzten seiner *Vier Quartette, „Das verborgene Lachen von Kindern im Laub"*, spricht T. S. Eliot über dies „nichts Besondere" so:

Ein Zustand vollendeter Einfachheit
(Der nicht weniger kostet als alles).

Alle Kinder sind einzigartig, jedes ist ein unergründliches Universum von Möglichkeiten und Gefühlen. Sind wir in der Lage, die Eigenart und den Widerhall ihrer Stimmen, ihrer Lieder und ihres Lebens zu hören? Können wir hören, was Eliot „das verborgene Lachen von Kindern im Laub" nannte? Diese Arbeit ist nur hier und jetzt möglich.

Rasch nun, hier, jetzt, immer –
Ein Zustand vollendeter Einfachheit
(Der nicht weniger kostet als alles)

Rasch nun! Nur in *diesem* Augenblick können wir irgendetwas sehen, spüren oder hören, ob es nun unsere Kinder oder die ständigen Veränderungen in unserem eigenen Geist sind. Doch können wir das nur, wenn wir bereit sind, aufmerksam und präsent zu sein, ganz zugänglich; bereit zu sehen, zu hören und offen zu sein. Andernfalls bleiben uns sehr besondere Gelegenheiten, zu sehen und zu unseren Kindern in Beziehung zu treten, vielleicht verschlossen.

Unerkannt, weil nicht erwartet

Doch wenn wir aufmerksam schauen, erhaschen wir vielleicht eine Ahnung. Wenn wir nach innen lauschen, hören wir vielleicht unser eigenes Leben, unser wahres Selbst, das uns ruft:

Aber gehört, halb-gehört, in der Stille
Zwischen zwei Wellen der See.

Will heißen, wenn unser Gewahrsein den Raum zwischen den Gedanken (aus-)halten kann, in der Stille, hören wir:

Die Stimme des verborgenen Wasserfalls
Und die Kinder im Apfelbaum.

Immer wieder erinnert uns die tiefe Einsicht des Dichters an den Ruf, an die Sehnsucht, an das latente Potenzial in jedem Augenblick – an den Raum, die Stille zwischen zwei Wellen des Meeres, die unsere Essenz und unsere Möglichkeiten enthüllt:

Wir werden nicht nachlassen in unserm Kundschaften
Und das Ende unseres Kundschaftens
Wird es sein, am Ausgangspunkt anzukommen
Und den Ort zum ersten Mal zu erkennen.
Durch das unbekannte, erinnerte Tor,
Wenn der letzte Fleck Erde, der zu entdecken bleibt,
Jenes ist, das den Anfang gebildet;
An dem Quellengrund des längsten Stromes
Die Stimme des verborgenen Wasserfalls,
Und die Kinder im Apfelbaum,
Unerkannt, weil nicht erwartet,
Aber gehört, halb-gehört, in der Stille
Zwischen zwei Wellen der See.
Rasch nun, hier, jetzt, immer –
Ein Zustand vollendeter Einfalt
(Der nicht weniger kostet als alles)
Und alles wird gut sein,
Jederlei Ding wird gut sein und
Wenn die Feuerzungen sich nach innen falten
Zum Schifferknoten aus Feuer
Und eins werden Feuer und Rose.

Diese nie endende Erkundung ist das große Werk des Gewahrseins. Wir können in jeder Situation an ihm arbeiten. Doch wo könnten wir diese Art zu sehen, diese Art zu sein, besser kultivieren als in unserem Leben als Eltern?

Teil Fünf

Eine Art des Seins

Schwangerschaft

Die Schwangerschaft ist ein besonders geeigneter Zeitpunkt, um mit der Achtsamkeitspraxis zu beginnen oder sie zu vertiefen. Die starken Veränderungen im Körper, in der Wahrnehmung, im Bereich der Gedanken und Emotionen laden zur Entwicklung einer neuartigen Wachheit, zum Staunen und zur Offenheit geradezu ein. Manche Frauen haben in der Schwangerschaft zum ersten Mal das Gefühl, ganz in ihrem Körper anzukommen.

Die Veränderungen im Körper fallen nicht nur uns selbst, sondern auch den Menschen in unserer Umgebung auf. Durch ihre Reaktionen werden wir immer wieder an unseren besonderen Zustand erinnert, wobei die Reaktionen von wohlwollendem Nachfragen nach unserem Befinden bis zu unerbetenen Ratschlägen und unerwartetem und völlig unvermitteltem Betätscheln unseres Bauches reichen können.

Die vielen körperlichen und emotionalen Veränderungen, die wir während der Schwangerschaft durchleben, eröffnen uns einzigartige Möglichkeiten, intensiv an der Entwicklung von Achtsamkeit zu arbeiten – indem wir uns unseres Erlebens bewusst sind; indem wir wach sind für das, was wir brauchen und was uns gut tut; indem wir unsere Erwartungen und Vorstellungen beobachten; indem wir unsere Fähigkeit, Dinge anzunehmen, ebenso entwickeln wie Güte und Mitgefühl, insbesondere uns selbst und unserem Baby gegenüber; und indem wir Gefühle tiefer Verbundenheit zulassen.

Auch für die künftigen Väter, die, Partner von Schwangeren gibt es reichlich Möglichkeiten, diese besondere Zeit achtsam zu erleben. Die

Schwangerschaft ist eine Zeit großer Veränderungen: körperlich, emotional und in der Beziehung. Die Partner können für das volle Spektrum ihrer Gefühle achtsam werden, von denen manche vielleicht neu und unangenehm sind, und auch für Gefühle in Bezug auf körperliche Veränderungen und auf solche, die die Geburt des Kindes unweigerlich mit sich bringen wird. Die bevorstehende Geburt stellt sie vor äußere und innere Aufgaben: die Planungen und verschiedenen Entscheidungen, die getroffen werden müssen, und die innere Aufgabe, die eigene Fähigkeit zu Fürsorge und Hingabe zu erschließen, vielleicht auf ganz neue Art. Offenherziges Gewahrsein und Annehmen sind an sich schon ein guter Weg, diesen besonderen Zustand und das Wunder und das Geheimnis dieses Prozesses zu erkennen und zu ehren, bei dem aus zwei drei werden – aus drei vier … Dieses Gewahrsein wird noch wichtiger, wenn das Baby auf die Welt gekommen ist.

✿

Vor unserer Schwangerschaft waren wir wahrscheinlich ständig aktiv oder sogar getrieben: häufig in Eile, relativ unbewusst und bemüht, immer mehr zu machen. Plötzlich finden wir uns in einem langsameren, empfänglicheren Modus wieder, dem Modus des „Seins“. Die extreme Erschöpfung, die uns nun zeitweise überkommen mag, kann uns zwingen, mit unseren Alltagsaktivitäten kürzer zu treten, denn der Körper muss nun schwer arbeiten, um mit Hilfe des Wundergebildes Plazenta, das sich neu entwickelt hat, und unserer wesentlich stärkeren Blutversorgung das heranwachsende Baby zu ernähren. Wenn wir diese Veränderungen ignorieren und versuchen, genauso geschäftig weiterzuleben wie bisher, lassen wir eine große und schnell vorübergehende Chance verstreichen, die Welt auf eine andere, auf eine langsamere, bewusstere und sensiblere Weise zu erfahren. Obgleich die bevorstehende Geburt unsere Gedanken und Phantasien immer wieder in die Zukunft lenkt, bringen uns die ständigen Veränderungen unseres Zustandes gleichzeitig immer stärker zu Bewusstsein, wie wunderbar das ist, was jetzt gerade, im Augenblick geschieht.

Die Schwangerschaft eröffnet uns auf ganz natürliche Weise die Möglichkeit, uns nach innen zu wenden und auf uns selbst zu besinnen.

Dabei können wir uns mit Hilfe des Atems erden und so unsere Verbindung zum gegenwärtigen Augenblick vertiefen. Auf diese Weise werden wir uns in stärkerem Maße unserer Gedanken, unserer Gefühle, unseres Körpers und des Babys bewusst, das in uns heranwächst. Wenn wir den Atem langsam und tief werden lassen und bewusst spüren, wo wir uns verspannen, können wir diese Spannungen mit jedem Ausatmen aus dem Körper herausfließen lassen. Die Energie, die wir in der Vergangenheit vielleicht darauf verwendet haben, Wut und Angst zu ignorieren, wird frei, wenn wir unsere Gefühle einfühlsam beobachten und sehen, wie sie sich von Augenblick zu Augenblick verändern.

Die Schwangerschaft ist eine Zeit starker Emotionen, die sich rasch verändern können. Selbst wenn wir uns sehnlichst gewünscht haben, schwanger zu werden, kann es sein, dass wir außer Glücksgefühlen auch Augenblicke der Angst, der Ambivalenz gegenüber dem, was auf uns zukommt, sowie Zweifel und Unsicherheit erleben. Wie wird sich unser Leben verändern? Sind wir bereit, Eltern zu sein? Während der Schwangerschaft fühlen sich Frauen oft emotional verletzlicher als gewöhnlich und sind sensibler gegenüber optischen Eindrücken, Geräuschen und Gerüchen.

Jede Schwangerschaft ist anders, jede Frau ist anders, und jeder Tag ist anders. Das Spektrum der möglichen Erfahrungen ist enorm. Es kann sein, dass wir uns gesünder und strahlender fühlen als je zuvor, dass wir uns in einem nie gekannten Maße wohlfühlen – aber auch, dass wir uns unglaublich krank, elend und bewegungsunfähig fühlen. Es kann auch sein, dass wir enttäuscht, wütend oder frustriert sind, weil das, was wir erleben, nicht unseren Vorstellungen und Erwartungen entspricht, die wir von der Schwangerschaft hatten.

Während der Schwangerschaft achtsam zu sein bedeutet nicht, dass wir uns auf eine bestimmte Weise fühlen oder irgendeinen Idealzustand erreichen müssten, der für uns und unser Baby der beste wäre. Vielmehr geht es darum, dass wir das volle Spektrum unserer Gefühle und Erfahrungen anerkennen und akzeptieren und uns bemühen, so gut damit umzugehen, wie es uns möglich ist. Diese Art der Orientierung, die in Gewahrsein und Akzeptieren wurzelt, bewirkt häufig, dass wir ruhiger und entspannter werden und dass wir uns insgesamt wohler fühlen.

Wir alle leiden in unterschiedlichem Maße unter schmerzlichen Erfahrungen, die wir gemacht haben, unter schwierigen Familienbeziehungen und unter alten Wunden, die zwar manchmal verheilt sind, manchmal aber auch nicht. Wenn wir uns auf unsere Aufgabe als Eltern vorbereiten, ist es besonders wichtig, dass wir versuchen, die Wunden zu heilen, die man uns als Kind durch Urteile, Kritik und an Bedingungen geknüpfte Liebe vielleicht ständig zugefügt hat. Um diese Wunden zu heilen, können wir zunächst im Laufe eines Tages die Augenblicke mit Gewahrsein betrachten, in denen wir uns bei der Be- oder Verurteilung und beim Herabsetzen anderer ertappen. Wir sollten uns vergegenwärtigen, dass diese Impulse nichts weiter sind als Gedanken, und wir können unsere Aufmerksamkeit dann bewusst wieder auf unseren Atem und zurück auf den gegenwärtigen Augenblick lenken.

Eine andere Möglichkeit, den Heilungsprozess zu unterstützen, besteht darin, dass wir uns im Laufe des Tages Zeit nehmen, uns nach innen zu wenden und in einer mitfühlenden, nicht-urteilenden Energie zu baden. Manchen fällt es relativ leicht, liebende Güte und Verstehen auf ihr innerstes Sein und auf ihr Baby zu richten. Anderen fällt es schwerer, diese Art von Energie zuzulassen und sie auf sich selbst zu richten, oder sie fühlen sich dabei befangen oder unwohl. Manchmal kann es hilfreich sein, an eine andere Person oder an ein Tier zu denken, an ein anderes Wesen, das wir geliebt und akzeptiert haben. Wenn wir dann mit der liebenden Güte und dem Verständnis, das wir für dieses Wesen empfinden, in Berührung kommen, können wir versuchen, diese Gefühle mit uns selbst zu verbinden.

Wenn wir uns nach innen wenden und uns der vielen Veränderungen bewusst werden, die wir erleben, können wir unser Gewahrsein auch auf unsere tief verwurzelten und stark emotionsgeladenen Meinungen über Schwangerschaft, Wehen, Geburt und unsere Aufgabe als Eltern richten. Wir alle hegen bewusst und unbewusst solche Meinungen. Wir leiten sie aus unseren eigenen Erfahrungen ab, aus dem, was wir über die Medien mitbekommen, und aus Geschichten, die wir im Familienkreis oder von Freunden und Bekannten gehört haben. Diese tiefen, häufig ungeprüften Überzeugungen können unsere Hoffnungen und Ängste im Hinblick auf die bevorstehende Geburt stark beeinflussen.

Es ist sehr wichtig, sich daran zu erinnern, dass unsere Meinungen über das Kinderkriegen, was immer sie beinhalten, nicht unbedingt „wahr“ sind. Es sind einfach Meinungen, oder, wie eines unserer Kinder mit vier Jahren sagte, „Meinigungen“. Wenn wir sie gezielt als Gedanken sehen, sie bewusst untersuchen und versuchen, ihre Ursprünge zu verstehen sowie den Kontext, in dem sie entstanden sind, fangen wir an, die negativen Einflüsse zu entschärfen, die sie möglicherweise auf unsere Psyche haben.

Beiläufige Bemerkungen von Freunden und Familienmitgliedern können, obwohl unabsichtlich und „nicht so gemeint“, zum Gift negativer Überzeugungen oder Einstellungen gegenüber Schwangerschaft, Geburt und Elternrolle werden. Eine noch gravierendere Wirkung können solche Bemerkungen auf uns haben, wenn sie von Menschen stammen, die wir als mächtige und sachkundige Autoritätspersonen ansehen, ob das unsere eigenen Eltern, Ärzte oder andere „Gesundheits-Fachleute“ oder Freunde sind.

Ein Weg, wie Sie sich Ihrer Überzeugungen über das Gebären bewusster werden können, ist, mit Ihrer eigenen Mutter und Ihren Großmüttern oder anderen Familienmitgliedern so detailliert wie möglich über deren persönliche Erfahrungen mit Geburten zu sprechen. Anschließend können Sie eine erfahrene Hebamme suchen, die schon viele Geburten ohne Komplikationen und ohne unnötigen medizinischen Eingriff erlebt hat. Eine solche Hebamme könnten Sie bitten, Ihnen beängstigende Geburtsgeschichten, die Sie irgendwo gehört haben, aufgrund ihres Wissens und ihrer Erfahrung zu erklären.

Beispielsweise könnte man dann die Geburtsgeschichte einer Frau, die vor zwanzig oder dreißig Jahren eine Zangengeburt hatte, die für das Baby sehr traumatisch war, in einem umfassenderen Zusammenhang sehen: Man hatte der Mutter starke Medikamente gegeben, sie lag während der Wehen auf dem Rücken (was für die Geburt eine sehr ungünstige Position ist), und sie hatte vielleicht keinerlei Unterstützung. Eine Geburtsgeschichte aus neuerer Zeit, die mit einem Kaiserschnitt endet, könnte man in dem größeren Zusammenhang sehen, dass vielleicht die Geburt künstlich eingeleitet wurde, die Frau eine Peridural-Anästhesie bekam, während der Wehen nicht in die Hocke gehen konnte, um für den Geburtsvorgang die Schwerkraft zu nutzen, und dass sie nicht genug fühlte, um richtig pressen zu können. Wenn wir einerseits den klinischen Kontext betrachten, in dem die meisten Geburten stattfinden, und die Geschichten von Frauen dagegen halten, die ohne unnötige medizinische Interventionen geboren haben, bekommen wir vielleicht mehr Verständnis und auch mehr Vertrauen, dass der Körper für das Gebären eine natürliche Kraft und Weisheit besitzt.

Wenn wir uns gründlich über die natürliche Geburt informieren, kann uns klar werden, dass wir zwar nicht alles kontrollieren können, aber mit minimaler oder ganz ohne jede medizinische Intervention eine positive Umgebung für die Geburt schaffen können.

Wichtig ist in diesem Zusammenhang auch die Entscheidung, *wer* uns bei der Vorbereitung auf die Geburt und bei der Geburt selbst unterstützen soll. Wie wir alle sind auch die Leiterinnen von Vorbereitungskursen für Schwangere und Hebammen durch ihre Ausbildung und durch ihre ganz persönlichen Erfahrungen geprägt. Und natürlich haben auch sie ihre ganz individuellen Überzeugungen. Diejenigen unter ihnen, die darauf vertrauen, dass der Körper auch ohne unnötige Interventionen gebären kann und die viele solche Geburten miterlebt haben, verfügen eher über große Erfahrung und Vertrauen in den Geburtsprozess. Im Idealfall sind sie dadurch besser in der Lage, eine Schwangere auf respektvolle und ermutigende Art und Weise zu unterstützen. Vorbereitungstreffen mit verschiedenen Geburtshelfern bieten Gelegenheit, die Person, die Ihnen bei Ihrer Geburt beistehen soll, bewusst auszusuchen – ohne Naivität und ohne blinden Glauben an irgendwelche „Autoritäten".

Dass Sie das Gefühl haben, dass diese Person „nett" ist, reicht nicht. Wenn es möglich ist (es kann aus vielen Gründen sein, dass es nicht möglich ist), sollten wir mit mehreren Hebammen oder Ärzten, die in Frage kommen, sprechen und ihnen ganz konkrete Fragen stellen, beispielsweise: wo sie praktizieren, welche Referenzen sie aufzuweisen haben, welche Kriterien sie für die Einleitung einer Geburt haben und wie viele der von ihnen betreuten Frauen letztlich doch durch Kaiserschnitt gebären. So können wir wichtige Informationen über die Arbeitsweise und die Einstellung dieser Geburtshelfer erhalten. Auch Gespräche mit anderen

Frauen, die von der gleichen Hebamme oder vom gleichen Arzt betreut worden sind, können sehr aufschlussreich sein.

Wenn wir genau auf die Sprache der Geburtshelfer hören, wenn wir fragen, unter welchen Bedingungen sie sich bei ihrer Arbeit wohlfühlen, können wir uns allmählich ein Bild über ihre Ansichten und Einstellungen machen und aufgrund dessen entscheiden, ob diese unseren eigenen Vorstellungen entsprechen. Indem wir durch Lektüre, Gespräche und Reflexion über eigene Gefühle und Reaktionen Informationen zusammentragen, wird uns zunehmend klarer und deutlicher werden, welche Einstellung *uns* zusagt und was für *uns* besonders wichtig ist.

Wenn wir uns auf diese Weise vorbereitet haben, bleibt die letzte entscheidende Frage, wo und mit welcher Person wir uns am wohlsten und sichersten fühlen. Manche Frauen glauben anfangs, sie würden sich im Krankenhaus am sichersten fühlen, merken aber im Laufe der Zeit, dass sie doch lieber zu Hause gebären wollen. Andere mögen anfangs eine Hausgeburt bevorzugen und stellen später fest, dass sie sich bei einer Geburt im Krankenhaus oder Geburtszentrum doch wohler fühlen.

Je nach Gesundheitssystem und Krankenversicherung (oder dem Nichtvorhandensein einer solchen) haben wir vielleicht das Gefühl, wir hätten gar keine Wahl. Vielleicht stimmt das auch. Aber wenn wir offen sind, im Umgang mit den gegebenen Einschränkungen kreative Wege finden und sowohl nach innen wie auch nach außen tätig sind, indem wir Informationen sammeln und auf uns selbst und unsere Intuition hören, können wir zu fundierten Entscheidungen gelangen und einen Kurs verfolgen, der sowohl unsere eigenen Bedürfnisse als auch die unseres Babys bestmöglich berücksichtigt.

Geburt

Die Stärke und Intensität der Wehen zieht uns direkt in die Gegenwart. Die Wehen verlaufen bei jeder Frau anders. Wie sonst im Leben weiß man nie, wie es laufen wird. Die Wehen haben immer einen individuellen Rhythmus und ein individuelles Tempo. Manchmal werden Wehen und Geburt von einem ruhigen, geradezu sakralen Gefühl begleitet. Alle Anwesenden erfüllen ihre Aufgabe, die Wehen nehmen ihren Lauf, und schließlich wird das Baby geboren. Die Geburt kann aber auch einer wilden Komödie gleichen, bei der alles so schnell geschieht, dass alle Beteiligten hektisch umherlaufen.

Bei der Geburt müssen alle Anwesenden von ihren Erwartungen und Vorstellungen abrücken. Sie müssen offen sein für das, was in jedem Augenblick geschieht, und es ist sehr hilfreich, wenn sie dieses Geschehen mit ihrem ganzen Sein unterstützen. Vielleicht hatten wir uns vorgestellt, es wäre schön, während der Wehen massiert und gestreichelt zu werden, doch wenn es dann tatsächlich so weit ist, wollen wir am liebsten überhaupt nicht berührt werden. Vielleicht hatten wir uns vorher ausgemalt, wir wollten schöne Musik hören und viele Freunde um uns versammeln, doch dann merken wir, dass wir Ruhe brauchen und nur ganz wenige Freunde um uns haben wollen. Vielleicht sahen wir uns vorher als eine glückselige Madonna, die ihr Kind ruhig zur Welt bringt, doch in der realen Situation sind wir frustriert, fluchen oder beklagen uns und geben alle möglichen Urwaldlaute von uns.

Die Wehen bieten uns Frauen die Gelegenheit, uns vom Image der stillen, freundlichen, nachdenklichen, hübschen und ständig hilfsbereiten

Frau zu befreien – von jenem „Braves-Mädchen-Image“, das wir uns in unserer Gesellschaft so häufig zulegen –, uns zuzugestehen, dass wir einfach so sind, wie wir sind, und uns die Freiheit zu nehmen, uns auf uns selbst zu besinnen und das zu tun, was in dieser Situation getan werden muss. Wenn diejenigen, die bei diesem geheimnisvollen Geschehen – in dem wir eine zentrale Rolle spielen – anwesend sind, uns unseren eigenen Weg – unsere Selbstbestimmung – zugestehen können, kann die Geburt zu einer machtvollen Affirmation, zu einer Heilung unserer Psyche werden, zu einer Initiation in eine neue Dimension des Seins.

Falls Sie während der Schwangerschaft mit dem Atem gearbeitet haben, um Achtsamkeit zu entwickeln, kann Ihnen das helfen, während des Geburtsprozesses präsenter, entspannter und konzentrierter zu bleiben. Wenn die Wehen dann intensiver werden, können Sie sich mit Hilfe des Atems dem Schmerz und der anstrengenden Arbeit des Gebärens öffnen. Ganz gleich, wie Ihre Wehen verlaufen und wie stark und schmerzhaft sie auch sein mögen, ein kämpferisches Gewahrsein jedes einzelnen Augenblicks, das Sie angesichts dieses riesigen und mysteriösen Vorgangs aufbieten, kann dazu führen, dass Sie das Geschehen annehmen und sich buchstäblich mit dem ganzen Körper zu eigen machen. Das Ergebnis ist nicht nur ein Baby, das willkommen geheißen und genährt werden möchte, sondern eine ungeheuer intensive Erfahrung, die Sie für den Rest Ihres Lebens begleiten wird.

Zur Unterstützung der Achtsamkeit während der Wehen können wir uns daran erinnern, langsam und tief weiter zu atmen, während wir die wachsende Intensität der Kontraktionen wahrnehmen; beim Einatmen bei den intensiven Empfindungen zu verweilen und beim Ausatmen alle Spannungen und alles Festhalten, das wir im Körper spüren, loszulassen.

Jede Kontraktion endet mit einer Ruhepause, so kurz diese auch sein mag. In dieser Pause können wir unsere Position verändern, etwas trinken, jemanden umarmen, lachen oder einfach gesammelt im Moment verweilen. Je bewusster, je präsenter wir sind, umso besser sehen oder spüren wir, was wir in jedem Augenblick brauchen.

Wenn wir den Atem nutzen, um während der Wehen voll und ganz in der Gegenwart zu sein, um in jeden Schmerz und in jedes Unwohlsein hineinzuatmen, benötigen wir weniger Energie, als wenn wir versuchen, uns entweder vom Schmerz abzulenken oder gegen ihn anzukämpfen. Wenn wir uns der inneren Weisheit unseres Körpers widersetzen oder uns gegen sie verspannen, machen wir es uns schwerer, uns zu öffnen und die Geburt geschehen zu lassen. Eine Hilfe, um während der Wehen stärker präsent zu sein, kann – ebenso wie langsames und tiefes Atmen – darin bestehen, dass wir uns bewusst werden, was wir empfinden, wenn wir unsere Position verändern, wenn eine Helferin auf bestimmte Stellen des Körpers Druck ausübt oder uns heiße Umschläge macht, wenn wir unsere Gefühle und unsere Frustration zum Ausdruck bringen oder uns an unserem Partner festhalten.

Frauen machen häufig die Erfahrung, dass ihre Angst vor den Geburtsschmerzen schlimmer ist als der Schmerz selbst. Sie stellen fest, dass sie in *diesem* Augenblick mehr positive Energie für den Geburtsprozess zur Verfügung haben, wenn sie jede Kontraktion bewusst erleben, ohne sich Sorgen darüber zu machen, wie lange sie dauern wird oder wie die nächste sein wird. Dieses Bemühen um völlige Präsenz in jedem Augenblick während der Wehen und während der Geburt erfordert Mut, Konzentration und die Liebe und Unterstützung der anwesenden Freunde und Helfer.

Wir sind es gewöhnt, Schmerz generell mit pathologischen Zuständen in Verbindung zu bringen. Der Schmerz des Geburtsprozesses ist jedoch ein gesunder Schmerz. Er entsteht durch einen intensiven physiologischen Prozess – die Kontraktion des Uterus, die zunächst den Gebärmutterhals öffnet und später das Baby aus dem Körper der Mutter befördert. Frauen können die Wehen durch positive Affirmationen unterstützen, indem sie die Kraft, die Intensität und sogar den Schmerz, den sie empfinden, bewusst mit inneren Bildern assoziieren, beispielsweise mit der Vorstellung, dass sich der Gebärmutterhals wie eine Blüte öffnet oder dass das Baby mit jeder Kontraktion tiefer rutscht. Auch das Tönen von *Ohhh* und *Ahhh* bei jeder Kontraktion, wodurch die Kehle geöffnet wird, und die gleichzeitige innerliche Vorstellung des Sich-Öffnens von Gebärmutter und Vagina ist eine Möglichkeit, die Wehen bewusst zu unterstützen.

Im Prozess des Gebärens bringt jede Situation, ja sogar jeder Augenblick eine neue Herausforderung mit sich. Manchmal sind wir in der

Lage, uns diesen Herausforderungen voll und ganz zu stellen, in anderen Fällen scheuen wir vor ihnen zurück, verschließen uns und verfallen in automatische Verhaltensweisen. Es mag Momente geben, in denen wir völlig am Ende sind oder uns dabei ertappen, dass wir über diese Erfahrung jammern, schimpfen und sie verfluchen, weil wir sie als deprimierend empfinden.

Wenn wir merken, wie wir uns zurückziehen und uns verschließen, können wir unsere Aufmerksamkeit einfach wieder auf den Atem lenken. Das richtet uns wieder auf den gegenwärtigen Augenblick aus und lässt uns mit ihm arbeiten, wie er ist. Dann ist jeder Augenblick wahrhaft ein neuer Anfang, und Neuanfänge sind genau das, was während des Geburtsprozesses nach jeder Kontraktion erforderlich ist, insbesondere, wenn wir uns erschöpft, ängstlich oder entmutigt fühlen. Unsere Bereitschaft, immer wieder neu anzufangen, ist Ausdruck des umfassendsten Neuanfangs überhaupt. Nach langer Vorbereitung und harter Arbeit wird schließlich das Kind geboren und mit ihm die Mutter … und eine neue Familienkonstellation.

✲

Wie überall im Leben geschehen manchmal auch bei der Geburt unerwartete Dinge. Wir können nicht alles ahnen oder kontrollieren, was geschehen wird. Die Geburt ist eine Zeit, in der es ganz wichtig ist, dass wir zu uns selber sanft sind. Wenn unsere Erwartungen an uns selbst und die Geburt sich nicht erfüllen, aus welchen Gründen auch immer, kann eine starke Fixierung, die Dinge auf ganz bestimmte Art und Weise haben zu wollen, uns sehr viel Leid verursachen. Wir wollten vielleicht um jeden Preis eine „natürliche" Geburt und stellen plötzlich fest, dass wir um Schmerzmittel bitten oder dass die Situation einen medizinischen Eingriff erfordert. In solchen unvorhergesehenen Augenblicken können unsere Erwartungen bezüglich einer „perfekten" Geburt oder eines „perfekten" Babys unsere Fähigkeit blockieren, auf das zu reagieren, was uns tatsächlich widerfährt. Achtsamkeit angesichts einer unerwarteten Situation ist nichts Passives. Selbst unter sehr schwierigen Umständen können wir unseren Gefühlen und unserer Intuition vertrauen und, so gut wir können, die notwendigen Entscheidungen treffen, oft im Bruchteil einer Sekunde.

So gut wir können, mit allem Geschehen umzugehen und unsere konkreten Erwartungen darüber, was wie geschehen sollte, loszulassen, ist keineswegs leicht. Es setzt voraus, dass wir uns die Erlaubnis geben und uns die Zeit zugestehen, alle Gefühle in ihrer ganzen Tiefe zu erfahren: Frustration, Wut und Enttäuschung ebenso wie Angst und Trauer. Mitgefühl für uns selbst zu haben, für unsere Schwierigkeiten, Anstrengungen und Grenzen – für unsere Menschlichkeit –, ist ein wesentlicher Teil des Prozesses der Selbstheilung, der die Geburt für uns sein kann.

Während der Schwangerschaft konzentrieren wir den größten Teil unserer Energie auf die bevorstehende Geburt des Babys. Erst nach der Geburt wird uns klar, dass das nur der Anfang war. Doch die innere Arbeit während der Schwangerschaft und der Geburt ist eine gute Vorbereitung auf den achtsamen Umgang mit dem Kind. Die Wucht und Direktheit, mit der wir bei der Geburt in den gegenwärtigen Augenblick versetzt und gezwungen werden, unsere vorgefassten Ansichten loszulassen, bringt uns mit der Essenz der Achtsamkeitspraxis in Kontakt. Die Geburt unseres Babys wird für uns vielleicht zur Geburt bislang ungeahnter innerer Möglichkeiten.

Wohlbefinden

Wenn wir damit beginnen, unser Leben und den Umgang mit unseren Kindern im Geist der Achtsamkeit zu gestalten, kann uns unser neues Gewahrsein zur Überprüfung vieler grundlegender Annahmen und Fragen veranlassen, mit denen wir uns gewöhnlich nicht beschäftigen.

Beispielsweise werden junge Eltern oft gefragt: „Schläft das Baby schon durch?" Hinter dieser Frage steht eine natürliche Sorge um das Wohlbefinden der Eltern. Oft beruht sie auf der Überzeugung, dass Babys grundsätzlich die ganze Nacht schlafen sollten. Dahinter wiederum steckt vielleicht die Vorstellung, dass die Bedürfnisse der Eltern wichtiger sind als die der Kinder.

Diese Ansicht kommt häufig in Form unerbetener Ratschläge zum Ausdruck, beispielsweise: „Sorgt dafür, dass euch noch Zeit für euch allein bleibt. Nehmt eure Beziehung wichtig. Besorgt euch einen Babysitter und nehmt euch Zeit für euch selbst." Bei genauer Betrachtung dieser Aufforderungen werden wir feststellen, dass auch hier das Wohl der Eltern als vorrangig angesehen wird, nicht das Wohl des Babys. Babys werden häufig als robust und „unverwüstlich" und die Eltern als sensibel und schutzbedürftig dargestellt. Natürlich ist es richtig, dass Eltern sich auch um sich selbst kümmern sollten und dass sie während dieser intensiven Zeit der Umstellung auf eine ungewohnte Situation und der Konfrontation mit den verschiedensten neuartigen Anforderungen die liebevolle Fürsorge und Unterstützung durch Familie und Freunde brauchen. Andererseits dürfen sie aber auch die Bedürfnisse des Babys nicht herunterspielen oder aus dem Auge verlieren. Wenn wir in der Lage sind, mit einer gewissen Achtsamkeit zu handeln, können wir Wege suchen, für uns selber zu sorgen, die dem Wohlbefinden unseres Babys keinen Abbruch tun.

Bei der Entscheidung darüber, welche Prioritäten wir bei der Erfüllung unserer Aufgabe als Eltern setzen wollen, sollte uns bewusst sein, wie ungemein wichtig es ist, eine Atmosphäre von Vertrauen und Verbundenheit aufzubauen, denn davon hängt sowohl das langfristige Wohl des Kindes als auch das der ganzen Familie ab. Wie bereits im Kapitel „Empathie" erwähnt, haben Wissenschaftler festgestellt, dass Kinder die wichtigsten und grundlegendsten emotionalen Lernerfahrungen durch kleine, häufig wiederholte Kontakte machen, die schon sehr früh zwischen ihnen und ihren Eltern stattfinden. Dem Beziehungsforscher Daniel Stern zufolge scheinen unter diesen intimen Augenblicken und Interaktionen diejenigen die wichtigsten zu sein, „durch die das Kind erlebt, dass seine Emotionen mit Empathie aufgenommen, akzeptiert und erwidert werden". Dies ist ein Teil des Prozesses, der „Sich-Einstimmen" (*attunement*) genannt wird. Das Wissen darum, dass enge Bindung (*attachment*) und Sich-Einstimmen in der frühen Kindheit die Grundlage für die spätere emotionale Kompetenz des Kindes bilden, könnte uns dazu motivieren, uns Augenblick für Augenblick bewusst zu machen, wie wir mit unseren Kindern tatsächlich in Beziehung treten, insbesondere, wenn sie noch klein sind – wie wir tatsächlich für sie sorgen.

Nehmen wir an, ein Baby schläft nachts nicht durch. Die übermüdeten und frustrierten Eltern beschließen, das Baby soll „sich alleine ausweinen", bis es „kapiert", dass niemand kommt, woraufhin es dann einschläft. Doch denken wir einmal einen Augenblick lang darüber nach, wie das Baby das erlebt. Das Baby und die Eltern bilden ein gegenseitig verbundenes Ganzes. Wenn es in Not ist, kann das Baby nicht für sich selber sorgen und ist auf die Eltern angewiesen, dass sie es besänftigen und bei ihm bleiben. Wenn diese Bedürfnisse nicht befriedigt werden und das Baby in solchen Phasen ohne menschlichen Kontakt bleibt, werden die Gefühle der Not überwältigend, und womöglich hat das Baby nur den Ausweg, emotional abzuschalten. Sich zurückzuziehen und „zuzumachen", wenn die Resonanz eines menschlichen Gegenübers fehlt, ist sicher etwas, was auch Erwachsene kennen. Warum glauben wir, dass es für ein Baby in Ordnung ist, obwohl ihm viel weniger Handlungsmöglichkeiten zur Verfügung stehen?

Achtsame Elternschaft konzentriert sich auf die Wechselbeziehung zwischen den eigenen Bedürfnissen und den Bedürfnissen des Kindes, statt das Wohl des Babys und das eigene Wohl irgendwie für unvereinbar zu halten. William und Martha Sears, die Autoren des *Baby Book,* schreiben:

> Das gegenseitige Geben hat auch einen biologischen Aspekt ... Wenn eine Mutter ihr Baby stillt, gibt sie ihm Nahrung und vermittelt ihm ein angenehmes Gefühl. Das Saugen des Babys an der Brust regt den Körper der Mutter zur Ausschüttung von Hormonen an, die die Mutter in ihrem mütterlichen Verhalten bestärken ... Dass Babys durch das Stillen einschlafen, liegt an einem in der Milch enthaltenen, Schlaf induzierenden Stoff ... Während Sie Ihr Baby stillen, produziert Ihr Körper eine größere Menge des Hormons Prolaktin, das beruhigend auf Sie selbst wirkt. Man könnte also sagen: Die Mutter bringt das Baby zum Schlafen, und das Baby bringt die Mutter zum Schlafen.

Wenn uns die vielen Arten der Verbundenheit zwischen uns und unserem Kind bewusster werden, werden wir vielleicht auch viele andere Aspekte des Familienlebens anders sehen – beispielsweise den der Pflege des Kindes und die Frage, ob ein Kind mit seinen Eltern das Bett teilen sollte.

Achtsamkeit im Umgang mit unserem Kind bedeutet nicht unbedingt, dass wir als Eltern nie frustriert sein oder uns nicht wünschen dürfen, eine bestimmte Situation wäre anders, als sie ist, wenn wir das Gefühl haben, unsere Bedürfnisse befänden sich in direktem Widerspruch zu denen des Babys. Beispielsweise kann es vorkommen, dass unser Kind um drei Uhr nachts im Arm gehalten oder herumgetragen werden will. Unser erster Impuls in solchen Situationen ist wahrscheinlich, nicht auf dieses Bedürfnis eingehen zu wollen. Wenn wir in der Lage sind, solche Augenblicke im Geist der Achtsamkeit und mit Unterscheidungsvermögen zu sehen, können wir unsere Gefühle von Wut, Verärgerung und Frustration *und* unsere Gefühle von Empathie und Verständnis wahrnehmen. Bemühen wir uns, alles, was wir erleben, im Sinne der Achtsamkeitspraxis zu sehen, so können wir uns dafür entscheiden, den Widerstand zu registrieren, den wir gegen den Wunsch unseres Kindes, jetzt sofort auf sein Bedürfnis einzugehen, entwickelt haben – und dann unser Entweder-oder-Denken fallen zu lassen, ganz gleich, wie rational und vernünftig es sein mag, und im Einklang mit der tieferen Weisheit unseres Herzens zu handeln. Durch dieses Gegenwärtig-Sein können wir zu wirklich kreativen Lösungen gelangen, die auch dem Wohl unseres Kindes voll und ganz gerecht werden. Auf diese Weise wird auch unser eigenes Wohlbefinden gefördert, und wir wachsen über den Kokon dessen hinaus, was wir für unsere Grenzen halten.

Babys bleiben nicht lange Babys. Diese wichtige und prägende Lebensphase, in der sie weitestgehend von uns abhängig sind, ist relativ kurz und sehr kostbar. Wie gut sie sich in dieser Zeit fühlen, hängt in erster Linie davon ab, wie genau wir spüren, was sie in jedem einzelnen Augenblick empfinden und brauchen, sowie von der Qualität und Konstanz unserer Reaktionen auf ihre Bedürfnisse. Wenn wir uns um Achtsamkeit im Umgang mit unseren Kindern bemühen, versuchen wir, auf eine Art und Weise auf sie einzugehen, die das würdigt, was unsere Kinder von uns am meisten brauchen.

Stillen

Die Aufnahme von Nahrung ist von grundlegender Bedeutung für das Leben jedes Menschen. Obwohl sie enorm viel Zeit, Energie und Nachdenken in Anspruch nimmt, bringen wir für diese Aktivität gewöhnlich sehr wenig echte Bewusstheit auf. Es kann sein, dass wir uns einiger wichtiger Aspekte der Ernährung unserer Babys genauso wenig bewusst sind, obgleich wir als Eltern Tag für Tag und Nacht für Nacht damit zu tun haben. Wenn wir in der Erziehung unserer Kinder davon ausgehen, dass menschliche Beziehungen und Interaktionen von größter Bedeutung sind, werden auch die anscheinend unbedeutenden, aber in Wirklichkeit sehr prägenden Entscheidungen bezüglich der Ernährung – und, noch wichtiger, die Qualität der Aufmerksamkeit, die wir den tatsächlichen Vorgängen widmen – mit dem ganzen Spektrum der Bedürfnisse unseres Babys besser im Einklang sein und nicht nur den Bauch unseres Kindes, sondern auch andere Aspekte seines Seins befriedigen.

Wenn das Baby Nahrung bekommen hat, taucht es in einen Zustand der Glückseligkeit ein. Manchmal kommt es dann zu einem Blickaustausch, und es entsteht ein wundervoll friedliches, physisches Gefühl der Liebe und Verbundenheit, so wie es auf vielen Renaissance-Gemälden der Madonna mit dem Kinde zum Ausdruck kommt.

> Das Ojibwa-Wort für Spiegel, *wabimujichagwan*, bedeutet „auf deine Seele schauen“, eine Vorstellung, die ein wenig vom Mysterium der Beziehung zwischen dem geistigen Bild und dem Stofflichen einfängt. Wenn es zutrifft, dass wir für unsere Kinder

Spiegel sind und dass durch das Schauen die Ich-Grenzen entstehen, dann tragen wir vielleicht auch in jenen intensiven, liebevollen Augen-Blicken zur Entfaltung der Seele bei, in denen die Zeit stillsteht, die Luft klar wird, die Erde abkühlt und uns das Gefühl ergreift, dass alles gut und richtig ist, so wie es ist.

Louise Erdrich, *The Blue Jay's Dance*

Ob wir unser Kind stillen oder ihm die Flasche geben, wir können uns in jedem Fall bemühen, auf seine Signale einzugehen – ihm Nahrung geben, wenn es sie möchte; es einfühlsam im Arm tragen, in der Wärme und Geborgenheit unseres Körpers; und wir können dafür sorgen, dass wir uns oft von Handy und Internet fernhalten, Buch oder Zeitung weglegen, den Fernseher abstellen, dem Kind unsere volle Aufmerksamkeit schenken und uns in der Kunst des Schauens üben. Das ist an sich schon Meditation.

Bekommt ein Kind seine Nahrung nicht, wenn es sie selber haben möchte, sondern zu einer von Erwachsenen festgelegten „Essenszeit" – ob es dann hungrig ist oder nicht –, wird dadurch verhindert, dass es das Gefühl des Hungers kennen lernt und erlebt, wie dieser Hunger gestillt wird. „Geregelte Essenszeiten" können dazu führen, dass das Kind die Verbindung zu sich selbst verliert und der Person gegenüber, die ihm Nahrung gibt, kein Gefühl der Verbundenheit entwickelt, denn es wird ihm die Möglichkeit der Selbstregulation genommen, und es wird stattdessen in eine passive Rolle gedrängt. Es hat keinerlei Einfluss auf das Geschehen und macht deshalb nicht die Erfahrung, dass einer Äußerung seines Willens eine adäquate Antwort folgt. So kann die Nahrungsaufnahme zu einer dissoziativen Erfahrung werden, statt vitalisierend zu wirken und das Gefühl des Vertrauens und der Verbundenheit zwischen Eltern und Kind zu stärken.

Ob Babys gestillt werden oder die Flasche bekommen – wenn sie auf *ihre* Signale hin Nahrung bekommen, stärkt das ihr Gefühl, dass sie ihre Situation selber beeinflussen können. Sie erleben dann ihre Kompetenz, das zu bekommen, was sie brauchen, und ihre Umwelt zu einer angemessenen Antwort auf ihre Bedürfnisse zu bewegen. Das Vertrauen, das

Menschen entwickeln, wenn sie wiederholt die Erfahrung machen, dass sie ein angestrebtes Ergebnis erreichen können, stärkt das Gefühl persönlicher Autonomie. Viele Untersuchungen zeigen, dass die Erfahrung, ein gewünschtes Ergebnis durch eigene Anstrengung erreichen zu können, entscheidenden Einfluss auf die Erhaltung und Wiederherstellung der Gesundheit hat sowie auf die Fähigkeit, mit Stress fertig zu werden und die eigene Lebensweise auf eine gesundheitsfördernde Weise zu verändern. Durch diese intimen Interaktionen zwischen Eltern und Kind wird die Grundlage für ein gesundes und starkes Selbstwertgefühl geschaffen.

Es gibt Situationen, in denen eine Frau, aus welchen Gründen auch immer, nicht stillen kann. Das kann alle möglichen belastenden Emotionen und Gefühle der Frustration und des Versagens entstehen lassen. Wie wir schon im Hinblick auf die Fixierungen und Erwartungen erwähnt haben, die wir vielleicht bezüglich der Geburt hatten, ist auch dies eine Gelegenheit, uns selbst und die Situation freundlich zu akzeptieren. Im Endeffekt ist für unser Baby viel wichtiger, wie wir es halten, anschauen und auf es reagieren, als ob wir stillen oder die Flasche geben.

Wenn Sie Ihr Baby stillen möchten, kann es sehr hilfreich sein, bei Müttern, die Erfahrung im Stillen haben, und bei Gruppen, die sich für die natürliche Ernährung von Babys einsetzen, Unterstützung zu suchen. Zu Anfang kann das Stillen ein paar Herausforderungen bereithalten, was vor allem von den speziellen Bedürfnissen Ihres Babys und Ihres eigenen Körpers abhängt. Oft fühlen sich Mütter durch die Schwierigkeiten, die sie am Anfang erleben, überfordert und entmutigt. Doch lassen sich Probleme, die auf den ersten Blick unlösbar zu sein scheinen, oft auf verblüffend einfache Weise lösen. Wenn Sie sich sachkundige Unterstützung suchen und bereit sind, an der Lösung eventueller Probleme wirklich zu arbeiten, werden Sie nach den schwierigen ersten Wochen ein starkes Vertrauen in sich selbst und in die wunderbare Fähigkeit Ihres Körpers, seine Aufgabe zu erfüllen, entwickeln. Irgendwann kann das Stillen für Sie ganz mühelos werden. Es wird dann zur Grundlage Ihres Umgangs mit dem Kind – einer Art des Umgangs, bei dem die Bedürfnisse des Kindes im Mittelpunkt stehen und der sowohl das Baby als auch die Mutter auf tiefster Ebene befriedigt.

Die Vorzüge des Stillens für die Gesundheit sind mittlerweile tiefer ins öffentliche Bewusstsein gedrungen, und es gibt ein wachsendes Verständnis für weitere Dimensionen des Stillens: emotionales Wohlbefinden, Mutter-Kind-Bindung, körperliche und psychische Abstimmung biologischer Rhythmen (wie Körper und Geist von Mutter und Kind interagieren), sowie langfristige neurologische und entwicklungsrelevante Effekte.

Ich (mkz) habe festgestellt, dass unsere Kinder als Babys und Kleinkinder unmittelbar nach dem Stillen in einen Zustand tiefer Entspannung eintraten. Ganz gleich, was im betreffenden Augenblick geschehen mochte, ganz gleich, wie unglücklich oder wütend sie noch kurz vorher gewesen waren, nach dem Stillen waren sie gewöhnlich ruhig und „wie ausgewechselt". Durch das Stillen konnten sie sich für einen Augenblick den Umweltreizen entziehen und an einem friedlichen Ort Geborgenheit erfahren und neue Kraft schöpfen. Als sie Kleinkinder waren und anfingen, spielerisch ihre Umwelt zu erforschen, kamen sie zwischendurch immer wieder zu mir zurück, um durch das Stillen buchstäblich „aufzutanken". Zu diesem Zeitpunkt aßen sie schon verschiedene Sachen, und beim Stillen ging es eigentlich nicht mehr um die physische Nahrung, sondern um die Erneuerung ihrer psychischen und geistigen Ressourcen.

Ein weiterer wichtiger und einzigartiger Aspekt des Stillens ist, dass das Kind eine gewisse konzentrierte Bemühung entwickeln muss, um Milch aus der Brust zu saugen. Am Anfang fließt die Milch nämlich nur sehr spärlich. Wenn Sie genau beobachten, werden Sie merken, dass die Schlucke des Kindes von einem bestimmten Moment an länger werden – ein Zeichen dafür, dass nun mehr Milch fließt. Das Kind ist konzentriert aktiv, entspannt sich aber gleichzeitig in einen befriedigenden Rhythmus. Wenn die Brust leer ist, saugen Kinder oft trotzdem weiter, um ihre Bedürfnisse nach Geborgenheit, Entspannung und Zentrierung zu erfüllen.

Vor Jahren habe ich an einer Konferenz teilgenommen, die von der *La Leche Liga* gesponsert wurde, einer Organisation, die Frauen über das Stillen informiert und ihnen Unterstützung anbietet. Die Konferenz fand in einem riesigen Saal statt, in dem lauter Frauen mit Babys und Kleinkindern saßen und den Vorträgen zuhörten, während sie ihre Kinder stillten oder diese sich einfach an sie schmiegten. Es war bemerkenswert wie all diese Babys auf ihre Mütter eingestimmt waren.

Babys und Kleinkinder, die von ihren Müttern gestillt worden sind, sehen diese als „Quelle". Die Rückkehr zur Quelle des Umsorgt-Werdens und der Sicherheit ist Ausgleich für die Abenteuer, die sie bei der Erforschung ihrer Umwelt erleben. Dieses Gehalten-Werden hat nichts mit Kontrolle oder mit Zurückhalten zu tun. Die Kinder bleiben in der Nähe der Mutter, weil sie eine intensive Verbindung zu ihr haben. Weil sie sich der Beziehung zwischen sich und ihrer Mutter sicher sind, sind sie in der Lage, frei zu kommen und zu gehen.

Bei jener Konferenz waren viele kleine Kinder im Saal anwesend, und ich war wirklich verblüfft über die Atmosphäre der Ruhe und das Gefühl der Zufriedenheit, das diese Kinder ausstrahlten – offensichtlich weil sie gestillt und von der Aura ihrer Mutter umhüllt wurden.

Nahrung für die Seele

Als unsere Kinder noch sehr klein waren, wiesen uns Freunde und Bekannte häufig auf ihre rosigen Wangen hin. Ich (mkz) lächelte dann still, denn ich wusste, woher die rosigen Bäckchen kamen. Sie kamen vom Stillen.

Nach den manchmal schmerzhaften und frustrierenden ersten Wochen, in denen mein Körper versuchte, einen Mittelweg zwischen zu wenig und zu viel Milch zu finden, stellte ich fest, dass das Stillen mich entspannte und ruhiger machte. Wenn ich spürte, wie die Milch zu fließen begann, überkam mich eine wundervolle Benommenheit, und alles andere wurde unwichtiger. Meine Pläne und Vorhaben traten in den Hintergrund, und stattdessen ließ ich mich völlig auf den gegenwärtigen Augenblick, auf das Zusammensein mit meinem Baby ein. Dieses Zusammensein war für uns beide sehr meditativ.

Das Stillen war für mich ein wesentlicher Eckstein in dem Prozess, wirklich Mutter zu werden. Es brachte mir zu Bewusstsein, dass ich jederzeit und überall alles hatte, was ich brauchte, um meinem Baby Nahrung und Geborgenheit zu geben. Oft wirkten meine Kinder fast verzückt, wenn ich sie an die Brust legte. Zuerst ging es ihnen um die Milch. Wenn die Brust dann leer war, saugten sie weiter, um das Wohlbehagen zu genießen, das sie dabei empfanden, und schließlich versanken sie in einen völlig entspannten Zustand. Wenn sie müde waren, schliefen sie gewöhnlich ein. Wenn ich das Gefühl hatte, sie bräuchten ein Nickerchen, konnte ich sie ohne großes Gezeter zum Schlafen bringen, indem ich ihnen einfach die Brust anbot und sie dann, an mich gekuschelt, einschlafen ließ. Wenn sie in der Nacht aufwachten, lagen sie entweder sowieso schon neben mir, oder ich holte sie in unser Bett und stillte sie, wobei wir beide meist nicht völlig wach wurden, sondern gleich wieder in Schlaf versanken.

Als sie größer wurden und schon vieles essen konnten, blieb das Stillen für sie weiterhin eine Erfahrung tiefer Geborgenheit. Wenn ein Tag für sie sehr anstrengend gewesen war oder sie überreizt waren, beruhigte es sie wieder. Sie konnten in jeder Umgebung auf meinen Schoß klettern, sich in meine Arme schmiegen und sich so einen Ort der Ruhe schaffen. Ihre Spannungen lösten sich durch die ruhige Konzentration des Stillens, durch die Wärme meines Körpers und den Rhythmus meines Atems. Die ständige Verbindung zu mir durch das Stillen gab ihnen Selbstvertrauen und ein Gefühl tiefer Sicherheit, was ich an ihrem ganzen Wesen spüren konnte. Wie sie die Welt erlebten, war körperlich verankert – in ihrer Beziehung zu mir und meinem Körper und in der Erfahrung ihres eigenen Körpers sowie des Saugens und Gehalten-Werdens. Sie kannten die Quelle ihrer Befriedigung und Erneuerung. Sie war sichtbar, berührbar und verlässlich. Dieses Gefühl der Verankerung half ihnen, der Welt neugierig und selbstsicher zu begegnen. Beim Stillen wurden sie genährt, liebkost und für kurze Augenblicke im Laufe des Tages und während der Nacht wie „Babys“ behandelt.

Als sie zu sprechen anfingen, versetzte das Stillen sie in eine schelmische, spielerische und humorvolle Stimmung. Mit eineinhalb Jahren machte mein Sohn das erste Mal einen Witz. Er warf mir einen schelmischen Blick zu, blies auf meine Brust, als wollte er sie kühlen, sagte dann: „Heiß!“ und grinste vor Vergnügen. Als er zweieinhalb Jahre alt war, stillte ich ihn eines Morgens. Irgendwann sagte ich: „Komm, lass uns hinuntergehen und frühstücken.“ Er antwortete: „Mehr!“ Jedes Mal, wenn ich versuchte, zu gehen, sagte er: „Mehr!“ Irgendwann sagte ich: „Du bist eine Nuss!“ Er schaute mich an und erwiderte: „Nein, ich bin eine Rosine!“ Wir lachten miteinander und umarmten uns, und dann gingen wir zum Frühstück hinunter.

Mein Körper war ein wesentlicher und völlig vertrauter Teil der Welt meiner Kinder. Sie erfanden ganz eigene Wörter für das Stillen, die Brüste und die Muttermilch. „Nuk" und „Noonie" waren die Favoriten. Als ich einmal eine Pilz-Infektion an einer Brust hatte und die Haut deshalb spröde war, bezeichnete mein Sohn dies ganz praktisch als die „Buhbuh-Seite" und nannte die andere die „Mag-ich-Seite".

Meine jüngste Tochter reimte gerne, und das Stillen schien ihre Kreativität ganz besonders anzuregen. Eines Morgens begrüßte sie mich mit dem Satz, „Ohhh Noonie is my best kind of juice, Myla Moose!" („Ohhh, Muttermilch ist mein Lieblingssaft, Myla-Elch!")

Sie erfand immer wieder neue Möglichkeiten auszudrücken, wie sehr sie die „Noonies" schätzte. Dabei konnte sie in ihrer Wortwahl und Intonation sehr dramatisch werden. Als sie eines Morgens aus der Dusche kam, hielt sie ein Handtuch eng um sich geschlungen und sagte: „Ich werde kein Gold aus meinen Noonies fallen lassen." Ein anderes Mal sagte sie mit einer tragischen Stimme, die Shakespeare Ehre gemacht hätte: „Meine Noonie ist ausgeraubt worden!"

Als sie in der Entwöhnungsphase waren, behielten sie ihre humorvolle Einstellung zum Stillen bei. Ich sagte meiner jüngsten Tochter irgendwann, sie könnte „dann und wann" die Brust bekommen. Weil sie in diesem Augenblick gestillt werden wollte, erwiderte sie: „Gestern Abend war dann, und jetzt ist wann!" Das war die erste in einer langen Reihe von Verhandlungen.

Das Stillen hatte einen so starken Einfluss auf meine Kinder, dass es seine magische Wirkung manchmal auch entfaltete, wenn ich gar nicht physisch anwesend war. Als meine Tochter zwei Jahre alt war, war ich einmal den ganzen Tag unterwegs, um bei einer Geburt zu assistieren. Am Nachmittag rief ich zu Hause an, und Jon sagte, sie wolle unbedingt mit mir sprechen. Ich erschrak, weil ich fürchtete, wenn sie meine Stimme hören würde, würde sie traurig werden und sagen, sie wolle bei mir sein. Sobald sie am Telefon war, weinte sie und sagte, ich solle sofort nach Hause kommen. Ich antwortete, dass ich so bald wie möglich kommen würde. Ihre Antwort war ein wehmütiges „Nukky me!" Ich antwortete: „Ich werde dich stillen, wenn ich nach Hause komme." Ihre Stimme wurde nachdrücklich. „Nein, *ich möchte jetzt!*" Weil ich sie gern trösten wollte, sagte ich sehr sanft: „Also gut. Ich fange jetzt an.

Wie ist es?“ Sie wurde still, und Jon sagte später, sie habe mit geschlossenen Augen dagesessen, ganz entspannt und meditativ, und habe sich über das Telefon „stillen“ lassen.

Ob meine Kinder wütend, frustriert oder einfach „fertig“ waren, das Stillen wirkte immer harmonisierend auf sie und machte sie zufrieden. Wenn sie in dieser Form Liebe empfingen, zeigten auch sie sich von ihrer liebevollsten Seite. Als ich eines Nachts meine Tochter stillte, schaute sie zu mir auf und sagte mit allerliebster Stimme: „Mammi, du bist so süß.“ Wir badeten beide in diesem wunderbaren Gefühl.

Auch als ich meine Kinder nicht mehr stillte, war mein Körper für sie ein Ort der Geborgenheit und des Wohlbehagens. Manchmal, wenn sie einschlummerten und dabei ihre Hand auf meiner Brust ruhen ließen, tauchte auf ihrem Gesicht ein wunderschöner friedlicher Ausdruck auf. Dies allein genügte, um sie in einen Zustand der Glückseligkeit zu versetzen, der sie zutiefst befriedigte. Man könnte das „Seelennahrung“ nennen.

Das Familienbett

Wir haben in unserer Gesellschaft einige merkwürdige Vorstellungen über das Schlafen. Vielleicht ist das so, weil wir so wohlhabend sind, dass unsere Kinder eigene Zimmer haben können. Sogar Babys lassen wir schon im eigenen Zimmer schlafen, und dadurch trennen wir sie von uns. Hingegen schlafen die meisten Familien auf der Welt – und früher sowieso fast alle! – gemeinsam in einem Raum. Vielleicht ist die vermeintlich fortschrittliche Sitte in unserer Gesellschaft, schon kleine Kinder in separaten Räumen schlafen zu lassen, doch kein Vorteil, sondern eher ein Verlust, unter dem Eltern und Kinder letztlich gleichermaßen leiden.

Bei unserem ersten Kind gab uns der Kinderarzt den Rat, wir sollten es im eigenen Bett im Kinderzimmer schlafen lassen, um ihm von Anfang an klarzumachen, dass es sich unseren Regeln unterordnen müsse und uns nicht stören dürfe. Doch wir hatten gar nichts dagegen, von unserem Baby gestört zu werden. Wir hielten es sogar für wichtig, dass es uns seine Bedürfnisse signalisierte. Wir waren der Meinung, dass unser Baby zu uns gehörte und deshalb auch bei uns sein sollte. Wenn es neben uns schlief, half ihm die Sicherheit und Geborgenheit, die es in unserer Gegenwart empfand, sich zu entspannen. Wenn es zwischen uns schlief, gewöhnlich an einen von uns oder an uns beide gekuschelt, war für das Kind und auch für uns die Welt in Ordnung.

Die tiefe Zufriedenheit, die wir verspürten, wenn unser Baby neben uns lag und wir uns keine Sorgen darüber zu machen brauchten, dass wir es vielleicht nicht hören würden, lässt sich mit Worten gar nicht adäquat beschreiben. Wir brauchten uns nicht ständig zu fragen: „Ist er auch gut zugedeckt? Ist ihm kalt? Hören wir sein Schreien trotz des lauten Windes oder des Regens?“ Uns war jederzeit klar, wie es ihm ging, weil er direkt bei uns war.

Mehrere Jahre lang schliefen und atmeten wir so zusammen. Selbst als unser Sohn schon im eigenen Bett schlief, legten wir ihn zum Einschlafen in unser Bett, oder er kam morgens zu uns. Wenn wir allein sein wollten, trugen wir ihn nach dem Einschlafen in sein Zimmer. Je älter er wurde, umso häufiger wollte er im eigenen Zimmer und im eigenen Bett schlafen. Als die beiden Mädchen geboren wurden – sie kamen kurz nacheinander –, hatten wir sie eine Zeitlang beide bei uns im Bett. Damit das möglich war, kauften wir uns irgendwann ein größeres Bett.

Während jener Jahre wurde unser Schlaf oft unterbrochen. Unsere Kinder wachten während der Nacht ein paar Mal auf, nicht nur, um gestillt zu werden, sondern auch aus anderen Gründen, wenn sie zum Beispiel zahnten. Jedes Kind ist anders. Manche Kinder schlafen schon früh die ganze Nacht durch, viele andere hingegen nicht.

Haben wir uns gelegentlich gefragt, ob wir sie zum nächtlichen Aufwachen vielleicht geradezu ermutigt haben, indem wir zu bereitwillig für sie da waren und weil sie gestillt wurden, wann immer sie wollten? Natürlich. Aber trotz dieser Momente des Fragens und Zweifelns haben wir mit unseren Kleinen weiterhin das Bett geteilt. Die damit verbundenen Schwierigkeiten haben wir genauso zu bewältigen versucht wie alle anderen Probleme: indem wir uns bemühten, die Bedürfnisse der Kinder und unsere eigenen zu berücksichtigen.

Es gab Zeiten, wo wir definitiv zu häufig geweckt wurden und tagsüber dann müde und frustriert waren. In solchen Zeiten haben wir versucht, das Aufwachen für die Kinder uninteressanter zu machen, manchmal, indem beispielsweise Jon mit ihnen ruhig umherging, bis sie wieder einschliefen. Wenn wir offen dafür sind, die Spannung zwischen den beiden Wünschen (einerseits für unsere Kinder da zu sein, und andererseits ihnen zu einer gewissen Selbstregulierung zu verhelfen) ganz tief wahrzunehmen, dann gibt es natürlich eine Reihe von Möglichkeiten, mit denen wir Eltern experimentieren können und die zu einem pragmatischen Ausgleich führen – auch wenn es manchmal schwierig ist.

Alles in allem aber spürten wir intuitiv, dass unsere körperliche Gegenwart unseren Kindern eine Sicherheit und einen Frieden vermittelte, die offensichtlich ihr ganzes Sein erfüllte. Wir konnten das an ihrem offenen, neugierigen, lebendigen und liebevollen Gesichtsausdruck erkennen. Wir hatten das Gefühl, dass unsere nächtliche Anwesenheit sie in ihrem Körper und in der Welt erden half, und diese Erdung war an der Ruhe zu spüren, mit der sie tagsüber ihrer Umwelt betrachteten. Sie waren neugierig, aber nicht überdreht, aktiv, aber nicht außer Rand und Band. Ein geradezu ansteckendes Gefühl des Wohlbehagens und der Freude ging von ihnen aus. Sie waren völlig präsent – in ihrem Lachen ebenso wie in ihrem Weinen, in einem Wutschrei ebenso wie in einer liebevollen Umarmung.

Natürlich gab es häufig Zeiten, in denen das Leben unsere Versuche, zu einer ungestörten Nachtruhe zu kommen, zunichte machte – etwa wenn ein Kind Zähne bekam, erkältet war oder Magenbeschwerden hatte. Manchmal war es fast so, als würden wir „Reise nach Jerusalem" spielen: Einer von uns Erwachsenen schlief dann in einem Kinderbett, um etwas mehr Schlaf zu bekommen. Im Laufe der Zeit mussten wir auch für uns persönlich neu festlegen, wie viel Schlaf wir als unbedingt notwendig und normal ansahen.

All das ließen wir aus der Überzeugung heraus zu, dass auf diese Weise auch tiefe Bedürfnisse von uns selbst befriedigt wurden, die uns wichtiger waren als unsere Bedürfnisse nach ungestörtem Schlaf oder ungestörter Zeit für uns allein – wofür wir kreative Lösungen fanden, wenn wir dies wollten. Wir waren uns sicher, dass die Kinder durchschlafen würden, sobald sie dazu in der Lage wären, und dass sie in ihrem eigenen Bett schlafen würden, sobald sie innerlich dazu bereit waren. Und so war es dann auch tatsächlich.

Wir möchten unsere persönlichen Erfahrungen mit Schlafensregelungen und die grundsätzlichen Erwägungen, die unseren Entscheidungen zugrunde liegen, hier mitteilen, weil wir es für wesentlich hielten und immer noch halten, für Kinder, wenn sie noch klein sind, auf diese Weise zu sorgen. Außerdem ist uns diese gesamte Thematik auch deshalb sehr wichtig, weil die Schlafgewohnheiten in den meisten amerikanischen und generell westlichen Familien völlig anders aussehen, obwohl die von uns bevorzugte Praxis in vielen asiatischen Ländern immer noch die Norm ist. Wir möchten einfach junge Paare darüber informieren, dass diese Möglichkeit existiert, dass sie durchaus praktikabel ist und dass sie sehr befriedigend in die Bemühungen um einen engagierten, bewusst achtsamen Umgang mit Kindern integriert werden kann. Natürlich hat es (wie alles andere) seinen Preis, wenn kleine Kinder im Elternbett schlafen, aber es kann auch sehr konkrete positive Auswirkungen haben: Ein Gefühl des Vertrauens und der Verbundenheit, das einem auch durch schwierige Zeiten helfen kann.

✲

Wenn wir selbst in unserer Kindheit nicht in ausreichendem Maße die Erfahrung liebevoller, nicht-sexueller Berührungen gemacht haben, wenn durch unangemessene Berührungen Grenzen verletzt und unser Vertrauen missbraucht wurde, ist es nur zu verständlich, dass wir starke Vorbehalte bezüglich eines gemeinsamen Familienbetts haben oder dass wir sogar konkrete Befürchtungen hegen.

Jeder Mensch hat eine ganz individuelle persönliche Geschichte, die sich natürlich auch auswirkt, wenn wir Eltern werden. Bei manchen Menschen beschwört die Vorstellung, mit der ganzen Familie zusammen zu schlafen, unangenehme Gefühle herauf. Vielleicht bereitet uns der bloße Gedanke daran körperliches Unbehagen, oder wir müssen unsere Grenzen auf eine ganz bestimmte Weise definieren, oder wir befürchten, Wärme und Liebe könnten mit sexuellen Impulsen verwechselt werden. Wenn wir Empfindungen dieser Art bei uns bemerken, können wir ihrer gewahr sein, ohne sie zu beurteilen, und dann versuchen, auf achtsame Weise an ihnen zu arbeiten, statt uns in unseren elterlichen Entscheidungen unbewusst von ihnen beeinflussen zu lassen.

Wenn wir den Bedürfnissen unserer Babys und Kinder auf eine Weise gerecht werden wollen, bei der auch wir selbst uns wohlfühlen, müssen wir zu Offenheit und Flexibilität fähig sein, das größtmögliche Maß an Aufmerksamkeit mobilisieren und bereit sein, unsere oft ungeprüft übernommenen Ansichten zu revidieren. Aber das ist alles andere als leicht, ebenso wie es generell nicht einfach ist, im Zusammenleben mit Kindern achtsam zu sein. Es konfrontiert uns ständig mit den Grenzen, die wir zu haben glauben, und hält uns unablässig vor Augen, von welchem Punkt an wir uns unsicher und bedroht fühlen. Weiterhin erschwert es das Ausprobieren neuer Ansätze im Zusammenleben mit Kindern natürlich, wenn beide Eltern unterschiedliche Ansichten über Kindererziehung oder nicht die gleichen Wertvorstellungen haben. In solchen Fällen ist achtsame Kommunikation besonders wichtig, um den Kindern ebenso wie den Erwachsenen ein gewisses Maß an Harmonie zu garantieren.

Es gibt viele Möglichkeiten, im Zusammenleben mit Kindern Gewahrsein zu entwickeln. Keinesfalls müssen Sie, um einfühlsame Eltern zu sein, mit Ihren Babys in einem Bett schlafen. Im Umgang mit unseren Kindern achtsam zu sein bedeutet nur, dass wir aufmerksam verfolgen, was wir tun und welche Entscheidungen wir treffen, und dass wir immer wieder prüfen, wie sich unsere Entscheidungen auf unsere Kinder und uns selbst auswirken. Wir versuchen, uns ständig dessen bewusst zu sein, was wir gerade tun und warum wir es tun.

Wir glauben, dass Entscheidungen darüber, wie wir unseren Kindern Wärme und Geborgenheit vermitteln, wie wir sie ernähren und welche Grenzen wir ihnen setzen wollen, um Gesundheit und Wohlergehen unserer Familie optimal zu gewährleisten, ungeheuer wichtig sind. Damit die sich ständig wandelnden Bedürfnisse aller Familienmitglieder befriedigt werden können, sollten diese Entscheidungen in einem Geist von Achtsamkeit getroffen werden. Es gibt allerdings keine „einzig richtige Art", das zu tun.

Außerdem können Entscheidungen zum Thema Schlaf in einer Familie immer nur für eine Weile gut funktionieren, doch dann verändert sich plötzlich irgendetwas, und neue Regelungen müssen gefunden werden. Wenn wir tagsüber nicht viel Zeit für unser Baby oder unser kleines Kind haben, so kann das Schlafen im gemeinsamen Bett eine gute Möglichkeit sein, die Verbindung zu ihm wiederherzustellen. Doch vielleicht funktioniert das bei einem Kind besser als bei einem anderen, das ziemlich unruhig schläft. Und vielleicht sind wir im letzteren Fall tagsüber schlecht gelaunt und haben deshalb Schwierigkeiten, unsere Pflichten zu erfüllen. In einem solchen Fall müssen wir uns natürlich eine andere Lösung überlegen.

Manchmal wird es für Eltern ein vordringliches Bedürfnis, dass ihre Kinder länger durchschlafen. Also geht es immer darum, verschiedene Bedürfnisse in der Familie in Achtsamkeit und Güte auszubalancieren. Es gibt offensichtlich keine Patentlösung für jedes nächtliche Dilemma, aber wir können jede Entscheidung wenigstens mit größerer Bewusstheit treffen (statt mit weniger).

Glücklicherweise gibt es viele Möglichkeiten. Wenn sich herausstellt, dass es für Sie, für Ihren Ehepartner oder für das Kind nicht möglich ist, gemeinsam in einem Bett zu schlafen, dann können Sie ein kleines Bett neben das Elternbett oder in dasselbe Zimmer stellen oder das Kind in einem angrenzenden Raum schlafen lassen. Sie können sich mit dem Kind zusammen hinlegen oder bei ihm sitzen bleiben, bis es schläft. Viel wichtiger als die konkrete Schlafensregelung ist, dass Sie eine individuelle Lösung finden, die Gefühle des Vertrauens, der Geborgenheit und der Verbundenheit fördert.

Letztlich müssen Sie tun, was sich für Sie richtig anfühlt. Auch wenn etwas für Ihre Kinder theoretisch noch so „gut" sein mag, nützt Ihnen das nichts, wenn Sie sich dabei angespannt und unwohl fühlen.

Es ist wichtig, dass beide Eltern sich selbst und einander immer wieder fragen, was für das Kind am besten ist, und dann gemeinsam nach Lösungen suchen, wenn das Schlaf-Thema Probleme aufwirft. Wenn Sie sich mit Ihrem Partner austauschen, emotional belastete Situationen untersuchen, die Situation aus der Sicht des Kindes (wie auch aus Ihrer) zu sehen versuchen, so hilft Ihnen all das, eine frische Einstellung zu jener Sache zu finden, mit der wir immerhin fast die Hälfte unseres Lebens verbringen.

Teil Sechs

Resonanzen, Sich-Einstimmen und Präsenz

Resonanzen

Wenn eine Stimmgabel schwingt, versetzt sie andere Stimmgabeln in der Umgebung ebenfalls in Schwingung, wenn diese auf die gleiche Tonhöhe gestimmt sind. Dieses Phänomen – dass die Aktivität eines schwingenden Körpers einen anderen ebenfalls in Schwingungen versetzt – wird Resonanz genannt. Wenn auf einer Geige ein A gespielt wird, werden die A-Saiten eines Klaviers, das sich auf der anderen Seite des Raumes befindet, ebenfalls in Schwingung versetzt.

Eltern und Kinder beeinflussen einander auf ähnliche Weise, und zwar ständig. Die Kraftfelder von Eltern und ihren Kindern überschneiden sich auf der physischen, emotionalen und psychischen Ebene, und wir interagieren und beeinflussen einander unablässig auf subtile oder weniger subtile Weise, wobei uns das manchmal bewusst ist und manchmal völlig unbewusst.

Es ist wissenschaftlich festgestellt, dass, wenn Menschen zusammen sind, auch ihre Gehirne zueinander in Resonanz treten. Bestimmte Zellen im Sinneskortex feuern, wenn sie einen anderen Menschen bei einer bestimmten Bewegung beobachten, vor allem, wenn dabei Emotion im Spiel ist. Dies könnte die neurologische Basis für Empathie sein, unsere Fähigkeit, *mit* einem anderen Menschen zu *fühlen*. Wir erleben tatsächlich, dass dieselben Regionen unserer Gehirne in ähnlichen Mustern feuern.

Das Atmen selbst ist ein biologischer Grundrhythmus, der in uns allen das Leben pulsieren lässt. Sich auf diesen Rhythmus einzustimmen ist eine wundervolle Möglichkeit, mit einem Baby in Resonanz zu treten. Ich (jkz) habe oft synchron mit unseren Babys geatmet – ein Weg, dem gegenwärtigen Moment achtsamer zu begegnen. Ich spürte, wie wir beide zusammen atmeten, während es in meinen Armen schlief und wir zusammen in einer Hängematte schaukelten oder wenn ich mit ihm spät in der Nacht auf und ab ging. Während des Schaukelns in der Hängematte oder während des Gehens und gleichzeitigen gemeinsamen Atmens – wobei ich manchmal außerdem leise vor mich hin sang – befanden wir uns in gegenseitiger Resonanz.

Wenn wir uns ganz gezielt der Resonanz zwischen uns und unserem Baby bewusst werden, kann diese Beziehung zu einem ständigen Tanz werden, zu einem Austausch von Energien aller Art, harmonischen und anderen. Die Beziehung wird nie reicher sein als in diesem Augenblick, selbst wenn wir in einer halben Stunde Essen kochen oder Wäsche waschen müssen oder wenn wir durch das Telefon unterbrochen werden. Gute Gründe, in den Tanz des Atems einzutreten, wann immer es möglich ist.

❁

Solche Einstimmung und Anpassung (*entrainment*) gibt es in Familien auf vielen verschiedenen Ebenen. Manchmal führt sie uns an Orte, die wir nicht mögen, und wir wissen nicht, wie wir dort hingeraten sind. Wenn wir uns der Energie des Augenblicks nicht bewusst sind, können wir uns sehr leicht darin verstricken. Sie kann uns emotional herunterziehen, so dass wir depressiv, wütend oder ängstlich werden oder in einen anderen Gefühlszustand verfallen. Bewegen wir uns in einer Familie nicht alle ständig in einem Tanz der Energie? Der sich unaufhörlich verändert, bei dem wir Schwingungen von unterschiedlicher Frequenz aussenden, bei dem unsere Energien mit denen der anderen Familienmitglieder interagieren – in Form von Gedanken, Gefühlen und deren verbalem oder nonverbalem Ausdruck, durch unseren Körper, unser Verhalten, unsere Reaktionen auf Ereignisse und Handlungen anderer Menschen, selbst wenn die Anlässe dafür im Grunde geringfügig sind? Wenn wir wissen, dass wir mit äußeren Kräften mitschwingen, können wir lernen, uns in Bezug auf solche Rhythmen geschickter zu bewegen, ohne das Gleichgewicht zu verlieren.

Kinder können in sehr starke Energiezustände geraten, die uns auf unterschiedliche Weise beeinflussen können. Wenn wir uns dessen bewusst sind, können wir besser bei uns bleiben und bewusster reagieren. Wir brauchen dann nicht automatisch auf der Wellenlänge mitzuschwingen, die sie angeschlagen haben, und uns in Verhaltensweisen verfangen, die weder für uns noch für sie hilfreich sind.

Gleichzeitig gibt es auch viele Momente der Integration und des Staunens, die Kinder erleben und die wir im Einklang mit ihnen erleben können… Momente ungetrübter Freude.

❁

Es ist Sommer, und ich (jkz) bin in einem Gartenrestaurant. In der Nähe sitzt ein junges Paar mit zwei Kindern, von denen das eine etwa drei Jahre, das andere etwa vier Monate alt ist. Die Mutter stillt das Baby, das sich an sie kuschelt. Die meiste Zeit ist das Gesicht des Babys durch die Brust und die Bluse der Mutter verdeckt. Doch seine Hand spielt mit der Hand der Mutter. Später kommt der Kopf zum Vorschein. Das Kind liegt nun auf dem Schoß der Mutter und schaut sie an. Die Mutter bringt zärtliche Laute hervor und legt ihren Kopf leicht auf die Seite. Das Baby formt die Lippen zu einem perfekten Kreis. Auch seine blauen Augen sind weit geöffnet; sie scheinen das Gesicht der Mutter geradezu zu trinken. Seine Augen sind offen, sein Mund ist offen, sein ganzes Gesicht ist offen – in diesem Augenblick ist das Kind der Inbegriff reinen Gegenwärtig-Seins.

Die Mutter neigt ihren Kopf hinab und berührt damit die Stirn des Babys; dann hebt sie ihn wieder. Das Baby lächelt. Das Baby befindet sich in diesem Augenblick im Kraftfeld seiner Mutter, und die beiden sprechen auf tausenderlei Arten miteinander, auf tausend verschiedenen Wellenlängen, über die Verbindung der einander berührenden Körper und durch die Luft zwischen ihnen. Später hält der Vater das Baby so, dass es über seine Schulter schauen kann. Das Kind ruht an seinem Körper. Seine Augen sind weit geöffnet und voll aufnahmebereit. Es sieht mein Gesicht, und sein Blick ruht darauf. Ich lächle. Sein Gesicht registriert dies auf eine Weise, die ich kenne, aber nicht beschreiben kann. Wach für Neues. Es lächelt ebenfalls. Dieses Lächeln ist wie eine Segnung aus einer makellosen Welt. Als ich seine ältere Schwester anschaue, die am Tisch sitzt, merke ich, dass auch sie in ihrem Körper und im Kraftfeld ihrer Familie zu Hause ist. Sie interagieren nicht einmal besonders viel, doch sie bilden ein untrennbares Ganzes, in dem sie völlig zu Hause ist. Auch an ihrer Präsenz ist das zu erkennen. Bevor die Familie aufbricht, erzählt uns die Mutter, sie seien stundenlang Auto gefahren, und die Kinder hätten dringend frische Luft gebraucht.

Ein ganz gewöhnliches Essen. Doch diese Kinder erleben in der Beziehung zu ihren Eltern ein ständiges Geben und Nehmen – den Stoff, aus dem die Bande der Liebe bestehen. Auf diese Weise wird jungen Lebewesen vermittelt, dass die Welt wohlwollend und offen für sie ist. Das ehrt ihre Unschuld und erfüllt ihr Sein und Werden.

Sich-Einstimmen

Sich einzustimmen bedeutet, Einklang oder Harmonie mit etwas herzustellen. Sich auf seine Kinder einzustimmen bedeutet, sich der Botschaften bewusst zu werden, die sie uns nicht nur verbal, sondern durch jeden Aspekt ihres Seins übermitteln.

In einer Cafeteria in der Gegend, wo wir wohnen, sehe ich (mkz) meine Nachbarin an einem Tisch sitzen. Sie wartet auf eine Freundin und stillt unterdessen ihr neun Monate altes Baby. Als ich sie begrüße, hört das Baby auf zu saugen, schaut neugierig, lächelt mich strahlend an und wendet sich dann wieder der Mutterbrust zu. Während ich in der Schlange an der Kasse stehe und warte, beginnt das Kind über die Distanz, die uns voneinander trennt, ein Spiel mit mir. Es saugt einen Moment an der Brust und lässt dann den Kopf nach unten hängen, so dass es mich auf dem Kopf stehend sieht. Es lächelt und beginnt dann wieder zu saugen. Dann lässt es den Kopf wieder hängen und schaut mich an. Die Mutter reagiert auf die Signale des Kindes und lässt zu, dass es sich bewegt, wie es möchte. Sie lacht über das Vergnügen, das ihre kleine Tochter hat. Heute morgen befindet sich in unserer Cafeteria ein Baby im Zustand der Glückseligkeit.

✿

Ich (mkz) kümmere mich um den zehn Monate alten Sohn meiner Freundin und denke an die Zeit zurück, als unsere eigenen Kinder noch Babys waren. Ich halte den Jungen in meinen Armen, gehe mit ihm umher, probiere verschiedene Dinge aus und beobachte, wie er darauf reagiert, bis ich schließlich die richtige Kombination von sanften Auf- und Ab-Bewegungen gefunden habe und gleichzeitig leise rhythmisch summe. Ich verlangsame meinen Atem. Ich spüre, wie sein Körper weicher wird und sich an meinem Körper entspannt. Es fällt diesem kleinen Jungen nicht schwer, mir ohne Worte zu vermitteln, was er will. Als ich mich hinsetzen will, gibt er mir mit seinem ganzen Körper zu verstehen: „Nein, setz dich nicht, geh weiter mit mir herum." Dann gibt er leise Geräusche von sich, ich nehme das auf, und wir beginnen einen Dialog mit Geräuschen. Sein Kopf liegt auf meiner Schulter. Ich spüre, wie er sich entspannt und immer schwerer wird, bis er fest schläft. Langsam lege ich mich auf die Couch. Ich spüre seine Wärme und Zartheit und genieße den süßen Duft seiner Haut. Auch für mich ist das ein wundervolles Geschenk. Offenbar hat er mit seinen Eltern viele Male Ähnliches erlebt, und jedes Mal wächst sein Vertrauen.

An diesem regnerischen Frühlingstag macht er ein weiteres Mal die Erfahrung, dass er sich auf einen anderen Menschen verlassen kann. Er spürt, dass ich liebevoll auf ihn eingehe, und das bestätigt ihm, dass das, was er möchte und braucht, wichtig ist und respektiert wird. Wenn er bekommt, was er braucht, erlebt er seine eigene Kompetenz; er fühlt sich zufrieden, sicher und friedlich. All das ist in einer so kleinen Begegnung enthalten.

❁

Eine Mutter sieht, wie ihr Kind immer aktiver wird, bis zur unkontrollierbaren Wildheit. Sie beschließt, sich auf den Teppich zu legen, und lässt das Kind auf sich klettern und mit ihren Haaren spielen. Auf diese Weise gibt sie ihm die Möglichkeit, buchstäblich den Kontakt zu ihr wiederherzustellen. Allmählich wird der kleine Junge ruhiger, und schließlich legt er sich der Länge nach auf sie und lässt den beruhigenden Rhythmus ihres Atems auf sich einwirken. Sie hilft ihm, sich auf ihre ruhige Energie einzustimmen. Die Mutter versteht das Bedürfnis des Kindes nach Unabhängigkeit und Getrenntsein und sein gleichzeitiges Bedürfnis, sich an sie zu klammern, ihr nahe zu sein, mit ihr verbunden zu sein. All dies kommt in der Szene auf dem Boden des Wohnzimmers zum Ausdruck.

❁

Wenn Kinder älter werden, wird das Sich-Einstimmen zwischen ihnen und den Eltern schwieriger. Meine (mkz) zehnjährige Tochter kommt aus der Schule nach Hause. Als sie in der Tür auftaucht, ist ihr ihre Verärgerung deutlich anzusehen. „Ich habe Hunger!" sagte sie schroff. Mit einem Blick sehe ich, dass die Schule für sie sehr anstrengend war. Sie ist völlig fertig. Den ganzen Tag über ist sie mit Menschen zusammen gewesen. Sie hat keine Kraft mehr. Ich habe mir im Laufe der Zeit angewöhnt, einen Snack für sie bereit zu halten, wenn sie nach Hause kommt. Ich habe auch gelernt, ihr keine Fragen zu stellen, sondern ihr Raum zu geben. Es ist nicht der richtige Zeitpunkt, um den Ton zu kritisieren, in dem sie mit mir redet, oder ihr einen Vortrag über gutes Benehmen zu halten. Nach dieser kleinen Atempause schaut sie mich gewöhnlich etwas freundlicher an, und entweder kommt sie dann zu mir, um mich zu umarmen, oder sie geht in ihr Zimmer und hört Musik.

Bei einem noch älteren Kind kann Sich-Einstimmen bedeuten, dass man das Bedürfnis des Kindes akzeptiert, allein zu sein und sich auf irgendeine Aktivität zu konzentrieren. Manchmal kann es allerdings auch besser sein, auf das Kind zuzugehen und ihm durch kleine, unaufdringliche Gesten Zuwendung zu geben.

Ich sitze in der Küche meiner Freundin. Ihre sechzehnjährige Tochter kommt in den Raum und klagt über Schmerzen im Nacken. Ihre Mutter bittet sie, ihr die Stelle zu zeigen, wo sie Schmerzen hat. Dann massiert sie die Stellen, während wir uns weiter unterhalten. Hin und wieder unterbricht sie die Unterhaltung, um der Tochter wortlos zu signalisieren, dass sie spürt, wie sich durch die Berührung Knoten auflösen. Nach etwa fünfzehn Minuten verlässt die Tochter die Küche. Meine Freundin erzählt mir, solche gemeinsamen Augenblicke zwischen ihnen seien mittlerweile sehr selten geworden. Wahrscheinlich war es in diesem Fall günstig, dass eine andere Erwachsene anwesend war, denn dadurch war die Distanz ein wenig größer. Es ist wundervoll, die Sensibilität dieser Mutter zu spüren, ihre Bereitschaft, sich auf die unerwartete Kontaktaufnahme ihrer Tochter einzulassen, und wie ihr die Kostbarkeit dieses Augenblicks bewusst ist.

Mit unseren Kindern in Harmonie zu sein bedeutet nicht, dass zwischen uns und ihnen ständig alles harmonisch verlaufen muss. Uns in

Augenblicken stärkster Disharmonie und bei Konflikten auf unsere Kinder einzustimmen, erfordert von uns, alle Ressourcen zu mobilisieren, jeden Funken Energie und Einsicht, über die wir verfügen, einzusetzen, so dass wir sogar mitten im Streit eine Chance haben zu sehen, wer unsere Kinder wirklich sind und was sie in diesem Augenblick vielleicht von uns brauchen. Damit das möglich ist, müssen wir bereit sein, unsere eigenen Ängste, Reaktionen und Sorgen zu erkennen und zu akzeptieren, und gleichzeitig unser Gleichgewicht halten, indem wir mit dem Atem, dem Körper und der Gesamtsituation in Kontakt bleiben. Damit ist die Bühne bereitet, dass wir ihren Gefühlszustand auf angemessene und kreative Weise erkennen und aufnehmen können – in wohlwollender, akzeptierender Resonanz.

Berühren

Der berühmte Anthropologe Ashley Montague schreibt in seinem Buch *Körperkontakt,* er habe festgestellt, dass einer der längsten Einträge im *Oxford English Dictionary* dem Wort „Berührung" (engl.: *touch*) gewidmet sei. Zweifellos ist das so, weil Berührung ein so grundlegender Faktor der menschlichen Erfahrung ist und weil sie so wichtig für unsere Gesundheit und unser Gefühl der Verbundenheit mit anderen Menschen ist. Affenbabys entwickeln sich nur dann gut, wenn sie viel Wärme und sanfte Berührung bekommen. Und warum sollte es bei uns Menschen anders sein? Berührung ist für unser Leben von grundlegender Bedeutung.

Berührung bedeutet, in Berührung, in Kontakt zu sein. Berührung kann zur Erfahrung der Verbundenheit und der Einheit führen. Wir können niemanden berühren, ohne auch selbst berührt zu werden. Durch Berührung merken wir, dass wir nicht allein sind. Je nachdem, wie wir berührt werden, kann uns dies das Gefühl vermitteln, geliebt, akzeptiert und wertgeschätzt oder aber ignoriert, missachtet und verletzt zu werden.

Berührung erzeugt Gewahrsein und bringt uns mit der Welt in Kontakt. Wir erfahren sie mit Hilfe all unserer Sinne: durch das Sehen, Hören, Riechen und Schmecken und eben die Berührungsempfindung unserer Haut.

Einfühlsam berührt zu werden, erdet uns im eigenen Körper und erweckt ein Gefühl der Verbundenheit. Es erweckt uns für uns selbst und für andere. Das ganze Sein eines Kindes wird gewürdigt, wenn es mit Gewahrsein, Einfühlsamkeit und Respekt berührt wird. Indem wir als Kinder die Erfahrung machen, dass für uns gesorgt wird, lernen wir früh, mit unseren Empfindungen in Berührung zu sein. Durch In-den-Arm-Nehmen und In-den-Arm-genommen-Werden, Umarmen, Wiegen, Kuscheln, Schaukeln, Summen, Singen und Anschauen erfahren Eltern wie Kinder die Fülle des In-Berührung-Seins.

✿

Ich (mkz) warte in der KfZ-Zulassungsstelle und beobachte, wie eine große, sanfte Frau sich um ihren dreijährigen Rotschopf kümmert. Sie sitzt auf einer Bank und wartet darauf, dass sie die Zulassung für ihr Auto bekommt. Der Junge benutzt den Körper der Mutter gleichzeitig als Bett, als Kissen und zum Klettern. Er drückt sich immer wieder gegen sie. Wenn er nach ihren Fingern greift, um damit zu spielen, tippt sie mit ihren langen Fingernägeln auf seine Hand, wovon er jedes Mal völlig begeistert ist. Sie akzeptiert alles, was er tut, ermahnt ihn nie, sich ruhig zu verhalten, sich richtig hinzusetzen oder mit irgendetwas, das er tut, aufzuhören. Die ganze Szene strahlt Innigkeit und Frieden aus. Die Frau hat einen Akzent, und ich frage mich, wo sie wohl aufgewachsen ist, wie ihre eigene Kindheit gewesen sein mag und aufgrund welcher Einflüsse sie so geduldig ist, so vieles zu akzeptieren vermag und so unbefangen mit Berührungen umgeht.

Solche Szenen beobachte ich nicht oft. Im Gegenteil, es ist nicht ungewöhnlich, Eltern zu sehen, die ihre Kinder in der Öffentlichkeit ständig ermahnen, sich zu „benehmen", und die wütend werden, wenn sich die Kinder wie die Zwei-, Drei-, Vier- oder Fünfjährigen verhalten, die sie ja tatsächlich sind. Ich sehe immer wieder müde kleine Kinder, die weinend hinter ihren Eltern herstolpern, ohne dass den Eltern die simple Lösung einfällt, das Kind einfach zu tragen. Und nur sehr selten sehe ich Menschen, die ihre Kinder zärtlich berühren und die der überschäumenden Energie der Kleinen gegenüber tolerant sind.

Wir scheinen uns zu einer Gesellschaft zu entwickeln, die unter Berührungs-Entzug leidet. Nur selten sieht man heute, dass Menschen einander ihre Zuneigung durch physischen Kontakt zeigen, dass Freunde einander die Hände halten oder dass Liebende sich umarmen. Durch eine solche Verarmung geht etwas sehr Wichtiges verloren. Wenn uns ein wenig bewusst ist, wie wichtig beim Zusammensein mit unseren Kindern ein achtsames Berühren ist, können wir Eltern diese wichtige Form der Befriedigung und Kommunikation auf ganz natürliche Weise praktizieren.

Berührung findet immer an einer Grenze statt, und es ist wichtig, sich dieser Grenze bewusst zu sein. Andernfalls berühren wir unsere Kinder vielleicht gedankenlos und riskieren, unsensibel oder respektlos zu werden. Die Grenzen zwischen uns verändern sich von Augenblick zu Augenblick. Wir können sie nicht als feste Gegebenheiten oder als selbstverständlich ansehen. Auch wenn unsere Tochter im Teenager-Alter laut „Nein!" schreit, wenn wir sie fragen, ob sie einen Gutenachtkuss haben möchte, kann es sein, dass sie in einer anderen Situation durch eine Umarmung getröstet werden möchte. Wenn wir in Kontakt mit unseren Kindern sind, wenn wir uns ihrer Energie und ihres Gefühlszustandes bewusst sind, spüren wir besser, wann sie eine liebevolle Berührung brauchen, wann sie gehalten werden möchten und wann wir sie besser in Ruhe lassen sollten.

Manchmal ist es hilfreich, wenn wir uns fragen, wer von der Berührung profitiert, denn das kann uns helfen, unseren eigenen unbedachten und aufdringlichen Impulsen auf die Spur zu kommen. Ich erinnere mich noch lebhaft daran, wie ich als Kind von Erwachsenen gegen meinen Willen in die Wange gekniffen und geküsst worden bin. Diese Menschen haben sich gar keine Gedanken darüber gemacht, wie ich mich dabei fühlen könnte. Wie oft werden Kinder von Erwachsenen zu Umarmungen und Küssen aufgefordert, durch die zwar die Bedürfnisse der Erwachsenen nach Wärme und Nähe erfüllt, die Gefühle und Grenzen des Kindes aber ignoriert werden?

Wenn Kinder die Erfahrung machen, dass ihre Gefühle und ihr persönlicher Bereich respektiert werden, wenn sie bestärkt werden, mit ihren Gefühlen in Kontakt zu sein und ihnen zu trauen, sind sie besser gerüstet zu erkennen, ob jemand sich ihnen gegenüber unangemessen verhält. Eltern können diese Unterscheidungsfähigkeit ihres Kindes stärken, indem sie es auf solch unangemessenes Verhalten aufmerksam machen, wenn sie es bemerken.

Es rührt mich (mkz) an und erstaunt mich auch immer wieder ein wenig, wenn meine Kinder zu mir kommen und mich umarmen. Ich bin nicht überrascht darüber, *dass* sie mich umarmen, sondern über *die Art, wie* sie es tun: Es sind langsame, tiefe, entspannte, ruhige und liebevolle Berührungen. Wenn meine Kinder mich umarmen, genieße ich, was sie mir in solchen Augenblicken so völlig natürlich geben. Es ist, als würde dadurch ein Kreis der Liebe geschlossen.

Kleinkinder

Jedes Alter und jede Entwicklungsstufe, jedes Kind und jeder Augenblick liefern uns unendlich viele Gelegenheiten, mitfühlende Resonanz zu erforschen. Was Kleinkinder angeht, so lautet die Herausforderung, so gut wie möglich eingestimmt zu bleiben. Wir bekommen immer wieder eine Chance dazu, weil sie so aktiv sind und ihre Stimmungen sich so schnell ändern. In einem Moment ist ein Kind so und so und im nächsten völlig anders. Wenn wir uns dieser Wechsel und Übergänge bewusst sind – dass es vielleicht plötzlich müde ist oder Hunger hat oder frustriert ist –, können wir daran arbeiten, ausgeglichen zu bleiben, während wir ihm helfen, solche schwierigen Momente durchzustehen.

Dazu müssen wir uns jedoch unserer eigenen Gefühle bewusst sein, die sich fast ebenso schnell verändern wie die des Kindes. Häufig werden sie durch die Stimmung des Kindes ausgelöst, zum Beispiel wenn wir auf seine Frustration ebenfalls mit Frustration reagieren. Statt uns in solchen Augenblicken zu verkrampfen und als Reaktion automatisch zu verhärten, können wir uns vielleicht fangen und mit einer toleranteren und offen-präsenteren Haltung reagieren. Wir können für die Gefühle unseres Kindes verständnisvoller und toleranter sein, auch wenn sein Verhalten uns Probleme macht.

Ich (jkz) habe einmal einen jungen Vater in einem Restaurant beobachtet, der versuchte, zusammen mit seiner vierjährigen Tochter etwas zu essen. Es dauerte ziemlich lange, bis das Essen endlich kam, und mittlerweile war das kleine Mädchen nicht mehr in der Lage, still zu sitzen. Sie war frustriert, müde und quengelig. Der Vater kam einfach nicht zum Essen. Sie war völlig überdreht und ließ ihn keinen Augenblick in Ruhe. In dieser Situation hätte er ihr gegenüber sehr leicht ungehalten werden können. Er hätte ihr ihr Verhalten übel nehmen oder wütend darüber sein können, dass das Essen so spät kam, oder darüber, dass er es nun nicht essen konnte, obwohl er hungrig war; und wahrscheinlich war er auch selbst müde. Doch er behielt die Fassung und fand einen Weg, mit dieser Situation umzugehen. Nach ein oder zwei vergeblichen Versuchen, das Essen doch noch zu verzehren, ließ er es sich einpacken, bezahlte die Rechnung, während das Kind auf seinen Schultern saß und ihm das Haar zerzauste, und verließ das Lokal.

Als er an unserem Tisch vorbeikam, lächelte ich ihm zu, und wir sprachen kurz über seine Bemühungen, mit der Situation fertig zu werden. Ich selbst saß mit meinen beiden Töchtern da, die schon alt genug waren, um geduldig auf das Essen zu warten. Wehmütig dachte ich an die Zeit zurück, in der ich genau auf meine kleinen Kinder eingestimmt war und meine Entscheidungen sich Augenblick für Augenblick an ihre sich wandelnden Bedürfnisse anpassten. In dieser Zeit hat man oft das Gefühl, dass dieser Zustand nie enden wird. Es ist jedoch sehr hilfreich, sich vor Augen zu führen, dass diese Zeit tatsächlich sehr schnell vorübergeht und dass im Nachgeben oft ein unerwartetes Geschenk liegt.

Jedes Alter und jede Entwicklungsstufe bringt spezielle Dramen mit sich. Es hat mich sehr ermutigt zu sehen, wie dieser Vater so angemessen und großzügig auf seine Tochter einging.

✿

Wann immer ich (jkz) konnte, habe ich versucht, meine beruflichen Verpflichtungen so früh wie möglich zum Abschluss zu bringen, so dass ich noch Zeit hatte, mich jeweils um eines meiner kleinen Kinder zu kümmern. Wir gingen dann zusammen zum Spielplatz oder Schlitten fahren oder am Fluss spazieren, oder wir fuhren in die Stadt, um uns die Menschen, die Autos und das ganze Stadtleben anzuschauen. An den Wochenenden machten wir mit unseren Kindern und ihren kleinen Freunden Ausflüge zu Jahrmärkten, Bauernhöfen und Seen. Jede Gelegenheit, mit einem Kleinkind zusammen zu sein, selbst wenn wir nur ein paar Minuten mit ihm spielen oder auf dem Boden herumrollen oder Spielzeugautos oder einen Ball hin- und herrollen lassen, stärkt unsere Verbindung zum Kind.

Sehr gerne spielten wir miteinander „Entwinden“, ein Spiel, das wir eines Tages spontan erfanden. Dazu legte ich mich mit einem Kind auf den Boden und schlang meine Arme fest um seine Hüften. Das Kind versuchte dann, sich mit Bewegungen des ganzen Körpers herauszuwinden. Ich konnte meinen Griff fester oder lockerer machen und ihm genau so viel Widerstand entgegensetzen, dass es sich wirklich anstrengen musste, um das Hindernis zu überwinden, und dazu auch strategisch vorgehen musste.

Mein Eindruck war immer: Gefesselt zu sein und dann alle Energie und Schläue einsetzen zu müssen, um freizukommen, das ist ein großartiges Symbol für viele andere Prüfungen des Lebens, denen sie irgendwann gegenüberstehen würden. Es hatte auch den Anschein, dass dieses größtenteils nonverbale, körperliche Spiel uns auch in anderer Hinsicht zusammenbrachte, indem wir zusammen atmeten, miteinander rangen und uns wanden, immer an der Grenze zum Ausbruch und Durchbruch. Die gegenseitige physische Einstimmung durch dieses Spiel verhalf uns zu einer tiefen Stille danach, die wie reines Dasein waren.

Sonntagmorgens spielten die Kinder mit mir oft auf dem Boden des Wohnzimmers „Yoga“, wobei sie mich in die verschiedensten Haltungen brachten. Wir machten auch viel „Akrobatik“. Beispielsweise saßen die Kinder oft auf mir und schaukelten, so dass mein Körper zu einem Schaukelstuhl wurde, oder sie kletterten über mich und unter mir hindurch, wobei ich meinen Körper zu einer Brücke machte.

Als die Kinder älter wurden, wurde es manchmal schwieriger, Möglichkeiten zu gemeinsamer konzentrierter Aktivität zu finden und zu jener Stille, die durch solche Aktivitäten entsteht. Trotzdem fanden wir solche Möglichkeiten, indem wir beispielsweise Fangen spielten oder gemeinsam liefen und ab und zu sogar tanzten. Die Resonanz bleibt gleich, die Formen verändern sich.

Zeit

Als Eltern können wir leicht das Gefühl bekommen, dass wir nie genug Zeit haben. Wir stehen ständig unter Zeitdruck und fühlen uns durch Zeitnot getrieben. Eines Morgens hörte ich (jkz), wie ich zu einer meiner Töchter, die ungefähr vier Jahre alt war, sagte: „Beeil dich. Ich hab keine Zeit“, als sie gerade überlegte, welches von drei Kleidungsstücken sie an diesem Tag anziehen wollte. Was für eine Botschaft!

Es gibt Möglichkeiten, wie wir unsere Zeit „vermehren“ können, indem wir die Zeit, die wir zur Verfügung haben, besser nutzen. Wir können früh genug aufstehen und unsere Kinder früh genug wecken, so dass sie und wir morgens alles Notwendige ohne Hast erledigen können. Manchmal hilft es, wenn alle Familienmitglieder schon abends ihre Kleider für den nächsten Tag zurechtlegen. Wir können uns auch darum bemühen, dass unser Zeitdruck nicht auf alles abfärbt, was wir tun. Beispielsweise hilft es, wenn wir uns immer wieder auf den Atem besinnen und uns vergegenwärtigen, dass unsere Ängste wegen Dingen, die in der Zukunft liegen, nichts weiter als Gedanken sind – wogegen die Gegenwart, das, was jetzt passiert, eine kostbare Gelegenheit ist, die man nicht mit Füßen treten sollte. Die zeitlose Qualität des gegenwärtigen Moments zeigt sich in kleinen Dingen, zum Beispiel, wenn man sich beim Abschiednehmen in die Augen schaut oder sich ab und zu die Zeit für eine Umarmung nimmt. Natürlich ist hierbei entscheidend, solche Dinge nicht automatisch zu machen, nur weil sie „gut“ für uns sind, sondern sie aus unserer Präsenz und Offenheit entstehen zu lassen.

Wenn wir merken, dass wir wahrscheinlich zu spät dran sind, ist es auch hilfreich, bewusst auf den Klang unserer Stimme zu achten. Wir könnten einmal versuchen, die Stimme zu senken und tiefer ins Hier und Jetzt einzutauchen, in unseren Körper, in diesen Atemzug jetzt.

Wir könnten auch versuchen, darauf zu achten, dass der Terminplan unserer Kinder nicht zu voll wird, Sie brauchen Zeit, einfach da zu sein. Dieser Freiraum ohne jede Verpflichtung ermöglicht phantasievolle Spiele, allein und mit Freunden. Unsere Kinder brauchen Zeit, um sich zu langweilen und um herauszufinden, wie sie mit Langeweile umgehen können – manchmal mit unserer Unterstützung, manchmal ohne.

Wenn uns nicht bewusst ist, wie sich Zeitdruck auf unsere Familie auswirken kann, besteht die Gefahr, dass unser Leben immer hektischer wird und aus ständiger Aktivität besteht – und dass wir diesen Lebensstil an unsere Kinder weitergeben. Der allgemeine Trend unserer heutigen Welt mit ihren diversen digitalen Technologien, die allgegenwärtig sind und uns aus dem gegenwärtigen Moment entführen, indem sie uns unterbrechen, ablenken oder „etwas Schöneres" zeigen, wird von Linda Stone, einer früheren Microsoft-Angestellten, so beschrieben: „Ein Zustand permanenter Halb-Aufmerksamkeit." Angesichts dieser gesellschaftlichen Zerstreuungs-Krankheit müssen Stille und Präsenz kultiviert und ins Zuhause zurückgebracht werden, um das Gleichgewicht wiederherzustellen und jene Aspekte des Seins zu stärken, die am meisten von Nicht-Tun profitieren.

Viele, die an den Programmen der *Stress-Reduction-Clinic* teilnehmen, sagen, dass es den ganzen Tagesverlauf beeinflusst, wenn sie etwas früher aufstehen und meditieren. Das sei weitaus wertvoller, als wenn sie während dieser Zeit weiterschlafen würden. Die Meditation macht sie ruhiger und ermöglicht ihnen, zielgerichteter an ihre alltäglichen Verpflichtungen heranzugehen. Immer wieder hören wir, dass auch die übrigen Familienmitglieder Veränderungen wahrnehmen, wenn ein Familienmitglied regelmäßig meditiert. Bemüht sich ein Familienmitglied darum, Achtsamkeit zu entwickeln, so kann dadurch der Stress in der gesamten Familie verringert werden.

Es kann sich manchmal sehr positiv auf Familien auswirken, wenn die Eltern die Möglichkeit schaffen, mehr Zeit zusammen mit ihren Kindern zu verbringen, statt diese Zeit darauf zu verwenden, mehr Geld zu verdienen. Natürlich ist es nicht immer möglich, sich für mehr freie Zeit zu entscheiden, aber manchmal sind die Möglichkeiten zumindest größer, als wir wahrhaben wollen. Wenn wir uns nicht mit diesem Problem auseinandersetzen, kann es sein, dass wir das Wichtigste im Leben versäumen – weil wir so darauf fixiert sind, unseren „Lebensunterhalt" zu verdienen, dass wir uns gar nicht mehr bewusst sind, worin denn dieses „Leben", das wir zu erhalten versuchen, überhaupt noch besteht.

Läppisch die wüste, trübe Zeit,
Die sich vor- und rückwärts ausdehnt.

T. S. Eliot,
„Burnt Norton",
aus: *Vier Quartette*

Präsent sein

Mami, du hörst mir gar nicht zu!"

Obwohl ich scheinbar anwesend war, bin ich im Zustand der Geistesabwesenheit erwischt worden. Ich werde wieder in die Gegenwart zurückgeholt, verliere mich aber gleich darauf erneut in meinen phantastischen geistigen Abenteuern oder in zwanghaften und meist bedeutungslosen Gedanken über die Details zukünftiger Geschehnisse.

Wenn ein Kind in den Raum kommt, nehmen wir uns dann einen Augenblick Zeit, um seine Gegenwart wirklich zur Kenntnis zu nehmen und ihm das zu zeigen? Bei Verwandten oder Bekannten tun wir das gewöhnlich, doch bei unseren Kindern, die uns doch am nächsten stehen, versäumen wir es oft.

Wie präsent wir im Zusammensein mit unseren Kindern zu sein vermögen, ist für unsere Beziehung zu ihnen von zentraler Bedeutung. Wie wir gesehen haben, ist Präsenz das Herz der Achtsamkeit. Sie zu kultivieren erfordert bewusste und kontinuierliche Bemühungen, Aufmerksamkeit und die Bereitschaft, authentisch und wach zu sein und sich auf die Kinder einzustimmen.

Wenn wir im Kontakt mit einem anderen Menschen authentisch sind, verbergen wir nichts und spielen nichts vor. Wir versuchen dann nicht, Gefühle, die in uns selbst oder unseren Kindern aufkommen, zu unterdrücken. Ist Bewusstheit dabei, so können wir erkennen, welches Gefühl wir gerade haben, auch wenn es ein unangenehmes ist. Doch wenn wir in unserer eigenen Kindheit gezwungen worden sind, unsere Gefühle zu verbergen oder zu vertuschen, um in Sicherheit zu sein, kann authentisches Verhalten für uns extrem beängstigend und schwierig sein. Es ist neues, unbekanntes Terrain.

In Momenten, in denen wir uns unwohl fühlen, kann der Atem ein Verbündeter sein. Die bewusste Fokussierung auf die Empfindungen des Atmens bringt uns wieder in Berührung mit unserem Körper und erdet uns in der Gegenwart. Gleichzeitig können wir in Kontakt mit unseren Emotionen sein und spüren, wo und wie sie sich im Körper ausdrücken. Je mehr wir im Gewahrsein selbst geerdet sind, desto mehr verkörpern wir authentische Präsenz und können klüger entscheiden, was wir sagen und wie wir es sagen.

Als Vater oder Mutter ist es sehr leicht, den Begriff „präsent sein" falsch zu interpretieren: nämlich, dass wir ständig auf unsere Kinder aufpassen sollten. Das ist natürlich weder möglich noch wünschenswert. Es ist wichtig für unsere Kinder, dass sie ihre eigenen Erfahrungen machen können. Sie müssen von uns spüren, dass ihre ureigenste Autonomie für uns kein Problem ist. Achtsamkeit im Familienleben und das Kultivieren von Präsenz bedeutet nicht, dass wir ständig über unseren Kindern schweben, sie ständig ermutigen oder aber intervenieren und sie vor altersgemäßen Herausforderungen bewahren.

Mehr noch: Unsere Kinder profitieren enorm, wenn sie spüren und sehen, dass wir in unserem eigenen Erleben geerdet sind, uns in unsere eigene Arbeit voll einbringen, während wir gleichzeitig eine größere Bewusstheit haben, die immer noch sie mit einschließt. Wir können üben, in unserer Aktivität konzentriert und engagiert zu sein, flexibel und geschmeidig, wobei wir unsere Aufmerksamkeit wieder auf sie lenken, wenn es nötig ist, in einem kontinuierlichen Tanz des Gewahrseins.

Jack und die Bohnenranke

Kinder beanspruchen manchmal die volle Aufmerksamkeit und das volle Engagement von Erwachsenen, während sie in anderen Situationen wollen (und es auch brauchen), dass wir sie sich selbst überlassen oder mit ihren Freunden allein lassen.

Erwachsenen kann es schwer fallen, irgendetwas volle Aufmerksamkeit zu widmen, insbesondere über eine längere Zeitspanne hinweg. Meistens ist das Denken von Erwachsenen tendenziell voller widersprüchlicher Impulse und Gedanken, die sogar untereinander um unsere Aufmerksamkeit wetteifern. Wir alle sind für eine Fülle verschiedener Dinge verantwortlich. Wir alle sind sehr beschäftigt. Wenn ein Kind uns bittet, mit ihm zu spielen oder ihm etwas vorzulesen, tun wir das vielleicht, doch sind wir oft nur mit einem Bruchteil unserer Aufmerksamkeit bei dieser Aktivität, und Kinder spüren das sehr schnell. Ich (jkz) habe mich schon oft dabei ertappt, wie ich einem meiner Kinder etwas vorlas, aber gleichzeitig schon an das nächste Telefongespräch dachte, das ich führen musste, wenn das Kind eingeschlafen war. Oder ich las eine Geschichte vor und merkte plötzlich, dass ich den Text zwar schon fast ganz gelesen hatte, aber nicht die geringste Ahnung hatte, worum es darin eigentlich ging. Zwischen jeder Zeile, ja sogar jedem Wort, das ich las, tauchten in meinem Geist Unmengen von Gedanken auf.

Als ich einmal so müde war, dass ich kaum noch die Augen offen halten konnte, erzählte ich meiner Tochter eine improvisierte Geschichte über einen Löwen. Weil ich so müde war, war nach fünf Minuten aus dem Löwen plötzlich ein Kaninchen geworden. Meine Tochter bemerkte den Fehler, und wir haben noch oft über dieses Missgeschick gelacht.

Als unser Sohn etwa vier Jahre alt war, war *Jack und die Bohnenranke* eine seiner Lieblingsgeschichten. Es reichte nicht, dass ich sie ihm ein- oder zweimal vorlas, sondern er wollte sie immer und immer wieder hören, und zwar an ein und demselben Tag. Mir gefiel die Geschichte zwar auch, aber sie sieben- oder achtmal hintereinander vorzulesen fiel mir doch schwer. Dann wurde mir klar, dass er sie jedes Mal so hörte, als wäre es das erste Mal. Die Geschichte, in der es darum ging, dass die Kuh keine Milch mehr gab und Jack sie deshalb verkaufen musste, dass er sich völlig verängstigt vor einem Riesen in dessen Schloss verstecken musste und Zeuge von dessen Habsucht wurde, dass er das Gold des Riesen, sein Zauberhuhn und seine Harfe stehlen wollte, dass er schließlich die Bohnenranke hinunterkletterte und gerade noch rechtzeitig von seiner Mutter eine Axt bekam, mit der er die Ranke abhackte und so den Riesen tötete – all das war für ihn jedes Mal wieder von Neuem real. Wenn der Riese kam, spannte sich sein Körper an, und er lächelte glücklich, wenn es Jack wieder einmal gelungen war, den Riesen zu überlisten.

Indem ich die Geschichte durch die Augen meines Sohnes sah, begriff ich, dass auch ich versuchen konnte, jedes Mal, wenn ich sie las, völlig präsent zu sein, obgleich ein Teil meines Erwachsenenkopfes sich wie verrückt dagegen wehrte. Nachdem ich das losgelassen hatte, wurde die Geschichte für mich wie ein Musikstück, das man immer wieder spielt, um zu seiner Essenz zu kommen. Zwar ist es jedes Mal die gleiche Geschichte, aber gleichzeitig ist sie auch immer wieder anders. Diese Erkenntnis erweiterte meinen Horizont. *Jack und die Bohnenranke* wurde ziemlich lange zu einem festen Bestandteil meiner Meditationspraxis und lehrte mich, präsent zu sein, wenn ich nicht mehr präsent sein wollte. Wieder einmal war das Kind zum Lehrer seiner Eltern geworden.

Schlafenszeit

Es ist wichtig, dass wir im häuslichen Leben Raum für Augenblicke der Stille schaffen, für Augenblicke, in denen „nichts" geschieht. In solchen Augenblicken, die sich oft unmittelbar vor dem Zubettgehen der Kinder ergeben oder wenn sie schon im Bett liegen und kurz davor sind einzuschlafen, kann es zu Wachstumsschüben, wichtigen Durchbrüchen, außergewöhnlicher Kreativität, tiefem Kontakt und unvermuteten Mitteilungen kommen. Die Welt kommt zum Stillstand. In dieser Stille greift meine (mkz) Tochter zum Zeichenblock, sitzt friedlich und konzentriert da und geht völlig in ihrem kreativen Tun auf. An einem anderen Abend lese ich ihr vielleicht eine einfache Geschichte vor, die ihre Phantasie fesselt und schaue ihr in die Augen, wenn ich merke, dass die Geschichte uns anrührt oder uns ein Lächeln entlockt. Manchmal sitze ich einfach bei ihr, und nach einer Weile fängt sie an, über etwas zu sprechen, das in der Schule passiert ist, oder über etwas, das ihr Sorgen macht. In der abendlichen Stille kann viel an die Oberfläche kommen.

Als unsere Kinder noch klein waren, hatten wir ein paar Einschlafrituale, die wir alle liebten: Wir sangen ihnen etwas vor, erzählten ihnen Geschichten oder lasen sie ihnen vor. Als Teenager hörten sie manchmal Musik und wollten sogar hin und wieder, dass wir ihnen etwas vorlasen, bevor sie in den Schlaf glitten. Am Abend, zur Schlafenszeit, fließen viele Strömungen des Tages ineinander.

Jedes Kind ist anders. Manchen Kindern fällt es leicht einzuschlafen; für andere ist das sehr schwer. Als unsere Kinder klein waren, versuchten wir alles, um die Schlafenszeit zu einem friedlichen Abschluss des Tages zu machen, aber manchmal, besonders wenn wir selbst müde waren, war es alles andere als friedlich.

So sehr wir uns auch bemühten, diese Zeit zu schützen, es kamen uns viele Dinge in die Quere. Irgendwelche Arbeiten müssen dringend erledigt werden, wir müssen Telefonate führen, um Vorbereitungen für den nächsten Tag zu treffen, mehrere Kinder brauchen uns gleichzeitig, oder Kinder verschiedenen Alters äußern unterschiedliche Bedürfnisse, so dass wir das Gefühl haben, wir würden in verschiedene Richtungen gleichzeitig gezogen. Die Bedürfnisse älterer Kinder kommen gegenüber den Bedürfnissen der jüngeren oft zu kurz. Es erfordert ständiges Bemühen, allen Beteiligten gerecht zu werden. Und manchmal geht eine friedliche Schlafenszeit in all dem unter. Doch die Abende, an denen es uns irgendwie gelang, den physischen und psychischen Raum zu schaffen, wo wir für das Kind und seine Wünsche da waren oder spürten, wie es einschlief – sie erinnerten uns daran, wie kostbar diese Zeit sein kann.

✿

Nun, neben dem kleinen Körper meines schlafenden Sohnes,
fließt der verborgene Fluss in meiner Brust zusammen mit dem seinen,
und ich passe mein Sprechen dem Rhythmus seines Atems an.

Meine Nacht mit der seinen verbindend, sein Nachtlied singend,
als ob jene untergründigen Gewässer
geheime Flüsse wären, die durch die Seele fließen

und das unbekannte Leben zum Vorschein bringen,
das der Fluss ist, in den er tauchen wird, wenn er alt wird.
In stillen Stunden, wenn seine Selbstsicherheit zurückweicht,

wird er die Pause zwischen den langen Tönen finden,
die den Wert des Liedes ausmacht.

David Whyte,
„Looking Back at Night“,
aus: *Where Many Rivers Meet*
Gathas und Segnungen

Manchmal werden im Laufe von Meditationsretreats oder während der täglichen Meditationspraxis kurze Gedichte und Sprichwörter benutzt, die uns an das erinnern können, was wir bereits wissen, aber leicht vergessen oder für selbstverständlich halten. Diese Gedichte oder Sprüche werden in der buddhistischen Tradition „Gathas" genannt. Es gibt Gathas für das Aufwachen am Morgen, für den Segensspruch bei einer Mahlzeit, für die Teepause und solche, die uns helfen können, genau dieses Einatmen, dieses Ausatmen zu würdigen. Es gibt Gathas für fast alle Situationen des Alltagslebens. Diese kurzen Sinnsprüche können uns helfen, mit dem in Kontakt zu bleiben, was wirklich ist, und uns nicht in Gedanken zu verlieren.

Wenn solche Verse oder Sprüche gedankenlos und rein gewohnheitsmäßig wiederholt werden, sind sie ohne jeden praktischen Wert. Doch wenn sie wie kostbare Vögel gehalten werden, wenn wir sie einladen, uns zu besuchen, und wenn wir sie weise einsetzen, können sie eine ungeheure Kraft entfalten. Sie sind sehr einfach, bloße Erinnerungshilfen, doch sie haben eine wundervoll lenkende Energie. Sie heilen und besänftigen. Außerdem machen sie uns auf Dinge aufmerksam, die wir nie vergessen sollten. Unsere Kinder haben die folgende kleine Gatha im Kindergarten gelernt:

Die Sonne ist in meinem Herzen,
sie wärmt mich mit ihrer Kraft
und weckt Leben und Liebe
in Vogel,
Tier
und Blume.

Diese Zeilen sprachen die Kinder im Kindergarten und während der ersten Klassen der Grundschule jeden Morgen und führten gleichzeitig eine Reihe von Handbewegungen aus: zuerst einen Kreis über dem Kopf, der die Sonne symbolisierte; dann zeichneten sie mit den Händen Linien, die von über dem Kopf bis zum Herzen verliefen, wobei die Handflächen zum Himmel hin geöffnet und die Arme ausgebreitet waren; und schließlich wurden die Hände zur Brust zurückgeführt, umeinander geschlossen und bei „Leben und Liebe in Vogel, Tier und Blume“ wieder geöffnet, so dass sie die geöffneten Blütenblätter einer Blume darstellten.

Es gefiel uns sehr, dass unsere Kinder regelmäßig Kontakt mit dieser kleinen Gatha des Herzens hatten. Uns schien, dass dies gute Nahrung für ihren Geist und ihren Körper war und dass sie ebenso wichtig – wenn nicht sogar noch wichtiger – war wie alles andere, was sie in der Schule lernten. Die tägliche Wiederholung dieser Verse schien etwas Kostbares in ihnen zu nähren und zu schützen, sie jeden Tag an die Kraft und die Kostbarkeit des Lebens zu erinnern und an die zentrale Energie des Herzens, die wir Liebe nennen. Eine kleine Morgenmeditation, die das Herz erweckte und die Kinder an ihre Verbundenheit mit der gesamten Existenz und allen Wesen erinnerte … in Liebe mit Sonne, Leben, Vögeln, Tieren, Blumen und anderen Kindern, die alle zusammen ein untrennbares Ganzes bilden.

Wir lernten viele solche Gathas von unseren Kindern. Eine davon, die sie in der Schule vor dem Mittagessen sprachen, wurde auch für uns zu Hause in der Familie, wenn wir uns zum Abendessen hinsetzten, zu einem Übergang von der Geschäftigkeit des Tages in einen Augenblick schweigender Verbundenheit. Wir hielten uns dann an den Händen und sprachen:

Erde, die uns dies gebracht,
Sonne, die es reif gemacht,
Liebe Sonne, liebe Erde,
Euer nie vergessen werde.

Dann blieben wir einen Moment still sitzen, schauten alle Anwesenden an, schauten auf das Essen und über den ganzen Tisch und sagten dann: „Segne unser Mahl, und segne unsere Familie.“ Wenn Gäste anwesend waren, fügten wir vielleicht hinzu: „Segne unsere Gäste.“

Wir hatten in unseren Familien, als wir aufwuchsen, nie irgendwelche Segenssprüche oder Dankgebete gesprochen, und wir fühlten uns manchmal unwohl, wenn wir irgendwo zu Gast waren, wo das Dankgebet obligatorisch war. Doch als Eltern begannen wir zu verstehen, welchen Sinn es hat, bewusst und achtsam das zu segnen, was gut ist, so dass es wahrgenommen und anerkannt wird.

Vielleicht gefielen uns diese Gathas des Gewahrseins und des Dankens deshalb so gut, als unsere Kinder sie mit nach Hause brachten und uns beibrachten. Es waren Segenssprüche der Achtsamkeit. Sie schlossen alles ein, würdigten und umarmten alles. Uns scheint, dass diese kleinen Verse all die Jahre, in denen wir sie sprachen und uns die Zeit nahmen, den Gefühlen nachzuspüren, die sie hervorriefen, Samenkörner in unserem Herzen wässerten, die noch heute in unserer Familie und in unseren Kindern erblühen, wohin sie auch gehen. Es ist gut zu *wissen*, dass die Sonne in unserem Herzen ist.

Und vielleicht haben diese Gathas in den Herzen der Kinder auch den Samen ausgesät, das zu lieben, was sich hinter dem Schleier der Erscheinungen verbirgt, was große Dichter wissen und mit Worten so unbefangen preisen …

So great a sweetness flows into the breast
We must laugh and we must sing,
We are blest by every thing,
Everything we look upon is blest.

William Butler Yeats,
A Dialogue of Self and Soul

Teil Sieben

Entscheidungen

Heilende Augenblicke

Das meiste von dem, was ich (mkz) im Laufe meines Lebens gelernt habe, habe ich gelernt, weil ich Mutter bin. Meine Kinder lehren mich ständig, was ich lernen muss, und genau dann, wenn ich es brauche. Ich habe mich im Laufe der Jahre immer wieder daran erinnern müssen, die Dinge aus der Perspektive meiner Kinder zu sehen, und das hat mir oft die Augen geöffnet für alte, blockierende oder schädliche Beziehungsmuster aus meiner eigenen Kindheit. Was noch schwieriger zu erkennen sein kann: gewisse Muster, mit denen wir vielleicht eine Vernachlässigung oder mangelnde Bedürfnisbefriedigung überkompensieren, indem wir ins andere Extrem fallen. Unsere Entscheidungen als Eltern sind oft von unseren eigenen Kindheitserfahrungen geprägt, und es kann sinnvoll sein, sich daran zu erinnern, dass das Erleben unseres Kindes anders ist als unseres. Wenn wir achtsam sind, kann sich diese Einsicht in unserem Elterndasein spiegeln.

Jedes Mal, wenn wir etwas von unseren eigenen Kindheitserfahrungen sehen und verstehen, kann das uns Eltern als Führung dienen und uns ein wenig aus dem Griff der Vergangenheit befreien. Wenn wir spüren, wie irgendein altes, destruktives Muster aufkommt – ob es der Unterton in unserer Stimme ist, der die Gefühle unserer Kinder bagatellisiert oder abtut, ob wir sie geringschätzig oder verächtlich anschauen, sie barsch anfahren: „Was ist denn eigentlich los mit dir?!" oder sie mit einem Schimpfnamen rufen –: Jedes Mal haben wir die kostbare Gelegenheit, eine Wahl zu treffen. Wir können mit den automatischen und manchmal grausamen Verhaltensweisen fortfahren, die uns in mancherlei

Hinsicht vertraut und angenehm erscheinen, weil wir in unserer Kindheit selbst erlebt haben, dass wir so behandelt wurden. Oder wir können augenblicklich stoppen und versuchen, hinter unsere heftige Reaktion zu schauen. Wir können versuchen, trotz der Kraft dieser extrem konditionierten emotionalen Denkgewohnheiten, die Situation neu zu sehen und uns zu fragen: „Was tue ich in diesem Augenblick? Warum reagiere ich in dieser Situation so heftig? Wohin führt es mich, wenn ich weiter in diese Richtung gehe? Was braucht mein Kind in diesem Augenblick wirklich von mir? Welche Wahlmöglichkeiten stehen mir offen?"

Natürlich ist es ziemlich viel verlangt, in solchen Augenblicken über die Möglichkeit, *hier und jetzt* unser Herz zu öffnen, nachzudenken. Und das gilt insbesondere dann, wenn wir uns bereits von der Situation und unseren tief verwurzelten, lebenslangen Gewohnheiten haben mitreißen lassen. Sind wir in der Lage, in solchen Momenten innezuhalten und unsere Impulse wahrzunehmen, ohne sie automatisch ausleben zu müssen?

Während unsere Kinder verschiedene Entwicklungsphasen durchleben, können die Dämonen, die uns in ähnlichen Zeiten in unserem eigenen Leben gequält haben, wieder auftauchen. Sie können sich durch ein plötzliches, schockartiges Gewahrwerden bemerkbar machen, oder sie liegen kaum wahrnehmbar wie Nebelschwaden in der Luft. Gewisse vertraute Situationen können starke Reaktionen bei uns auslösen, die mehr mit uns selbst zu tun haben als mit unseren Kindern. Vielleicht reagieren wir dann mit Härte auf etwas, das ein Kind tut, oder ziehen uns, einem bestimmten Verhaltensmuster entsprechend, aus einer Situation zurück; oder wir empfinden ganz einfach Angst, Besorgnis oder Unbehagen.

Wenn wir beim Auftauchen solcher beunruhigender Gefühle auch nur einen einzigen Moment innehalten können und genau auf sie hören, so kann das sehr hilfreich sein. Je stärker uns der betreffende Gefühlszustand erregt, umso schwerer fällt es uns allerdings, ihn genau zu untersuchen. Wie sehr uns ein bestimmtes Gefühl aufwühlt, können wir an der Heftigkeit erkennen, mit der wir es beiseite zu schieben versuchen. Zu Anfang ist es manchmal sehr schwer, solche Augenblicke mit Gewahrsein zu erfassen, besonders wenn unsere Ursprungsfamilie unseren eigenen Gefühlen in unserer Kindheit nicht viel Bedeutung beigemessen hat. Vielleicht haben wir dort gelernt, unsere Gefühle unter den sprichwörtlichen „Teppich" zu kehren.

Machen wir uns ein solches Gefühl wieder bewusst, so wird es für uns zu einem Hinweis, der uns auf etwas Tieferliegendes aufmerksam macht. Vielleicht wird uns diese Bedeutung erst später klar, vielleicht erst, nachdem wir wiederholt Erfahrungen gemacht haben, die ähnliche Gefühle zutage fördern. Wenn wir uns die Zeit nehmen, innezuhalten; zu atmen, die Emotion und die begleitende Spannung im Körper zu orten und zu fühlen, eröffnet uns das zumindest die Chance, zu erkennen, dass wir auf irgendeine Weise noch immer unter einem alten Zauber stehen, und vielleicht können wir durch eine achtsamere und kreativere Antwort aus diesem Zauberbann erwachen.

In Augenblicken, in denen wir erkennen, was wir tun und eine andere Richtung einschlagen; in denen wir uns entscheiden, anders zu handeln – und auf eine Weise, die mehr daran orientiert ist, was unser Kind von uns braucht –, kommt es in uns zu Transformation und Heilung. Wir erleben einen heilenden Moment.

Wenn wir die Bedürfnisse unserer Kinder auf diese Weise ernst nehmen, so liegt darin gleichzeitig die Möglichkeit, dass wir unsere eigenen unbefriedigten Kindheitsbedürfnisse ernst nehmen. Wenn wir uns entscheiden, gütig zu sein statt grausam, werden wir Güte erleben. Sie wird dann real für uns. Wenn wir als Kinder geschlagen worden sind, erfüllt es uns mit tiefer Befriedigung, wenn wir uns (statt unser Kind zu schlagen, wenn uns der Impuls überkommt,) für eine bessere Art des Umgangs mit Konflikten entscheiden. Wenn wir selbst als Kinder nicht den Schutz und die Fürsorge unserer Eltern genossen haben, fühlen wir uns vielleicht, wenn wir unsere eigenen Kinder schützen und umsorgen, auch selbst geborgener und geschützter.

Wir können in jedem Augenblick neu beschließen, die emotionale Panzerung abzulegen, die uns in der Vergangenheit vielleicht nützlich war, und unseren Kindern das Geschenk zu machen, offenere, mitfühlendere und verständnisvollere Eltern zu sein. Wenn wir uns darum bemühen, werden wir allmählich eine Ahnung davon entwickeln, wie es auch in unserer eigenen Kindheit hätte sein können. Und, was noch wichtiger ist: Wir können in diesem Augenblick die unserem Wesen eigene Freiheit und Verbundenheit nicht nur mit unserem Kind teilen, sondern sie auch in uns selbst erleben. Wenn wir beschließen, aus einem Teufelskreis auszubrechen, berührt die Kraft der bedingungslosen Liebe auch uns selbst. Jedes Mal, wenn uns das gelingt, kommen wir unserer Ganzheit und unserer Befreiung einen Schritt näher.

✲

Eine junge Mutter erzählte folgende Geschichte:

> Ich erinnere mich an einen Augenblick intensiver Klarheit und Erkenntnis nach der Geburt meines zweiten Kindes. Meine Eltern kamen zu Besuch, und meine Dreijährige litt sehr und war ziemlich anstrengend, weil das Neugeborene soviel Aufmerksamkeit bekam. Ich erinnere mich, wie meine Eltern ihr Missfallen zum Ausdruck brachten, sie zurechtwiesen und ermahnten, sich besser zu benehmen. In diesem Augenblick sah ich ganz klar, dass ich und meine Kinder für meine Eltern wunderbar waren, solange wir uns ihren Maßstäben entsprechend „nett" oder „brav" verhielten – dass sie uns aber verurteilten, sobald wir irgendwelche „negativen" Emotionen zeigten oder von dem abwichen, was für sie „akzeptables Verhalten" war. Als mir das klar wurde, ergriff ich ihnen gegenüber offen Partei für meine Tochter. Das war für mich selbst und für meine Tochter ein heilender Augenblick, denn ich stellte mich offen auf ihre Seite und brachte so meine Empathie zum Ausdruck, statt sie zu verraten. Welchen „äußeren Eindruck" das, was ich in diesem Augenblick tat, hinterließ, ob alles weiterhin „nett" blieb, war mir weniger wichtig, als dass meine Tochter sich verstanden fühlte.

An wie viele Augenblicke aus Ihrer eigenen Kindheit können Sie sich erinnern, in denen Ihre Gefühle von Erwachsenen abgetan, missachtet, lächerlich gemacht oder bagatellisiert wurden? Jede derartige Interaktion mag für sich genommen als trivial und unbedeutend erscheinen („Ach, mach' doch nicht so ein Theater!" – „Warum bist du so empfindlich?"). Doch sie sind ganz und gar nicht unbedeutend, und wenn sie sich ständig wiederholen, können sie das Selbstvertrauen des Kindes und sein Vertrauen in andere beschädigen.

Ein Beispiel für eine solche Situation ist die folgende Begebenheit: Eine Mutter fuhr ihren neunjährigen Sohn zusammen mit seinem Freund von der Schule zu sich nach Hause, damit sie ein wenig miteinander spielen konnten. Im Auto redete der Freund ununterbrochen mit ihrem Sohn. Er war ungewöhnlich still und gab nur hin und wieder eine mürrische, wortkarge Antwort. Sie tadelte ihren Sohn wegen seiner Unfreundlichkeit und sagte, er solle sich doch darüber freuen, dass sein Freund mit ihm nach Hause komme. Nachdem die beiden ungefähr eine Stunde miteinander gespielt hatten, bekam ihr Sohn einen extremen Wutanfall. Er brüllte, schrie und trat um sich, und sie war entnervt und wütend auf ihn. Erst später, als sie über das Geschehene nachdachte, kam ihr die Erkenntnis, dass es in ihrer eigenen Familie für außerordentlich wichtig gehalten worden war, sich anderen gegenüber „gut" und höflich zu benehmen. Als sie ihrem Sohn wegen seiner Unfreundlichkeit sagte, er solle sich doch freuen, hatte sie ihn damit praktisch aufgefordert, seine Gefühle zu unterdrücken und seinem Freund gegenüber freundlich zu sein. Dadurch hatte sie zum Ausdruck gebracht, dass ihr ihre eigenen Gefühle und die Gefühle des Gastes wichtiger waren als die ihres Sohnes.

Es wurde ihr auch klar, dass sie auf den Gefühlszustand ihres Sohnes auf viele verschiedene Weisen hätte eingehen können. Sie hätte auf eine sachliche Weise benennen können, was sie sah, und dabei anerkennen, wie er sich in diesem Moment wahrscheinlich fühlte; dann eine stille Ruhepause für den Rest der Fahrt vorschlagen und in die Entscheidung der Jungs, wie es nach der Ankunft zu Hause weitergehen sollte, ihr Verständnis der Situation einfließen lassen können. Stattdessen, merkte sie, hatte sie ein automatisches Verhalten gewählt, das eine Wiederholung eines altvertrauten Musters darstellte: Gefühle zu verleugnen, wenn sie nicht „positiv", höflich und freundlich waren.

Ein anderes Mal hatte diese Mutter ihren neunjährigen Sohn zu einem Besuch bei ihrer Mutter mitgenommen, die ihn bisher erst zwei- oder dreimal gesehen hatte. Die Großmutter hatte gleichzeitig eine ihrer Freundinnen eingeladen. Sie beachtete ihren Enkel überhaupt nicht und unterhielt sich stattdessen angeregt mit ihrer Freundin. Da es in der fremden Umgebung wenig gab, was den Jungen interessierte, langweilte er sich und wurde unruhig. Deshalb lief er im Zimmer umher und stieß immer wieder gegen die Möbel. Der Mutter war es peinlich, dass sie ihren Sohn nicht zur Ruhe bringen konnte. Deshalb packte sie ihn schließlich ungehalten und ging mit ihm nach Hause. Sie war wütend und tadelte ihn wegen seines schlechten Benehmens und auch, weil er auf ihre Aufforderung hin nicht damit aufgehört hatte. Er schaute sie entrüstet an und sagte: „Aber Mami, die Omi hat nicht einmal mit mir geredet!"

Plötzlich fiel es der Mutter wie Schuppen von den Augen, denn ihr wurde klar, dass sie ihren Sohn in die gleiche Situation gebracht hatte, in der sie als Kind immer wieder gesteckt hatte. Egal, wie sehr ihre Mutter ihre Gefühle und Bedürfnisse immer wieder ignoriert hatte: Von ihr war immer erwartet worden, höflich, freundlich und „vernünftig" zu sein. Nun, da sie selbst Mutter war, sah sie, dass ihre Mutter sich keinerlei Mühe gegeben hatte, auf ihr Enkelkind zuzugehen, sich mit ihm irgendwie zu beschäftigen oder sich Gedanken darüber zu machen, was ihm wohl Spaß machen würde. Und trotzdem wurde er getadelt, als er dann auf eine für ein aktives, lebhaftes Kind völlig normale Weise reagierte. Unfähig, auf ihre eigene Mutter wütend und böse zu werden, war sie auf ihren Sohn wütend geworden und hatte so die vertraute Szene aus ihrer Kindheit wiederholt. Ihr Sohn wusste, dass seine Großmutter ihn ignorierte, aber sie war unfähig gewesen, es zu sehen, bis ihr Sohn sie darauf hinwies: Ein weiteres Beispiel, wie wir von unseren Kindern lernen.

Als sie später über all das nachdachte, sagte die Mutter, sie denke, es sei wohl unrealistisch, zu erwarten, dass sich ihre Mutter noch ändern werde. Deshalb beschloss sie, beim nächsten Besuch für den Sohn ein paar Spielsachen mitzunehmen oder sich mit der alten Dame in einem Park zu treffen oder darauf zu bestehen, dass ihre Mutter zu *ihr* zu Besuch käme. Außerdem tat sie etwas, das sehr wichtig war, um das Vertrauensverhältnis zu ihrem Kind wiederherzustellen. Sie entschuldigte sich bei ihm dafür, dass sie wütend geworden war und ihm in einer Situation, die für ihn ohnehin schwierig gewesen war, das Leben noch schwerer gemacht hatte. Indem sie ihm zu verstehen gab, dass sie verstand, wie schrecklich die Situation für ihn gewesen war, baute sie sein Vertrauen zu ihr wieder auf und bestärkte ihn darin, seinen eigenen Gefühlen zu vertrauen.

So sehr wir unsere Kinder auch lieben und die besten Eltern sein wollen, die es gibt: Hin und wieder können unsere automatischen Reaktionen zu Disharmonie und Entfremdung führen. Solche Momente sind unvermeidlich, ein natürlicher Teil des Lebens, weil es für uns praktisch unmöglich ist, dauernd – oder auch nur einen Großteil der Zeit – achtsam zu sein. Und es wäre auch nicht wünschenswert. Wichtig ist zu entdecken, dass wir durch die zwischenmenschlichen Schwierigkeiten, denen wir begegnen oder die wir uns selber bereiten, einen Weg finden können. Gleichzeitig erleben unsere Kinder, dass diese zeitweiligen, schmerzhaften Zerwürfnisse akzeptiert, verarbeitet und geheilt werden können. Achtsamkeit ist nie Selbstzweck und auch kein Ideal und kein Endziel. Sie ist immer ein Prozess, eine Art und Weise, sich auf das zu beziehen, was tatsächlich vor sich geht – und das schließt gerade die Momente der Gedankenlosigkeit und Unachtsamkeit ein. Jeder Moment schenkt uns von neuem die Gelegenheit, mit unseren Automatismen zu arbeiten, mit unseren Erwartungen und Ängsten und ihren Konsequenzen – und daraus zu lernen.

Manchmal müssen wir uns vielleicht entschuldigen und eingestehen, wie verletzend unser Verhalten war, auch wenn das Entschuldigen zu häufig und zu einfach werden kann. Es mag Zeiten geben, wo es hilfreicher ist, einfach still für sich anzuerkennen, was geschehen ist, und innerlich die Entschlossenheit neu zu bekräftigen, achtsamer, offener für den gegenwärtigen Moment zu sein. Wenn wir uns „in flagranti" ertappen, können wir auch innehalten, achtsam auf den Atem werden, uns wieder im gegenwärtigen Moment und im Körper ankern und vielleicht zu unserem Kind sagen: „Fangen wir noch einmal von vorne an." Auf diese Weise können wir eine vertrauensvolle, fürsorgliche Beziehung stärken, heilen und neu aufbauen.

Wenn wir uns der blockierenden und destruktiven Verhaltensmuster in unserer Ursprungsfamilie bewusst werden, der Erfahrungen von Trauer, Wut und Entfremdung in unserer Kindheit, so ist das ein schmerzhafter, aber andererseits enorm nützlicher Lernprozess. Wir können diese Bewusstheit nutzen, um im Umgang mit unseren eigenen Kindern weisere Entscheidungen zu treffen.

Wer sind die Eltern, wer ist das Kind?

Es gibt ein gewisses Maß an Leiden, das einfach Teil der menschlichen Grundsituation ist. Und dann gibt es das Leiden, das wir uns selbst und anderen bereiten – nicht mit Absicht, sondern aus Unkenntnis, Ignoranz und unbefriedigten emotionalen Bedürfnissen heraus, die oft aus unserer Ursprungsfamilie herrühren und daher, wie wir selbst in der Kindheit gesehen und behandelt wurden. Es gibt in Familien definitiv genug Leid; wir brauchen diesen Schmerz nicht noch zu vermehren, indem wir für die Menschen, die uns am nächsten stehen, aus unhinterfragten lebenslangen Gewohnheiten heraus unnötige emotionale Belastungen und Gefängnisse schaffen. Um diese ganze Problematik in ein schärferes Licht zu rücken, können wir einmal darüber nachdenken, welche ungeschriebenen und unausgesprochenen emotionalen Regeln in unserer Ursprungsfamilie herrschten und wie sie uns vielleicht beeinflusst haben.

Eine Freundin von uns hat einmal gesagt, ihr Vater habe ihr nur dann echte Aufmerksamkeit geschenkt, wenn sie mit ihm über seine Arbeit als Wissenschaftler gesprochen habe. Erst als sie die Abschlussprüfung der Vorbereitungskurse für das Medizinstudium nicht bestanden hatte, wurde ihr klar, dass sie einen Weg eingeschlagen hatte, der nicht der ihre war. Daraufhin konzentrierte sie sich ausschließlich auf ihre künstlerische Arbeit, was ihr Vater absolut missbilligte. Die unausgesprochene Regel, die er aufgestellt hatte, lautete: „Ich akzeptiere dich, solange du etwas machst, was ich wertvoll finde."

Solche stillschweigenden Übereinkünfte sind natürlich in jeder Familie anders. Manchmal bestimmen die emotionalen Bedürfnisse der Eltern, was geschieht. In anderen Familien werden emotionale Bedürfnisse generell ignoriert. Oft bauen sich, ohne dass darüber gesprochen wird, Verhaltensmuster auf, die den Interessen der mächtigsten Familienmitglieder dienen, gewöhnlich dem Vater oder der Mutter oder beiden. Appelle an Schuld-, Scham-, Pflicht- und Verantwortungsgefühle und Gefühle unterwürfiger Dankbarkeit können Kinder dazu bringen, solche stillschweigend als verbindlich hingestellten Verhaltensmuster zu übernehmen, wodurch dem Kind nur noch wenig Raum bleibt, eigene Gefühle und Bedürfnisse zum Ausdruck zu bringen.

Manche Eltern sind nur in der Lage, Nähe und Verbundenheit zu empfinden, wenn andere sich um ihre Verletztheit und ihren Schmerz kümmern. Sie versuchen deshalb unbewusst, ihre Kinder dazu zu bringen, dass sie ihren Schmerz teilen, und manchmal sogar dazu, ihn stellvertretend zu tragen. Eine subtile Prägung zwischen Eltern und Kind findet statt – völlig unbewusst, fern jeder bewussten Absicht –, in der das Kind lernt, sich auf die emotionalen Bedürfnisse der Eltern einzustellen. Dies geschieht oft, ohne dass darüber gesprochen wird. Das Kind übernimmt also eine Rolle, die eigentlich die der Eltern ist, und versucht, empathisch und mitfühlend auf ihre emotionalen Probleme, ihre Schwierigkeiten und ihren Stress einzugehen. Indem ein solches Kind als Vertrauensperson eines Elternteils oder beider Eltern, als mitfühlender Zuhörer fungiert, lernt es, sich auf die Bedürfnisse anderer zu konzentrieren und seine eigenen Gefühle, Bedürfnisse und Wünsche zu vernachlässigen. Der Sohn wird dann zu einem „braven Jungen" und die Tochter zu einem „braven Mädchen" – auf Kosten der eigenen Gefühle, der eigenen inneren Wirklichkeit. Sie haben das Gefühl, dass sie, um sich selbst nicht ganz zu verlieren, etwas sehr Extremes tun müssen, indem sie beispielsweise ihre Eltern völlig ablehnen, sich selbstzerstörerisch verhalten, weglaufen oder sich emotional isolieren und völlig in sich selbst zurückziehen.

Um emotional intelligent werden zu können, müssen Kinder eine Bewusstheit für ihre eigenen Gefühle entwickeln. Sie müssen wissen, wie *sie* sich fühlen, was *sie* brauchen und was *sie* wollen. Wenn sie klein sind, können sie aus unseren Benennungen und unserer bewussten Kommunikation darüber, was wir fühlen und brauchen, lernen, was wir spüren und sehen – „ich glaube, du bist gerade richtig frustriert“ (oder müde, wütend, ungeduldig …) – „Joey wirkt richtig traurig, was meinst du, warum er sich so fühlt?“ In diesem Prozess lernen sie allmählich, wie sie ihre Gefühle sinnvoller artikulieren können. Sie profitieren auch sehr von einer mitfühlenden emotionalen Empfänglichkeit der Menschen in ihrer Umgebung. Wenn sie gegeben ist, lernen Kinder allmählich und ganz natürlich, dass es auch noch andere Menschen gibt. Sie erfahren, was es bedeutet, ein Gespräch zu führen und ein Gespür für den Umgang mit anderen Menschen zu entwickeln. Sie sprechen – die anderen hören zu; die anderen sprechen – sie hören zu. Auf diese Weise erfahren sie die Wechselseitigkeit von Beziehungen. Da ihre Gefühle und Bedürfnisse angehört und beantwortet werden und da sie auf diese Weise allmählich Vertrauen zu anderen Menschen bekommen, entwickeln sie die Fähigkeit, selbst Beziehungen aufzubauen, die für beide Seiten befriedigend sind. Das braucht Zeit. Bei manchen Kindern zieht sich dieser Prozess über viele Jahre hin. Bei anderen ist er schon sehr früh abgeschlossen.

Wenn Kinder das Gefühl haben, dass sie über genügend Bewegungsfreiheit und Sicherheit verfügen, um sagen zu können, wie sie sich wirklich fühlen und wie sie die Dinge sehen, dann ist es nur natürlich, dass sie ihre Eltern auf die Probe stellen. Es kann Jahre dauern, bis Kinder in der Lage sind, auch ihre Beteiligung und Verantwortung einzugestehen, wenn es Konflikte gibt. Dies erfordert von Seiten der Eltern sehr viel Geduld – gut möglich, dass wir feststellen müssen, dass es uns schwerfällt. Ein Mann schrieb seinem Vater einmal ein paar Dinge, die ihm in ihrer Beziehung Schmerz und Kummer bereitet hatten. Der Vater antwortete: „Ich verzeihe dir diesen schrecklichen Brief.“ Damit leugnete er völlig, dass auch nur irgendetwas an dem, was sein Sohn ihm geschrieben hatte, wahr sein könnte. Statt seinen Sohn um Verzeihung zu bitten, gewährte er ihm gnädigst Vergebung, als ob es ein Verbrechen gewesen sei, dass der Sohn ihm seine wahren Gefühle gestand. Wie viel weniger verletzend, um nicht zu sagen: heilend, wäre es dagegen gewesen, wenn er den Schmerz seines Sohnes gehört und ein gewisses Verständnis ihm gegenüber gezeigt hätte, selbst wenn ihm das, was der Sohn ihm schrieb, letztlich unbegreiflich gewesen wäre. Er hätte dann beispielsweise antworten können: „Ich fühle mich dir zutiefst verbunden, und wenn ich dir Schmerzen zugefügt haben sollte, so tut mir das sehr leid. Wenn du möchtest, können wir uns zusammensetzen, und ich werde mich bemühen zu verstehen, was damals geschehen ist."

❁

Eine Frau, die eine „perfekte Ehe" beendete und zur Lesbierin wurde, sagte: „Ich wollte meine Mutter nicht verlieren, doch stand ich vor der Entscheidung, entweder sie oder mich selbst zu verlieren, und zu letzterem war ich einfach nicht in der Lage."

❁

Eine von zwei erwachsenen Schwestern, die über ihre Mutter sprachen, sagte: „Wir betrachten sie nicht als unsere *wirkliche* Mutter, weil sie sich nicht wie eine Mutter verhält. Wir haben eher das Gefühl, dass wir *ihre* Mutter sind. Sie gibt uns ständig zu verstehen, dass wir nicht genug tun, dass wir sie nicht lieben und sie nicht genügend wertschätzen."

❁

Was haben Ihre Eltern von Ihnen erwartet? Wofür waren Sie emotional in Ihrer Familie verantwortlich? In welcher Weise haben Ihre Eltern die Bedürfnisse ihrer Kinder vorrangig behandelt? Welche grundlegenden Bedürfnisse der Kinder haben sie erfüllt und wie? Wie viel Raum hätten Sie, verschiedene Verhaltensweisen auszuprobieren? Wer in der Familie war für die Qualität der Beziehungen zwischen den Familienmitgliedern verantwortlich? Wer musste dafür sorgen, dass Situationen sich wieder besserten? Wer bestätigte wen?

Manchmal tragen wir als Erwachsene eine schwere emotionale Last. Dieses emotionale Gepäck enthält alle möglichen Dinge, die eigentlich nicht zu uns gehören, doch haben wir uns im Laufe der Jahre angewöhnt, sie mit uns herumzuschleppen – den Schmerz unserer Eltern, ihre Erwartungen und Enttäuschungen, ihre Geheimnisse, ihren Zorn und ihre Verletzungen. Manchmal kann es uns schon mit Minderwertigkeits- und Schuldgefühlen erfüllen, wenn wir bloß daran denken, diese Last abzulegen. Wir sind dann emotional wie gelähmt und nicht in der Lage, uns zu bewegen. Wenn wir die Last ablegen würden, wären wir ein „schlechter" Sohn oder eine „schlechte" Tochter. „Das können wir einfach nicht machen!"

Wenn wir schließlich doch versuchen, die Last abzulegen und uns aus der Rolle zu befreien, die uns vor langer Zeit auferlegt wurde und die wir hauptsächlich aus Gewohnheit, Schuldgefühlen und Angst so lange gespielt haben; wenn wir uns weigern, uns weiterhin an die alten, stillschweigend vorausgesetzten emotionalen Regeln unserer Ursprungsfamilie zu halten, dann kann der Teufel los sein.

Sich aus alten und bequemen familiären Beziehungsmustern zu lösen und größere emotionale Unabhängigkeit zu entwickeln, kann als beispielloser Verrat aufgefasst werden. Oft rufen wir dadurch heftigen Widerstand und Kritik hervor. Es erfordert ungeheuren Mut und ebenso große Ausdauer, wenn wir in unserem Leben neue emotionale Muster entwickeln wollen.

Es ist nie zu spät, die Last, die wir tragen, abzulegen und neue Beziehungsmuster zu entwickeln, die angemessener und unbelasteter sind. Dieser Prozess wiederum kann uns helfen, unsere Erwartungen den eigenen Kindern gegenüber klarer zu sehen. Wir haben das Potenzial, uns und unsere Kinder von einigen dieser unnötigen emotionalen Belastungen zu befreien. Das Leben kann für jede(n) leichter, sorgenfreier und authentischer werden.

Deshalb ist es vielleicht eine gute Idee, sich von Zeit zu Zeit zu fragen: Sind unsere Kinder hier, um unsere Bedürfnisse zu erfüllen, oder ist es umgekehrt? Wenn unsere Kinder klein sind, ist es offensichtlich unser Job als Eltern, ihre Bedürfnisse zu befriedigen (die sich mit der Zeit ändern). Darüber hinaus können wir sie, während sie älter werden, achtsam in dem fortlaufenden Lernprozess unterstützen, in dem sie ihre Bedürfnisse kennenlernen und wie sie sie befriedigen können. Diese Fähigkeit ist entscheidend, um ein gesundes menschliches Wesen zu werden. Der zweite Aspekt dabei ist, dass wir als Eltern ebenfalls unsere Bedürfnisse haben. Es ist ein wesentlicher Bestandteil einer gesunden Beziehung zu unseren Kindern, dass wir unsere Selbsterkenntnis kultivieren und lernen, wann und wie wir unsere Bedürfnisse sinnvoll kommunizieren können.

Selbst erwachsene Kinder brauchen zuweilen unsere Unterstützung, unser Verständnis und, soweit wir dazu in der Lage sind, auch unsere Hilfe. Wenn es zwischen uns Streit oder eine Kluft gibt – können wir als Eltern angesichts dieses Schmerzes dann den Mut finden, über den Abgrund der Zeit und unserer Verletzungen hinweg auf ein erwachsenes Kind zuzugehen und Wege zur Heilung, zu neuer Verbundenheit zu finden? Das ist vielleicht nicht immer möglich. Wir können es nur versuchen und einfach immer bereit sein, uns auf gesündere Weise wieder zu verbinden. Dabei müssen wir manchmal warten, bis unsere Kinder ihrerseits bereit sind, den Kontakt wieder aufzunehmen.

Die psychologische Forschung hat mittlerweile herausgefunden, dass es Menschen sehr schwer fallen kann, ihren Kindern oder sich selbst etwas zu geben, wenn die eigenen Eltern ihre emotionalen Bedürfnisse nicht erfüllt haben. Dieser Zyklus kann sich von Generation zu Generation wiederholen. Wenn wir es mit Achtsamkeit und Bewusstheit angehen, immer wieder, haben wir die Chance, diesen Teufelskreis zu beenden.

Auch wenn unsere Kinder älter werden, brauchen sie in mancherlei Hinsicht weiterhin unsere Unterstützung. Und wenn *wir* älter werden, wird es Situationen geben, in denen *wir* ihre Unterstützung brauchen. Ein Lebenskreis, ein unablässiges Geben und Empfangen, das sich im Laufe der Zeit verändert, kann für uns alle erfüllend sein.

✿

Meine Hände greifen zitternd vor Wut nach dem quengelnden Kind. Doch statt es grob zu packen, legen sie sich sanft wie ein Flüstern um seinen Körper. Ich nehme es auf und atme dabei tief. Die Spannung fällt von mir ab. In diesem Augenblick bin ich nicht von meiner eigenen Dünnhäutigkeit und meinem Gefühl, überstrapaziert zu sein, erfüllt, sondern von der Geduld meiner eigenen Mutter. Dies ist ein Geschenk, das sie mir vor langer Zeit gemacht hat. Ihre Hände haben es in mich hineingegossen. Die vielen Stunden, in denen sie mich besänftigte, und die tiefe Ruhe, die ich bei ihr sah, wenn sie meine jüngeren Brüder und Schwestern in ihren Armen wiegte, sie stillte und ihnen Trost und Geborgenheit vermittelte, haben mich geprägt, ohne dass ich es gemerkt habe.

Dieses Geschenk hat mein ganzes Leben lang in mir geschlummert, wie ein Vogel im Nest. Es hat auf den Augenblick gewartet, in dem meine Hände die sanfte Stärke von Flügeln brauchten.

Louise Erdrich, *The Blue Jay's Dance*

Werte

Was wir in unserer Familie wertschätzen, ändert sich im Lauf der Zeit, aber im allgemeinen gehört dazu ein Gefühl der Verbundenheit, das Gefühl, Teil eines größeren, liebevollen Ganzen zu sein, das uns beschützt und trägt und ermöglicht, dass jeder einzelne so, wie er oder sie ist, wahrgenommen und akzeptiert wird. Wo man sich fundamental dazu bekennt, ehrlich und respektvoll zu sein und willens, auch schwierige Momente durchzustehen.

Diese Situation entsteht nicht auf magische Weise. Es erfordert eine bestimmte Art innerer Arbeit, in unserem Zuhause eine solche Familienkultur aufzubauen und zu erhalten, die reflektiert, was wir wertschätzen. Die Form verändert sich ständig, so wie sich ja auch die Größe der Familie verändert, wie die Kinder wachsen, wie auch wir als Eltern wachsen und reifen, und in der Gesellschaft finden permanent Veränderungen statt, die eine tiefe Wirkung auf uns haben. An einem bestimmten Punkt verlassen die Kinder die Familienkultur ihrer Ursprungsfamilie und bauen ihre eigene Familie auf.

Jede Familie entwickelt ihre eigene, einzigartige Familienkultur, ob sie sich dessen bewusst ist oder nicht. Die besondere Herausforderung, die sich auf dem Weg der Achtsamkeit in der Familie stellt, besteht teilweise darin, sich die Eigenarten der eigenen Familienkultur zu Bewusstsein zu bringen und bewusste Entscheidungen zu treffen, die die eigenen Wertvorstellungen als Eltern widerspiegeln und konkretisieren.

Von „Familienwerten“ wird immer wieder viel Aufhebens gemacht, oft aus einer sehr moralistischen Perspektive heraus, einer sehr engstirnigen

Ansicht darüber, was eine „gute“ Familie ausmacht. Der Begriff „Wert“ bedeutet wörtlich: „etwas, dem wir Priorität einräumen“.

Die Dinge, denen wir Priorität einräumen, geben in der Familienkultur den Ton an. „Familiäre Werte“ sind also keine reine Theorie. Es spielt keine Rolle, was wir denken oder glauben oder welche Prinzipien wir haben, wenn es nicht in der Art, wie wir leben, zum Ausdruck kommt.

Unsere individuellen und kollektiven Werte schlagen sich in unserem Alltagsleben deutlich erkennbar nieder. Wir verkörpern unsere Prioritäten ganz konkret, ob wir es wissen oder nicht. Deshalb kann es sehr hilfreich sein, alles, was wir konkret leben und verkörpern, mit Gewahrsein zu betrachten – im Geiste interessierten Forschens und verständnisvoll, nicht aus einer verurteilenden Haltung heraus. Wenn uns bestimmte Aspekte unseres eigenen Verhaltens oder der Prioritäten, die innerhalb unserer Familie gelten, nicht gefallen, können wir uns in der Achtsamkeitspraxis, in der formellen ebenso wie im Alltag, mit der Frage beschäftigen, was geschehen würde, wenn wir andere Prioritäten entwickeln würden – Prioritäten, in denen das, was uns wirklich wichtig ist, besser zum Ausdruck kommt. Wir könnten uns fragen: „Was ist uns *wirklich* am wichtigsten? Welchen Dingen messen wir als Eltern den größten Wert bei? Gibt es Prinzipien, die die Prioritäten unserer Familie spiegeln und maßgeblichen Einfluss auf unsere Entscheidungen und Handlungen haben?“

In unserer eigenen Familie messen wir Selbstbestimmung, Empathie, Verständnis und Gewahrsein großen Wert bei, weil wir sie für Grundvoraussetzungen halten, um Liebe und Fürsorge ausdrücken zu können. Daraus entstehen weitere Werte, wie etwa Respekt, Güte, Aufrichtigkeit, Verantwortung, Autonomie und ein Recht auf Privatsphäre. Wir versuchen, so gut wie möglich nach diesen Werten zu leben. Sie sind das, woran uns am meisten liegt und was wir im Alltag manifestieren wollen. Natürlich gibt es Zeiten, wo wir feststellen, dass wir auf eine Art und Weise handeln, die überhaupt nicht im Einklang mit diesen Werten steht. Wenn uns das bewusst wird, üben wir, zu sehen, was passiert, auch wenn es schmerzhaft ist, und wir erneuern unseren Entschluss, auf eine Weise zu handeln, die mehr im Einklang mit unseren tiefsten Werten steht.

Wir schätzen auch Frieden und Harmonie sehr, aber manchmal geht es in einer Familie alles andere als friedlich und harmonisch zu. Unserer Erfahrung nach lassen Kinder sich Frieden und Harmonie nicht aufzwingen, genauso wenig wie andere Werte. Man kann nur durch das eigene Beispiel dazu ermutigen und sie kultivieren und fördern. Das erfordert von uns eine gewisse Geduld und das Vertrauen, dass diese Qualitäten Wurzeln schlagen und mit der Zeit heranreifen werden. Es geht dabei nicht darum, dass wir vorbildliche Menschen oder perfekte Eltern sind. Am wichtigsten ist, dass wir uns dem Prozess verpflichtet fühlen, mit unserem eigenen Gewahrsein zu arbeiten. Wenn unsere Kinder sehen, dass wir menschlich sind, Fehler machen und sie zugeben können, dann lernen sie – glauben wir zumindest – mehr über das Leben, als wenn wir dauernd den Moralapostel spielen.

✲

Die emotionale und auch die physische Welt, die Eltern in ihrer Familie erzeugen, hat entscheidenden Einfluss auf die Entstehung und Entwicklung spezifischer Familienwerte. Je stärker diese Dimension des Familienlebens von Achtsamkeit beeinflusst wird, umso wahrscheinlicher ist es, dass die tiefen inneren Werte der Familie den einzelnen Mitgliedern bewusst bleiben und dass ihnen bei Entscheidungen Priorität eingeräumt wird.

Ein Aspekt der Familienkultur und der Atmosphäre innerhalb unserer Familie, der uns besonders wichtig ist, ist das Gefühl, dass unser Zuhause ein sicherer Hafen ist, eine Zuflucht, die uns vor dem Ansturm äußerer Stimuli Schutz bietet, ein Ort, an dem unsere eigenen Werte den Ton angeben und an dem sie eine ausgleichende, bereichernde und vertiefende Wirkung auf Einstellungen haben können, die den manchmal oberflächlichen, hektischen und materialistischen Einflüssen der allgemein herrschenden Kultur ausgesetzt sind.

Ein wichtiger Bestandteil der Familienkultur können Familienrituale sein. Rituale können eine Atmosphäre der Geborgenheit erzeugen, die die Familienmitglieder in Raum und Zeit ankert und die Gefühlsbindungen zwischen Eltern und Kindern und den Kinder untereinander stärkt.

Die Qualität unserer Intention und die Präsenz, die wir Augenblick für Augenblick in diese Rituale einbringen, geben ihnen ihren Sinn.

Alles kann zu einem Familienritual werden: das Wecken der Kinder am Morgen, das Schuhe-Binden, das Kämmen und Frisieren, das Baden, das gemeinsame Essen – so oft, wie es uns möglich ist –, das Anzünden der Kerzen am Esstisch, der gemeinsame Segensspruch, das gemeinsame Singen oder im Winter das Zusammensitzen am Kaminfeuer oder das Geschichtenerzählen vor dem Schlafengehen. All das kann das Familienleben bereichern.

Es kann auch hilfreich sein, eine gewisse Achtsamkeit für die häusliche Umgebung zu entwickeln. Zwar braucht das nicht immer höchste Priorität zu haben, doch wenn das Haus oder die Wohnung schmutzig oder ein einziges Chaos sind, so wirkt sich das auf alle Bewohner aus. Das hat nichts mit Ordnungsfanatismus zu tun, dem es nur um den äußerlichen Eindruck geht.

Die täglichen Arbeiten im Haushalt können achtsam ausgeführt werden. Essen vorbereiten, kochen, Tisch decken, Tisch abräumen, spülen, Staub saugen und Wäsche waschen: Alles kann zur Gelegenheit werden, die Kinder altersgerecht mit einzubeziehen. Wir können aus dem Organisieren und Sauberhalten des Haushalts ein Familienritual machen, so dass alle sich die Arbeit teilen. Auf diese Weise wird das Haus für Neues bereit gemacht.

Als Eltern stellen wir fest, dass wir einen Blick für die Familie als Gesamtheit kultivieren müssen. Die ganze Familie profitiert davon, wenn wir ihrer gewahr bleiben und die Bedürfnisse der Gemeinschaft ebenso im Blick behalten, wie wir uns um die Bedürfnisse der einzelnen Kinder kümmern. Manchmal ist es wichtig, sich um die Familie an sich zu kümmern. Wir versammeln alle Familienmitglieder – manchmal, um bestimmte Probleme anzusprechen und zu lösen, manchmal, um wieder Kontakt zueinander aufzunehmen, oder einfach um Spaß zu haben. Mit der Zeit entwickelt sich in den Kindern ein kollektives Gefühl, Teil eines größeren Ganzen zu sein.

Kinder bilden ganz natürlich ihre eigenen, umfassenderen gesellschaftlichen Wertvorstellungen – aufgrund der Atmosphäre und Familienkultur innerhalb ihrer Ursprungsfamilie und aufgrund ihrer allmählich größer werdenden Berührungsflächen mit der Welt. Wie gesagt: Genauso wenig, wie wir unserer Familie Frieden und Harmonie aufzwingen können, können wir mit Moralpredigten und Zwang jemandem Werte wie Großzügigkeit, Mitgefühl, Nicht-Verletzen, Gleichberechtigung und Toleranz einimpfen. Aber indem sie diese Qualitäten in anderen beobachten und indem wir selber solche Werte vorleben, haben unsere Kinder eine direkte, lebendige Erfahrung davon.

❁

„Mein Sohn war in den Außenbezirken von New York City aufgewachsen. Da sein Vater und ich uns getrennt hatten, als er noch sehr jung war, hielt ich es für meine Aufgabe, ihm die Werte zu vermitteln, die mir in meinem eigenen Leben immer wichtig gewesen waren. Dazu gehört Respekt allen Menschen gegenüber, ungeachtet ihrer Herkunft und ihrer Lebensumstände.
Seit seiner Kindheit hatte sich in New York City viel verändert. In vielen Gebieten, auch in dem Stadtteil, in dem er mittlerweile wohnte, gab es nun obdachlose Männer und Frauen, die manchmal aggressiv bettelten und manchmal eher passiv in Hauseingängen saßen oder schliefen.
Eines kalten Winterabends freute ich mich darauf, meinen mittlerweile dreiundzwanzigjährigen Sohn in seinem Apartment abzuholen und mit ihm in seinem neuen Wohnviertel essen zu gehen. Meine Besuche bei ihm waren für mich kostbare Augenblicke. Für mein Gefühl trafen wir uns viel zu selten, doch es war so oft, wie es für ihn gut war. Mir war klar, dass es so sein musste, damit er lernen konnte, sein Leben nach seinen eigenen Vorstellungen zu gestalten.
Als ich mich dem Haus näherte, in dem er wohnte, bemerkte ich auf dem Gehsteig direkt rechts neben dem Hauseingang eine Frau, die dort saß und bettelte. Ich spürte, wie sich mein Körper zusammenzog und verspannte, als ich meine Augen von ihr abwendete und so tat, als würde ich sie nicht sehen, während ich das Gebäude betrat. Ich wollte nicht, dass ein Gewahrsein

menschlichen Leidens meinen Plan trübte, einen schönen Abend mit meinem Sohn zu verbringen.
Wir brachen bald auf, fuhren mit dem Aufzug zur Haustür, um eines der vielen Restaurants in der Gegend aufzusuchen und dort bei gutem Essen unser Zusammensein zu genießen.
Als wir das Haus verließen, ging mein Sohn zu der Frau, die immer noch auf dem Bürgersteig saß – genau dort, wo ich sie kurz zuvor so beflissentlich übersehen hatte. Er gab ihr das Kleingeld aus seiner Geldbörse und sagte zu meiner Überraschung zu ihr: „Das ist meine Mutter." Die Frau schaute mich mit einem warmherzigen und offenen Lächeln an, und dann begrüßten wir uns mit einem freundlichen „Hallo".
Mein Sohn wusste, dass es okay war, diese Frau als einen ganz normalen Menschen in einer schrecklichen Situation zu sehen – dem gegenüber er sich gütig verhielt.
Ich hatte versucht, ihm beizubringen, dass Menschlichkeit allen Menschen ohne Ausnahme gemeinsam ist – und offenbar hatte er es gelernt. Ich war zutiefst bewegt, als mir klar wurde, dass er nun mir einen Wert neu vermittelte, den ich an jenem Abend aus dem Blick verloren hatte, einen Wert, den ich selbst ihm vor so vielen Jahren zu vermitteln versucht hatte."

Bewusstes Konsumverhalten

In unserer heutigen, von intensivem Konsum dominierten Kultur werden Eltern leicht dazu verleitet, Entscheidungen zu treffen, die bewirken, dass ihre Kinder die Welt schon als Babys stärker anhand von Objekten erleben als durch dauerhafte Kontakte zu anderen Menschen. Unter solchen Umständen kann schon ein geringes Maß an Achtsamkeit den dringend nötigen Kompass liefern, um sich in der manchmal überwältigenden Vielzahl von Alternativen zurechtzufinden, mit denen Eltern konfrontiert sind. Die riesige Menge an Produkten, von denen einige unterhalten und schon früh die Lernbereitschaft fördern sollen, viele aber auch einfach den Alltag der Eltern erleichtern sollen, können sehr leicht zum Ersatz für jene essentiell *menschlichen* Interaktionen werden, die ein heranwachsendes Kind benötigt.

Beispielsweise kann es vorkommen, dass ein Baby kurz getragen wird, dann in einen Kindersitz im Auto gesetzt wird, dann vom Auto in seinem Autositz in den Laden getragen wird, dann wieder zurück nach Hause gefahren wird, dort in eine Wiege oder in einen Babystuhl gesetzt und später im Kinderwagen spazieren gefahren wird. Es kann sein, dass das Kind auf diese Weise den größten Teil des Tages kaum die Möglichkeit hat, aktiv mit seiner Umwelt in Kontakt zu treten, und fast ausschließlich mit unbelebten Objekten in Berührung ist. Die Geräusche, die es in dieser Zeit hört, kommen möglicherweise hauptsächlich von Fernsehen, Radio und Spielzeugen zum Aufziehen.

Ohne ein wenig Aufmerksamkeit vonseiten der Eltern kann es leicht passieren, dass die Umgebung des Kindes eher auf ihre Bedürfnisse als auf die des Kindes ausgerichtet ist und dadurch viel zu nützlichkeitsorientiert und potenziell chaotisch, körper- und zusammenhanglos wird. Ob die Objekte, die das Baby berührt, nun aus Kunststoff oder aus natürlichen Materialien hergestellt sind: Sie sind immer noch unbelebt und ohne die Wärme und Ansprechbarkeit einer Mutter oder eines Vaters.

Wenn wir unsere Kinder ständig beiseiteschieben, während wir etwas anderes machen, und sie mit Hilfe von Objekten beschäftigt halten – indem wir beispielsweise die Schaukel möglichst stark in Bewegung setzen, eine Kinderkassette einlegen, den Fernseher oder eine DVD einschalten –, so erziehen wir sie dadurch, ohne uns dessen bewusst zu sein, zu Passivität und Abhängigkeit, statt ihnen die aktive Teilnahme an einer lebendigen Welt zu ermöglichen. Diese „Kind-Beschäftiger" können den Effekt haben, die Kinder in einen seelenlosen, isolierten Modus zu versetzen, der durch das Objekt selbst von vornherein beschränkt ist.

Natürlich gibt es Zeiten, in denen wir uns um andere Dinge kümmern müssen, während wir uns gleichzeitig um unsere Kinder kümmern. Es gehört zum Leben und ist wichtig, dass unsere Kinder uns auf diese Weise als tätig erleben. Wenn wir die Details unserer Situation achtsam betrachten – also Alter und Temperament des Kindes einbeziehen sowie die häusliche Situation und was wir erledigen müssen –, so können wir gewöhnlich kreative Wege finden, sie in geschützter Umgebung zu beschäftigen, zumindest für eine gewisse Zeit.

Babys können wir in einem Tragetuch herumtragen, während wir Dinge erledigen, die getan werden müssen. Für Kleinkinder könnte es bedeuten, dass wir einen umgrenzten Raum schaffen, in dem das Kind sich alleine bewegen kann: krabbeln, sich hochziehen, herumwälzen, wodurch es sich als selbstbestimmt erlebt, weil es selbst eine Aktivität mit offenem Ende begonnen hat. Matten auf dem Boden, um das Hinfallen abzupolstern, Bälle und Schaumstoffblöcke und einfache Klettergerüste können zu einem ungefährlichen häuslichen Abenteuerspielplatz für Babys und Kleinkinder werden. Eine schwierige, aber notwendige Übung dabei ist, unsere Kinder auch einmal eine Frustration erleben und entwicklungsmäßig angemessene Hindernisse überwinden zu lassen, statt sofort helfend einzuspringen.

Unsere Kinder spüren die Qualität unserer Präsenz, ob wir nun direkt mit ihnen interagieren oder nicht. Eltern können es in der Kunst, mehrere Dinge gleichzeitig zu tun, zu einer gewissen Meisterschaft bringen. Entscheidend ist dabei aber, eine flexible Aufmerksamkeit und ein weiträumiges Feld des Gewahrseins zu entwickeln, das nicht nur unsere Kinder umfasst, sondern auch den eigenen Körper und Geist. Unsere Kinder spüren, ob wir verkrampft und übellaunig sind oder offen, flexibel und freundlich. In jedem Moment haben wir die Möglichkeit, die Qualität unseres Seinsgefühls zu ändern. Wenn wir gestresst sind, haben wir immer die Wahlmöglichkeit, uns zu erinnern und zum Atem zurückzugehen, zu den Körperempfindungen und zu der Fülle, die jeder Moment unseres Lebens birgt.

✲

Bezogen auf unser Kaufverhalten als Eltern heißt das: Es besteht die Gefahr, allmählich, durch scheinbar geringfügige und harmlose Entscheidungen, wichtige Interaktionsmöglichkeiten mit unseren Kindern zu verlieren, so dass sie dadurch von uns eine gewisse Art von Förderung nicht mehr bekommen. Wenn wir solche Entscheidungen zu treffen haben, können wir eine gewisse Achtsamkeit auf die Frage verwenden, wie diese Produkte die Welterfahrung unseres Kindes und seine Beziehung zu uns beeinflussen.

Beispielsweise setzen wir einen Säugling häufig schon in einen Buggy, ohne uns etwas dabei zu denken. Würden wir versuchen nachzuempfinden, wie er sich wohl dabei fühlt, würde uns vielleicht klar, dass das Kind in manchen dieser Buggys völlig ohne jeden Schutz mit der Welt konfrontiert wird, denn andere Menschen, Lärm und Energie von außen kommen direkt auf das Baby zu. Vielleicht sehen wir dann auch, dass das Baby, während all diese unvorhersehbaren Stimuli auf es einstürmen, von dem getrennt ist, was es am besten kennt und was ihm am besten hilft, sich in der Welt geborgen zu fühlen: von den eigenen Eltern. Ein weiterer, für kleine Kinder ganz wichtiger Aspekt bei diesen nach vorne orientierten Wagen: Es ist für die Eltern schwerer, mit ihrem Kind zu sprechen, Blickkontakt herzustellen, überhaupt zu interagieren. Glücklicherweise lassen sich manche Buggys in die Gegenrichtung umklappen.

Als Alternative könnten wir es vorziehen, das Kind bei Einkäufen oder Ausflügen auf dem Arm oder in einem Tuch am Körper zu tragen, denn dann kann es am Geschehen in der Welt teilnehmen und ist gleichzeitig vor der Welt geschützt. Je nach Alter und Temperament des Kindes könnte sogar ein Tragetuch, das eine Blickrichtung nach vorne vorgibt, zu viel visuelle Reize liefern und ein sensibles Nervensystem überlasten. Eine Patentlösung gibt es nicht. Achtsamkeit für Eltern ist ein fortlaufender Prozess des Wahrnehmens und des Neu-Anpassens unserer Reaktionen, je nachdem, was wir sehen, spüren und fühlen.

Buggys können sehr nützlich sein, wenn eine bestimmte Distanz zu Fuß für ein kleines Kind zu anstrengend wäre. Obwohl jedoch ein Buggy sinnvoll sein kann, wird das Erleben eines Kindes vielleicht mehr bereichert, wenn die Eltern es ab und zu in einem Tragegestell auf dem Rücken tragen. Auf diese Weise kann es die Bewegungen und die Wärme des mütterlichen oder väterlichen Körpers spüren und deren Gesicht und Haare berühren. Wenn es so getragen wird, befindet es sich genau in Augenhöhe der Gesichter der Erwachsenen, so dass es mit diesen über die Schulter seiner Eltern hinweg kommunizieren oder sich an deren Körper kuscheln kann, wenn es sich zurückziehen möchte. Unterdessen stehen die Füße des Kindes fest auf dem Fußhalter des Tragegestells und drücken dagegen, wobei sich sein ganzer Körper auf und ab bewegt und sich dehnt und streckt. Auf solche Weise getragen zu werden, vermittelt ein Gefühl der Sicherheit und eröffnet ein ganzes Universum sensorischer Stimulation und Reaktion.

Wenn wir uns für eine solche Art des Umgangs mit unseren Kindern entscheiden, erfordert das kurzfristig vielleicht etwas mehr Nachdenken und Anstrengung von uns. Doch daraus entstehen auch wunderbare Freuden und Geschenke für Eltern und Kinder zugleich. Wir sind unseren Kindern näher, sind intensiver mit ihnen in Kontakt und mehr auf sie eingestimmt. Und die Gefahr, dass wir subtile Signale des Kindes nicht bemerken, ist geringer – ob das nun ein Lächeln ist oder ein Geräusch, das es von sich gibt, oder die leichte Berührung einer Hand … Momente reiner Freude und Verbundenheit.

Viele Produkte für Kinder sind dafür konzipiert, uns „freier zu machen“, so dass wir in der gewonnenen Zeit etwas anderes machen können. Wir erwerben sie in der Erwartung, dass sie uns das Leben erleichtern oder uns unterhalten. Doch wenn wir nicht aufmerksam sind, müssen wir vielleicht irgendwann feststellen, dass sie zu einem Ersatz für menschliche Interaktion und Präsenz geworden sind. Es kann sein, dass sie unsere Kinder in die Isolation treiben oder dass sie ihr Nervensystem überlasten. Oft stellt sich am Ende heraus, dass wir für den vermeintlichen Zeitgewinn mit einem Vielfachen an Zeit bezahlen müssen, denn unsere Kinder drehen plötzlich durch, weil sie zu wenig Aufmerksamkeit, physischen Kontakt und menschliche Wärme erhalten haben oder weil sie sich an die ständige Überflutung mit immer neuen Reizen schon so gewöhnt haben, dass sie sie nicht mehr missen mögen. Kinder, die sich in diesem Zustand befinden, sind ungeheuer anstrengend, und das ist auch nicht weiter verwunderlich. Den Schaden zu beseitigen, der aus Vernachlässigung und gleichzeitiger Überreizung entsteht, ist weitaus schwieriger und viel weniger befriedigend, als die echten Bedürfnisse eines Kindes von Anfang an zu berücksichtigen.

Sicherlich gibt es Situationen, in denen Objekte, die Bequemlichkeit versprechen, sowohl für die Eltern als auch für die Kinder nützlich sind. Doch als Eltern müssen wir stets die Gesamtheit der Alltagserfahrung unserer Kinder im Blick behalten. Entscheidend ist, das richtige Gleichgewicht zu finden. Wir können einen Kinderwagen oder Kindersitz benutzen, wenn es nötig ist, und trotzdem dafür sorgen, dass unser Baby oder Kleinkind so oft wie möglich im Arm gehalten oder auf dem Rücken getragen wird. Wir können im Auto gelegentlich eine Kassette mit einer Geschichte laufen lassen, unseren Kindern aber ein anderes Mal selber Geschichten vorlesen oder erzählen. Schnuller, Stofftiere und Babydecken können wunderbar tröstend sein, und Babys können mit ihnen lernen, sich selbst zu trösten. Aber wir können uns ruhig fragen, ob wir wollen, dass diese Gegenstände die einzige Quelle der Geborgenheit im Leben unserer Kinder werden.

Jedes Objekt, das an die Stelle einer menschlichen Interaktion tritt, hat das Potenzial, uns und unseren Kindern den Reichtum gemeinsam erlebter Momente zu rauben. Beziehungen beruhen auf Augenblicken gemeinsamen Erlebens. Wenn wir zu sorglos sind, kann ein Kind, das scheinbar „alles“ hat, zu einem Kind werden, dem alles fehlt, was wirklich wichtig ist.

Das mediale Inferno

Wir leben in einer Zeit, in der sich die Dinge wesentlich schneller verändern als jemals zuvor in der Geschichte. Uns stehen heute mehr Informationen zur Verfügung als zu jeder anderen Zeit, doch ist ein großer Teil dieser Informationsflut vielleicht nicht gerade das, was wir am dringendsten brauchen. Wir haben unwiderruflich eine unsichtbare Schwelle überschritten: von der alten analogen Welt der gesamten Menschheitsgeschichte, der Natur selbst und der Evolution, in die „schöne neue Welt" der digitalen Ära, in der unsere Leben über zahllose Schnittstellen mit stetig wachsender Rechnerleistung in ein Netz virtueller globaler Kommunikation eingewoben wird. Hatten sich einstmals unsere Eltern noch Sorgen über die Folgen des Fernsehkonsums gemacht, so stehen wir heute vor der Allgegenwart immer kleiner und mobiler werdender digitaler Geräte, mit denen Kinder ins Internet gehen können, in die Welt der sozialen Netzwerke, von YouTube, Textnachrichten, Grafiken, Musik, Videospielen sowie zahllosen Kabelkanälen und Filmen … uneingeschränkter Zugang zum unendlichen Inhalt von Pandoras Büchse. Was sollen wir Eltern angesichts der Tatsache tun, dass unsere Kinder Welten ausgesetzt sind, von denen wir wenig oder gar nichts wissen oder die wir für ungesund, ja schädlich halten? Wie schützen wir sie davor, damit in Berührung zu kommen? Und wie stellen wir fest und regeln wir, welche Aspekte dieser Technologie altersgerecht, positiv und entwicklungsfördernd sind?

Zwischen Smartphones und Tablets wie dem i-Pad haben wir nun grenzenlosen Zugang und auch unendliche Möglichkeiten, uns abzulenken und so in der digitalen Welt abzutauchen, dass wir den gegenwärtigen Moment vergessen. Wir müssen nicht nur darüber nachdenken, wie unsere Kinder den verschiedenen Medien ausgesetzt sind und sie nutzen: Wir müssen uns auch unser eigenes Nutzerverhalten, vielleicht unsere Abhängigkeit, bewusst machen und sie notfalls regulieren, damit wir in unserem Leben und bei unseren Kindern wieder präsent sind. Kinder müssen immer mehr mit diesen Geräten konkurrieren, um die Aufmerksamkeit ihrer Eltern zu bekommen. Mehr noch: Eltern geben den Kindern solche Geräte, um sie zu beschäftigen. Für diesen Zweck werden immer mehr Apps entwickelt. Unsere Kinder laufen Gefahr, statt an menschliche Wesen eine Primärbindung an elektronische Geräte zu entwickeln. Und uns kann dasselbe passieren.

Es steht völlig außer Frage, dass sich die Welt, in der wir leben, vor unseren Augen rapide verändert. Die bereits existierenden technischen Neuerungen und alle, die im Bereich von Hard- und Software noch folgen werden, kreieren eine absolut neue Welt. Und wenn unsere Kinder erwachsen sind, werden sie sich mit diesen Neuerungen auseinandersetzen und sie aktiv in ihr Leben einbeziehen müssen – was immer das bedeuten mag. Deshalb ist es umso wichtiger, dass sie ihre Verbindung zur analogen Welt nicht verlieren und dass ihr Körper, ihr Geist, ihr Herz und ihre Seele stark und ausgewogen entwickelt sind.

Menschen, die in ihrem Körper ganz präsent sind, bekommen ihre innere Nahrung nicht durch die Technik, so intelligent und fesselnd sie auch sein mag. Wir brauchen ein buchstäblich „leibhaftiges“ Erleben und die seelische Zuwendung fühlender und fürsorglicher menschlicher Wesen. Technische Mittel, in Form elektronischer Babysitter übermäßig eingesetzt, wenn die Eltern beschäftigt sind, oder als Hilfe, mit denen Kinder sich die Langeweile vertreiben können, können nur zu leicht zum Ersatz für wichtige Kindheitserfahrungen und für die direkte zwischenmenschliche Kommunikation werden.

Eltern werden heutzutage mit immer schwierigeren Fragen konfrontiert, die wir kaum kompetent beantworten können. Sollen wir unseren Kindern wirklich den uneingeschränkten Zugang zu dieser neuen Welt gestatten – einfach nur, weil sie existiert? Machen wir uns Gedanken über die potenziell positiven und negativen Aspekte und untersuchen wir diese? Wie lassen sich die positiven Aspekte maximieren und die negativen vermeiden? Oft haben wir weitaus mehr Fragen als Antworten zu solchen Themen. Doch das Fragen und Hinterfragen ist sehr wichtig, denn es hält uns wach für die Auswirkungen dieser Technologien auf das Leben unserer Kinder und unserer Familie.

Um Achtsamkeit in diese klassische familiäre Situation einzubringen, könnten Eltern beispielsweise ihre Kinder bewusst beobachten, wenn sie auf diesen Geräten Spiele spielen. In welchem Zustand ist ihr Körper? Zeigt sich Verkrampfung? Was für Bewegungen machen sie dabei? Welche Bilder nehmen sie auf? Wie viel Gewalt enthalten diese? Welche kognitiven, emotionalen und sozialen Auswirkungen könnte es auf Kinder haben, wenn sie praktisch in dieser virtuellen Welt zu leben beginnen? Welche Botschaften bekommen sie, wenn sie sich so betätigen? Welche Werte verinnerlichen sie womöglich? Wie viel soziale Interaktion im richtigen Leben entgeht ihnen, weil sie ständig mit ihren Geräten beschäftigt sind, sogar auf den Seiten sozialer Netzwerke?

Ähnlich wichtige Fragen, über die Eltern nachdenken sollten, betreffen natürlich auch den Fernsehkonsum. Es gibt Untersuchungen, nach denen amerikanische Kinder heutzutage durchschnittlich 25000 Stunden vor dem Fernsehen sitzen, bevor sie 18 Jahre alt sind. Im Laufe dieser Sendezeit werden sie zu Zeugen von mehr als 200000 Gewaltakten, darunter 16000 Morden. Die *American Medical Association* berichtet in ihrem Report „Physician's Guide to Media Violence" (1996), dass die vor dem Fernsehen oder Videobildschirm verbrachte Zeit „der größte Zeitanteil im Leben eines amerikanischen Kindes ist". In der amerikanischen Durchschnittsfamilie läuft der Fernseher sieben Stunden täglich, und in 60 Prozent aller amerikanischen Familien wird er auch während des Essens nicht abgeschaltet. Und es ist im Lauf der Zeit nicht weniger geworden: Eine Umfrage der Nielsen Company zeigte 2009, dass Kinder im Alter zwischen zwei und fünf Jahren mehr als 32 Stunden pro Woche vor dem Fernseher sitzen.

Auch hier sollten wir als Eltern auf die Wirkung dieser Einflüsse auf unsere Kinder aufmerksam sein und beobachten, wie sich unsere Familie gegenüber diesem mächtigen Faktor verhält. Wir könnten uns beispielsweise fragen: „Was beobachten wir an unseren Kindern, wenn sie fernsehen – und in der Zeit danach? Welche Botschaften verinnerlichen sie dabei? Wie passiv sind sie? Wie sehr sind sie fasziniert, in einer Art hypnotischer Trance? Wie viele Stunden verbringen sie täglich oder wöchentlich vor dem Fernseher? Was ist es, was sie deshalb *nicht* machen? Wie viel Gewalt und Grausamkeit sehen sie? Kommt es zu Streitigkeiten, wenn der Fernseher aus ist? Welchen Einfluss hat all das auf ihre Einstellungen, ihre Verhaltensweisen zu Hause und in der Schule und ihre Ansichten über sich selbst und über die Gesellschaft?" Simples Beobachten und Fragen kann schon helfen, Entscheidungen zu treffen, die sich sowohl auf unser Familienleben als auch auf das Leben unserer Kinder förderlich auswirken können. Wenn wir ihnen vorschlagen, darauf zu achten, wie sie sich bei solchen Aktivitäten und danach fühlen, können wir auch ihre Selbstwahrnehmung fördern.

In vielen Familien läuft fast die ganze Zeit der Fernseher. Die Bilder aus den Nachrichten bombardieren sogar ganz kleine Kinder mit all dem Schrecklichen, das jeden Tag in der Welt passiert. Ob sie die Nachrichten nun „aktiv" verfolgen oder nicht, junge Menschen wachsen inmitten einer Bilderschwemme auf, die sich aus ganz speziellen, hochgradig einseitigen Versatzstücken der Realität zusammensetzt, die irgendwelche Fernsehbosse für „nachrichtenwürdig" halten. Diese Auswahl konzentriert sich tendenziell auf die gewalttätigsten und schrecklichsten Dinge, die vor Ort und weltweit passieren. Im Gegenzug werden riesige Bereiche menschlicher Schöpferkraft und Kreativität, die mindestens ebenso wichtig, wenn nicht wichtiger – und deshalb „nachrichtenwürdiger" sind –, praktisch ignoriert.

Ähnliche Aufmerksamkeit müssen wir den anderen Kanälen widmen, durch die unsere Kinder von den Medien und der Unterhaltungsindustrie beeinflusst werden. Manchmal werden kleine Kinder Filmen mit grotesken, grausigen, Schrecken erregenden Bildern ausgesetzt, die sich in ihr Denken und ihre Erinnerungen einbrennen, weil sie keine Schutzfilter haben, sie nicht einordnen oder verstehen können. Mit solchen abstumpfenden und schrecklichen Bildern klarzukommen, ist schon für

Erwachsene schwer genug. Allein schon der Ton und der Soundtrack, die ja darauf angelegt sind, intensive physiologische Stressreaktionen hervorzurufen, können einen Totalangriff auf das Nervensystem darstellen. Viele Bilder in gewalttätigen Filmen sind eigentlich unvorstellbar, und es ist unvorstellbar, dass ein Kind sich so etwas anschaut. Es ist unvorstellbar, und dennoch ist es zur Norm geworden, sich gewalttätigen Bildern auszusetzen. Und unserer Kultur ist es in Fleisch und Blut übergegangen.

Sowohl Kinofilme als auch das Fernsehen können Paranoia und Misstrauen in ungeheurem Maße fördern, weil sie den Eindruck vermitteln, dass die Welt ein schrecklich gefährlicher Ort voller wahnsinniger und gewalttätiger Leute ist. Es geschieht so viel Gutes auf der Welt jeden Tag, aber in den Nachrichten kommt es nicht vor. Und deshalb wird der Blick auf die Welt, den sowohl Eltern als auch Kinder vermittelt bekommen, höchst einseitig. Wir stellen fest, dass wir unseren Kindern und auch uns selbst immer wieder zu Bewusstsein bringen müssen, dass trotz der Gewalt in unserer Gesellschaft der Prozentsatz der Menschen, die kriminell und gewalttätig sind, immer noch relativ gering ist. Sie müssen wissen, dass es selbst in den gefährlichsten Gegenden auch viele gute und fürsorgliche Menschen gibt. Unseren Kindern ein Gefühl der persönlichen Sicherheit zu vermitteln und gleichzeitig dafür Sorge zu tragen, dass sie die Welt auf eine realistische Weise sehen und einschätzen, ist eine schwierige Aufgabe, die kein Ende nimmt. Je stärker sie jedoch in den Medien mit Gewalt konfrontiert werden, umso schwieriger wird diese Aufgabe.

Richtig ist natürlich auch, dass es Stadtviertel gibt, in denen Gewalt das Leben der Kinder viel stärker dominiert, sei es häusliche Gewalt oder Gewalt auf der Straße. Lehrer berichten, dass Schüler in die Schule kommen, nachdem sie Zeugen von Gewalttaten geworden sind, und dass sie Leute kennen, die dadurch verletzt worden sind. Lehrer in manchen Innenstadtbezirken haben begonnen, Achtsamkeits-Übungen in den Unterricht zu integrieren, um Kindern Selbstwahrnehmung und Strategien und Übungen zur Beruhigung und Selbstregulierung beizubringen. Die grundlegenden Abläufe der Achtsamkeitspraxis, also: wahrnehmen, sich seiner Gedanken und Gefühle bewusst sein, die sich dauernd ändernde Natur der Dinge verstehen und akzeptieren und sich im eigenen Körper und Atem erden – dies kann für Kinder in stressbelasteten und emotional bedrückenden Situationen sehr hilfreich sein.

Um wieder zum Fernsehen zurückzukommen: Die ständige Fütterung mit Cartoons und Fernsehserien fördert die Entwicklung eines Kindes nicht, ganz gleich, wie engagiert oder gut gemacht sie sein mögen. Das Vorhandensein eines Fernsehers verändert die Atmosphäre eines Zuhauses dramatisch. Der Fernseher wirkt wie ein ständiges verführerisches Angebot, an dem die Kinder alles andere messen, womit sie sich beschäftigen könnten. Dadurch kann das Fernsehen auf subtile oder auch weniger subtile Weise die natürlichen Rhythmen des Tages beeinflussen, zu denen Phasen der Ruhe, ja der Langeweile gehören, die wiederum zu körperlich aktivem und fantasievollem Spiel führen können; zu einem Eintauchen in die Welt der Natur; zu Phasen des Träumens und der Introspektion; zu kreativen Phasen und Phasen des Spielens mit Freunden; zu Zeit mit der Familie und in der größeren Gemeinschaft anderer Menschen. Kinder fühlen sich den bekannten Figuren aus Fernsehserien oft näher als realen Menschen, und es kann sogar so weit kommen, dass sie sich regelrecht an diese Gestalten klammern. Sie unterbrechen dann völlig selbstverständlich reale Lebenserfahrungen, um ja keine Folge mit ihren Fernseh-Freunden zu verpassen.

Es kann sehr leicht passieren, dass die Medien alle möglichen entwicklungsmäßig zentralen Erfahrungen verdrängen, die mit Beziehungen zu tun haben, mit Körperlichkeit und praktischer Erfahrung, und die soziales und emotionales Lernen und die Reifung von Verschaltungen im Gehirn fördern, die für ein erfolgreiches Zurechtfinden in der Adoleszenz und im Erwachsenenleben entscheidend sind. Zwar spielen bestimmte Technologien vielleicht eine Rolle im kindlichen Lernen, es ist aber für uns Eltern wichtig, dass wir uns der möglichen Verluste bewusst sind und dass wir ein Gleichgewicht finden müssen.

Als unser Sohn fünf Jahre alt war, hielt er in einem Glas, einem selbstgemachten Herbarium, die Raupe eines Monarch-Schmetterlings. Er fütterte sie und beobachtete Tag für Tag, wie sie Blätter fraß, sich dann verpuppte und wie schließlich, nach einer langen Ruhezeit, ein Schmetterling schlüpfte, den er dann frei ließ. Durch solche ganzheitlichen

Erfahrungen, an denen Kinder persönlich teilhaben, lernen sie etwas über die Welt. Erfahrungen dieser Art sind gleichzeitig lebendige Metaphern, die auf die Bedeutung, Ordnung und Verbundenheit der Welt und aller lebenden Wesen miteinander verweisen. Solche Erfahrungen regen die Vorstellungskraft an und bereiten Kindern große Freude.

Wenn wir unsere Kinder anschauen, wenn sie einer kreativen Tätigkeit nachgehen – beispielsweise zeichnen oder singen – oder wenn wir ihnen aus Büchern vorlesen, deren wundervolle Sprache und eindrucksvolle Charaktere in ihrem Geist ganze Welten entstehen lassen – Bücher wie *Ronja Räubertochter*, *Die Abenteuer des Huckleberry Finn*, *Der kleine Hobbit* oder die Legenden um König Arthur oder Märchen und Mythen aus verschiedenen Ländern und Kulturen –, so leuchten ihre Augen und ihre Gesichter strahlen vor Freude.

Diesen Eindruck machen ihre Gesichter nicht, wenn sie vor dem Fernseher gesessen oder im Kino einen Film gesehen haben. Der Vorgang ist zu passiv. Phantasie ist nicht nötig. Alle Bilder werden fix und fertig geliefert, in einer seltsamen Kombination aus Betäubung und Überreizung des Nervensystems mit dem Ziel, die Aufmerksamkeit zu fesseln. Es bleibt keine Zeit zum In-sich-Hineinschauen, zum Nachdenken, für Pausen, um die Geschichte mit anderen wichtigen Dingen in ihrem Leben in Verbindung zu bringen oder um Momente, die sie besonders tief anrühren, mit anderen zu teilen.

Wir haben festgestellt, dass es trotz der Allgegenwart des Fernsehens im modernen Leben eine durchaus praktikable, mehr noch: eine ausgezeichnete Entscheidung war, keinen Fernseher im Haus zu haben, als unsere Kinder klein waren. Manchmal muss man Dinge erst einmal loswerden, um ihre Auswirkungen auf die Familie zu erkennen. Erst wenn sie ganz aus dem Haus sind, werden ihre tiefgreifenden und heimtückischen Auswirkungen auf das Familienleben erkennbar – am plötzlichen Frieden und dem kreativen Umgang mit der Zeit, die erst durch diese Abwesenheit möglich und erlebbar werden. Was Kindern und Eltern durch das Fehlen des Fernsehers an Unterhaltung verloren geht, wird durch eine neu entstehende Lebendigkeit in der Familie mehr als aufgewogen.

Der schwierigere Weg, nämlich dem medialen Überfluss verschiedener Technologien und Endgeräte, die in unserem Leben und unserem Zuhause nun so viel Raum einnehmen, Grenzen zu setzen, wird notwendigerweise je nach Alter und Entwicklungsstand eines Kindes verschiedene Formen annehmen müssen. Ganz entscheidend beim Grenzen-Setzen ist unser Wissen, ist unsere Klarheit als Eltern. Wenn Kinder klein sind, werden sie nicht verstehen, warum wir das tun, und sie müssen es auch nicht. Wenn wir wissen, dass etwas geändert werden muss, können wir ihren Gefühlen der Wut, Enttäuschung und Frustration verständnisvoll und freundlich begegnen und gleichzeitig die feste Entschlossenheit vermitteln, dass es „so und nicht anders gemacht wird". Natürlich wird sich im Lauf der Zeit einiges ändern, auch unsere Bewusstheit dafür, was nötig ist; und wenn die Kinder älter werden, kann die Notwendigkeit von Regeln und Grenzen auch gemeinsam besprochen und festgelegt werden.

Ein Freund erzählte uns einmal, wie die schulischen Leistungen seiner heranwachsenden Tochter nachließen, weil sie abends viel Zeit in den sozialen Netzwerken verbrachte. Sie kamen überein, dass sie ein paar Wochen lang probeweise eine abendliche medienfreie Zeit von mehreren Stunden einführen würden. Am Ende dieser Probephase hatten sie ein Gespräch über das Positive und das Negative an dieser Einschränkung des Zugangs zu sozialen Medien. Seine Tochter hatte das Gefühl, dass es tatsächlich eine große Erleichterung für sie war, eine klare Grenze zu haben, und sie wollte weiter so verfahren.

✻

Die Praxis der Achtsamkeit im Familienleben beinhaltet über weite Strecken, dass wir selber herausfinden, welche Wege wir in verschiedenen Situationen und Umständen am besten einschlagen. Diese Wege ändern sich natürlich im Lauf der Zeit mit den äußeren Umständen. Die tatsächliche innere Arbeit an uns selbst besteht darin, wie wir die spezifischen Herausforderungen, vor die uns das Leben stellt, und die Bedürfnisse und Forderungen unserer Kinder aufgreifen und beantworten. Absolute oder unveränderlich „richtige" Antworten oder Patentlösungen gibt es nicht. Der Prozess, den jede(r) von uns durchläuft, der diese innere

Arbeit leistet – die sehr viel mit Ungewissheit und manchmal auch Verwirrung, Spannungen und Schmerz zu tun hat –, ist ein unvermeidlicher Teil der Elternrolle und ein unvermeidlicher Teil der Bemühung, sie achtsam anzugehen.

Wir sollten uns daran erinnern, dass es bei der Achtsamkeit nicht einfach um „Bewusstheit" oder „Akzeptieren" geht. Es geht auch ums Handeln, ein hoffentlich kluges Handeln, in komplexen Situationen. Jedes Rezept, das wir für eine spezifische Situation geben würden, müsste notwendigerweise von vornherein inadäquat sein. Nur Sie kennen sich selbst und Ihre Familie und Ihre Kinder. Mehr noch: Bei Themen wie „Medien" ändern sich die Technologien sehr schnell. Was wir heute empfehlen, ist in ein, zwei Jahren vielleicht irrelevant. Ihre eigene Praxis und die Bereitschaft, mit den Dingen zu arbeiten, so wie sie sind, auch wenn Sie vielleicht manchmal nicht weiter wissen – das ist die Essenz der Praxis.

Ausgeglichenheit

Im Laufe der Jahre haben wir kontinuierlich versucht, in unserer Elternrolle eine gewisse Ausgeglichenheit zu finden. Was das beinhaltet, ist eine Frage subjektiver Beurteilung. Was wir für ausgeglichen halten, mag Ihnen als völlig einseitig erscheinen und umgekehrt, und was Ihnen ausgewogen vorkommt, mag jemand anderem als einseitig erscheinen. Es kann sogar sein, dass wir etwas, das uns im Augenblick als ausgeglichen erscheint, irgendwann später völlig anders beurteilen. Abzuwägen, wann ein Zustand der Ausgeglichenheit erreicht ist, ist ein fortlaufender Prozess, weil sich die Kräfte, die ins Gleichgewicht gebracht werden sollen, ständig verschieben. Jeder von uns muss für sich selbst definieren, was Ausgeglichenheit oder Ausgewogenheit bedeutet, und dann so entscheiden, dass diese Ausgeglichenheit für uns, unsere Kinder und unsere Familie als Ganzes in jedem Augenblick gefördert wird, so gut es geht. Diese Arbeit in Richtung Ausgeglichenheit ist ein dynamischer, unaufhörlicher Prozess und kein fixer Endpunkt – denn eigentlich beinhaltet Ausgeglichenheit immer, dass man die Ausgeglichenheit verliert und dann wiedergewinnt. Wir können eine Menge lernen, wenn wir die Erfahrung, das Gleichgewicht zu verlieren, achtsam betrachten.

Als unsere Kinder noch Babys waren, bestand der Kampf um Ausgeglichenheit darin, dass wir ständig auf unsere inneren und äußeren Ressourcen zurückgreifen mussten, denn diese Zeit ist für Eltern eine Zeit intensiven Gebens. Da wir so viel physische und emotionale Energie abgaben, brauchten wir Energie und Unterstützung aus dem weiteren Kreis unserer Familien und unserer Freunde.

Die innere Ausgeglichenheit unserer Kinder hing damals von unserer Fähigkeit ab, ihre Bedürfnisse zu erkennen und darauf einzugehen. Wenn sie unruhig wurden oder weinten oder wenn es ihnen nicht gut zu gehen schien, wurde durch unsere Zuwendung ihre Ausgeglichenheit früher oder später wiederhergestellt. Wenn eines der Kinder eine Kolik hatte, schlugen manchmal alle unsere Versuche, ihm zu helfen, fehl. Trotzdem übten wir uns weiter darin, auch in solch schwierigen Situationen präsent zu sein.

Als unsere Kinder älter wurden, trug es zu ihrem Geborgenheitsgefühl bei, dass wir immer ein waches Auge auf ihre Erkundungen hatten. Wenn es ihnen irgendwie schlecht ging, versuchten wir, ihnen wieder zu einem gewissen Maß an Ausgeglichenheit zu verhelfen, indem wir auf ihre Signale reagierten – beispielsweise darauf, ob sie hungrig, müde oder überreizt waren. Manchmal konnten wir ihnen helfen, ihre Ausgeglichenheit wiederzufinden, indem wir ihnen die Möglichkeit gaben, ihre Energie durch aktives, lautes Spiel zum Ausdruck zu bringen, wohingegen es sich in anderen Fällen als hilfreicher erwies, sie zur Ruhe kommen zu lassen. Sensible Interaktion in dieser Art hilft Kindern auf lange Sicht, ihre Fähigkeit zur Selbstregulierung zu entwickeln.

Wenn wir spüren, dass unsere Kinder in irgendeiner Hinsicht aus dem Gleichgewicht geraten sind, kann es sinnvoll sein, einmal ruhig über ihren Tagesablauf nachzudenken. Wie ist das Verhältnis zwischen Zeiten der Aktivität und Zeiten der Ruhe? Was essen die Kinder? Ist ihre Ernährung stabilisierend (Eiweiß, gesunde Fette, komplexe Kohlenhydrate) oder destabilisierend (zu viel Zucker, Junkfood)? Wie viel schlafen sie? Kleineren Kindern tut es gut, wenn sie tagtäglich bestimmte Rhythmen und Rituale wiederholen; sie brauchen viel Zeit, um Dinge zu erledigen, und außerdem auch genügend Zeit für den Übergang von einer Aktivität zur nächsten. Wenn wir diese Aspekte des Alltags mit Bewusstheit angehen, können wir versuchen, Entscheidungen zu treffen, die unnötige Stressoren reduzieren und die Ausgeglichenheit im Tagesablauf des Kindes besser fördern.

Manchmal kann es besonders bei kleineren Kindern hilfreich sein, sich an dem Prinzip „Weniger ist mehr“ zu orientieren. Ihren Tagesablauf so weit wie möglich zu vereinfachen, so dass eine gewisse Regelmäßigkeit einkehrt, und hin und wieder ein wenig Zeit mit ihnen allein zu verbringen, ist vielleicht genau das, was sie brauchen. In der Geschäftigkeit unseres terminverplanten Lebens können Augenblicke der Ruhe leicht verschwinden und ganz verloren gehen, ohne dass wir es bemerken.

Augenblicke der Ruhe und Regeneration können viele Formen annehmen. Das kann eine ruhige, verträumte Zeit im Bad sein, oder wir können mit einem Kind ein Spiel spielen und versuchen, dabei völlig gegenwärtig zu sein. Wir können dem Kind aber auch eine Geschichte erzählen oder ihm ein Lied vorsingen oder mit dem Kind irgendetwas anderes gemeinsam tun, beispielsweise malen oder Kuchen backen oder Steine über das Wasser hüpfen lassen. Regenerierend kann es auch wirken, wenn wir das Kind einfach ruhig im Arm halten oder wenn es auf unserem Schoß sitzt und die Geborgenheit spürt, die ihm das gibt. Wenn wir unsere Terminpläne und unsere eigenen Wünsche nach Ablenkung für einen Augenblick beiseitelassen, können wir unser Gewahrsein auf den Atem richten, ihn langsam und tief werden lassen und spüren, wie auch das Kind sich entspannt; wie auch sein Atem ganz natürlich langsamer wird, wie es seinen Rhythmus findet, im Einklang mit unserem.

Wir können unseren Geist
stillem Wasser ähnlich machen,
so dass Wesen sich über uns sammeln
und vielleicht
ihr eigenes Bild sehen
und dadurch aufgrund unserer Ruhe
einen Augenblick lang
ein klareres oder vielleicht sogar
ein kraftvolleres Leben leben.

W. B. Yeats,
Celtic Twilight

Jede Situation, in der wir uns befinden, ist anders. Jeder Augenblick ist neu. Was gestern notwendig war, kann heute nutzlos sein. Wenn wir herausfinden wollen, was unsere Kinder brauchen, müssen wir ihnen gegenüber sensibel sein, dürfen ihnen nicht nach Gutdünken unseren Willen aufzwingen, sondern können versuchen, ihre Signale zu erkennen und intuitiv und kreativ zu antworten. Unsere innere Ruhe und unsere Geduld klären den Spiegel, in dem solche Reflektionen gesehen werden können.

❁

Kinder im Schulalter erleben ihre Autonomie und ihre Individualität teilweise durch ihre Freundschaften, ihre Aktivitäten und durch ihren Kleiderstil. Sie erleben ihre Kraft und ihre Kompetenz, indem sie ihre Interessen und Talente entdecken. Sie brauchen eine Privatsphäre und viel psychischen Raum, doch sie benötigen auf ihrem Weg in die Welt immer noch Unterstützung und Begleitung. Sie sind in diesem Alter schon eher in der Lage, ihr inneres Gleichgewicht selbst einzuregulieren, doch manchmal müssen wir ihnen vielleicht immer noch helfen, es wiederzufinden, indem wir eingreifen und Grenzen setzen – entweder für sie oder das Zusammenleben mit ihnen. Die Suche nach Ausgewogenheit beinhaltet in solchen Zeiten, in denen sie nach Freiheit und Eigenständigkeit streben, oft die Arbeit daran, eine tiefe Verbindung zu ihnen aufrecht zu erhalten.

Insbesondere, wenn sie in die Pubertät kommen, kann die Verbindung zu ihnen, verglichen mit früheren Zeiten, sehr schwach werden. Diesen dünnen Faden nicht abreißen zu lassen, zu tun, was wir können, um ihn zu stärken, selbst wenn wir manchmal nichts weiter tun können, als präsent zu bleiben, ist schon an sich ungeheuer schwierig und eine Aufgabe, die im Zentrum der Achtsamkeitspraxis liegt. Die Verbindung wird zu bestimmten Zeiten nur dann stärker werden, wenn wir bereit sind, unseren Kindern die Freiheit zu geben, ihren eigenen, einzigartigen Weg zu finden – trotz unserer Bedenken und Zweifel, unseres Missfallens und sogar unserer Trauer über das scheinbare Ende einer vielleicht idyllischeren Zeit.

Gleichzeitig müssen wir vielleicht, um ein gewisses Gleichgewicht aufrechtzuerhalten, in Situationen, in denen es uns notwendig scheint, Grenzen setzen – Grenzen, in denen sich unsere Werte spiegeln und unsere Anteilnahme am Weg unserer Kinder ins Leben. Die Frage, wie viel Freiheit wir heranwachsenden Kindern zugestehen sollten, was für sie schädlich und was harmlos ist, müssen wir uns ständig neu stellen, wenn wir versuchen, ein angemessenes Gleichgewicht zwischen Freiheit und Grenzen zu finden.

Wenn wir das Gefühl haben, dass ein Kind im Teenager-Alter Probleme hat, so können wir es zunächst ermutigen, selber nachzudenken, wie es um sein Leben steht, was gut ist und was nicht, und dann eigene kreative Lösungen zu finden. Manchmal müssen wir ihm allerdings vielleicht helfen, mehr oder weniger gravierende Veränderungen einzuleiten. Beispielsweise könnten wir ihm helfen, sich für Veränderungen des schulischen Stundenplans einzusetzen, außerhalb der Schule die richtigen Möglichkeiten für das Ausleben von Energie und Kreativität zu finden sowie Möglichkeiten zu sozialen Kontakten zu suchen, so dass es vielleicht ein stärkeres Gefühl der Zugehörigkeit und Verbundenheit mit anderen Menschen erleben kann. Das so zu tun, dass das Vertrauen der Heranwachsenden in die eigenen inneren Ressourcen nicht geschwächt wird, erfordert Fingerspitzengefühl und Aufmerksamkeit. Wir müssen unsere eigenen Impulse kennen, aufdringlich, dominant, besserwisserisch, bevormundend oder kontrollsüchtig zu sein. Manchmal können wir vielleicht nichts tun, und dann hilft es vielleicht am meisten, geduldig zu sein, im Wissen, dass Widrigkeiten zum Leben gehören und dass wir alle aus ihnen lernen, an ihnen wachsen (eine lebenstüchtigere und nicht so katastrophenfixierte Einstellung). Wenn wir auf diese Weise Raum lassen können, vermitteln wir vielleicht ein Gefühl, dass wir auf ihre Fähigkeit vertrauen, mit schwierigen Situationen umzugehen.

Vater oder Mutter eines Teenagers zu sein, kann eine große Herausforderung sein, und es fällt uns vielleicht manchmal schwerer, unser emotionales Gleichgewicht und unsere Klarheit zu halten. Wir können viel weniger kontrollieren und müssen uns oft viel mehr Sorgen machen. Oft kann die Kommunikation, trotz unserer Bemühungen und bester Absichten, gründlich schief laufen. Gut möglich, dass wir plötzlich verwirrt, verzweifelt und voller Angst sind. Die Herausforderung, Vater oder Mutter eines Teenagers zu sein, fordert von uns manchmal, in solchen Gefühlen „mittendrin“ zu stehen, so schwer erträglich sie sind, und sie anzunehmen, ohne sich für sie zu verurteilen oder mit ihnen irgendetwas anderes tun zu wollen als sie wahrzunehmen. Wenn wir unsere verstörenden Gefühle annehmend und in Bewusstheit tragen, können wir anfangen, wieder eine Perspektive und ein gewisses Gleichgewicht zu gewinnen. Ein solches Vorgehen kann uns in schwierigen Zeiten unterstützen und manchmal sogar neue Perspektiven oder Einsichten eröffnen.

❁

Manchmal stellen Eltern fest, dass sie versuchen, negative kulturelle Einflüsse auf die Familie zu bekämpfen und abzuschwächen. Dabei müssen sie manchmal Entscheidungen treffen, die im Widerspruch zu dem stehen, was die Kinder wollen und was ihre gleichaltrigen Freunde dürfen. Kinder im Schulalter profitieren davon, wenn ihre Eltern ihnen klare, begründbare Grenzen setzen, die sie von den schädlichen Einflüssen unserer Kultur und Gesellschaft, vom Einfluss der Kinos und der Konsumgesellschaft im allgemeinen fernhalten. Vielleicht sind sie anfangs wütend über unsere Meinung, doch es gibt ihnen andererseits auch ein Gefühl der Sicherheit, zu wissen, dass den Eltern so viel an ihnen liegt, dass sie an unpopulären Positionen, die sie aufgrund ihrer Wertvorstellungen treffen, selbst auf die Gefahr hin festhalten, von ihren Kindern zeitweise „gehasst“ zu werden. Als Eltern haben wir viele Gelegenheiten, den Zorn unserer Kinder wahrzunehmen, ohne ihn persönlich zu nehmen.

Solche Entscheidungen zu treffen und unseren Kindern zu helfen, in den betreffenden Situationen Alternativen und Ventile für ihre Energien zu finden, erfordert von uns viel Zeit und Mühe. Es kann harte Arbeit sein, zu Lösungen zu kommen, mit denen wir einerseits selbst leben können und die andererseits für die Kinder nicht zu einschränkend sind. Wir müssen uns dabei ständig mit dem starken Druck der Jugendkultur und ihrem Konformitätszwang auseinandersetzen. Es ist wichtig, so viel wie möglich *mit* diesen Kräften statt gegen sie zu arbeiten. Wir sollten das Bedürfnis unserer Kinder, einer Gruppe anzugehören und „wie alle anderen“ zu sein, akzeptieren und sie gleichzeitig darin unterstützen, Möglichkeiten für das Ausleben ihrer Individualität zu finden. Wir können ihnen bei ihren Versuchen, sich selbst zu definieren, einen unterstützenden Rahmen bieten, an dem sie sich reiben können.

Die Suche nach Ausgeglichenheit verlangt von uns, sinnvolle Grenzen zu setzen, auf diesen aber auch nicht so starr zu bestehen, dass dadurch die „verbotenen Früchte“ umso begehrenswerter werden und wir unsere Kinder gleichzeitig von uns wegstoßen.

Freunde erzählten uns die folgende Geschichte: Ihre elfjährige Tochter wurde zu einer Geburtstagsparty eingeladen, wo die Kinder Kuchen und Eis bekamen und dann gemeinsam ins Kino gehen wollten. Unsere Freunde fanden heraus, dass der betreffende Film brutale Gewaltszenen enthielt, und sie wollten deshalb nicht, dass ihre Tochter diesen Film sah. Natürlich lief das auf ein Drama hinaus. „*Alle* gehen doch hin, warum darf *ich* denn nicht?“ Die Eltern waren sich ganz sicher, dass ihr Kind diesen Film nicht sehen sollte. Als sie mit einigen anderen Eltern sprachen, stellte sich heraus, dass eine Familie ihre Tochter nach der Kinovorstellung nicht abholen konnte. Daraufhin kam beiden Elternpaaren die Idee, dass die beiden Töchter zu der Party gehen, aber dann den Abend gemeinsam verbringen und zusammen übernachten könnten, statt den Film zu schauen. Diese Lösung befriedigte die Mädchen und die Eltern. Ein Happy End – aber nur nach einer ordentlichen Portion kreativer und sensibler Verhandlungsarbeit.

„Alle meine Freunde dürfen fernsehen, soviel sie wollen!“ – „Warum müssen wir eigentlich immer so gesund essen?“ – „Laura darf so lange aufbleiben und mit ihren Freunden chatten, wie sie will. Warum darf *ich* das nicht?“ – „Alle meine Freunde haben einen eigenen Fernseher.“ Es erfordert viel innere Stärke, solch scheinbar unablässigem Druck standzuhalten. Nachzugeben kann verlockend sein, vor allem, wenn wir müde und überanstrengt sind. Aber wenn unsere Kinder zu Themen, die uns wichtig sind, unklare Signale bekommen, dann ermutigt sie das nur, weiter Druck zu machen, um zu „kriegen, was sie wollen“, und das hilft weder uns noch ihnen.

Besitz ist in unserer Gesellschaft gleichbedeutend mit Macht. Ein Kind, das sich einsam oder machtlos fühlt, wendet sich oft Objekten zu, weil es meint, dass es sich dann besser fühlen würde. Die innere Entwicklung eines Kindes, sein Selbstgefühl und sein eigenes, einzigartiges Sein brauchen jedoch eine bessere Nahrung als die neuesten „coolen“ Turnschuhe.

Wenn wir unseren Kindern helfen, sich vitalisierende Aktivitäten zu erschließen – Kampfsportarten, Tanz, Sport, das Erlernen eines Musikinstruments, Wandern, Zeichnen, handwerkliches Arbeiten, Tagebuchschreiben, Singen oder „Rappen“ oder was immer sonst sie anspricht –, kann das den scheinbar schnellen Lösungen unserer konsumorientierten Kultur befriedigende Alternativen entgegensetzen.

Dabei ist es wichtig, dass der Tagesablauf unserer Kinder einerseits nicht mit zu vielen Aktivitäten überfrachtet ist, wir sie aber andererseits auch nicht vernachlässigen, indem wir ihnen nicht die Zeit und Energie widmen, die sie brauchen, um geeignete Ausdrucksformen für ihre Kreativität und ihre speziellen Interessen zu finden. Auch eine Überhäufung mit Freizeitangeboten kann eine Form der Vernachlässigung sein – nämlich dann, wenn sie Ersatz dafür wird, dass wir selbst in ausreichendem Maße Zeit mit ihnen verbringen, oder wenn es sie stresst und ihr Leben aus anderen Gründen aus dem Gleichgewicht zu bringen droht.

Manche Kinder finden ihr inneres Gleichgewicht leicht und ohne fremde Hilfe, weil sie sich Aktivitäten suchen, die sie interessieren, und weil sie sich immer wieder Zeit nehmen, um allein zu sein und über Dinge nachzusinnen. Andere Kinder brauchen einen Anstoß, manchmal sogar einen sehr starken, um überhaupt aktiv zu werden oder Neues auszuprobieren. Manche brauchen Hilfe, um ihre Energie von Zeit zu Zeit auf ruhigere Aktivitäten zu lenken und wieder zur Ruhe zu kommen. Es braucht die Bemühung von uns Eltern, wenn wir unsere Kinder dabei unterstützen wollen, in ihrem Leben eine gewisse Ausgeglichenheit zu finden. Dieses Ziel ohne Zwang und ohne Bevormundung zu erreichen, ist noch schwieriger. Aus unserer eigenen Erfahrung und der Bereitschaft, achtsam mit den verschiedensten Situationen umzugehen, können wir kreative Möglichkeiten entwickeln, die ihnen helfen, ihr inneres Gleichgewicht wiederzufinden.

✲

Unsere jüngste Tochter, elf Jahre alt, kommt mit der Porträtskizze eines Modells aus dem Kunstunterricht zurück. Das Bild zeigt eine reale Person in den Dreißigern. Sie hat die Einzigartigkeit dieses Menschen eingefangen, und um dem Gesicht Kontur zu geben, hat sie Farben benutzt, die ich (mkz) niemals benutzen würde – gelb, blau, olivgrün. Sie hat ihre Fähigkeiten im Zeichnen immer sehr nüchtern gesehen, doch sie ist offensichtlich stolz auf diese Skizze, und das sagt sie mir auch.

Später bemerke ich ihren Blick, während sie vorbeigeht: Sie ist nicht mehr in dem Zustand des Nicht-Denkens und des reinen Sehens und Skizzierens, sondern betrachtet das Resultat aus größerem Abstand. Plötzlich fällt ihr auf, dass die beiden Augen der skizzierten Figur sehr unterschiedlich sind, und sie fragt mich, was ich dazu meine. Ich teile ihr mein Gefühl mit, dass gerade dadurch das Bild besonders echt und interessant wirke. Menschliche Gesichter sind nur selten völlig symmetrisch. Alle Stürme und Zwistigkeiten, alle Kämpfe und Probleme, die ich in den letzten Tagen und Wochen mit meiner Tochter gehabt habe, sind plötzlich nicht mehr da. Ich spüre, dass sie ein natürliches Gleichgewicht gefunden hat und sich gut fühlt und dass auch der Kontakt zwischen uns plötzlich wiederhergestellt ist. Wie eine Pflanze wächst sie dem Licht entgegen und bringt ihr inneres Wesen zum Ausdruck.

❁

Es ist spät am Abend, als ich (mkz) unsere ältere Tochter von der Schule abhole. Sie ist fast fünfzehn und hat den ganzen Tag über Unterricht gehabt, ist mit ihrer Bootsmannschaft gerudert und hat dann auch noch mit dem Englisch-Kurs in Boston die Vorführung eines Theaterstücks besucht, mit dem sich die Gruppe kürzlich beschäftigt hatte. Sie wacht früh auf und ist gewöhnlich gegen zehn Uhr abends müde und mürrisch. Heute jedoch ist sie voller Energie und guter Dinge. Die dunklen Tage der Leere und Langeweile scheinen vergessen. Sie wirkt ungeheuer engagiert: Sie hat vom Rudern Blasen an den Händen, hat die gute Vorstellung genossen, plant die Erledigungen für den nächsten Tag, fragt mich wegen der Kursauswahl für das nächste Jahr um Rat.

Während wir über die Kurse sprechen, freue ich mich über das Gefühl der Ausgeglichenheit, das sie in diesem Augenblick ausstrahlt. Nach den schwierigen Zeiten, die ich mit ihr erlebt habe, kann ich das ruhige Geben und Nehmen zwischen uns an diesem späten Frühlingsabend richtig genießen.

❁

Während die Kindheit eine Zeit der Unschuld und Naivität ist und diese Unschuld geschützt werden muss und niemals verraten werden darf, müssen Kinder, wenn sie älter werden, lernen, dass man auch *zu* naiv sein kann. In einem angemessenen Alter und auf angemessene Weise können wir sie auffordern, darauf zu achten, wie andere Menschen sich ihnen gegenüber benehmen, und dabei ihrer Intuition und ihren Gefühlen zu vertrauen. Wir können ihnen das durch unser eigenes Verhalten veranschaulichen, indem wir ihnen zu verstehen geben, wann wir der Ansicht sind, dass ein Mensch sich rücksichtslos, heuchlerisch oder merkwürdig verhält. Wir können sie fragen, wie sie sich in bestimmten Situationen gefühlt haben, und ihre Gefühle ernst nehmen. Ein Verhalten, das wir sehen, klar zu benennen, ist eine wichtige Lektion im Leben, und dazu gehört auch die erlernte Kompetenz, einen Blick für das Verhalten von anderen zu entwickeln. Wenn unsere Kinder auf diese Weise achtsam sind, sind sie vielleicht in bestimmten Situationen im richtigen Moment auf der Hut und vorsichtig, vielleicht sogar misstrauisch. Dies wird durch die liebevollen Beziehungen, die unsere Kinder zu ihrer Familie und ihren Freunden haben, mehr als aufgewogen – Bindungen, die sich im Laufe der Zeit auf einem Fundament aus Vertrauen, Respekt, Ehrlichkeit und Verständnis entwickelt haben.

✿

Vor allem für Mütter kann es ein besonderer Kampf sein, ein Gleichgewicht zwischen einer nährenden, gebenden Haltung gegenüber den Kindern und einer angemessenen Festigkeit, wenn Grenzen angebracht und notwendig sind, zu entwickeln. Dabei geht es für eine Mutter darum, die eigenen Bedürfnisse besser zu kennen und zu lernen, sich um sich selber zu kümmern. Das kann damit beginnen, dass wir benennen, was wir hören und sehen: „Es klingt, als wenn du…“ oder „Ich höre da heraus, dass du…“ Darauf folgt eine eher sachliche, aber gütige Antwort, in der wir unseren Kindern sagen, was wir von ihnen brauchen: „Ich kann dir später dabei helfen, aber ich muss zuerst noch etwas anderes fertig machen“ oder „Darum musst du dich jetzt selbst kümmern“, oder „Ich muss mich jetzt erst einmal eine Viertelstunde hinlegen. Dann kann ich mit dir darüber reden." Vor allem, wenn wir erschöpft sind und das Gefühl haben, es wird zu viel und wir können nicht mehr, kann es besonders schwierig sein, so etwas ohne Feindseligkeit oder Ablehnung zu sagen. Es erfordert ein klares Urteilsvermögen, um zu wissen, wann Unterstützung oder Hilfe für ein Kind angemessen und wann es für das Kind wichtiger ist, das Problem selbst zu lösen.

Wenn unsere Kinder älter werden, muss neben die gebende, nährende, immer ansprechbare Mutter allmählich das treten, was Clarissa Pinkola Estés die „Mond-Mutter" nennt. Die Mond-Mutter, so kann man es sich vorstellen, begleitet ihr Kind mitfühlend und unterstützt es, lässt aber gleichzeitig Raum, der dann für Mutter und Kind stärkend und befreiend ist.

Eltern werden immer mit dem Problem kämpfen, dass sie einen Kompromiss finden müssen zwischen der Notwendigkeit, die materielle Existenz der Familie zu sichern, und den Bedürfnissen und Wünschen der Kinder, dass Eltern zu Hause für sie da sind. Das Streben nach innerem und äußerem Gleichgewicht ist ein nie endender Prozess, in dessen Verlauf wir immer wieder neu verschiedene Möglichkeiten prüfen und Entscheidungen treffen, die Auswirkungen unserer Entscheidungen auf unsere Kinder beobachten und dann, so gut wir können, sinnvolle Korrekturen vornehmen müssen.

Wenn wir selbst mehr im Gleichgewicht sind, sind uns unsere Kinder und ihre Bedürfnisse bewusst, ohne dass sich das zu einer Besessenheit entwickelt. Es besteht ein großer Unterschied zwischen übertriebener Fürsorge und dem Bemühen, die einzigartigen Qualitäten unseres Kindes anzuerkennen. Wenn wir selbst ausgeglichen sind, sehen wir die positiven Aspekte unserer Kinder, ohne dass diese uns ständig beweisen müssen, dass sie tatsächlich so sind, wie wir sie gern hätten. Wir treten dann aus unserem eigenen starken Zentrum heraus zu unseren Kindern in Beziehung, sind mit unserer eigenen Ganzheit in Kontakt, auf unsere eigene Weise mit der Welt verbunden, und wir erleben unsere eigenen Freuden und erfüllten Beziehungen.

Wir staunen immer, wenn wir Eltern kennenlernen, denen es gelungen ist, die Begrenztheit ihrer eigenen Kindheit und die Atmosphäre und die Sitten der Zeit, in der sie selbst aufgewachsen sind, zu überwinden und – manchmal ohne jede Hilfe von außen – ein anderes Modell des Umgangs mit Kindern zu entwickeln. Irgendwie haben es diese Eltern geschafft, im Umgang mit ihren Kindern ein besseres Gleichgewicht zu erreichen, eines, das sie selbst nie genossen haben; sanft zu sein, wo sie selbst Härte erlebt haben; vernünftige Grenzen zu setzen, obwohl sie selbst unter Übergriffen oder autoritärem Verhalten gelitten haben; und Unterstützung und Ermutigung zu geben, obwohl sie selbst als Kinder vernachlässigt und ignoriert worden sind. Das zu sehen weckt in uns die Hoffnung, dass eine neue Art des Umgangs mit Kindern, ein ausgewogenerer und ganzheitlicherer möglich ist, wenn wir lernen, aufmerksamer zu sein und die Möglichkeiten zu erkennen, die wir tatsächlich in jedem Augenblick haben.

Als Eltern bewegen wir uns ständig zwischen Freiheit und Grenzen, zwischen Vertrauen und Misstrauen, zwischen Verbundenheit und Getrenntheit, zwischen Aktivität und Stille, zwischen „Schrott“ und substantiell Echtem. Das ist ein Balance-Akt, den zu meistern der Mühe wert ist – eine Übung wie jede Gleichgewichts-Haltung im Yoga, nur wesentlich schwieriger.

Teil Acht

Realitäten

Jungs

Die natürliche Begeisterung von Jungs, ihr unendlich fasziniertes Staunen über die Welt, die tausend Arten, wie ihre Energie sich im Erforschen, im Spiel, in Phasen der Stille und Ruhe oder der Wut und Niedergeschlagenheit äußert: All das bietet uns Vätern unendliche Herausforderungen und Gelegenheiten, mit eben dieser natürlichen Begeisterung wieder in Berührung zu kommen, während wir unsere Söhne auf ihrem Weg zum Mannsein emotional, aber auch in anderer Hinsicht fördern und ihnen idealerweise eine körperlich präsente Männlichkeit vorleben. Wir würden als Väter gut daran tun, offen zu bleiben für diesen Prozess, in dem wir unsere Söhne kennen lernen, wie sie wirklich sind: einzigartige Wesen, die ähnliches Temperament, ähnliche Fähigkeiten, ähnliche Interessen haben wie wir – oder auch nicht. Am wichtigsten ist es, in ihrem Leben präsent zu sein und sie zu sehen und zu akzeptieren, wie sie wirklich sind; kreative Wege zu finden, ihnen auch da zu begegnen, wo sie Kindheit, Adoleszenz und die Phasen danach hinter sich lassen. Das ist nicht immer leicht. Es erfordert Fürsorge, Engagement und Unterscheidungsvermögen, aber auch die Bereitschaft, manchmal die eigene Bequemlichkeit zu überwinden, während sie wachsen, sich verändern und sich ihr eigenes Leben erobern. Es erfordert auch unsere echte Präsenz, zum einen die physische, aber noch wichtiger: die emotionale Ansprechbarkeit und die Bereitschaft, selber zu lernen und zu wachsen.

Für mich als Vater liegt eine besondere Freude in den zahllosen Erlebnissen, die ich mit meinem Sohn hatte, während er heranwuchs; wo wir zusammen die Welt erlebten und ich zusah, wie sich die einmaligen Qualitäten seines Wesens Tag für Tag weiter entfalteten. Durch seine Begeisterung wurde alles zu einem Abenteuer. Zusammen mit ihm die Welt durch seine Augen zu sehen, öffnete auch mir immer wieder die Augen.

Als das Thema Dinosaurier ihn faszinierte, gingen wir immer ins Naturkundemuseum und schauten lange den riesigen Tyrannosaurus an, der grimmig die Zähne fletschte; zuerst sozusagen auf Augenhöhe von der Galerie aus, dann von unten im Erdgeschoss. Dann erst erkundeten wir das restliche Museum. Als er klein war, nahm ich ihn manchmal mit, wenn ich joggen ging: Ich hielt den Griff seines Plastik-Motorrads, und er fuhr neben mir her, um den großen Weiher herum, wo alle joggten oder ihre Hunde ausführten. Später joggten wir gelegentlich gemeinsam. Abends oder auf unseren Camping-Touren las ich ihm gerne vor oder erzählte ihm Geschichten, in denen er vorkam und die ich einfach immer weiterspann.

Wir rangen auch viel, wälzten uns im Wohnzimmer auf dem Fußboden und balgten wie die Löwen, bis wir erschöpft waren. Über Jahre ging das so, bis er auf der High School in der Ringermannschaft war und mein Verletzungsrisiko dann doch signifikant anstieg.

Als er noch sehr klein war, trainierte ich regelmäßig koreanischen Zen-Schwertkampf (Shim Gum Do, „Weg des Geist-Schwertes“) und nahm ihn gelegentlich ins Dojo mit, damit er uns beim Üben zuschauen konnte. Er liebte es, genau wie ich. Als er etwa drei war, hörte ich mit dem formellen Training auf, aber noch Jahre später kam es vor, dass wir mit Holzschwertern stilisierte Kämpfe ausfochten, wobei wir uns vor jeder Runde ehrerbietig voreinander verneigten. Er hatte ein kurzes Schwert, das ihm gut in der Hand lag. Es war begeisternd, mit dem Schwert gegnerische Schläge abzublocken, zu sehen, dass wir uns vor furchteinflößenden Schlägen aus verschiedensten Richtungen schützen und dabei ruhig und stabil bleiben konnten, verankert in der Bewegung, dem Rhythmus und dem Klang der aufeinander krachenden Stöcke. Als er sieben war, begann er, verschiedene Kampfkünste zu trainieren. Er hat nie damit aufgehört.

Gelegentlich kam es vor, dass wir Krach hatten, nicht mit Schwertern, sondern wenn jeder mit seinem starken Willen in eine andere Richtung wollte. Allmählich lernte ich mein hitziges Temperament zu erkennen und zu zügeln und ihm mehr Raum zu lassen – Lektionen, die ich unter großen Schwierigkeiten lernte, während ich darum kämpfte, die Prägungen meiner eigenen Kindheit zu überwinden. Es war mir wichtig, wenn ich mit ihm zusammen war, so präsent wie möglich zu sein. Das wurde leichter, weil es sehr viele Dinge gab, die wir beide mochten. Trotzdem war manchmal eine bewusste Anstrengung nötig, vor allem, wenn ich viel um die Ohren hatte – eine Art „Berufskrankheit" von Eltern, an denen pausenlos die vielen Kleinigkeiten des Lebens ziehen und zerren, die unsere Präsenz so schnell untergraben. Kinder merken das schnell. Das kann Kontaktverlust und Zwistigkeiten erzeugen, ein Gefühl, dass alles andere wichtiger ist.

Natürlich brauchen Jungs, während sie heranwachsen, je nach Temperament und Interessenlage unterschiedliche Dinge. Aber was sie alle reichlich brauchen, ist seelischer Raum, um selber wachsen zu können, um auch ohne die Eltern Dinge herausfinden zu können. Ich bin auf den Straßen New Yorks aufgewachsen und habe dort unschätzbare Dinge gelernt, die ich von meinen Eltern nie hätte lernen können: beim Ballspielen oder einfach beim Draußen-Abhängen, welches wir zur Kunst entwickelten und bei dem wir das Stadtleben ungeschminkt studieren konnten. Aber ich hatte das Glück, eine stabile Familie zu haben, zu der ich jeden Abend zum Essen heimkommen und in der ich von meinen Eltern und Brüdern andere Dinge lernen konnte.

Zusätzlich zu allen verschiedenen Aktivitäten und Hobbys, die sie allein oder mit Freunden betreiben, haben Jungs ein Grundbedürfnis, dass ihre Väter, aber auch Großväter und andere Männer für sie da sind, sich um sie kümmern, sich für sie interessieren und mit ihnen Zeit verbringen, ihnen Geschichten erzählen, aber auch ihren Geschichten zuhören. Das gilt immer, egal, ob sie mit ihren Vätern zusammenleben oder nicht.

Jungs können beim Erforschen ihrer Interessen und Fähigkeiten, ihrer Kräfte und Grenzen von männlicher Anleitung, Ermutigung und dem Beispiel, wie man diese Kräfte positiv einsetzt – positiv für einen selbst und für andere – enorm profitieren. Wir können unsere Söhne auf der jeweiligen Altersstufe in ihren Bemühungen unterstützen, die eigenen Stärken zu erforschen und kennenzulernen, und können ihnen Respekt erweisen, ohne zu übertreiben oder anzugeben. In ähnlicher Weise können wir sie als Väter in ihrem Spiel, ihrer Kreativität und ihren Gefühlen von Stolz und Zugehörigkeit ermutigen.

Entdeckungen dieser Art entstehen, wenn Väter und Söhne etwas zusammen unternehmen oder gemeinsam ihre Zeit mit „Nicht-Tun" verbringen – was dann aussehen kann wie Angeln, Fangen spielen, auf der Wiese liegen und in die Wolken schauen, spazieren gehen, U-Bahn fahren oder ins Museum oder auf den Sportplatz gehen. Aus Vorträgen oder Standpredigten entstehen sie gewöhnlich eher nicht. Diese „Lektionen" brauchen Zeit, um aufgenommen und verarbeitet zu werden. Sie entstehen eher in Gegenwart bewusster, emotional eingestimmter Erwachsener, unter denen hoffentlich viele Väter sind; aber auch Großväter oder andere Männer können als Mentoren im Leben eines Jungen eine wichtige Rolle spielen, wenn ihnen das Wohlergehen des Kindes wirklich am Herzen liegt und sie es sich zur Regel machen, verlässlich ansprechbar zu sein.

Es ist uns Vätern möglich, unsere Söhne bei ihrer Suche, wie sie ihre Pläne und Interessen befriedigend ausleben können, dezidiert zu unterstützen und ihnen bei der Entwicklung ihrer Stärken und einer gewissen Selbstbestimmung zu helfen – auch wenn wir uns angesichts dieser Herausforderung selber vielleicht unfähig vorkommen, eingespannt in Jobs, berufliche Verpflichtungen, diverse Tretmühlen, Ablenkungen, Träume, manchmal sogar Süchte. Was genauso wichtig ist: Können wir ein emotionales Klima fördern, in dem es nicht nur akzeptabel, sondern sogar wichtig ist und respektiert wird, wenn man tief fühlt? Solch eine Orientierung unterscheidet sich im Grunde nicht von dem, was auch Mädchen von ihren Vätern brauchen. Die Energien können je nach Temperament verschieden aussehen, aber das Herzensbedürfnis nach Präsenz ist das gleiche: Das Bedürfnis, wahr- und mit Güte und Wertschätzung angenommen zu werden.

✻

Unsere Kultur gibt recht gegensätzliche Anworten auf die Frage, wie Männer sein sollten, und diese Gegensätzlichkeit kann sowohl Vätern als auch Söhnen schaden. Bei uns in den USA wimmelt es von Stereotypen, in denen Spaß und Coolness mit Machotum gleichgesetzt werden, mit Alkohol, riskantem Verhalten und Aufreißertum – ein Blick auf irgendeine Bierwerbung im Fernsehen oder auf den großen Plakatwänden genügt. Auch von anderen Klischees wimmelt es. Väter können ihren Söhnen helfen, die verschiedenen subtilen und nicht ganz so subtilen Aussagen und Bilder, die die Kultur produziert, wahrzunehmen und zu interpretieren, von denen viele für Frauen und Mädchen – und, wenn man darüber nachdenkt, auch für Männer – entwürdigend sind. Vielleicht sind unsere Söhne dann weniger anfällig für solche klischeehaften Bilder und Denkweisen (und die Verhaltensweisen, die daraus resultieren), können sich hoffentlich klar werden, welche Werte ihnen wichtig sind, und finden Wege, sich selbst treu zu sein und auszuprobieren, in welchem Lebensstil sie sich wohlfühlen.

Viele der in den USA herrschenden sozialen Rollenbilder von Frauen und Männern sind Ergebnisse dessen, was Robert Bly vor Jahrzehnten treffend die „kindliche Gesellschaft" genannt hat: einer Welt, in der der Vater und zunehmend auch die Mutter physisch oder emotional (oder beides) abwesend sind und wo die vorherrschenden Rollenbilder für Jungs und Mädchen mangels einer anderen Instanz durch die Medien, die Unterhaltungsindustrie und die Gleichaltrigen geliefert werden. Mittlerweile geschieht das immer mehr über das Internet und die sozialen Netzwerke. In dieser Welt ist es schwer, noch eine Erziehung durch einen Mentor aus Fleisch und Blut zu finden, genauso wie Möglichkeiten irgendeiner Art von Ritual oder Zeremonie für den Übergang ins Erwachsenendasein und in die kollektive Wahrnehmung, das Wissen und die Weisheit der Vorfahren. Es ist eine Welt, in der die Vergangenheit abgelehnt wird, ohne dass jemand sie überhaupt kennt. Eine tiefe gegenseitige Entfremdung kann dazu führen, dass junge Menschen sich selbst zu erziehen und zu sozialisieren versuchen und dadurch noch verwundbarer und gefährdeter werden. Gewisse Aspekte der herrschenden Kultur sind ausbeuterisch und destruktiv, auch wenn es gesellschaftliche Anstrengungen gibt, die Rechte von Kindern und Frauen zu schützen und zu fördern.

In dem Maße, wie erfolgreiche Internet-Startup-Unternehmer immer jünger werden, wird auch das analoge Gegenstück zu diesem Erfolg, nämlich Beziehungen zwischen Menschen aus Fleisch und Blut, immer wichtiger. Es ist ermutigend und bewegend zu sehen, wie viele junge Unternehmer in der digitalen Welt, Männer und Frauen, sich zur Disziplin der Achtsamkeit und zu Leitfiguren, die fest in der Disziplin von Weisheit und Mitgefühl verankert sind, hingezogen fühlen – um die eigene Lebenszufriedenheit zu steigern, aber auch, um den Stress des plötzlichen Reichtums, des außergewöhnlichen Erfolgs in jungen Jahren und der endlosen Herausforderung, den Innovationsdruck in ihrer Branche hoch halten zu müssen, erträglich zu machen. Viele dieser jungen Innovatoren scheinen eine Sehnsucht nach Sinn und einem bodenständigerem Leben in sich zu tragen. Ihnen scheint auch unsere gegenseitige Verbundenheit und die Notwendigkeit, für eine bessere Welt zu arbeiten, immer bewusster zu werden.

Heutzutage erschließt die Verfügbarkeit des Internets und der sozialen Netzwerke neue Dimensionen für Kinder und Eltern, die beobachtet und immer neu bewertet werden müssen. Diese relativ neue und sich ständig wandelnde Welt verlangt von uns, dass wir sie sehr genau wahrnehmen und, falls nötig, ihre Nutzung und die Art der Inhalte, denen unsere Kinder potenziell ausgesetzt sind, reglementieren. Es ist zu hoffen, dass wir angesichts dieser alles überschattenden Verfügbarkeit und deren Verlockungen Wege finden, ein Gleichgewicht mit anderen Aktivitäten herzustellen – Neuland für alle, die im digitalen Zeitalter versuchen, achtsame Eltern zu sein. Wenn wir selber nach unseren Geräten süchtig sind, verstärken wir damit nur die Botschaft, dass Emails und Tweets wichtiger sind als unsere Kinder.

❁

Wir fragen uns vielleicht, was ein Junge heute braucht, um sein Leben klug leben zu können in einer Welt, die sich so schnell wandelt, dass wir Eltern unmöglich wissen können, welche Herausforderungen in zehn oder zwanzig oder auch nur fünf Jahren auf ihn zukommen werden. In Ermangelung einer Kultur, die die Bedürfnisse aller ihrer Kinder respektiert, schätzt und hochhält und eine gewisse gesellschaftliche Verantwortung für ihre Entwicklung und ihren Eintritt in die Erwachsenenwelt übernimmt, werden die Eltern die Rolle ausfüllen müssen, ihren Kindern beratend zur Seite zu stehen. Durch eine umfassende wissenschaftliche Forschung wissen wir, dass emotionale Intelligenz und Ausgeglichenheit – die Fähigkeit, in einer Vielzahl von Situationen mit anderen in Beziehung zu stehen – auf jeden Fall etwas ist, was für ein zufriedenes und produktives Leben in Zukunft nötig sein wird. Achtsamkeit wird sich als eine weitere Kernkompetenz des Lebens erweisen. Als Väter können wir die Entwicklung eigener innerer Stärken, die unseren Jungs zugute kommen, wertschätzen – Qualitäten wie liebevolle Güte, Mitgefühl, Beständigkeit, emotionale Verlässlichkeit, Flexibilität, klare Wahrnehmung, ja sogar Weisheit. Sie alle erwachsen aus einem in jedem Moment neuen Bewusstsein von innerer und äußerer Beziehungshaftigkeit. Wir können unsere Selbstbestimmung hochschätzen und nutzen, unser tiefstes Wesen und das Beste aus unserer Tradition oder unseren Traditionen – ob indianisch, afrikanisch, asiatisch, europäisch, christlich, jüdisch, moslemisch, buddhistisch, hinduistisch oder was auch immer (Rubrik „Sonstige" oder „ohne Bekenntnis"). Die Alternative wäre eine Art Entwurzelung: nicht zu wissen, wer wir sind, und sich auch nicht darum zu scheren; keinen „Stamm" zu haben, keine Gemeinschaft, der wir angehören und innerhalb derer man uns kennt und akzeptiert, wie wir sind.

Jungs brauchen in ihrem Leben die Gegenwart eines kompetenten Mannes aus Fleisch und Blut. Für uns ist das kein festgelegter und unerreichbarer Ideal-Mann oder Ideal-Vater. Es geht eher um einen Prozess, dem wir uns aus Liebe und Fürsorge heraus verpflichten und aus unserem Wunsch heraus, selber zu wachsen und für unsere Söhne so authentisch und real wie möglich zu sein. Können wir aufmerksam sein auf jeden neuen Moment unseres Erlebens, innerlich wie äußerlich, um zu lernen, wie wir uns in der eigenen Haut wohler fühlen können (auch, wenn wir mal nicht Bescheid wissen), wie wir mit aufkommender Angst umgehen können und mit unseren Impulsen, emotional zuzumachen oder dickfellig zu werden? Können wir üben, Momente in unseren Alltag zu bringen, in denen wir uns bewusst spüren? Können wir üben, empathischer zu sein, einladender, spielerischer, vielleicht manchmal sogar wild? Können wir uns bewusst werden, wie völlig absorbiert wir von unserer Arbeit sind, und dann daran gehen, ein größeres Gleichgewicht herzustellen? Können wir uns auf diese kreative Aufgabe einlassen? Können wir daran arbeiten, sicherer und entspannter mit Frauen umzugehen, während wir in uns zentriert bleiben? All diese Dinge sind im Grunde Anwendungsgebiete für Achtsamkeit im Leben und in unserer Elternschaft.

Die Gegenwart eines starken, empathischen Mannes in der Rolle eines Vaters, Großvaters oder Mentors ist für Jungs immer wichtig, aber vor allem dann, wenn sie in die Pubertät kommen. Heranwachsende haben ein dringendes Bedürfnis, gesehen, beachtet und gehört zu werden, ernst genommen und akzeptiert und ermutigt zu werden, für ihr Handeln Verantwortung zu übernehmen. Für viele Jungs ist das der größte, verwirrendste, verunsicherndste und unangenehmste Übergang, den sie in ihrem Leben je bewältigen müssen. Der Übergang vom Jungen zum Mann erfordert eine Vision, eine neue Art des Sehens und eine neue Art des Seins. Man kann heranwachsende Jungs ermutigen, Unbekanntes und Rätselhaftes schätzen zu lernen, darunter auch andere Menschen und Sitten. Man kann sie auf die Gefahr aufmerksam machen, die darin liegt, dass man sich in einer Banden-Mentalität verliert, die eine scharfe Grenze zwischen den „eigenen Leuten“ und „den anderen“ zieht und sich dann, aus Angst und Vorurteil, in Gewalt und Krieg gegen „die anderen“ stürzt, ohne zu merken, dass „die anderen“ genauso sind wie man selbst. Dies ist die langsame Entwicklung hin zur Reife, der Lernprozess, seinen Platz zu finden, wie Norman Fischer sagt; wo man, im Lauf der Zeit, mit steigender Bewusstheit in eine sich stetig entwickelnde und vertiefende, stabile Beziehung zu sich und zu anderen eintritt.

✿

Und natürlich ist auch eine liebevolle, fördernde Beziehung mit der Mutter eine lebenswichtige Kraftquelle für Jungs. In der Geborgenheit der Mutterliebe gehalten zu sein, ohne kontrolliert zu werden oder ihre emotionalen Bedürfnisse erfüllen zu müssen, schafft eine Basis innerer Sicherheit und emotionaler Erdung, die für die Trennungen und Abenteuer in der Welt gebraucht wird, die kommen müssen, wenn der Junge älter wird. Aber Jungs, wie auch Mädchen, brauchen vom ersten Moment an auch ihre Väter. Und die Väter brauchen ihre Söhne. Wenn wir im Leben unserer Söhne in entscheidenden Momenten nicht anwesend sind, kennen wir sie womöglich gar nicht. Wenn wir sehen, wie sie geboren werden; sie tragen, wenn sie klein sind; mit ihnen träumen, während sie an unserer Schulter schlafen; mit ihnen durch die Welt gehen und darüber reden, was sie sehen; ihnen Werkzeuge zeigen, mit denen sie arbeiten können, und Projekte, in die sie sich mit Herz und Hand stürzen können; uns mit ihnen zum Spielen und Spiele-Erfinden auf den Boden setzen; Geschichten erzählen; dem Sonnenuntergang zuschauen und dem Regen; im Dreck graben und am Strand Sandburgen bauen; Steine ins Wasser werfen und Stöcke schnitzen; Berge besteigen und an Wasserfällen sitzen; einfach zum Spaß Ruderboot oder Kanu fahren; Lieder singen, in Gruppen zusammenkommen; ihnen beim Schlafen zusehen und sie sanft wecken… dann wird unser Herz ihr Herz kennen, unsere Seele ihre Seele.

Väter und Söhne können sich gegenseitig helfen, zu wachsen und Schönheit und Erfüllung zu finden – in schönen Zeiten, aber auch, wie wir angedeutet haben, in düsteren und konfliktbeladenen. Unsere Jungs brauchen uns als geerdete Menschen, was heißt, dass wir gereift sein sollten, ehrlich und standhaft in unserer Liebe und Loyalität zu ihnen, auch wenn wir ihnen manchmal den Raum geben müssen, ihren eigenen Weg durch Schmerz und Leiden zu finden (obwohl wir für sie da sind). Manchmal werden sie uns brauchen, damit wir zu ihrer Sicherheit gewisse Grenzen ziehen. Bei anderer Gelegenheit müssen vielleicht wir Grenzen ziehen, einfach damit wir uns als Eltern ebenfalls wohlfühlen. Dafür gibt es kein Drehbuch, aber genau darum geht es bei der Liebe, und wir verändern uns dadurch und lernen selber harte Lektionen, genauso wie unsere Jungs ihre Lektionen lernen.

Auch hier wird Achtsamkeit für uns als Papas unschätzbar wertvoll. Denn wie die Dinge sich entwickeln, hängt zum großen Teil von unserer Bereitschaft ab, auch mit dem Unerwünschten vertraut zu werden und zu lernen, dass es manchmal nur diese Aufgabe gibt – ob es uns gefällt oder nicht. Wir können für die Möglichkeit offen sein, dass eben dieses Unerwünschte bewältigbar ist, wenn wir bereit sind, selber eine gewisse innere Arbeit zu leisten. Zum Beispiel erlaubt uns Achtsamkeit in manchen Momenten, zu sehen, wie fixiert wir auf unsere eigenen Ansichten sein können; wie sehr wir an der Überzeugung hängen, dass wir recht haben; wie sehr wir uns in der Illusion verstricken können, es stünde in unserer Macht, die Dinge zu ändern, obwohl dem nicht so ist; und wie leicht wir unser Herz und unseren gesunden Menschenverstand aufgeben, wenn wir in den Momenten ängstlich oder wütend reagieren, in denen wir frustriert sind oder uns etwas in die Quere kommt, was wir nicht mögen oder „inakzeptabel" finden. Jede solche Kontraktion unserer Präsenz ist gleichzeitig eine Gelegenheit, sich selbst zu ertappen und das eigene Festhängen an der mentalen Story darüber, was gerade vor sich geht, zu erkennen. Wir können uns dann daran erinnern, dass sie nicht „die Wahrheit" ist, dass sie nicht die ganze Wahrheit sein kann, auch wenn wir davon überzeugt sind. Wir können uns erinnern, dass wir auf viel klügere Art und Weise präsent sein, mit Dingen umgehen und handeln können, wenn wir uns von dieser viel zu kleinlichen Sichtweise freimachen können – und unseren stillschweigenden Vorurteilen, die meist ungeprüft übernommen werden (was jedoch nicht sein muss). Der größte Teil unserer Impulsivität entspringt dem denkenden Geist, der normalerweise von Überbleibseln aus der Vergangenheit gefärbt ist. Dadurch verlieren wir den Kontakt zu dem, was im gegenwärtigen Moment erforderlich ist, besonders in einem schwierigen oder anstrengenden – gerade dann also, wenn wir diesen Kontakt am nötigsten haben. Dies zu üben und zu perfektionieren, werden uns das Leben und unsere Söhne allerdings zahllose Gelegenheiten bieten.

Und während unsere Söhne in sich selbst hineinwachsen, werden sie andere Söhne finden, die ihre Vorlieben teilen, woraus Freundschaften werden, von denen manche lange halten und tief befriedigend sein können. Musik und Trommeln, Wildnis, Wälder und Felder, Stadtleben, Sport, Literatur und Kunst: Alles lockt, in frohen und in finsteren Zeiten, eröffnet Welten voller Sinn und Wert, dient als Spiegel, in dem Jungs sich selber sehen und immer weiter entdecken können, wer sie sind und was sie lieben: indem sie jeden Moment ganz leben, auf ihre eigene Kraft vertrauen, im eigenen Körper geerdet, auf dem Weg zu voll entwickelten planetaren Erwachsenen, die teilhaben an den Mysterien der Zeugungsfähigkeit und ihrer neuen Generation und der Aufgabe, den eigenen Platz in der Welt zu finden.

Das ist kein romantisches Ideal. Wir wissen, dass es verwirrend, erschreckend und gefährlich sein kann, in dieser schnelllebigen Welt aufzuwachsen und erwachsen zu werden; herausfinden zu müssen, wo der eigene, wirkliche Platz in ihr sein könnte, wo und wie wir das Gefühl bekommen könnten, am richtigen Platz zu sein, um unseren Beitrag zu leisten. Letztendlich ist das Erwachsenwerden eine Entwicklungs-Odyssee. Wenn Väter und andere Männer ihren Jungs regelmäßig bejahend und freundlich begegnen, wird das auf irgendeiner Ebene bei ihnen ankommen, auch wenn wir es im Moment nicht so wahrnehmen. Es wird sie auf verschiedene Arten stärken, die es ihnen immer mehr erlauben werden, ihren Platz in dieser Welt zu finden oder ihn sich zu schaffen. Vielleicht geht es schnell, oder es dauert lange, relativ gesehen, aber das ist egal. Je vertrauter und souveräner Jungs mit den Vorgängen ihres Körpers und Geistes umgehen können, ihren Gedanken und Emotionen, Wünschen und Sehnsüchten, desto mehr werden sie dieser Intimität vertrauen lernen, dieser Fähigkeit zur Bewusstheit in ihnen; desto mehr werden sie mit einem stetig wachsenden Gefühl, wer sie selber sind, leben können und offen sein können für die endlosen Möglichkeiten, die sich ihnen eröffnen.

Als sie (gemeint sind Gary Snyders Jungs, Kai und Gen) vier und fünf waren, gingen wir immer zu Fuß hinüber zum Bald Mountain, von wo aus wir dann zurückschauen und unser Haus sehen konnten. Als sie sieben und acht waren, stiegen wir zu Fuß die Grouse Ridge hinauf, und von Grouse Ridge konnten wir dann hinunterschauen auf Bald Mountain, von dem aus man unser Haus sehen kann. Ein paar Jahre später wanderten wir hinauf in die High Sierra und stiegen auf den 2800 Meter hohen English Mountain, von dem aus man Grouse Ridge sehen kann. Und dann gingen wir weiter zum Castle Peak, mit 3300 Metern der höchste Punkt dieser Bergkette, und stiegen auf den hinauf, und von da aus sieht man den English Mountain. Dann gingen wir weiter Richtung Norden und stiegen auf die Sierra Buttes und Mount Lassen – das war bis jetzt das weiteste. Und von Mount Lassen sieht man Castle Peak, man sieht English Peak, man sieht Grouse Ridge, man sieht Bald Mountain und man sieht unser Haus. Und das ist die Art und Weise, in der man die Welt kennen lernen sollte. In einer Art intensiver Erdkunde, die nahe am Körper bleibt.

Gary Snyder

Eishockey auf dem Teich

Wenn im Winter die Temperatur ein oder zwei Tage lang steigt und es dann wieder friert, ohne dass ein Schneesturm folgt, verlocken die Teiche in New England dazu, Eishockey zu spielen. Wenn solche Wetterverhältnisse mit einem Wochenende oder mit den Ferien zusammenfielen, zogen mein Sohn und ich (jkz) uns sehr warm an, nahmen Schlittschuhe, Hockeystöcke und Pucks und gingen zum Teich unten am Fuß des Berges. Dort zogen wir die Schlittschuhe an, banden mit kältestarren Fingern mühsam die langen Schnürsenkel fest und gingen durch den Schnee zum Rand des Teiches, um dort unsere neue Freiheit zu genießen.

Wir fuhren eine Weile auf dem Eis herum und untersuchten, ob es überall dick und tragfähig genug war, und gleichzeitig gewöhnten wir uns wieder daran, auf Schlittschuhen zu stehen. Dann suchten wir uns eine Stelle aus, wo wir mit einem Paar Stiefeln ein Tor markierten.

Beim Spielen hütete jeweils einer das Tor, während der andere versuchte, es mit dem Puck zu treffen. Der Verteidiger durfte weit aus dem Tor kommen, um seinem Gegner den Puck abzunehmen. So fuhren wir in großem Tempo über den ganzen Teich, unsere Schläger krachten aufeinander, und wir veranstalteten Wettrennen um den Puck. Es gab Finten und unzählige Schüsse, Verfolgungsjagden und Bodychecks, während wir uns unter viel Gelächter gegenseitig ausmanövrierten, von der eigenen Schnelligkeit beflügelt. Natürlich wurden auch Punkte verteilt, und wenn der Puck manchmal auf höchst ungewöhnlicher Flugbahn am Verteidiger vorbei ins Tor zischte, versetzte uns das in Hochstimmung und ließ uns oft lauthals lachen.

Durch das Spiel wurde uns natürlich heiß. So kalt es auch sein mochte und so schneidend der Wind auch war, regelmäßig zogen wir zuerst die Mützen aus, dann die Handschuhe und schließlich Mäntel und Pullover. Manchmal trugen wir nach einer Weile nur noch ein T-Shirt. Solange wir auf dem Eis herumfuhren, war uns warm.

So spielten wir oft stundenlang. Jeder Augenblick war reines Jetzt, jenseits des Denkens. Wir gingen völlig auf in der Freude, diese besondere Art männlicher Energie zu genießen, trafen immer wieder zu Kämpfen zusammen, eroberten den Puck, jagten einander, stoppten Schüsse und verteidigten das Tor.

Manchmal spielten wir abends im orangefarbenen Schein eines großen Flutlicht-Scheinwerfers, den die Stadt hatte aufstellen lassen, obwohl man den Puck wegen der Schatten kaum erkennen konnte. Meist spielten wir jedoch nachmittags, während die Wintersonne zum Horizont hinabsank. Zwischendurch hielten wir inne, um wieder zu Atem zu kommen. Dann lagen wir am Rande des Teiches auf unseren Mänteln im Schnee und schauten zu, wie die Wolken am tiefblauen Himmel dahinzogen oder wie im Westen allmählich rosa- und goldfarbene Streifen auftauchten. Über uns verlor sich der Dampf unseres Atems in der Luft, und wir genossen die Stille und Vollkommenheit der Situation.

Ich wäre froh, wenn ich sagen könnte, dass wir das viele Jahre lang an jedem Wochenende taten, doch leider waren es jedes Jahr nur wenige Male, und das ist nun auch schon lange her. Ebenso froh wäre ich, wenn ich sagen könnte, dass meine Töchter und ich beim Eishockey auf dem Teich ähnliche Gefühle gehabt hätten. Doch verbrachte ich mit den beiden Mädchen nur sehr selten Nachmittage auf dem Eis, weil andere Dinge sie stärker interessierten. Sie fuhren zwar gerne Schlittschuh und konnten es auch wesentlich besser als wir, aber für das Spiel mit Puck und Tor interessierten sie sich nicht.

Meist war der Teich mit Schnee oder sprödem Eis bedeckt, so dass man nicht darauf fahren konnte. In manchem Winter war das Eis dann, wenn wir es gern gehabt hätten, nicht hart genug zum Fahren. Und es gab natürlich auch andere Dinge, die uns interessierten, und wir hatten andere Möglichkeiten, Zeit miteinander zu verbringen. Doch keine von ihnen hat mir je besser gefallen, als im Winter auf dem Teich Eishockey zu spielen.

Camping in der Wildnis

Wir haben in unserer Familie gelegentlich versucht, jeweils einem unserer Kinder die Möglichkeit zu geben, mit einem Elternteil etwas zu unternehmen, statt ständig alles mit der ganzen Familie zusammen zu machen. Kinder brauchen hin und wieder die ungeteilte Aufmerksamkeit eines Elternteils. Es ist wichtig, dass sie zusammen mit ihren Eltern besondere Dinge unternehmen, ohne dass sie dabei mit Geschwistern oder mit dem anderen Elternteil um die Aufmerksamkeit des Vaters oder der Mutter wetteifern müssen. Solche Ausflüge können kostbare Abenteuer sein, ob sie ein paar Stunden oder ein paar Tage dauern, ob sie in freier Natur oder in der Stadt stattfinden, ob wir dabei nur zu zweit oder mit anderen Menschen zusammen sind – sie bieten die Gelegenheit, Nähe zu erleben und einander in einem neuen Licht zu sehen.

✿

Besonders gern habe ich (jkz) immer jeweils mit einem meiner Kinder allein in freier Natur gezeltet. Die Erfahrungen, die wir bei solchen Anlässen innerhalb von ein oder zwei Tagen machen, können unserer Beziehung eine völlig neue Note verleihen, die unser ganzes weiteres Leben lang andauern kann. Nichts erinnert uns so nachdrücklich an die wesentlichen Dinge des Lebens, an das, was wirklich wichtig ist, wie ein paar Tage in freier Natur.

Als die eine meiner beiden Töchter neun Jahre alt war, machte ich mit ihr einmal einen Ausflug zum Wild River in den White Mountains. Wir parkten das Auto am Ausgangspunkt eines Wanderweges und gingen dann etwa fünf Meilen am Fluss entlang. Von Anfang an vermisste meine

Tochter ihre Mutter, und die drückende Hitze machte das Gehen auch nicht gerade leichter. Weil ich sah, wie unwohl sie sich fühlte, schlug ich irgendwann vor, unsere Badesachen anzuziehen und uns im Fluss abzukühlen. Das kühle Bad im Fluss gefiel ihr gut, doch als wir uns wieder auf den Weg machten, begann sie bald wieder zu weinen. Ich nahm zusätzlich zu meinem Rucksack auch noch ihren auf die Schultern. Sie wollte abwechselnd nach Hause oder schon am Ziel sein, und dann wieder wusste sie nicht, was sie nun eigentlich wollte. Sie fühlte sich ganz einfach elend.

Plötzlich begegneten wir völlig unerwartet einer Herde Lamas, die in die entgegengesetzte Richtung zog. Das gab unserem kleinen Abenteuer kurzzeitig einen exotischen Touch.

Es war die übliche Geschichte: Um, bevor die Sonne hinter den Bergen verschwand, den Platz zu erreichen, wo wir unser Zelt aufstellen wollten, mussten wir zügig weitergehen. Natürlich leuchtete ihr einfach nicht ein, warum dieser Platz besser sein sollte als irgendein anderer. Doch ich wollte diesen Platz unbedingt erreichen – ein großes flaches Gelände, ideal, um ein Zelt aufzustellen, und ganz in der Nähe eines kleinen Wasserfalls, der ihr sicherlich gefallen würde.

Voller Heimweh und unglücklich ging sie weiter. Unterdessen versuchte ich, Haltung zu bewahren, kämpfte innerlich mit meinem Gefühl der Unzulänglichkeit und machte mir Sorgen, dass das Ganze vielleicht in einem Desaster enden würde. Ich fühlte mich wie ein Versager, weil ich mich nicht in der Lage sah, ihr ihre Ängste zu nehmen oder sie glücklich zu „machen".

Schließlich erreichten wir den Platz, an dem ich ein paar Jahre früher schon einmal mit ihrem Bruder gezeltet hatte. Die Schatten waren schon ziemlich lang. Sobald wir angekommen waren, änderte sich ihre Stimmung. Es machte ihr sichtlich Spaß, das Zelt aufzubauen, unsere Schlafsäcke darin zu verstauen, ein Feuer zu machen und etwas zu kochen. Der kleine Wasserfall sang uns etwas vor, während wir das Zelt aufbauten, kochten und dann, auf Baumstämmen am Feuer sitzend, aßen. Der Himmel war übersät mit Sternen, wie man sie in der Stadt oder in der Nähe einer Stadt niemals sieht. Glitzerndes Licht fiel durch die dunklen Lücken in den Wipfeln der Bäume, die unsere heimelige Lichtung umstanden.

Wir verkrochen uns schon früh in unseren Schlafsäcken und schlummerten beim Gesang des Flusses ein. Sie schlief schon, während ich noch draußen auf dem Rücken lag und zum Himmel aufschaute. Mein ganzer Körper atmete. Ich war glücklich, mit meiner Tochter hier zu sein, sie neben mir atmen zu hören und dieses kleine Abenteuer mit ihr zusammen zu erleben.

Wir wachten im frischen blauen Morgenlicht auf, als die Berggipfel sich gerade golden färbten. Wir ließen das Feuer auflodern, frühstückten und schmiedeten dann Pläne für den kommenden Tag. Ich hatte vorgehabt, auf den Berggipfel zu wandern. Doch sie hatte völlig andere Vorstellungen. Sie wollte bleiben, wo wir waren, hatte keinerlei Interesse daran, auf irgendeinen Gipfel zu steigen, schöne Aussicht hin oder her. Sie wollte weder gehen noch wandern noch klettern und schon gar nicht mit einem Rucksack. Sie hatte jetzt ein neues Zuhause. Also blieben wir, und ich verabschiedete mich von meinen eigenen Erwartungen und Wünschen, denn mir war klar geworden, dass es in dieser Situation wichtig war, dass sie entscheiden durfte.

Also erforschten wir das Flussufer, und als es wärmer wurde und das Sonnenlicht ins Tal fiel, erforschten wir auch den Fluss selbst. Mittags saßen wir auf einem hohen Felsen mitten im Wasser, das um uns toste und schäumte. Ich las ihr aus *Ronja Räubertochter* vor, Astrid Lindgrens wunderschöner Geschichte über ein starkes Mädchen in alter Zeit, das mit seinem Freund Birk im Wald lebt. Beide versuchen, die Fehde zwischen ihren verfeindeten Familien zu schlichten …

Diese kurze gemeinsame Zeit des Alleinseins in den Wäldern, weitab von der Zivilisation, tat uns beiden gut. Wir waren in diesem Augenblick mit sehr wenigem glücklich: mit der Sonne, dem Wasser, dem Wald und uns selbst.

Softball durchbricht den Trübsinn

Es ist der Sonntag eines langen Wochenendes, der Anfang der Schulferien. Ich (jkz) bin in letzter Zeit so viel von zu Hause weg gewesen, dass ich mich nun wie ein Fremder fühle. Myla und die Mädchen haben in meiner Abwesenheit ihre eigenen Rhythmen entwickelt. Um den Kontakt wiederherzustellen, stelle ich manchmal dumme Fragen wie: „Worüber redet ihr gerade?“, wenn sie miteinander sprechen.

Das mögen sie nicht. Es kommt ihnen aufdringlich vor. Ich stehe in der Tür zum Zimmer meiner Tochter, während Myla sich mit ihr unterhält. Ich suche ihre Nähe, aber sie fühlen sich unwohl, als wäre ich voller unausgesprochener Erwartungen und würde wollen, dass etwas ganz Bestimmtes passiert. In solchen Momenten fühle ich mich wie ein Fremder im eigenen Haus.

Meine Übung besteht in solchen Augenblicken darin, gegenwärtig zu bleiben, ohne mich und meine Bedürfnisse aufzudrängen. Das ist gar nicht so leicht. Einfach nur gegenwärtig zu sein, zu tun, was ich tun muss, aber nicht in Groll zu verfallen oder mich noch stärker zu isolieren, indem ich den Frühstückstisch vorzeitig verlasse oder arbeite oder telefoniere – das sind die Herausforderungen, denen ich mich stellen muss. In solchen Momenten fühlt es sich so an, als wäre ich im Grunde immer noch weg, obwohl mein Körper anwesend ist.

✲

Es war ein trüber Morgen. Die Wolken hingen niedrig. Ein kühler Tag Mitte April. Ich hatte mit entfernten Verwandten gesprochen und versucht, mit meiner Arbeit voran zu kommen. Doch statt mich in mein Arbeitszimmer zurückzuziehen, kam ich immer wieder in die Küche, um mich nicht abzukapseln, und gab auch dem Impuls nicht nach, mich in die Sonntagszeitung zu vertiefen.

Meine Tochter aus dem Haus zu kriegen, damit sie etwas mit mir unternimmt, ist nicht so leicht, doch ich versuche es heute am späten Nachmittag wieder. In diesem Alter (mit elf Jahren) lehnt sie gewöhnlich alles ab, was ich ihr als gemeinsame Unternehmung vorschlage. Doch ihr Softball-Trainer hat sie ein paar Tage vorher angerufen und ihr gesagt, sie solle sich auf das erste Training des Teams vorbereiten und vor allem das Fangen üben. Nach dem Abendessen ist sie einverstanden, mit mir zu spielen. Wir gehen nach draußen. Die untergehende Sonne taucht hinter den Wolken auf, die den ganzen Tag – passend zu meiner Stimmung – so grau und düster gemacht haben. Nun überflutet das Licht der tief am Horizont stehenden Abendsonne von Westen her den Garten.

Wir fangen an, den Ball hin und her zu werfen. Da wir keinen linken Handschuh für sie finden, spielt sie rechtshändig und behauptet, sie könne mit beiden Händen gleich gut werfen. Und tatsächlich kann sie es: Sie wirft mit der rechten Hand genauso gut wie mit der linken, und mit der linken Hand fängt sie ausgezeichnet. Wir spielen mit großer Intensität. Ich lenke meine Würfe zuerst zur einen Seite und dann zur anderen, so dass sie eine gewisse Anzahl von Bällen mit der Rückhand parieren muss. Dann vergrößern wir die Entfernung zwischen uns, um auch Hochbälle und niedrige Würfe einzubeziehen und alles miteinander zu kombinieren.

Sie fängt etwa neunzig Prozent aller Bälle, die ich werfe, obwohl sie ein Jahr lang überhaupt nicht gespielt hat. Wir befinden uns in einem Zustand der Harmonie. Ich spüre ihre Freude darüber wie auch über ihre eigene Geschicklichkeit. Sie spielt gut, eine Naturbegabung. Doch ich bin der Meinung, dass sie den Handschuh für die linke Hand anziehen sollte, den wir irgendwo verlegt haben. Wir machen eine Pause, und ich suche den Handschuh an der einzigen Stelle, wo ich noch nicht nachgeschaut habe. Tatsächlich liegt er dort.

Nun wird ihr Fangen eine Weile unsicherer, weil sie sich an den Handschuh und an die veränderte Spielrichtung gewöhnen muss. Doch ihr

Wurf, der schon mit dem rechten Arm sehr gut war, ist mit dem linken noch dreimal kraftvoller und genauer. Hin und her, hin und her, hoch, niedrig, Fangen mit der Rückhand, Fangen auf der ungeschützten Seite. Ich habe das schon seit vielen Jahren nicht mehr gemacht und erlebe in kurzer Zeit uralte Rhythmen wieder, die ich aus meiner eigenen Kindheit kenne. Das Muster hat sich in den vergangenen vierzig Jahren noch nicht völlig aufgelöst. Es ist wirklich erstaunlich, dass der Handschuh so oft weiß, wo der Ball sich befindet.

Allmählich fängt sie Feuer. Ihre Backen werden rot. Sie fühlt sich in der kühlen Luft ohne Mantel wohl. Und sie wird auch mir gegenüber wärmer. Ich spüre es. Endlich, endlich machen wir gemeinsam etwas außerhalb des Hauses, etwas, woran wir beide unsere Freude haben und worüber wir ungezwungen reden können.

Ich habe monatelang auf einen solchen Augenblick gewartet. Ich hatte ihr einen gemeinsamen Ausflug mit dem Rad vorgeschlagen. „Nö." Oder Inline-Skaten. „Nö." Einen Spaziergang. „Spinnst du?" Einen Ausflug an einen schönen Teich. „Auf keinen Fall!" Doch nun plötzlich ist es da, und ich spüre, dass die Folgen meiner Abwesenheit wie weggeblasen sind. Im Augenblick sind wir zusammen und tun etwas, das wir nur selten tun und das wir den ganzen Frühling lang wiederholen können, wenn sie möchte. Weil es jetzt während der Sommerzeit so lange hell ist, können wir noch spielen, wenn ich von der Arbeit zurück bin.

Wir entdecken neu, dass wir immer noch gemeinsame Freuden erleben können. Während der Ball hin und her fliegt, spüre ich ihre Kraft, und ich sehe, wie auch sie ihre Kraft auf ganz natürliche Weise erlebt. Dieses Ballspiel macht mir ungeheuren Spaß, und ich spüre, dass es ihr genauso geht. Diese Freude ist umso größer, als sie Vater und Tochter einander wieder näher bringt. Wir bewegen uns gewöhnlich so weit entfernt voneinander, in so unterschiedlichen Welten, dass wir uns sehr leicht voneinander entfremden können. Doch das hier ist eine Möglichkeit, zumindest in diesem Augenblick zu spüren, dass wir immer noch zutiefst miteinander verbunden sind und gemeinsam an etwas Freude haben können. Während wir den Ball hin und her werfen und das Aufprallen auf den Handschuhen hören und den lauten Knall, wenn der Ball über meinen

Kopf hinweg fliegt und den Holzzaun hinter mir trifft, haben wir das Gefühl, dass wir das schon ewig tun. Die Zeit hat aufgehört zu existieren.

Ich versuche, diese Augenblicke durch nichts zu unterbrechen. Mir ist klar, dass sie nicht ewig dauern werden. Es wird allmählich dunkel. Sie erwartet einen Anruf von einer Freundin, um zu erfahren, wann die Freundin mit ihrer Mutter sie zum Übernachten abholen. Das Telefon läutet. Sie muss sich zum Aufbruch fertig machen. Doch wir sind einander wieder begegnet, sie und ich, und das ist uns beiden sehr wichtig.

Später sitzen wir zusammen und warten auf das Klingeln der Türglocke. Wir sind allein im Haus. Plötzlich fragt sie mich, ob ich wissen möchte, wie sie im Kunstunterricht die überlebensgroße Skizze von sich selbst angefertigt hat. So etwas hat sie mir noch nie erzählt, und ich kann kaum glauben, dass sie es jetzt tut. Sie erklärt, die Aufgabe sei gewesen, die ganze Zeichnung mit einem einzigen Strich anzufertigen, also ohne den Stift vom Papier zu nehmen, und beim Zeichnen hätten sie möglichst nur in den Spiegel schauen sollen. Ich hätte ihr Hunderte von Fragen stellen können und sie doch niemals dazu gebracht, über so etwas mit mir zu reden. Sie beantwortet solche neugierigen Fragen grundsätzlich nicht. Aber sie reagiert manchmal auf Präsenz. Ich erkenne, dass es meine Aufgabe ist, das zu akzeptieren und mich einfach offen bereit zu halten, auch wenn Lichtjahre zwischen uns zu liegen scheinen …

Mädchen

Als unsere Mädchen noch klein waren, machte es mir (mkz) viel Freude, die große Vielfalt von Eigenschaften zu beobachten, die sie im Laufe der Zeit entwickelten. Die einfachsten Aktivitäten konnten sie mit Enthusiasmus und Freude erfüllen: Sie pflückten Erdbeeren und naschten vorsichtig an jeder reifen Beere, bevor sie sie in den Korb legten; sie zogen alte Kleider und Stoffreste von mir an und verwandelten sich in Königinnen und Prinzessinnen; sie stellten sich vor, sie wären Delphinbabys und schwammen im „Meer" um mich herum. Wenn sie mir plötzliche tiefe Einsichten mitteilten oder auf irgendeine Weise ihre Freundlichkeit und ihr Mitgefühl zum Ausdruck brachten, freute ich mich an diesen wunderbaren und warmherzigen Seiten ihres Wesens. Manchmal waren sie aber auch aggressiv, wütend und stur. Doch selbst wenn ich unter ihrem unbeugsamen Willen zu leiden hatte, gefielen mir ihre Stärke, ihre Kraft und ihre Entschlossenheit.

In jenen Jahren waren sowohl die Familie als auch die Schule in erster Linie ein Schutz vor der Erwachsenenwelt. Ihre Welt war einfach, mit wenig Druck und kaum Erwartungen oder äußeren Ablenkungen. Als sie älter wurden, änderte sich das natürlich. Allmählich bemerkte ich die vielfältigen Botschaften, die die herrschende Kultur ihnen vermittelte: allgegenwärtige Botschaften, die sie einschränkten und großem Druck und allen möglichen Erwartungen aussetzten – nur weil sie Mädchen waren.

✽

Wohin Mädchen auch immer schauen: An jeder Straßenecke, in Zeitungen und Magazinen, im Fernsehen und in Filmen werden sie mit sexualisierten Bildern von Frauen konfrontiert, die ihr Selbstbild zutiefst beeinflussen können. Diese Bilder suggerieren ihnen mehr oder weniger subtil, dass die größte Macht, über die sie verfügen, ihre Macht als Konsumenten und Sexualobjekte ist. Diese Botschaften sind insbesondere für Mädchen in der Pubertät enorm belastend und schädlich.

Solche Bilder werden benutzt, um alle möglichen Produkte zu verkaufen. Der Schwerpunkt liegt dabei nicht nur auf Kaufen und Konsumieren: Ganze Industrien versuchen heute Frauen und Mädchen davon zu überzeugen, dass sie ihren Körper immer schöner, „vollkommener" und makelloser machen sollten. Dabei sind auf den meisten Bildern Körper zu sehen, die nur wenige Frauen von Natur aus haben oder die sie nur sehr kurze Zeit in ihrem Leben haben. Dieses „ideale" Aussehen, das von der Welt der Werbung, der Mode und der Promis künstlich hochstilisiert wird, kann dazu führen, dass Mädchen sehr unzufrieden mit ihrem Körper, ihren Haaren, ihren Kleidern, ihrer Haut sind – praktisch mit jedem Aspekt ihrer physischen Existenz.

Dem äußeren Erscheinungsbild wird vorrangige Bedeutung zugemessen. Es erscheint ungeheuer wichtig, eine Außenwirkung hervorzurufen, eine Oberfläche zu modellieren. Deshalb verwenden viele Mädchen ständig enorm viel Zeit und Energie darauf, ihr Aussehen zu prüfen und zu gestalten. Das kann der Entwicklung echter Fitness und Kraft, aber auch ihrer Kreativität und ihren inneren Qualitäten schaden. Eltern stehen in einem ständigen Kampf, ihren Töchtern immer wieder eine authentische, unterstützende und ausgewogene Perspektive darauf zu vermitteln, was es heißt, angesichts dieses unablässigen, verführerischen medialen Bombardements ein Mädchen oder eine junge Frau zu sein. So schwierig das auch manchmal sein mag, es ist jedoch durchaus möglich.

Wir könnten zunächst anfangen, uns des allgegenwärtigen Einflusses dieser Industrie bewusst zu werden – das heißt: aufhören, ihn zu übersehen oder als unvermeidliche Begleiterscheinung unserer Zeit anzusehen. Sich dieser Kräfte bewusst zu werden, ist der erste Schritt. Sobald wir anfangen, die potenziell negative Wirkung auf unsere Töchter wahrzunehmen, können wir auch die Konsequenzen erkennen, die sie vielleicht für ihr Selbstbild, ihre Selbstachtung, ihr Selbstvertrauen und ihre Interessen und Ziele haben. Statt uns damit zu begnügen, die bereits verursachten Schäden zu beseitigen, können wir auch vorbeugend tätig werden und, wenn sie klein sind, den Einfluss von Konsum und Konsumhaltung auf unsere Kinder bewusst einschränken, so gut es geht. Wenn sie älter werden, können wir mit ihnen zunehmend über die schädlichen Einflüsse, die wir sehen, auch diskutieren, idealerweise auf nicht allzu moralisierende Weise, damit sie selbst erkennen, was es zum Beispiel mit solchen Frauenbildern auf sich hat. Dann wird ihnen vielleicht allmählich bewusst, welche Botschaften darin implizit enthalten sind und wie diese Darstellungen die Kauflust des Betrachters, Lesers und Konsumenten schüren.

Ein Mädchen, das in seiner Kindheit und Jugend mit alldem konfrontiert wird, was die diversen Medien zu bieten haben, verinnerlicht im Gegensatz zu einer Altersgenossin, deren Eltern den Medienkonsum ihrer Tochter eingeschränkt haben, eine Unmenge bornierter und erniedrigender Vorstellungen über Frauen. Eingeschränkter Medienkonsum hat außerdem den Vorteil, dass die Kinder dadurch mehr Zeit und Raum für wirkliche Lebenserfahrungen gewinnen, die mit hoher Wahrscheinlichkeit ihre Selbstwahrnehmung als Person mit wertvollen Stärken und Fähigkeiten und vielen einzigartigen Qualitäten ausweiten. Mädchen machen solche Erfahrungen häufig beim Sport oder wenn sie sich für künstlerische, intellektuelle und soziale Projekte engagieren, durch die sie ihre Kreativität entwickeln.

Neben dem Versuch, einen vor den potenziell negativen Einflüssen der herrschenden Kultur geschützten Raum zu schaffen und ein Bewusstsein für die Macht der Medien zu entwickeln, müssen wir – wenn wir über Einschränkungen nachdenken oder auch einfach nur darüber, wie wir unsere Meinung zum Ausdruck bringen können – sehr genau abwägen, ob wir dadurch nicht vielleicht eine Kluft zwischen uns und unseren Kindern schaffen. Schließlich fühlen sie sich nicht nur von der oberflächlichen Welt der Werbung, des Fernsehens, der Filme und der Musik-Videos angezogen, sondern auch von der künstlerischen und unternehmerischen Kreativität in diesen Bereichen.

Das ist einer der Gründe, weshalb die Praxis der Achtsamkeit in der Familie so schwierig ist. Als Eltern müssen wir uns ständig mit unseren Ängsten, Grenzen und zeitweiligen Gefühlen der Hilflosigkeit auseinandersetzen, während wir mit diesen kulturellen Einflüssen zu arbeiten versuchen. Auch in unserer Familie gab es diese Gratwanderung: unsere Kinder einerseits aufzuklären und ihnen Grenzen zu setzen und andererseits doch offen und flexibel zu bleiben. Als die Töchter älter wurden, erforderte das mehr Verhandlungsgeschick und Kompromissbereitschaft und letztlich blieb uns nur die Aufforderung, sich ihre Entscheidungen gut zu überlegen.

Kinder möchten nichts sehnlicher, als bei dem, was sie tun und wie sie die Dinge sehen, „normal" zu sein. Und natürlich vergleichen sie sich mit dem, was ihre Freunde dürfen und wie sie sich benehmen. Doch was in unserer Gesellschaft als „normal" hingestellt wird, ist oft gewalttätig und grausam und insbesondere für Frauen entwürdigend. Diese Tendenz ist so allgegenwärtig, dass wir uns möglicherweise an sie gewöhnt haben und sie kaum noch wahrnehmen. Angesichts der Bilderflut, die Sex unablässig mit Gewalt verbindet, Mädchen zu Objekten macht und generell ältere Frauen, große Frauen, starke Frauen und dunkelhäutige Frauen ausblendet – alle, die nicht dem klassischen Körperideal der hellhäutigen, schutzbedürftigen und schlanken Frau entsprechen –, wäre Zorn eine angemessene Reaktion. Doch wird uns Frauen natürlich nicht zugestanden, wütend zu werden. Werden wir dennoch wütend, so müssen wir uns alle möglichen kritischen und herabsetzenden Bemerkungen anhören. Beispielsweise: „Was ist denn mit *dir* los?" – „Warum nimmst du denn alles gleich so furchtbar ernst?" – „Wo ist denn dein Humor geblieben?" – „Hast du deine Tage?"

Bei der Erziehung von Mädchen müssen wir uns, so gut es geht, mit dieser engstirnigen Haltung gegenüber Frauen auseinandersetzen. Wenn wir die herrschende Sichtweise stillschweigend akzeptieren, schließen wir uns der Herabsetzung der Frau in unserer Gesellschaft praktisch an. Als Mütter müssen wir ihnen eine Alternative vorleben, eine andere Art zu sein und eine andere Art, die Kultur zu betrachten, in der sie leben. Unsere Mädchen brauchen uns als Verbündete in einer Kultur, in der ihre Betrachtungsweise und das, was für sie am wichtigsten ist, oft nicht anerkannt, geschweige denn gewürdigt werden.

Und als Verbündete brauchen sie auch die Väter. Sie brauchen von ihnen eine respektvolle Haltung gegenüber Frauen; das Gefühl, dass ihre Väter wertschätzen, wer sie *sind*, und nicht wie sie *aussehen*. Während unsere Töchter die vielen verschiedenen und manchmal schwierigen körperlichen und emotionalen Veränderungen der Teenagerzeit durchleben, müssen Väter besonders sorgfältig darauf achten, nicht in unbewusste oder gewohnheitsmäßige Verhaltensweisen zu verfallen. Diese Muster können sich auch in der Beziehung zu ihren Töchtern zeigen und verschiedene Formen annehmen, zum Beispiel Respektlosigkeit, Bevormundung, Flirten oder Bevorzugung der eigenen Bedürfnisse. Das Bedürfnis eines Vaters, von seiner Tochter geliebt und verehrt zu werden, kann ihn daran hindern zu sehen, was sie tatsächlich von ihm braucht. Alte Muster kommen zwangsläufig an die Oberfläche, und dann müssen Eltern sie bemerken, sie achtsam betrachten, damit es die Möglichkeit gibt, auf positive und angemessene Weise zu handeln statt auf schädliche. Es ist ein Prozess des Sehens, Spürens und Bemerkens, um das eigene Handeln entsprechend neu abzustimmen.

Hilfreich ist auch eine Prüfung, wie unsere eigenen Erwartungen an unsere Töchter ihre Ausdrucksmöglichkeiten und ihre Autonomie einschränken, ohne dass wir uns dessen bewusst sind. Wir können uns fragen: Sind wir darauf fixiert, dass sie sich auf eine ganz bestimmte Weise verhalten? Müssen unsere Mädchen nett, rücksichtsvoll, sensibel, freundlich und still sein? Erwarten wir von ihnen, dass sie oft lächeln? Wissen wir, welches Temperament sie von Natur aus haben, und sind wir auch bereit zu akzeptieren, dass sich dieses Temperament ändern kann? Ist vielleicht aus unserer freundlichen und eher scheuen Tochter plötzlich ein hitziger, extrovertierter und lauter Teenager geworden? Können wir es unseren Töchtern gestatten, wütend, laut und rebellisch zu sein, so wie wir es von Jungs manchmal akzeptabel finden? Unterstützen wir sie darin, Möglichkeiten zum Ausdruck ihrer einzigartigen Fähigkeiten, ihrer Kreativität und ihrer Stärken zu finden? Es mag sein, dass sich unsere Antworten auf diese und ähnliche Fragen von Tag zu Tag und manchmal sogar von Augenblick zu Augenblick ändern. Diese Fragen zu stellen, ist jedoch ein wesentlicher Teil unserer Aufgabe als Eltern.

Einen großen Teil dieses Prozesses bildet die Auseinandersetzung mit den Erwartungen anderer Menschen an unsere Mädchen. Wenn wir oder unsere Töchter unangemessene, bornierte oder herabsetzende Aussagen von Autoritätspersonen oder Gleichaltrigen bemerken – oder sexuelle Anzüglichkeiten und Klischees –, können wir ihnen helfen, diese Einstellungen und Verhaltensweisen wahrzunehmen und zu benennen, und wir können sie in ihren Gefühlen bestärken. Wenn wir das betreffende Problem nicht herunterspielen und ihren Gefühlen nicht die Berechtigung absprechen, signalisieren wir damit, dass wir ihre Verbündeten sind und dass es nicht nur okay, sondern eine gesunde Reaktion ist, wütend zu werden oder sich verletzt zu fühlen, wenn man ungerecht behandelt oder auf subtile Weise herabgesetzt wird.

Nur zu oft wird Mädchen das Gefühl vermittelt, dass es *ihr* Problem ist und dass irgendetwas mit *ihnen* nicht in Ordnung ist, wenn sie solche Gefühle haben. Wir können sie jedoch unterstützen, wenn sie lernen, für sich selbst einzutreten und Selbstvertrauen zu entwickeln; wenn sie lernen, klare und selbstsichere Aussagen zu machen, in denen sie ihre Grenzen abstecken und inakzeptable Verhaltensweisen anderer beim Namen nennen.

✿

> Den Mund geschlossen halten. Das Gesicht abwenden. Durch das Seitenschiff zurückgehen. Dem Bischof einen Schlag zurückgeben, nachdem er mich während der Konfirmation geschlagen hat. Das Wort *Nein* wie eine goldene Münze im Mund halten, wie etwas Wertvolles, etwas, das möglich ist. Unseren Töchtern beibringen, *Nein* zu sagen. Ihr *Nein* höher schätzen als ihr bereitwilliges Ja. Das Wort *nein* mit der Faust umklammern und sich weigern, es herzugeben. Den Jungen unterstützen, der *nein* zur Gewalt sagt, das Mädchen, das nicht verletzt werden will, die Frau, die *„Nein, nein, ich will nicht!"* sagt. Das *Nein* lieben, das *Nein* in Ehren halten, das so oft unser erstes Wort ist. *Nein* – das Mittel der Transformation.
>
> Louise Erdrich, *The Blue Jay's Dance*

Als eine meiner Töchter elf Jahre alt war, erzählte sie mir monatelang immer wieder von Situationen, in denen sie das Gefühl hatte, dass ein Lehrer ihr oder ihren Klassenkameradinnen gegenüber respektlos gewesen sei. Ich war froh, dass sie das Gefühl hatte, mir alles aus der Schule erzählen zu können, und ich versuchte, so verständnisvoll wie möglich zu sein. Eines Tages erzählte sie mir die folgende Geschichte: Sie war mit ihren Freundinnen und Freunden bei einer abendlichen Schulveranstaltung, und es wurde viel geredet und ausgelassen gelacht. Plötzlich kam ihr Lehrer auf sie zu, nannte ihren Namen und sagte mit tadelnder Stimme: „Sei eine Dame!" Daraufhin schaute sie dem Lehrer direkt in die Augen und sagte: „Ich bin eine Dame – aber eben eine starke!"

Wenn Mädchen die Erfahrung machen, dass ihre Gefühle respektiert werden, können sie allmählich lernen, die Einstellungen und Verhaltensweisen besser zu erkennen und zu benennen, die ihnen Probleme bereiten. Sie können dann einen besseren Kontakt zu ihren Gefühlen entwickeln und lernen, diesen Gefühlen zu vertrauen und sie auf effektive Weise zum Ausdruck zu bringen. Dadurch können sie allmählich ihre eigene Kraft aktivieren lernen, und sie entwickeln ein Repertoire emotionaler Fähigkeiten, das für ihre weitere Entwicklung von großer Bedeutung ist. Diese Kraft ist besonders wichtig, wenn sie allein in einer Gesellschaft leben, die ihnen in mancherlei Hinsicht ihre innere Kraft zu rauben und sie auszubeuten versucht.

Ich war mit meiner damals elfjährigen Tochter in einem kleinen Laden für Orientteppiche. Der Ladeninhaber stammte aus einem anderen Land, und begrüßte uns mit übertrieben wirkender Freundlichkeit. Ich fühlte mich nicht besonders wohl dabei, aber ich ging schnell darüber hinweg und schaute mir ein paar Teppiche an. Als wir den Laden wieder verließen, sagte meine Tochter zu mir, dass sie sich dort sehr unwohl gefühlt habe, weil der Mann ihr jedes Mal, wenn ich ihn nicht angeschaut hätte, „komische" Blicke zugeworfen habe. Ich sagte irgendetwas in Richtung

„Andere Länder, andere Sitten". Später wurde mir klar, wie fehl am Platze meine Reaktion gewesen war und dass ich im Grunde versucht hatte, das Verhalten dieses Mannes „wegzuerklären" und zu entschuldigen, statt meine Tochter darin zu bestärken, dass ihr Unbehagen berechtigt gewesen war.

Als ich ihr dann abends „Gute Nacht!" sagte, erklärte ich ihr, ich hätte über die Situation in dem Teppichladen noch einmal nachgedacht und dass ich nicht wolle, dass so etwas noch einmal passiere. Deshalb wolle ich mit ihr ein Zeichen vereinbaren, durch das sie mir in einer solchen Situation zu verstehen geben könne, wenn sie sich aus irgendeinem Grund unwohl fühle. Ich schlug vor, sie solle meine Hand nehmen und sie drücken; dann wüsste ich, dass irgendetwas nicht stimme, und wir würden dann sofort gehen. Die Augen meiner Tochter leuchteten auf, und sie lächelte, während sie über diesen Vorschlag nachdachte.

✿

So schwer es auch sein mag und so verwirrt und hilflos wir uns manchmal vorkommen – angesichts der Tatsache, dass der Prozess der Sozialisierung von Mädchen zwischen neun und vierzehn oft verlangt, die eigene Stimme, die eigene Selbstbestimmung aufzugeben, brauchen unsere Töchter unsere Unterstützung und Ermutigung, damit sie mit dem in Berührung bleiben können, was in ihnen am lebendigsten und stärksten ist. Im nächsten Kapitel möchten wir Ihnen eine norwegische Geschichte über ein Mädchen nacherzählen, das seinem Wesen treu geblieben ist.

Zottelhaube oder: „Ich gehe so, wie ich bin!"

Es waren einmal ein König und eine Königin, die hatten keine Kinder, und darüber war die Königin sehr traurig. Immer wieder beklagte sie sich, dass sie keine Familie habe und dass es im Palast so einsam sei ohne Kinder um sie herum.

Der König sagte, wenn sie gern Kinder um sich hätte, könne sie doch die Kinder ihrer Verwandten ins Schloss einladen. Dieser Vorschlag gefiel der Königin außerordentlich, und schon bald tollten zwei ihrer kleinen Nichten durch den Palast und den Park.

Eines Tages, als die Königin den beiden Mädchen aus dem Fenster zuschaute, sah sie, dass die beiden mit einem kleinen fremden Mädchen in Lumpen Ball spielten. Sofort eilte die Königin die Treppe hinab in den Garten, um nach dem Rechten zu sehen.

„Kleines Mädchen, das hier ist der Park des Palastes", sagte sie mit scharfer Stimme. „Du darfst hier nicht spielen!"

„Wir haben sie gefragt, ob sie mit uns spielen will", riefen die beiden Nichten und liefen dann zu dem kleinen Mädchen in Lumpen und nahmen es bei der Hand.

„Du würdest mich nicht fortjagen, wenn du wüsstest, welche Macht meine Mutter hat", erwiderte das merkwürdige kleine Mädchen.

„Wer ist deine Mutter?" fragte die Königin, „und welche Macht hat sie?"

Das Kind deutete auf eine Frau, die auf dem Markt vor dem Palasttor Eier verkaufte. „Wenn sie will, kann sie Menschen verraten, wie sie Kinder bekommen können, wenn alle anderen Mittel erfolglos geblieben sind."

Das interessierte die Königin natürlich sehr. Sie sagte: „Sag deiner Mutter, ich möchte mit ihr im Palast sprechen."

Das kleine Mädchen lief zum Markt, und es dauerte nicht lange, bis eine große, kräftige Marktfrau das Zimmer der Königin betrat.

„Deine Tochter hat gesagt, du verfügtest über außergewöhnliche Macht und könntest mir sagen, wie ich Kinder bekommen könne", sagte die Königin.

„Die Königin sollte nicht auf das Geplapper eines Kindes hören", antwortete die Frau.

„Setze dich", sagte die Königin und ließ feine Speisen und Getränke auftischen. Dann sagte sie der Eierfrau, es sei ihr sehnlichster Herzenswunsch, selbst Kinder zu bekommen. Nachdem die Frau ihr Bier getrunken hatte, sagte sie leise, vielleicht wisse sie einen Zauber, und es könne ja nicht schaden, es einmal damit zu versuchen.

„Stellt Euer Bett heute Nacht draußen auf das Gras. Lasst Euch nach Anbruch der Dunkelheit zwei Eimer mit Wasser bringen. Wascht Euch in beiden, und gießt das Wasser anschließend unter das Bett. Wenn Ihr am Morgen aufwacht, werden zwei Blumen aufgegangen sein, eine schöne und eine seltsame. Die schöne müsst Ihr essen, die seltsame jedoch stehen lassen. Vergesst das nicht!"

Die Königin befolgte den Rat und fand am nächsten Morgen unter ihrem Bett zwei Blumen. Die eine war grün und von merkwürdiger Form, die andere war rosa und duftete köstlich. Sogleich aß sie die rosafarbene, die so süß schmeckte, dass sie prompt auch die andere aß, wobei sie sich sagte: „Ich glaube sowieso nicht, dass das helfen oder schaden kann!"

Kurze Zeit später merkte die Königin, dass sie schwanger war, und nach einer Weile gebar sie, und zwar zuerst ein Mädchen, das einen Holzlöffel in der Hand hielt und auf einem Ziegenbock ritt, eine merkwürdige kleine Kreatur, die in dem Augenblick, als sie auf die Welt kam, „Mama!" rief.

„Wenn ich deine Mama bin, dann gnade mir Gott und helfe mir, mich zu bessern", antwortete die Königin.

„Mach dir keine Sorgen", sagte das Mädchen, das immer noch auf dem Ziegenbock umherritt. „Die nächste, die geboren wird, sieht viel schöner aus als ich.“ Und so war es tatsächlich. Die Zwillingsschwester war tatsächlich wunderschön und lieblich anzusehen, was der Königin sehr gefiel.

Die beiden Schwestern waren so verschieden, wie sie nur sein konnten, doch sie liebten einander über alles. Wo die eine war, musste auch die andere sein. Doch wurde die ältere der beiden schon bald „Zottelhaube“ gerufen, denn sie war stark, eigenwillig und unerschrocken und ritt ständig auf ihrem Ziegenbock umher. Sie trug stets zerrissene und verschmutzte Kleider, und auch ihre Haube war zerfetzt. Niemand konnte sie dazu bringen, sich saubere und hübsche Kleider anzuziehen; sie wollte einfach nur alte. Schließlich gab die Königin es auf, sie ändern zu wollen, und ließ sie sich so kleiden, wie es ihr gefiel.

An einem Weihnachtsabend, als die beiden Zwillingsschwestern schon fast erwachsen waren, erhob sich plötzlich in der Galerie vor dem Zimmer der Königin ein schreckliches Lärmen und Klappern. Zottelhaube fragte, was da wohl los sei. Die Königin erklärte, Trolle seien in den Palast eingedrungen. Das passiere alle sieben Jahre. Man könne nichts gegen die üblen Geschöpfe tun, man dürfe sie nicht beachten und müsse das Unheil, das sie anrichten würden, hinnehmen.

Zottelhaube erwiderte: „Unsinn! Ich werde hinausgehen und sie vertreiben!“

Alle protestierten und sagten, sie solle sich vor den Trollen hüten; sie seien zu gefährlich. Doch Zottelhaube beteuerte, sie habe keine Angst vor den Trollen. Sie könne und wolle sie vertreiben. Sie schärfte der Königin ein, alle Türen fest verschlossen zu halten. Dann ging sie in die Galerie, um die Trolle zu jagen. Sie schlug mit ihrem hölzernen Löffel um sich, traf die Trolle am Kopf und an den Schultern und trieb sie zusammen, um sie hinauszujagen. Der ganze Palast erbebte unter dem Krachen und Brüllen, bis das ganze Gebäude einzustürzen drohte.

Doch da öffnete die Zwillingsschwester, die sich um Zottelhaube sorgte, eine Tür und lugte mit dem Kopf daraus hervor, um nach dem Rechten zu sehen. Da kam ein Troll und *Popp!* schlug er ihr den Kopf ab und setzte stattdessen einen Kalbskopf auf ihre Schultern. Die arme Prinzessin lief auf allen Vieren zurück in den Raum und muhte dabei wie ein Kalb.

Als Zottelhaube zurückkam und ihre Schwester sah, war sie sehr wütend darüber, dass die Diener der Königin nicht aufgepasst hatten. Sie schimpfte sie fürchterlich aus und fragte sie, was sie denn jetzt über ihre Unvorsichtigkeit dächten, wo ihre Schwester nun einen Kalbskopf hätte.

„Ich werde versuchen, sie vom Zauber der Trolle zu befreien", sagte Zottelhaube. „Aber dazu brauche ich ein gutes Schiff in bestem Zustand und mit genügend Vorräten."

Nun wurde dem König klar, dass seine Tochter Zottelhaube trotz ihrer Wildheit über außergewöhnliche Fähigkeiten verfügte. Deshalb gab er seine Einwilligung, stellte jedoch die Bedingung, dass sie einen Kapitän und eine Mannschaft mitnehmen müsse. Doch Zottelhaube blieb standhaft und sagte, sie brauche keinen Kapitän und keine Mannschaft und werde nur allein mit dem Schiff lossegeln. Schließlich ließen sie ihr ihren Willen, und sie segelte mit ihrer Schwester davon.

Die beiden hatten guten Wind und segelten direkt in das Land der Trolle, wo sie im Hafen vor Anker gingen. Zottelhaube trug ihrer Schwester auf, an Bord des Schiffs zu bleiben und sich ruhig zu verhalten, während sie selbst auf ihrem Ziegenbock zum Haus der Trolle ritt. Durch ein offenes Fenster sah sie den Kopf ihrer Schwester an einer Wand hängen. Im Nu war sie auf dem Ziegenbock durch das Fenster und ins Haus gesprungen, packte den Kopf, ließ das Tier sofort wieder ins Freie springen und jagte davon, verfolgt von den Trollen, die brüllten und sie wie wütende Bienen umschwirrten. Doch der Ziegenbock schnaubte und stieß mit seinen Hörnern zu, und Zottelhaube schlug mit dem magischen Holzlöffel nach ihnen, bis sie aufgaben und sie in Frieden davonziehen ließen.

Als Zottelhaube wieder sicher auf ihrem Schiff angekommen war, nahm sie ihrer Schwester den Kalbskopf ab und setzte ihr ihren hübschen Menschenkopf auf. Nun war sie wieder ein richtiger Mensch.

„Jetzt wollen wir uns ein wenig die Welt anschauen", sagte Zottelhaube daraufhin zu ihrer Schwester. Diese war begeistert über den Vorschlag, und so segelten sie an der Küste entlang und gingen an einigen Stellen an Land, um sich umzuschauen, bis sie schließlich in ein fernes Königreich kamen.

Im Hafen ging Zottelhaube mit ihrem Schiff vor Anker. Als die Bewohner des Schlosses die merkwürdig fremdartigen Segel sahen, schickten sie den Schwestern Botschafter entgegen, um festzustellen, wer da gekommen war und von wo. Als die Botschafter das Schiff betraten, waren sie sehr verblüfft, dass sie außer Zottelhaube, die auf ihrem Ziegenbock an Deck umherritt, niemanden an Bord fanden.

Als sie fragten, ob sonst noch jemand auf dem Schiff sei, bejahte Zottelhaube dies und erklärte, auch ihre Schwester sei auf dem Schiff. Die Botschafter baten darum, sie sehen zu dürfen, doch Zottelhaube lehnte das ab. Dann fragten sie, ob die beiden Schwestern bereit seien, zu einer Audienz beim König und seinen beiden Söhnen auf das Schloss zu kommen.

„Nein", erwiderte Zottelhaube. „Wenn sie uns sehen wollen, können sie zum Schiff kommen." Dann fing sie an, auf ihrem Bock umherzugaloppieren, bis das Deck bebte.

Der ältere der beiden Prinzen wurde neugierig auf die Fremden und eilte gleich am nächsten Tag zum Schiff. Als er die schöne Jüngere der beiden Zwillingsschwestern sah, verliebte er sich sogleich in sie und wollte sie heiraten.

„Nein, das geht auf keinen Fall", erklärte sie. „Ich werde meine Schwester niemals verlassen. Ich werde nicht heiraten, bis auch sie verheiratet ist."

Missmutig kehrte der Prinz zum Schloss zurück, denn er konnte sich nicht vorstellen, dass irgendjemand bereit wäre, das merkwürdige Geschöpf auf dem Ziegenbock zu heiraten, das wie eine zerlumpte Bettlerin wirkte. Doch da es sich geziemte, Fremden gegenüber Gastfreundschaft zu zeigen, wurden die beiden Schwestern erneut ins Schloss eingeladen, und der Prinz bat seinen jüngeren Bruder, Zottelhaube an jenem Abend Gesellschaft zu leisten.

Die jüngere Schwester kämmte sich ihr Haar und legte für den Abend ihr feinstes Kleid an; Zottelhaube hingegen wollte sich nicht festlich kleiden.

„Du könntest doch statt dieser Lumpen eines meiner Kleider anziehen", schlug die Schwester ihr vor. Doch Zottelhaube lachte nur.

„Du könntest dieses zerlumpte Häubchen ausziehen und dir die Rußstreifen vom Gesicht waschen", fuhr die Schwester, nun schon etwas verärgert, fort, denn sie wollte, dass ihre geliebte Zottelhaube einen möglichst guten Eindruck machte.

„Nein“, sagte Zottelhaube bestimmt. „Ich werde so gehen, wie ich bin.“

Alle Bewohner der Stadt schauten den beiden fremden Frauen nach, als sie zum Schloss ritten. Es war eine außergewöhnliche Prozession. An der Spitze ritten der Prinz und Zottelhaubes schöne Schwester auf wundervollen weißen Pferden, die mit einer Golddecke geschmückt waren. Dann folgte der Bruder des Prinzen auf einem wunderschönen Pferd mit silbernem Geschirr, und neben ihm ritt Zottelhaube auf dem Ziegenbock.

„Du bist ja nicht gerade gesprächig“, sagte Zottelhaube zu ihrem Begleiter.

„Was gibt es denn schon zu reden?“ erwiderte dieser. Dann ritten sie eine Weile schweigend nebeneinander her, bis er schließlich herausplatzte: „Warum reitest du auf einem Bock statt auf einem Pferd?“

„Da du mich schon danach fragst“, antwortete Zottelhaube, „ich kann auch auf einem Pferd reiten, wenn ich das möchte.“ Im gleichen Augenblick verwandelte sich der Bock in einen wunderschönen Hengst.

Verblüfft riss der junge Mann die Augen weit auf und wandte sich Zottelhaube nun mit sichtlich größerem Interesse zu.

„Warum versteckst du deinen Kopf unter einer zerlumpten Haube?“ fragte er weiter.

„Ist es eine zerlumpte Haube? Das kann ich ändern, wenn ich will“, antwortete sie. Und im gleichen Augenblick erschien auf ihrem langen dunklen Haar ein Diadem aus Gold und mit winzigen Perlen darauf.

„Was für ein ungewöhnliches Mädchen bist du!“ rief der Prinz aus. „Aber warum trägst du diesen hölzernen Löffel ständig bei dir?“

„Ist es ein Löffel?“ sagte sie, und im gleichen Augenblick verwandelte sich der Löffel in ihrer Hand in einen Stab aus Ebereschenholz mit goldener Spitze.

„Nun verstehe ich!“ rief der Prinz erfreut aus. Während sie weiterritten, lächelte er und summte ein Lied.

Schließlich sagte Zottelhaube: „Willst du mich nicht fragen, warum ich diese zerlumpten Kleider trage?“

„Nein“, antwortete der Prinz. „Es ist klar, dass du sie trägst, weil du es so willst, und wenn du es ändern willst, dann wirst du es tun.“ In diesem Augenblick verschwand Zottelhaubes zerlumptes Gewand, und sie trug plötzlich einen Mantel und einen Rock aus grünem Samt. Der Prinz lächelte und sagte: „Die Farbe steht dir sehr gut.“

Als das Schloss vor ihnen auftauchte, sagte Zottelhaube zu ihm: „Und willst du mich nicht bitten, ob du mein Gesicht unter den Rußstreifen sehen darfst?“

„Auch das soll so geschehen, wie du es willst.“

Während sie durch das Tor des Schlosses ritten, berührte Zottelhaube mit dem Stab aus Ebereschenholz ihr Gesicht, und die Rußstreifen verschwanden. Ob das Gesicht, das nun zum Vorschein kam, wunderschön oder schlicht war, werden wir nie erfahren, weil es weder den Prinzen noch Zottelhaube im Geringsten interessierte.

Sicher ist jedoch, dass das Fest im Schloss sehr glücklich war, denn das Singen, Spielen und Tanzen dauerte viele Tage lang.

✿

Selbstbestimmung und Authentizität sind der Schlüssel zu Zottelhaubes Lebensenergie wie auch zu allem, was sie tut oder sagt, so merkwürdig oder sogar abstoßend es bei oberflächlicher Betrachtung auch wirken mag. Zottelhaube hat keine Angst, sie selbst zu sein. Von Geburt an ist sie wild und ungewöhnlich, nach konventionellen Maßstäben könnte man sogar sagen „hässlich“. Sie ist laut, schmutzig, furchtlos und stark. Sie weiß, was sie will, und geht ihren eigenen Weg, ohne sich darum zu kümmern, was andere über sie denken könnten. In ihrem Körper gibt es nicht einen Funken Passivität. Sie erfüllt auf ihrem Schiff die Aufgaben des Kapitäns ebenso wie die der Mannschaft; sie holt den Kopf ihrer Schwester zurück, und sie bereist mit ihrem Schiff die Welt. Sie ist eine wilde Frau, die aber gleichzeitig auch ihre „vollkommene“ Schwester liebt und alles für sie tut – eine Schwester, die über all die äußeren Eigenschaften verfügt, die die Gesellschaft an Frauen so hoch bewertet. Zottelhaube ist so dunkel, wie ihre Schwester hell ist. Ihre äußere Erscheinung ist vielleicht bei oberflächlicher Betrachtung nicht so angenehm wie die ihrer

Schwester, muss aber mit ihren eigenen Maßstäben gemessen werden, und ihre Essenz ist wunderschön. Sie bleibt jedoch all denen verborgen, die nicht zu sehen vermögen.

Aus Liebe zu ihr versucht die schöne Schwester, Zottelhaube zu überreden, ihre zerlumpten Kleider abzulegen und ihr schmutziges Gesicht zu waschen. Sie möchte, dass Zottelhaube den bestmöglichen Eindruck macht. Wie viele von uns Eltern versuchen, ihren Kindern die Kritik anderer zu ersparen, weil sie möchten, dass andere sie als ebenso schön empfinden, wie sie selbst es tun? Doch Zottelhaube ist standhaft: „Nein, ich werde so gehen, wie ich bin."

Als der Prinz neben Zottelhaube herreitet, schweigt er. Schließlich bricht sie das Schweigen; er vertut die Zeit aber nicht mit Smalltalk, sondern stellt ihr eine ehrliche und direkte Frage: „Warum reitest du auf diesem Bock statt auf einem Pferd?" Als die Ziege sich in ein Pferd verwandelt, bemerkt er das natürlich. Er wird aufmerksamer und fährt fort, Fragen zu stellen, hört jedoch damit auf, bevor er zu ihren zerlumpten Kleidern kommt. Er überlässt es ihr, ihm zu erklären, was es damit auf sich hat. Sein Schweigen zeigt uns, dass er sie akzeptiert. Sie sagt: „Willst du mich nicht fragen, warum ich diese zerlumpten Kleider trage?" Er verneint und sagt, ihm sei klar, dass es ihre Entscheidung sei, sich so zu kleiden, und wenn sie es ändern wolle, so werde sie es sicher tun. Und genau in diesem Augenblick, in dem der junge Prinz die Selbstbestimmung der jungen Frau anerkennt – „Auch das soll so geschehen, wie du es willst" –, verwandelt sie sich und zeigt ihm im weiteren Verlauf, was das Wichtigste an der Liebe ist.

Partei ergreifen, Selbstbehauptung, Verantwortung

Gemeinsam mit einer Freundin wurde ich (mkz) einmal in die Schule bestellt, um einen Vorfall mit unseren Töchtern zu besprechen. Es ging in beiden Fällen um das gleiche Thema: Die „eigenwilligen" Mädchen hatten ihren Lehrern gesagt, wie sie etwas empfanden, was diese getan hatten, und waren deshalb als „respektlos" bezeichnet worden.

Eines Nachmittags rief mich die Direktorin der Grundschule in ihr Büro. Sie sagte, eine Aufsicht führende Lehrerin habe meiner Tochter und einer Gruppe von Mädchen aus der fünften Klasse verboten, weiter mit den Jungs Fußball zu spielen. Daraufhin hatte meine Tochter der Aufsichtsperson gesagt, sie sei sexistisch und Mädchen hätten das gleiche Recht, Fußball zu spielen, wie Jungen. Die Direktorin versuchte während des Gesprächs mit mir, die wütende, herausfordernde Körpersprache meiner Tochter zu imitieren, wie sie ihre Arme verschränkt und ihren Kopf abgewendet hatte. Sie schien fest davon überzeugt zu sein, dass ich mich ihrer Meinung anschließen und das Verhalten meiner Tochter ebenfalls verurteilen würde. Sie sagte, sie habe ein Treffen meiner Tochter mit den beiden Lehrern der Pausenaufsicht arrangiert und dem Mädchen verboten, sich weiterhin so respektlos zu verhalten, denn die Aufsicht führenden Lehrer seien schließlich für die Sicherheit der Kinder verantwortlich. Deshalb müssten die Kinder auf sie hören. Die Direktorin versicherte mir, sie habe meiner Tochter die Möglichkeit gegeben, den Vorfall aus ihrer Sicht zu schildern, und sie habe sie aufgefordert, sich schriftlich bei den beiden Aufsicht führenden Lehrern zu entschuldigen.

Ich konnte mich der Meinung dieser Frau insofern anschließen, als meine Tochter tatsächlich noch lernen musste, ihre Gefühle auf eine respektvollere Weise zu äußern. Aber ich sagte ihr auch, ich hätte den Eindruck, meine Tochter sei über eine aus ihrer Perspektive ungerechte Intervention wütend gewesen und habe versucht, den Aufsichtspersonen ihre Gefühle mitzuteilen. Außerdem scheine mir, dass ihre Einwände und ihre Sicht der Situation nicht ernst genommen worden seien und sie unterschwellig als „böse" eingestuft wurde, nur weil sie ihre Gefühle zum Ausdruck gebracht hatte. Ich fragte die Direktorin, ob sie glaube, dass es wohl als ebenso negativ angesehen worden wäre, wenn ein Junge seine Arme verschränkt und auf die gleiche Weise seine Meinung geäußert hätte.

Später habe ich meiner Tochter zu vermitteln versucht, dass es vielleicht sinnvoll wäre, zu lernen, ihre Ansichten zu äußern, ohne respektlos zu sein. Menschen, die nicht wüssten, was sie mit dem Ausdruck „sexistisch" meine, könne es so vorkommen, als gebrauche sie ihn als Schimpfwort. Auch habe ich sie darauf hingewiesen, dass es sehr hilfreich sei, wenn sie sich dessen bewusst sei, wie sie spreche – dass sie ihre Körpersprache und den Tonfall ihrer Stimme wahrnehme. Denn nicht nur, *was* sie sage, sei wichtig, sondern auch *wie* sie es sage. Ich versuchte ihr aufzuzeigen, dass ihre Handlungen auf andere Menschen eine Wirkung und somit auch Konsequenzen hätten, und eine davon sei, die Bereitschaft jener anderen, aufzunehmen, was sie sage, zu beeinflussen.

Es ist für uns alle nicht leicht, auf respektvolle Weise zu sagen, wie wir uns fühlen und wie wir etwas sehen. Wir müssen Kindern den Raum geben, das zu lernen, und das können sie nur, indem sie es ausprobieren, Fehler machen und es dann erneut ausprobieren.

Dass es meine Tochter einiges an Mut kostete, ihre Meinung zu äußern, hatten die Lehrer gar nicht anerkannt. Stattdessen wurde sie aufgefordert, still zu sein und sich zu fügen. Wenn meine Tochter bei ihren Versuchen, für ihre eigenen Interessen und für die Interessen anderer einzutreten, immer wieder diese Reaktion bekommen würde und wenn sie keine Eltern hätte, die ihren Zorn akzeptieren und ihre Ansichten zu verstehen versuchen, dann würde sie sich vielleicht zurückziehen, aufhören, ihre

Meinung zu äußern, und vielleicht wie so viele Mädchen ihr Selbstvertrauen verlieren. Mit neun Jahren sind Mädchen oft vital und selbstbewusst, aber mit vierzehn scheint diese Stärke irgendwie wieder verborgen zu sein, fraglich, schwer erkennbar oder sogar ganz verloren gegangen.

❁

Die Freundin meiner Tochter ist eine sehr begabte Schülerin, eine Perfektionistin, die sehr hohe Ansprüche an sich selbst stellt. Außerdem hat sie sehr klare Vorstellungen über alle möglichen Dinge. In der fünften Klasse hatte ihr die Lehrerin gesagt, sie solle die Sachen, an denen die Schüler im Rahmen eines Projekts gerade arbeiteten (Puppen, die sie selbst gemacht hatten, und Bücher aus der Stadtbücherei) während des Wochenendes in der Schule lassen. Sie hatte aber das Gefühl, das sei nicht sicher genug, sagte zur Lehrerin aber nur: „Nein, ich möchte die Sachen wieder mit nach Hause nehmen." Die Lehrerin empfand das als respektlos und bestellte die Eltern der Schülerin zu einem Gespräch ein. Obgleich dieses Mädchen sich in der Schule nie „daneben benimmt", sah die Lehrerin ihr Verhalten sehr eng und interpretierte es als Respektlosigkeit statt als ein Zeichen der Entscheidungskompetenz und Selbstsicherheit dieser Schülerin.

Natürlich hätte sie der Lehrerin ihre Bedenken erklären können, wäre dann vermutlich verstanden worden und hätte respektvoller gewirkt. Doch erfordert die hohe Kunst der Kommunikation eben Übung und Erfahrung. Und andererseits hätte auch die Lehrerin als Erwachsene respektvoller gegenüber der Schülerin sein und sie fragen können, *weshalb* sie denn das Material mit nach Hause nehmen wolle.

Als Eltern müssen wir unseren Kindern helfen, sich über ihre Anliegen klar zu werden, und sie ermutigen, diese auf selbstsichere *und* respektvolle Weise zum Ausdruck zu bringen und für das einzustehen, was sie für richtig halten – selbst wenn sie nicht verstanden werden oder wenn ihre Gefühle übergangen werden. Wenn wir unsere Kinder in dieser Hinsicht unterstützen wollen, wird es vielleicht nötig sein, ab und zu für sie Partei zu ergreifen und ihnen zu helfen, die schwierigen Situationen, in die sie manchmal geraten, richtig einzuordnen.

Wenn Kinder spüren würden, dass ihre Gefühle ernst genommen werden; dass Erwachsene versuchen, ihren Standpunkt zu verstehen; dass Lehrer aufgeschlossen und verständnisvoll sind statt engstirnig und abwertend: dann könnten sie in der Schule weitaus mehr wesentliche Fähigkeiten fürs Leben lernen.

Achtsamkeit im Klassenzimmer

In South Jordan (US-Bundesstaat Utah), an der Welby-Grundschule, hat Cherry Hamrick, eine Lehrerin der fünften Klasse, Mitte der Neunziger sechs Jahre lang die Praxis der Achtsamkeit in ihre Lehrtätigkeit eingebaut, um die Schüler darin zu unterstützen, sie selbst zu sein und sich beim Lernen im Unterricht besser kennen zu lernen. Sie sorgte dafür, dass Kinder täglich Zeit hatten, ihre Aufmerksamkeit nach innen zu richten. Sie nannte das „die Zeit, in der ihr euch vertraut werdet“. Mittlerweile integrieren viele Lehrer auf verschiedene Weise Achtsamkeits-Übungen in ihre Arbeit. Cherry war eine der ersten, ein echter Pionier. Wir beschreiben im Folgenden kurz ihre Arbeit.

✿

Jeden Tag zeigt ein anderes Kind mit einer Glocke den Anfang und das Ende dieser Phase der Stille an. Das betreffende Kind entscheidet auch darüber, wie lange die Schüler still sitzen und ihrem Atem folgen, wobei zehn Minuten die Obergrenze sind. Die Kinder entscheiden also darüber, wie lange und wie sie üben. Außer der stillen Sitzmeditation praktizieren sie manchmal den *Body-Scan* (ein meditatives Spüren des ganzen Körpers) und achtsames Stretching, außerdem Geh-Meditation auf dem Schulhof und eine Meditation im Stehen in einer Reihe, bevor sie das Klassenzimmer betreten. Anfangs fanden die Schüler diese Übungen zur Stressminderung „verrückt“ und „seltsam“, doch mittlerweile sind sie für die Klasse zu einem wichtigen Bestandteil des schulischen Alltags geworden. Viele Schüler schätzen die Übungen sehr und bringen sie auch ihren Eltern und Geschwistern bei.

Indem sie sich auf ihren Atem fokussieren und das Kommen und Gehen ihrer Gedanken wahrnehmen, lernen sie, dass sie nicht auf jeden Gedanken, der ihnen in den Sinn kommt, zu reagieren brauchen und dass sie sich nicht von ihrem erregten und ständig herumspringenden Geist mitreißen zu lassen brauchen. Mit zunehmender Übung werden ihnen die Stille und das Stillsitzen vertrauter. Einer der Jungen, der unter Hyperaktivität litt, lernte nach großen Problemen in den ersten Klassen innerhalb eines Jahres, ruhig zu sitzen und sich dabei sogar recht wohl zu fühlen. Er war schließlich in der Lage, sich bis zu zehn Minuten lang auf den Fluss seines Atems zu fokussieren. Seine Konzentrationsfähigkeit im Unterricht wurde deutlich besser, und er wurde zum ersten Mal von seinen Mitschülern und von den Lehrern akzeptiert. Das erzählte mir seine Mutter eines Tages, als ich (jkz) die Klasse besuchte. Dieser Junge leitete eine zehnminütige Sitzmeditation für die ganze Klasse und einige Eltern, die anwesend waren, wobei er die Anweisungen gab, während wir schweigend da saßen.

Wenn es in der Schule auf offene Art und Weise, ohne Manipulation vermittelt wird, kann es zu einem wichtigen Ausgleich für die starke Stimulation und Außenorientierung des schulischen Alltags werden, wenn Kinder schon in jungen Jahren lernen, mit ihrer inneren Stille und Ruhe in Berührung zu kommen. Unter anderem können Kinder durch diese Übung entdecken, wie sie in Zustände tiefer Konzentration kommen und wie sie diese Fähigkeit für die Aufgabe nutzen können, mit der sie es gerade zu tun haben.

Eine von Mrs. Hamricks Schülerinnen, ein elfjähriges Mädchen, schrieb mir folgendes:

Zu Hause zu meditieren ist für mich eine Gewohnheit geworden, und ich werde es mein ganzes Leben lang machen. Als ich mit Meditieren anfing, sagte ich, wenn ich ein Jucken spürte, innerlich zu mir: „Fühlen, fühlen", aber nach spätestens einer Minute kratzte ich mich dann doch. Mittlerweile kratze ich mich in solchen Fällen nicht mehr, weil ich das Jucken jetzt so lange aushalten kann, bis es von selbst wieder verschwindet. Ich habe in der Meditation bemerkt, dass mein Atem tiefer wird und dass ich besser dabei bleiben kann. Außerdem ist mir aufgefallen, dass ich nach Yoga-Übungen mehr Energie habe als vorher. Ich glaube, das ist so, weil ich intensiver darauf achte, was ich tue. Weil ich meditiere und Yoga übe, hetze ich nicht mehr in alles so hinein, wie ich das früher getan habe.

Mrs. Hamrick hat die Übungen zur Stressreduzierung durch Achtsamkeit nicht nur in ihren Unterricht integriert, sondern sie hat die Achtsamkeitspraxis auf kreative Weise in praktisch jeden Bereich des Lernens einbezogen, unter anderem in Mathematik, Englisch, Naturwissenschaften und Erdkunde. Sie ermutigt die Schüler, mit ihrer ganzen Persönlichkeit zu lernen. Sie nähern sich neuen Themen stets so, dass nicht nur die kognitiven Fähigkeiten und die Fähigkeiten zur Informationsverarbeitung genutzt werden, sondern auch Intuition, Gefühle und der Körper. Dadurch lernen sie die Grundlagen dessen, was heute *emotionale Intelligenz* genannt wird, und außerdem entwickeln sie mehr Enthusiasmus für das Lernen.

Ein Lehrer an der gleichen Schule beschreibt seine Erfahrungen bei einer gemeinsamen Unterrichtsveranstaltung mit Mrs. Hamrick wie folgt:

Die ganze Einstellung und die Atmosphäre in ihrer Klasse waren für mich sehr beeindruckend, und ich hatte bis zu diesem Zeitpunkt noch nichts Vergleichbares kennen gelernt. Mir fiel auf, dass sie ein bestimmtes Vokabular benutzte, um Dinge zu beschreiben … Sie nannte das, was sie zu erreichen versuchte, „gut funktionierenden Unterricht".

Mir fiel die friedliche Atmosphäre in der Klasse auf. Ihre Schüler gingen sehr kooperativ miteinander um und diskutierten gemeinsam über ihre Arbeit. Sie durften während des Unterrichts miteinander sprechen, allerdings nur, wenn es mit dem Thema zu tun hatte oder mit den Gefühlen, die es bei ihnen auslöste. Es herrschte echtes Interesse und echte Fürsorge zwischen Schülern und der Lehrerin. Sie sprachen jeden Tag über ihre Gefühle und verarbeiteten sie. Ich registrierte auch, dass die Schüler mehr Selbstwertgefühl und mehr Respekt für das menschliche Leben und das Leben allgemein entwickelten.

Die Schüler wirkten in dieser Atmosphäre glücklicher und zufriedener, als ich selbst es je beobachtet oder erlebt hatte. Sie brachten ihre Zuneigung durch achtsames Berühren (Umarmen) zum Ausdruck, und sie konnten Konflikte und Probleme auf liebevolle und fürsorgliche Weise regeln, statt feindselig oder beleidigend zu werden.

Mrs. Hamrick brachte den Schülern auch bei, sich mit dem Atem zu verbinden und mit dieser Methode auch ihr eigenes Leben zu steuern. Nach einer kurzen meditativen Vorbereitung am Morgen schienen sie für den Unterricht besser gerüstet zu sein. Die Unterrichtssituation war die eines „offenen Klassenzimmers", und die Fähigkeit der Schüler, sich zu konzentrieren und nicht von dem Lärm ablenken zu lassen, der mit dieser Situation einhergeht, ist Mrs. Hamricks Engagement in der pädagogischen Praxis zuzuschreiben.

Mrs. Hamrick selbst beschrieb in einem Brief an mich eine für die Klasse schwierige Situation: Weil das Klassenzimmer während des laufenden Schuljahrs renoviert werden musste, mussten die Schüler in einen anderen Raum umziehen.

Die Lehrer aller fünften Klassen klagen über die Störungen, die dieser Umzug mit sich bringt, und die radikalen Verhaltensänderungen bei den Schülern. Eigentlich sind in der ganzen Schule Kommentare über schlechtes Benehmen zu hören. Der erste Tag nach dem Umzug war für die meisten Lehrer chaotisch. Uns hingegen hat unsere tägliche gemeinsame Achtsamkeitsübung einige wunderschöne Tage in der neuen Umgebung beschert …

Am ersten Tag nach dem Umzug war es friedlich. Alle Schüler versuchten sich auf die Zusammenarbeit als Klasse zu konzentrieren … Während der Rest der Schule fast durchdrehte und Lehrer und Schüler überall herumsuchten, wo jetzt alles untergebracht war, wollten die *Rainbow Riders* einfach ihr Klassenzimmer einweihen – mit dem, was sie „Feeling" nennen. Sie wollten in dem „Feeling" zusammensitzen, das sie beim gemeinsamen Meditieren haben. Sie lieben die Atmosphäre gelöster Heiterkeit, die sie zusammen erleben. Es ist herzerfrischend, wie sie sagen, es sei „schwer zu erklären". Sie beharren darauf, dass es sich mit „Worten nicht erklären" lasse, was für die meisten Erwachsenen frustrierend ist, wenn sie eine Erklärung erwarten. Die Schüler sagen, man müsse es fühlen und „dass es eine Weile gedauert hat und es am stärksten ist, wenn sie zusammen sind".

Am ersten Umzugstag hielt ich mich völlig aus dem Geschehen heraus und ließ die Schüler ihren Weg selbst finden. Das tue ich oft, weil ich dann besser spüre, wo sie innerlich stehen und wie sie die Situation auffassen. Wo alles jetzt untergebracht war, interessierte sie wenig, bis auf die Toiletten und den Trinkbrunnen. Sie wollten einfach miteinander in

Kontakt sein und sich an das neue Klassenzimmer gewöhnen. Ich wartete bis 11 Uhr und bat sie dann, mir zu sagen, wann sie eine Besichtigungstour durch die neue Schule machen wollten. Sie grinsten nur und sagten, es sei nicht nötig. Mittags könne ich ihnen die Cafeteria zeigen, aber sie seien noch nicht so weit. Die Schüler wiesen mich höflich darauf hin, dass ich wieder einmal mein „Vorhersage-Talent" benutzen würde, es aber momentan besser sei, im gegenwärtigen Augenblick zu bleiben. Ich sagte: „Ach so, okay" und fragte mich, was sie wohl über mich dachten. Ein Junge (derjenige, der als hyperaktiv beschrieben wurde) war über die Erklärung seiner Kameraden aufgebracht und sagte: „Ihr braucht ihr nicht das Denken zu ersparen! Sie wird es schon alleine herausfinden."

Mittlerweile sind wir schon zwei Wochen in dem neuen Gebäude, und die Kinder wollen immer noch nicht mehr sehen als das Allernotwendigste und die Räume, die sie zur Zeit brauchen. Mir gefallen die Ergebnisse unserer Praxis. Ich habe sie noch ein paarmal darauf hingewiesen, dass sie mir sagen sollen, wenn sie eine Besichtigungstour machen wollen. Irgendwann sagten sie, vielleicht sei zum Schulabschluss eine Besichtigungstour nett. Sie meinten, die anderen Klassen würden sich „mit allen möglichen Sachen herumschlagen, die sie gar nicht brauchen", und würden sich „nicht um sich selber kümmern und wie sie zusammenarbeiten". P. sagte: „Sie laufen dauernd in der Gegend herum auf der Suche nach irgendwas, und es hört nie auf."

Unter der Anleitung einer gut ausgebildeten, hoch motivierten, kreativen und mutigen Lehrerin lernen diese Kinder, sich nach innen zu wenden, sich selbst besser kennenzulernen und ihre Zusammenarbeit auf eine sehr befriedigende und zutiefst authentische Weise zu erleben.

❁

Mit dieser Geschichte will ich keinesfalls den Eindruck erwecken, dass wir unseren Kindern beibringen sollten, formell zu meditieren, obwohl der Einsatz meditativer Methoden sich manchmal auf ganz natürliche Weise anbieten kann. In solchen Situationen können wir uns auf unsere eigene Erfahrung und Praxis besinnen und unseren kleinen Kindern beispielsweise, wenn sie sich verletzt haben, vorschlagen, sich einmal ganz genau anzuschauen, welche „Farbe“ ihr Schmerz hat und wie sie sich von Augenblick zu Augenblick verändert. Oder, wenn sie Schwierigkeiten haben, sich zu entspannen oder einzuschlafen, können wir ihnen zeigen, wie sie sich auf den Wellen ihres Atems wie in einem kleinen Boot „treiben lassen“ können. Oder wir fragen sie, wenn jemand sie beleidigt hat, ob sie sich an andere Situationen erinnern, in denen ihr Geist wegen dem, was andere machten oder sagten, einmal „hohe Wellen geschlagen“ hat.

Es scheint klug, bewusst auf die Signale unserer Kinder zu achten und auf die Art, wie sie je nach Alter ihre Interessen ausdrücken. Letztlich können wir sie am besten durch unser eigenes Beispiel lehren, durch unser Bemühen, präsent zu sein, und unsere Sensibilität ihnen gegenüber. Wenn wir selber formell praktizieren, ob im Sitzen oder im Liegen, verkörpern wir Stille und innere Ruhe. Unsere Kinder erleben uns als tief zentriert und werden mit dieser Art zu sein vertraut. Viele Einsichten und Einstellungen, die sich aus der Achtsamkeitspraxis entwickeln, fließen allmählich in die Familienkultur ein und prägen unsere Kinder auf eine Art und Weise, die sie in ihrem eigenen Leben sehr wahrscheinlich als sinnvoll erkennen werden.

Teil Neun

Grenzen und Chancen

Erwartungen

Unreflektierte Erwartungen an unsere Kinder können sehr leicht unsere Sicht der Dinge färben und beeinflussen, wie wir entscheiden und handeln. Erwartungen können nützlich und positiv sein und wichtige Perspektiven eröffnen. Sie können aber auch sehr hemmend wirken und unseren Kindern wie auch uns unnötigen Schmerz verursachen.

Wir alle haben Erwartungen – an uns selbst und an andere Menschen, und vor allem dürften wir sie unseren Kindern gegenüber haben: Vorstellungen, wie sie sich benehmen sollten; wie sie aussehen oder sich anziehen sollten; dass sie in der Schule gut sein sollten; was für Beziehungen sie haben sollten; was sie in ihrem Alter tun und welchen Entwicklungsstand sie erreicht haben sollten, und so weiter und so fort. Wie Sie sicher schon oft erlebt haben, folgen den Erwartungen normalerweise sofort die Bewertungen. Wenn wir auf unsere Gedanken und Gefühle Acht geben, dann sehen wir, dass Erwartungen und die damit verbundenen (oft unausgesprochenen) Werturteile ein fester Bestandteil unserer inneren Landschaft sind. Höchst problematisch sind sie, wenn wir starr an ihnen festhalten und vergessen, dass sie einfach Gedanken sind, oft von intensiven Gefühlen begleitet, und nicht unbedingt „wahr". Achtsamkeit in Bezug auf Erwartungen kann deshalb enorm erhellend und befreiend sein.

Wenn wir anfangen, unsere Erwartungen an uns selbst näher zu untersuchen, werden wir feststellen, dass wir eine ganze Reihe davon hegen und dass wir uns selber oft gnadenlos verurteilen, wenn wir „versagen". Ein paar allgemein verbreitete Erwartungen, die wir vielleicht auch selbst hegen, sind zum Beispiel, dass wir alles, was wir tun, „gut" oder „richtig" machen

„sollten"; dass wir bei der Arbeit erfolgreich sein sollten, als Vater oder Mutter wunderbar, als Sohn oder Tochter in Liebe ergeben und gewissenhaft und überhaupt von anderen Leuten gemocht und respektiert sein sollten.

Wenn wir uns selbst scharf verurteilen, weil wir das Gefühl haben, den eigenen Erwartungen nicht gerecht geworden zu sein, kann das – je nach Situation und unserer Biografie – eine Reihe von Emotionen erzeugen: Scham, Enttäuschung, Verlegenheit, Zorn, Demütigung, Unfähigkeit. Die gleichen Gefühle können unsere Kinder erleben, wenn sie sich verurteilt fühlen. Deshalb ist es wichtig, dass wir uns unsere Erwartungen bewusst machen und wie wir sie zum Ausdruck bringen; welchem Zweck sie dienen und wie sie sich, positiv oder negativ, auf unsere Kinder auswirken könnten.

Natürlich unterscheiden sich unsere Erwartungen von Kind zu Kind und je nach Alter. Sie können auch gegenüber Jungen und Mädchen unterschiedlich sein. Manche haben vielleicht mit unserem familiären Alltag zu tun, beispielsweise, wer in der Familie wofür zuständig ist, und bei anderen geht es mehr um unsere gegenseitigen Beziehungen. Vielleicht tragen wir auch potenziell problematische, konfliktbeladene und oft unbewusste und unausgesprochene Erwartungen mit uns herum: etwa, dass ein bestimmtes Kind immer gehorcht oder „trotzig" („schüchtern", „kontaktfreudig" usw.) ist. Vielleicht meinen wir das nicht böse, aber unbewusst läuft es wahrscheinlich darauf hinaus, dass wir ein Kind in eine gedankliche Schublade stecken, die einengend und abwertend zugleich ist. Wieder liegt das Hauptproblem in einem Mangel an Aufmerksamkeit bezüglich unserer Tendenz, die eigenen Ideen und Meinungen für bare Münze zu nehmen und unsere Kinder in ihrer Fülle und Komplexität gar nicht mehr zu sehen.

Als Teil der kontinuierlichen Weiterentwicklung unserer Achtsamkeit können wir uns daran erinnern, unsere Gedanken achtsam zu betrachten und damit auch die Erwartungen, die wir hegen (mitsamt den damit verbundenen Emotionen). Dabei hilft es, konkrete Fragen zu stellen: Wie sehen unsere Erwartungen an unsere Kindern eigentlich aus? Sind sie realistisch und altersgemäß? Tragen sie zu Wachstum und Eigenständigkeit des Kindes bei? Erwarten wir zu viel – oder zu wenig? Beschwören wir durch unsere Erwartungen unnötigen Stress und Fehlschläge herauf? Stärken unsere Erwartungen und die Art, wie wir sie formulieren, das

Selbstwertgefühl unseres Kindes, oder engen sie ein, blockieren sie, sind sie spöttisch? Tragen sie zum Wohl des Kindes bei, zu seinem Gefühl, geliebt, umsorgt und akzeptiert zu werden? Passen sie überhaupt zu diesem einen Kind? Wie passen sie zu seinem einmaligen Temperament, Lernstil, seinen Interessen? In solch einem einfachen Hinterfragen steckt enorme Kreativität, sowohl durch das Fragen in dieser Art und dadurch, dass wir Gedanken als Gedanken sehen, Emotionen als Emotionen, Bewertungen als Bewertungen.

Es kann sinnvoll sein zu untersuchen, ob unsere Erwartungen den vielen Facetten des Wesens jedes einzelnen Kindes gerecht werden und ob Kinder den Raum haben, unterschiedliche Verhaltensweisen zu erproben. Können wir ihnen beispielsweise gestatten, dass sie ihre Wut- und Aggressionsgefühle ausdrücken, solange sie andere nicht verletzen? Ist uns klar, dass es überhaupt nicht mitfühlend und liebevoll ist, wenn wir erwarten, ein Kind sollte immer mitfühlend und liebevoll sein, und wir dann unserer Enttäuschung Ausdruck geben, wenn es wütend wird oder sich egoistisch verhält?

Wenn du großzügige Kinder haben willst,
Musst du ihnen erst einmal erlauben,
egoistisch zu sein.
Wenn sie diszipliniert sein sollen,
Musst du ihnen erst einmal erlauben,
spontan zu sein.
Wenn du willst, dass sie fleißig sind,
musst du sie erst einmal faul sein lassen.
Das ist eine sehr feine Unterscheidung
Und denen, die dich kritisieren,
Nur schwer zu erklären.
Eine Eigenschaft kann nicht vollständig erlernt werden,
Wenn man ihr Gegenteil nicht versteht.

William Martin,
„Gegensätze sind notwendig“,
aus: *Das Tao-Te-King für Eltern*

Wir haben endlose Möglichkeiten zu üben, wie wir unsere Erwartungen an ein Kind geschickter, sachlicher und freundlicher formulieren können. Wir können für ihre Reaktionen offen sein und ihre Gefühle anerkennen und ihnen gleichzeitig klar sagen, was wir im jeweiligen Moment brauchen oder erwarten. Auf lange Sicht können wir so unsere Kinder unterstützen, Erwartungen an sich selbst und an andere zu erkennen und zu entwickeln, die sowohl realistisch als auch gesund sind.

❁

Ich (mkz) erinnere mich noch sehr gut daran, dass sich meine Erwartungen unserem ersten Kind gegenüber veränderten, als das zweite Kind kam. Plötzlich erwartete ich von dem älteren Kind, dass es sich verantwortlicher und unabhängiger verhielt, als das vorher der Fall war. Nach der Ankunft der Neugeborenen sahen wir das Kind, das bis dahin unser „Kleiner" gewesen war, in einem völlig anderen Licht, und unsere Erwartungen ihm gegenüber vermehrten sich. Dieses weit verbreitete Phänomen rührt teilweise vielleicht daher, dass es uns das Leben mit dem Neugeborenen leichter macht, oder es ist das Nebenprodukt einer Art biologischen Artenschutzes: Wir verlieben uns in das Neugeborene, und das ältere Kind verliert seine magische Aura, weil es uns nicht mehr im selben Maße zum Überleben braucht wie das Baby.

Wenn ich beobachte, dass andere Eltern ähnliche Erwartungen an ihre „älteren" Kinder haben, wünsche ich mir, ich könnte sie daran erinnern, dass ihr Zweijähriges immer noch in vielerlei Hinsicht ein „Baby" ist; dass ihr Vierjähriger eben nur ein Vierjähriger ist; dass ihre Sechsjährige immer noch von ihnen umsorgt werden und ihre Zuwendung und liebevolle Energie spüren möchte; dass ein Achtjähriger, obwohl er mehr Verantwortung übernehmen kann und davon auch profitiert, trotzdem noch ihre Umarmungen braucht; dass ein Kind nicht ständig Verantwortung übernehmen, sondern die Eltern auch für sich allein haben möchte und immer noch die Möglichkeit haben muss, Kind zu sein.

Unsere Kinder haben auch Erwartungen an uns. Beispielsweise können Kinder erwarten, dass wir immer pünktlich sind oder immer zu spät kommen, dass wir zuverlässig oder unzuverlässig sind, dass wir immer oder nie Zeit für sie haben, dass wir schnell wütend werden oder aber verständnisvoll sind. Ihre Erwartungen basieren darauf, wie wir uns ihnen gegenüber bisher verhalten haben. Unsere Kinder können uns unser eigenes Verhalten bewusst machen, für das wir selbst oft blind sind. Dadurch erhalten wir die Möglichkeit, uns zu ihrem und zum eigenen Besten zu ändern.

Wenn wir plötzlich mürrisch oder jähzornig werden und unser Kind scharf zurechtweisen, so kann das für das Kind verwirrend und beunruhigend sein. Wenn wir in einem solchen Augenblick einfach eingestehen, dass wir müde sind und einen anstrengenden Tag hinter uns haben, ohne dem Kind irgendwelche Vorwürfe zu machen, so geben wir ihm einen Rahmen, in dem es unser Verhalten verstehen kann. Wenn wir überraschend reagieren und dieses unerwartete Verhalten als das benennen können, was es ist, bringen wir eine gewisse Ordnung in ein zunächst verwirrend anmutendes Universum. Die Gefahr, dass unsere Kinder sich selbst schuldig oder angespannt und ängstlich fühlen, wenn die Stimmung ihrer Eltern sich plötzlich verändert, wird geringer. Außerdem lernen sie auf diese Weise etwas Wichtiges über Menschen im Allgemeinen, und vielleicht hilft es ihnen auch, wenn sie selbst älter geworden sind, Aspekte ihres eigenen Verhaltens klarer zu erkennen.

Wenn ein Kind beispielsweise aus Versehen etwas kaputt macht, könnte es erwarten, dass die Eltern darüber wütend werden, und überrascht sein, wenn das nicht passiert. Vielleicht sind sie in der Vergangenheit manchmal wütend geworden. Aber jetzt reagieren sie verständnisvoller und wohlwollender, weil sie sich bemühen, ihr Verhalten und seine Auswirkungen auf das Kind achtsamer zu gestalten und sich an dem zu orientieren, was am wichtigsten ist. Indem sie das tun, verkörpern sie mehr Güte und Verständnis, überwinden den blockierenden Einfluss der Erwartungen, die sie an das Kind hatten, und verändern dabei auch die Erwartungen, die es ihnen gegenüber hat.

Unsere Erwartungen an unsere Kinder verändern sich auch je nach dem Druck, unter dem wir stehen, und je nachdem, ob wir in einer bestimmten Situation das Gefühl haben, noch über Spielraum zu verfügen. Wenn es uns schlecht geht, können wir von unseren Kindern kein

Mitgefühl und Verständnis *erwarten.* Das heißt nicht, dass sie Mitgefühl oder Verständnis nicht manchmal haben. Kinder können manchmal ungeheuer gütig und mitfühlend sein, doch oft wollen sie ganz einfach, was sie wollen, und sind nicht an den Problemen ihrer Eltern interessiert. Auch haben Kleinkinder an langen, wortreichen Erklärungen wenig Interesse. Aber es hilft ihnen zu wissen, dass unser Verhalten damit zusammenhängt, wie wir uns fühlen, so wie auch ihr Verhalten damit zusammenhängt, wie sie sich fühlen.

Wenn die Kinder klein sind, haben wir in der Familie bestimmte Regeln. Beispielsweise: „Du darfst ohne einen Erwachsenen nie die Straße überqueren." – „Bevor die Hausaufgaben nicht fertig sind, darfst du nicht fernsehen." – „Egal, wie wütend du bist, du darfst andere nie schlagen." Klar zu sagen, welche Verhaltensweisen für uns völlig inakzeptabel sind und was wir stattdessen erwarten, ist auch eine wichtige Art der Zuwendung. Insbesondere kleine Kinder fühlen sich geborgen und geradezu erleichtert, wenn ihre Eltern konsequent sind und klare Grenzen setzen.

Wenn Kinder älter werden, übernehmen sie allmählich mehr Verantwortung – sowohl für das, was sie konkret tun, als auch für ihr Verhalten allgemein. Es hilft ihnen, wenn wir sie für das, was sie tun, verantwortlich machen und auf eine Weise mit ihnen umgehen, die ihre Selbstbestimmung respektiert und ihnen gleichzeitig eine Chance gibt, die natürlichen Konsequenzen ihres Tuns zu erleben.

Manchmal erleben wir vielleicht, dass unsere Erwartungen und die unserer Kinder sich klar widersprechen. Als eines unserer Kinder einmal nicht wollte, dass wir an einer Veranstaltung in der Schule teilnahmen, waren wir überrascht und enttäuscht. Wir wären so gern dabei gewesen, doch unsere Tochter wollte die Veranstaltung allein besuchen. Es sollte *ihre* Erfahrung sein.

Als unser Sohn das erste Mal zum College fuhr, erwartete ich (mkz), dass ich ihn hinfahren würde, und ich wollte das auch. Als seine Mutter wollte ich sein neues Zuhause sehen und an diesem wichtigen Schritt in ein neues Leben teilhaben. Doch er wollte etwas anderes. Sein Freund, mit dem er eine lange Reise gemacht hatte, sollte ihn hinfahren. Er wollte als unabhängiger Mensch im College ankommen, nicht als Sohn, der von seinen Eltern gebracht wurde. Nachdem er uns das gesagt hatte, schwankte ich einige Augenblick zwischen einem starken Gefühl der Enttäuschung und meinem Bemühen, die Situation aus seiner Perspektive zu sehen. Nachdem ich verstanden hatte, warum es für ihn so wichtig war, allein zu fahren, war ich in der Lage, meine eigene Erwartung loszulassen und aufrichtig zu sagen: „Ich kann verstehen, dass du mit deinem Freund fahren willst, und es ist für mich in Ordnung."

In solchen Situationen bitten Kinder ihre Eltern darum, die Dinge aus ihrer Perspektive zu sehen. Sie bitten darum, verstanden und akzeptiert zu werden. Oft handeln Eltern aus der Perspektive ihrer eigenen Bedürfnisse und Wünsche, ohne die Bedürfnisse und Wünsche ihrer Kinder zu berücksichtigen. Es hilft uns, wenn wir beides achtsam sehen und entdecken können, was – im Rahmen des für uns Möglichen – für unsere Kinder das Beste ist, und wenn wir uns nötigenfalls von der Fixierung darauf, wie wir die Dinge gern hätten, lösen.

Wir machen unseren Kindern ein großes, wenn auch oft unbemerktes Geschenk, wenn wir uns mit unseren eigenen Erwartungen auseinandersetzen und es uns gelingt, diejenigen loszulassen, die unseren Kindern nicht helfen und ihr Wachstum und Wohlbefinden nicht fördern. Das ist ein wichtiger Teil unserer Praxis als achtsame Eltern. Wenn wir das schaffen, wird die Atmosphäre innerhalb unserer Familie leichter, es entsteht mehr Raum und Ausgeglichenheit und überhaupt mehr Raum für alle, um zu wachsen.

Nachgeben

Ausgerechnet als ich (mkz) einige sehr anstrengende und mit Terminen vollgepackte Wochen hinter mir habe, wird meine jüngste Tochter krank. Ihr Gesicht ist gerötet, und sie hat Kopfschmerzen. Ich sehne mich danach, endlich frei zu sein, und plötzlich sehe ich mich einer noch anstrengenderen Aufgabe gegenüber.

Ich bin wütend und frustriert und habe das Gefühl, an meine Grenzen zu kommen. Ich will einfach nicht, dass so etwas jetzt passiert. Ich möchte meine Ruhe haben, mich ins Bett verkriechen und die Tür hinter mir zumachen. Doch ich sehe, dass meine Tochter sich scheußlich fühlt. Sie will bei mir sein. Sie braucht mich. Mein Herz wendet sich ihr zu. Sie tut das nicht, um mich zu quälen. Sie kann nichts dafür, sie ist krank. Ich spüre, wie ich tief durchatme. Ich spüre, wie ich mich in das ergebe, was getan werden muss, und mich von meinen eigenen Erwartungen und der Liste der Dinge löse, die ich mir vorgenommen hatte.

Das Fieber intensiviert ihr gesamtes Erleben. Ihre Augen vertragen das Tageslicht nicht; deshalb ziehe ich die Vorhänge in ihrem Zimmer zu. Es ist dunkel, und eine friedliche Atmosphäre entsteht. Von ihren gewohnten Zerstreuungen wie Musikhören, Telefonieren und so weiter will sie nichts wissen. Ab und zu schläft sie. Wenn sie wach ist, möchte sie nicht allein sein. Ich sitze bei ihr. Ich lege ihr ein kaltes Tuch auf die Stirn. Ich bringe ihr Tee und Toast, lese ihr vor. Während ich all das tue, tröstet es mich, dass ich tue, was ich kann, damit sie sich besser fühlt. Die Augenblicke, in denen ich ihr vorlese oder wo ich einfach bei ihr sitze und ihre Hand halte, sind still und reich. Während ich ihr vorlese, schaut sie mich mit sichtlicher Freude an oder sagt: „Ich bin froh, dass wir zusammen sind." Ihre Augen leuchten ungewöhnlich hell, und ihr Gesicht wirkt fast transparent. Ich denke darüber nach, wie anders ihr Tageslauf aussehen würde, wenn sie in der Schule wäre, und ich bin erstaunt, dass Kranksein so stärkend sein kann. Ich habe oft beobachtet, dass meine Kinder aus einer Krankheit mit tiefgehenden Veränderungen hervorgegangen sind, als ob sie irgendwie gewachsen wären, verändert in diesem Schmelztiegel namens Fieber und durch den Rückzug in die Stille und das Umsorgt-Werden.

Natürlich gibt es auch Momente, wo meine Tochter gereizt, fordernd oder wütend ist. Diese Augenblicke sind für mich immer wieder ein besonderes Übungsfeld. Nehme ich sie persönlich und werde selbst wütend auf sie, oder vergegenwärtige ich mir, wie es ist, krank zu sein, so dass ich mich mitfühlend und verständnisvoll verhalten kann? Kann ich zulassen, dass sie ihre Frustration und ihr Elend zum Ausdruck bringt, ohne dass ich sie verurteile oder kritisiere? Vermag ich mich von meinen eigenen Erwartungen an den betreffenden Tag zu lösen und mich auf die Notwendigkeiten und die Schönheit der unerwarteten Situation einzulassen?

Grenzen und Chancen

Es gibt Untersuchungen, aus denen hervorgeht, dass Kinder, deren Eltern entweder sehr nachgiebig sind und kaum Grenzen setzen oder aber sehr autoritär, streng und dominant sind, zwangsläufig leiden müssen. Wenn Eltern sowohl warmherzig als auch konsequent sind und Kinder innerhalb eines klaren Rahmens von angemessenen Regeln und Grenzen respektvoll behandelt werden, so tendieren sie dazu, mehr Selbstvertrauen und Selbstwertgefühl zu entwickeln. Im Rahmen einer fürsorglichen und engagierten Beziehung kann das Abstecken klarer Grenzen für unsere Kinder auch als ein Eröffnen von Möglichkeiten gesehen werden statt nur als Aufrichten von Barrieren, die den Weg versperren.

Wir haben in unserer Familie Grenzen nie willkürlich gesetzt. Wir haben versucht, nicht dem verständlichen Impuls nachzugeben, autoritär aufzutreten, aber in dem, was wir für nötig hielten, trotzdem konsequent zu bleiben. Unsere Grenzen betrafen gewöhnlich Dinge, von denen wir das Gefühl hatten, dass sie sich auf das Wohl eines Kindes negativ auswirken: beispielsweise Fernsehen, Junk Food, Filme, Videospiele, daneben negative Verhaltensweisen anderen gegenüber, wie Respektlosigkeit, Schlagen oder Verspotten.

Wenn wir Grenzen setzten, versuchten wir das so zu tun, dass es sich für uns richtig und für unsere Kinder fair anfühlte. Aber natürlich empfinden unsere Kinder unsere Entscheidungen oft als unfair. Trotzdem: Wenn wir wissen, was nötig ist, können wir freundlich, aber bestimmt zu unserem Entschluss stehen. Bei manchen Themen können zu starre Regelungen zur Folge haben, dass sie sich auf das, was sie nicht bekommen, erst recht fixieren. Mit zunehmendem Alter werden auch die Anforderungen an sie höher. Wenn wir zu streng sind, kann es sein, dass sie ihr Vertrauen in uns verlieren, uns belügen oder sich völlig zurückziehen.

Andererseits: Sind wir zu nachgiebig ihnen gegenüber – das heißt, dass sie alles tun und haben dürfen, bevor sie in einem Alter sind, wo sie sich selbst steuern können –, werden wir die negativen Auswirkungen bald beobachten können. Diese können sich als Erschöpfung, Anspannung, Gereiztheit, Ängstlichkeit, Unsicherheit, Aggression, schlechtes Urteilsvermögen, unbeherrschte Verhaltensweisen oder generelle Unausgeglichenheit zeigen. Im Allgemeinen tut man wohl gut daran, immer einen vernünftigen Mittelweg zu suchen.

Als unsere Kinder noch klein waren, haben wir versucht, ihnen die Freiheit zu geben, ihre Umwelt zu erforschen, sich mit Dingen zu beschäftigen, die sie interessierten, und ganz generell unterschiedliche Verhaltensweisen auszuprobieren. Wenn sie Dinge taten, die schädlich oder potenziell gefährlich waren, versuchten wir, unser Eingreifen auf diese konkreten Verhaltensweisen zu beschränken. Wir versuchten, ihnen sehr sachlich zu vermitteln, wenn wir etwas nicht in Ordnung fanden. Gleichzeitig spürten sie aber, dass *sie selbst* „okay" waren, dass sie sich unserer Liebe und unseres Wohlwollens nach wie vor sicher sein konnten.

Manchmal resultierte unser Grenzen-Ziehen auch aus Zorn, aus dem Gefühl: „Jetzt ist das Maß voll!" Doch meist beruhten diese Entscheidungen auf gesundem Menschenverstand, beispielsweise aus unserer Sorge darum, dass sie genug Schlaf bekommen, sich gut ernähren oder nicht in Gefahr geraten sollten. Im Laufe der Zeit lernten sie durch die Erfahrung solcher Grenzen allmählich, für sich selbst zu sorgen und zunehmend auch selbst angemessenere Entscheidungen zu treffen.

Bei älteren Kindern müssen wir manchmal, trotz des starken Drucks von Seiten der Gleichaltrigen und der Gesellschaft, einschreiten und bestimmte Aktivitäten einschränken. Das erfordert große Ausdauer und viel Geschick, manchmal Verhandlungskünste auf höchstem Niveau. Vater oder Mutter eines Teenagers zu sein ist wahrhaftig anstrengend. Doch ist diese Mühe ebenso notwendig wie das nächtliche Aufstehen in der Zeit, in der die Kinder noch Babys sind.

Je älter unsere Kinder werden, umso stärker spüren wir als Eltern in Situationen, in denen zwischen unseren Erwartungen und dem Verhalten unserer Kinder Welten klaffen, das Bedürfnis, einfach zu sagen: „Das dulde ich nicht!“ Wenn wir in solchen Fällen unseren Protest in selbstgerechtem Ton vorbringen, verschärfen wir die Probleme nur. Andererseits steckt oft dahinter, dass wir uns absolut hilflos und nicht in der Lage fühlen, die Situation zu beeinflussen. Denn was können wir noch tun, nachdem wir vehement zum Ausdruck gebracht haben, dass wir ein bestimmtes Verhalten nicht länger dulden werden? All die relativ einfachen Strategien, auf die wir zurückgreifen konnten, als unsere Kinder noch klein waren – beispielsweise der Versuch, sie abzulenken oder sie ganz einfach physisch vom jeweiligen Ort zu entfernen –, sind bei älteren Kindern unangemessen oder nicht praktikabel.

Bei Heranwachsenden müssen wir in problematischen Situationen oft warten, bis sich ihr Zorn gelegt hat und sie wieder ansprechbar sind, bevor wir mit ihnen zusammen Lösungen und Kompromisse finden können. Wenn wir damit anfangen können, ihre Gefühle zu erkennen, können wir zu ihnen idealerweise einen aufrichtigen Kontakt herstellen und von da aus dann ein mehr problemorientiertes Gespräch führen. Letztendlich geht es um eine Kombination: aus ihrem eigenen gesunden Menschenverstand und ihrer wachsenden Selbsterkenntnis, aus unserer Fähigkeit, Gefühle und Sorgen auf eine Weise auszudrücken, die sie annehmen können, und eventuell aus konkreten Konsequenzen wie Einschränkungen beim Internet oder später beim Auto.

Was wir auch zu tun oder zu sagen beschließen, in jedem Fall ist es hilfreich, wenn wir selbst mit unserem eigenen energetischen Zustand und unseren Gefühlen in Kontakt sind, indem wir etwa unsere Aufmerksamkeit auf Spannungen im Körper und auf den Atem legen, ihn bewusst verlangsamen und tiefer werden lassen. Damit können wir unser eigenes Nervensystem beruhigen, was zwangsläufig einen Effekt auf unser Kind hat. Wir sollten auch den Tonfall, in dem wir sprechen, wahrnehmen. Wir können versuchen, jenen strengen und oft auch lauten und harten Ton zu vermeiden, in den wir in solchen Augenblicken leicht verfallen, und können das, was wir sagen wollen, ruhig und gleichzeitig bestimmt und klar sagen. In diesen schwierigen Momenten ist es nötig, dass wir uns immer wieder in unserer inneren Stärke verankern und uns erinnern, was das Wichtigste ist. Dies ist das Herzstück der Achtsamkeitspraxis in der Aktivität.

Letztlich hängt die Bereitschaft unserer Kinder, Grenzen zu akzeptieren, teilweise davon ab, wie eng sie sich mit uns Eltern oder mit der gesamten Familie verbunden fühlen – ob sie erkennen, dass wir ihnen Grenzen setzen, weil uns ihr Wohlergehen wichtig ist, und ob sie das Gefühl haben, dass wir uns ihnen gegenüber fair verhalten.

Wie viele Eltern mit Kindern im mittleren Schulalter litten wir eine Zeitlang darunter, dass eine unserer Töchter ihre gesamte Freizeit am Telefon verbrachte. Was harmlos anfing, entwickelte sich dahin, dass sie vom Augenblick ihrer Heimkehr aus der Schule bis zur Schlafenszeit telefonierte oder auf einen Anruf wartete. Was auch immer sie tat, sie war jederzeit auf dem Sprung, es zu unterbrechen, auch die Hausaufgaben. Sie versicherte uns zwar, sie würde die Hausaufgaben keinesfalls vernachlässigen, doch hatte sie schließlich nicht mehr die Ruhe, sich wirklich auf die schwierigen Schularbeiten zu konzentrieren, und ihre schulischen Leistungen ließen deutlich nach. Dieses endlose Telefonieren beeinflusste aber auch die Beziehung zu ihrer Familie negativ – so sehr, dass sie sich uns gegenüber aggressiv und distanziert zu verhalten begann, als wären wir Fremde.

Wir erkannten, dass es ziemlich autoritär gewesen wäre, einfach ihre Telefonnutzung einzuschränken. Sie wäre dann mit Sicherheit sehr wütend geworden, hätte eine dramatische Szene gemacht, und die Distanz zwischen ihr und uns wäre noch größer geworden. Stattdessen beschlossen wir, die ganze Familie zu einer Versammlung zusammenzurufen, bei der alle Familienmitglieder ihre Ansicht über das Telefonproblem äußern konnten, ohne unterbrochen zu werden. Indem wir uns gegenseitig zuhörten, konnten wir mehr Verständnis für die Sichtweise der anderen Familienmitglieder entwickeln. Wir alle sagten, was wir für akzeptabel hielten und was nicht, und schließlich entwickelten wir gemeinsam eine Telefonregelung – einen Kompromiss, mit dem schließlich alle einverstanden waren.

Nach einigen Tagen des ungestörten Mittagessens und einer Stunde Zeit, um ihre Hausaufgaben in Ruhe zu erledigen, sagte unsere Tochter, dass ihr die neue Telefonregelung „irgendwie gefalle". Es schien ihr gut zu tun, dass sie jeden Tag eine ruhige Zeit für sich allein hatte, die nicht durch Telefonanrufe unterbrochen wurde. Diesen Freiraum hätte sie sich selbst nicht schaffen können; ihn zu ermöglichen war unsere Aufgabe.

Etwa nach zwei weiteren Wochen fing sie natürlich an, den Kompromiss, auf den wir uns geeinigt hatten, aufweichen zu wollen. Sie sagte, sie wolle schon eine halbe Stunde früher telefonieren können. Wir willigten unter der Bedingung ein, dass sie dann auch eine halbe Stunde früher aufhören müsse. Weil sie dazu nicht bereit war, hielt sie sich weiter an die ursprüngliche Regelung. Die Tatsache, dass wir die positive Wirkung der eingeschränkten Telefonzeit sowohl auf unsere Tochter als auch auf die ganze Familie sahen, half uns, standhaft bei der Regelung zu bleiben.

Es wird immer Situationen geben, in denen Flexibilität wichtig ist, und es ist wichtig, dafür wach zu sein. Das macht unsere Elternrolle in gewisser Weise schwieriger, denn unsere Kinder wissen, dass bei manchen Themen die Möglichkeit zu Verhandlungen besteht, und sie werden wahrscheinlich anfangen, gezielt nach Schlupflöchern zu suchen, um die Regeln ein wenig aufzuweichen. Oft werden sie zu so geschickten Anwälten in eigener Sache, dass wir Eltern ihnen eine gewisse Bewunderung nicht versagen können, selbst wenn unsere eigene Autorität dadurch unterminiert wird. Aber vor allem bei kleinen Kindern schafft es klare Erwartungen und ein verlässliches und sicheres familiäres Umfeld, wenn ein Kind lernt, dass ein „Nein" ein Nein ist und dass es keinen Verhandlungsspielraum und keinen Sinneswandel gibt.

Jedes Kind ist anders. Bei einem Frühaufsteher-Kind muss die Schlafenszeit natürlich anders festgelegt werden als bei einer „Nachteule". Ein Kind, das gut lesen kann, hat mehr Möglichkeiten, sich abends zu beschäftigen, als ein Kind, dem das Lesen schwerfällt. Den Kindern, die sich selber schon gut steuern können und weniger impulsiv sind, brauchen Eltern weniger Grenzen zu setzen.

Selbst wenn wir merken, dass sich unsere Toleranz oder die Art, wie wir Grenzen setzen, bei verschiedenen Kindern, in verschiedenen Lebensaltern oder unter verschiedenen Umständen verändern, kennzeichnet es einen achtsamen Umgang mit Kindern, dass wir immer wieder neu prüfen, ob das, was wir tun und denken, dem Wohl *dieses* Kindes wirklich förderlich ist, und dass wir uns fragen, ob es vielleicht doch noch eine bessere Alternative gibt, die wir im Augenblick nicht sehen.

Wenn unsere Kinder zu Teenagern heranwachsen, wird die Straße unseres Elterndaseins kurvenreicher und unübersichtlicher, und die Dinge sind oft nicht, was sie zu sein scheinen. Teenager brauchen ihre Privatsphäre, doch das bedeutet auch, dass wir nicht immer wissen, was mit ihnen los ist, was sie wirklich machen, was sie beschäftigt. Es kann verführerisch für sie sein, uns anzulügen, um machen zu können, was sie wollen. Leicht kann ihr Maßstab die Frage werden: „Womit komme ich durch?" statt: „Was ist wirklich in meinem Interesse?" Anzeichen dafür, dass ältere Kinder Probleme haben, lassen sich oft leichter ignorieren oder leugnen als das Schreien eines Babys. Vielleicht verspüren wir gelegentlich auch die Versuchung, zu Dingen ja zu sagen, zu denen wir eigentlich nein sagen wollen – einerseits, um Streit zu vermeiden, und andererseits, weil wir fürchten, dass wir durch ein Nein die Distanz zu unseren Kindern noch vergrößern.

Für Teenager ist es ebenso wichtig wie für kleinere Kinder, dass wir von Zeit zu Zeit intensiv ihre tatsächliche Situation prüfen und ihnen zeigen, was wir sehen und spüren und was unsere Sorgen sind. Es ist wichtig für sie, dass wir ehrlich sagen, was wir für ihr Wohlergehen als eventuell gefährlich erachten. Andererseits müssen wir, so gut es geht, Sorge tragen, sie nicht zu verprellen (vielleicht ist das nicht immer möglich). Wir dürfen sie nicht in eine Haltung hineintreiben, in der sie sich verschließen, zumachen, uns abtun, die Verbindung zu uns abbrechen. Wenn wir das Gefühl haben, nein zu etwas sagen zu müssen, das sie von uns wollen, enthält dieses Nein, wenn wir nicht achtsam sind, oft viele andere unausgesprochene Botschaften, beispielsweise: „Wir vertrauen dir nicht", „Du bist böse", „Du kannst das nicht beurteilen". Wir müssen uns solcher Gefühle bewusst sein, wenn sie aufkommen, sowie auch der automatischen Reaktionen, die sie auslösen, damit wir nicht in Augenblicken, die ohnehin schon schwierig genug sind, unnötige Distanz und Entfremdung hervorrufen.

Wenn Eltern zu ihrer Tochter im Teenager-Alter sagen: „Nein, du darfst bei diesem Jungen zuhause mit ihm nicht allein sein", so wird die Tochter vielleicht fragen: „Vertraut ihr mir nicht?" Darauf könnten die Eltern wohldurchdacht antworten: „Wir trauen der Situation nicht. Sehr leicht kannst du dich zu Dingen gedrängt fühlen, die potenziell gefährlich sind oder die dir später leid tun könnten." Bei einer solchen Antwort besteht zumindest die Möglichkeit, dass sie nicht als reine Willkür, sondern als respektvolle und realistische Einschätzung gesehen wird, die die Integrität der Absichten des Kindes nicht in Zweifel zieht. Die Tochter versteht unseren Standpunkt vielleicht nicht, lehnt ihn völlig ab und ist wütend und aufgebracht. Trotzdem weisen Eltern mit ihrer Einschätzung auf eine reale Möglichkeit hin, und ihnen ist klar, dass dieser einen Situation, wie sie auch verlaufen mag, vermutlich viele ähnliche folgen werden. Einigermaßen kluge Entscheidungen zu treffen, in welche Situationen wir uns hineinbegeben wollen, ist eine der Lektionen des Lebens, die zu lernen Zeit und Erfahrung braucht.

❁

Eine Freundin von uns bekam einen Anruf von ihrer Tochter: „Mami, ich bin in New York." Die Tochter hatte zuvor mehrere Diskussionen mit der Mutter gehabt, warum sie mit ihren sechzehn Jahren nicht allein nach New York fahren und sich dort eine Schule anschauen könne, für die sie sich interessierte. Die Tochter berichtete am Telefon weiter, da sie die Freundin, bei der sie eigentlich hatte bleiben wollen, nicht erreicht habe, habe sie eine andere junge Frau angerufen, die sie kürzlich kennen gelernt habe, und bei der wolle sie jetzt bleiben. – Welche Möglichkeiten blieben der Mutter, auf diese vollendeten Tatsachen zu reagieren? Wie sollte sie mit so einer Vorgabe umgehen?

Sie überlegte klugerweise einen Augenblick lang und versuchte, die Situation einzuschätzen. Sie erkannte: Ihre Tochter bemühte sich, für sich selbst zu sorgen, und war so rücksichtsvoll, sie anzurufen, damit sie sich keine Sorgen machte. Ihre Tochter war schon in New York. Keine noch so große Empörung konnte daran etwas ändern. Sie sagte ihrer Tochter: „Ich bin im Augenblick nicht wütend, aber ich behalte mir vor, später wütend zu werden.“ Auf diese Weise behielt sie sich die Möglichkeit vor, ihre Empörung zu einem besseren Zeitpunkt zum Ausdruck zu bringen. Dann stellte sie ihrer Tochter konkrete Fragen, um sich ein Bild von der Situation zu machen und festzustellen, ob sie in Sicherheit war und alles Nötige hatte, um die Reise zu Ende zu bringen und wieder nach Hause zu kommen. Sie sah ein, dass die ganze Aktion ein Versuch ihrer Tochter war, etwas zu tun, das ihr sehr wichtig war. Obwohl sie mit ihrem eigenmächtigen Vorgehen nicht einverstanden war, erkannte sie gleichzeitig ihren Mut und ihre Findigkeit. Indem sie die eigenen Gefühle klar sah, gleichzeitig aber auch über die Bedürfnisse ihrer Tochter reflektierte, konnte diese Mutter mehr Verständnis entwickeln und verhindern, dass der Konflikt sie voneinander trennte.

✲

Die unvermeidliche Herausforderung des Elterndaseins ist: Je älter die Kinder werden, desto beunruhigender werden die Dinge, die sie tun, für uns. Die Heranwachsenden erleben bei ihren Ausflügen in die Welt potenziell gefährliche Situationen, auf die wir – anders als in der Zeit, als unsere Kinder noch klein waren – wenig oder gar keinen Einfluss haben. Ein wichtiger, aber sehr schwieriger Aspekt unserer inneren Arbeit in dieser Zeit ist, dass wir uns unserer eigenen Ängste und Befürchtungen bewusst werden. Dadurch besteht die Chance, dass sie unsere Sicht und Sensibilität nicht verschleiern und völlig blind dafür machen, was mit unseren Kindern vor sich geht, oder dass wir nicht mehr sinnvoll mit ihnen kommunizieren können.

Wir können in dieser Zeit auf dem Vertrauensverhältnis zu unseren Kindern und dem Gefühl der Verbundenheit innerhalb der Familie aufbauen. Auf dieser Basis ist es möglich, wenn auch nicht immer leicht, mit unseren Kindern über die Gefahren von Alkohol, Drogen und ungeschütztem – physisch wie emotional – Sex zu sprechen.

Da ältere Kinder über immer mehr Freiheit verfügen und die verschiedensten Entscheidungsmöglichkeiten haben, wovon einige destruktiv und gefährlich sind, und da ihre gleichaltrigen Freunde manchmal starken Druck auf sie ausüben, ist es wichtig für sie, ihre Selbstwahrnehmung zu entwickeln. Das schließt ein, dass sie lernen müssen, sich in jeder Situation ihrer eigenen Gefühle bewusst zu werden, auch wenn diese Gefühle hochgradig widersprüchlich sind, und dass sie die Fähigkeit entwickeln, sich zu fragen, was sie wirklich brauchen. Wenn unsere Kinder über ein gewisses Maß an Selbstwahrnehmung verfügen, besteht eine größere Wahrscheinlichkeit, dass sie gesunde Entscheidungen treffen und vielleicht ihre eigenen Grenzen besser einzuschätzen lernen.

Viele Aktivitäten stärken auf natürliche Weise Selbstwahrnehmung, Selbstdisziplin und Selbstvertrauen. Eine wichtige Rolle spielt die Zusammenarbeit von Eltern, Schulen und sozialen Gemeinschaften, um Kindern solche Möglichkeiten zu eröffnen und in diesen schwierigen Phasen achtsame Orientierung zu bieten. Asiatische Kampfkünste, Sport, Yoga, Tanzen, Malen, Bergsteigen, Camping in freier Natur, Tagebuchschreiben und viele andere Aktivitäten geben Kindern die Möglichkeit, reale und imaginäre Grenzen zu erleben sowie die Befriedigung, die es mit sich bringt, wenn man Lichtblicke und Durchbrüche erlebt. Das innere Erleben der eigenen Fähigkeiten und Kompetenzen in einem bestimmten Bereich wirkt sich immer auch auf andere Lebensbereiche positiv aus. Irgendwann kommt für unsere Kinder der Augenblick, wo sie sich auf ihr eigenes Gewahrsein, auf ihren gesunden Menschenverstand und auf die Erfahrungen verlassen müssen, die sie bereits gemacht haben. Irgendwann müssen sie ihren Weg in die Welt allein weitergehen und sich den Herausforderungen des Lebens und des weiteren Wachstums stellen.

Sich um die eigenen Angelegenheiten kümmern

Spanne nicht den Bogen eines anderen.
Reite nicht das Pferd eines anderen.
Diskutiere nicht über die Fehler eines anderen.
Befasse dich nicht mit den Angelegenheiten eines anderen.

Wu-Men
(Chinesischer Zen-Meister
des 13. Jahrhunderts)

„Wo bist du gewesen?"
„Draußen."
„Was hast du gemacht?"
„Nichts."

Wortwechsel
in einer Familie

Als Eltern können wir leicht dem Glauben verfallen, wir müssten über alles Bescheid wissen, was unsere Kinder tun, und über alles, was in ihrem Inneren vor sich geht. Dass wir dieses Gefühl entwickeln, ist im Grunde völlig natürlich, weil wir ihnen so nahe sind, wenn sie klein sind. Wir sind bei ihnen, während sie sich selbst und die Welt entdecken und kennenlernen und Freude und Schmerz erleben. Doch wenn sie älter werden, wird es immer wichtiger, dass wir ihnen psychologischen Raum für ihre Privatsphäre lassen, so dass sie selbst entscheiden können, ob und wann sie uns etwas erzählen wollen. Das ist per se schon ein Akt liebevoller Güte. Wenn sie uns dann etwas mitteilen müssen oder wollen, werden sie vielleicht spüren, dass sie uns vertrauen können und dass wir verstehen, was sie beschäftigt.

Dafür ist es nötig, dass wir präsent und ansprechbar sind, aber auch entschlossen, uns um unsere eigenen Angelegenheiten zu kümmern. Das ist eine schwierige Gratwanderung, die sehr viel Sensibilität, Urteilsvermögen und Geduld erfordert.

Da jedes Kind – ebenso wie jeder Vater und jede Mutter – anders ist und auch die Umstände nie dieselben sind, ist es nötig, dass wir uns der aktuellen Situation der Familie und in unserem Geist bewusst sind. Um uns um die eigenen Angelegenheiten kümmern zu können, müssen wir wissen, was uns als Eltern etwas angeht und was nicht.

Wissen allein reicht aber nicht. Geduld und Präsenz, ohne die Kinder auszufragen, zu bedrängen oder überbehütend zu sein, kann zu einer positiveren Beziehung beitragen, als wenn die Kinder das Gefühl haben, dass wir uns ständig in ihre Angelegenheiten einmischen, dass wir ständig mehr wissen wollen, als sie mitzuteilen bereit sind, und dass wir immer wieder hinausposaunen, wie verletzt wir sind, wenn wir uns von ihnen ausgeschlossen oder abgeschnitten fühlen.

Vielleicht ist es erhellend, wenn wir einmal an die Zeit zurückdenken, als wir selbst Heranwachsende waren. Gab es nicht auch für uns irgendwann Dinge, die wir für uns behalten mussten, Dinge, die unsere Eltern einfach nichts angingen, nie angehen konnten und angehen durften, weil es Erfahrungen in unserer privaten inneren Welt waren?

Vielleicht teilt unser Sohn uns irgendwann mit, dass er sich verliebt hat oder dass er heiraten will. Vielleicht wissen wir ein wenig über die äußere Situation und spüren die innere, doch was im Inneren unserer Kinder vor sich geht, können wir nie voll und ganz wissen – und das ist auch gut so, weil es uns einfach nichts angeht. Unsere Aufgabe ist es, uns um die eigenen inneren Angelegenheiten zu kümmern, die Angelegenheiten des Geistes, des Körpers, unserer Beziehungen, unseres Lebens. Und dieselbe Freiheit, denselben Respekt gewähren wir unseren Kindern, während sie aus der totalen Abhängigkeit des Kleinkindalters in die Unabhängigkeit des Erwachsenenlebens mit seinen auf Gleichrangigkeit und Gegenseitigkeit beruhenden Beziehungen überwechseln.

Die Qualität und Wärme unserer Beziehung zu unseren Kindern wird immer damit zusammenhängen, wie wir mit unserer eigenen inneren Arbeit fortfahren, und mit unserer Bereitschaft, sie die Dinge selbst herausfinden und selbstständig Entscheidungen treffen zu lassen. Präsenz und Offenheit, Liebe und Interesse sowie die Bereitschaft, auf sie einzugehen, schaffen eine freiere Atmosphäre des Vertrauens und Respekts zwischen Eltern und Kindern. *Das* gehört zu den Angelegenheiten, um die wir uns zu kümmern haben.

„Du bist am Zug!"

Nachdem wir uns mit unseren beiden Töchtern einen Film angeschaut haben, legt sich die ältere schlafen, doch die jüngere ist noch nicht müde. Sie zieht den Schlafanzug an und fragt, ob ich (jkz) ihr eine Geschichte vorlesen kann. Doch dann überlegt sie es sich anders und fragt, ob wir auf ihrem Bett Schach spielen können. Wir vereinbaren, dass wir eine Partie spielen und anschließend Schlafenszeit ist.

Wir werden sehr vorsichtig spielen müssen, damit die Figuren auf dem zusammenrollbaren Schachfeld, das auf der Matratze liegt, nicht umfallen. Doch zuerst bittet sie mich, so wie es eine Prinzessin zu tun pflegt, ihr eine Mandarine zu holen (sie mag Mandarinen sehr gerne). „Und bitte auch eine Wärmflasche mit heißem Wasser, Papa!" Mit der will sie an diesem kalten Novemberabend ihr Bett anwärmen. Es macht mir nichts aus, diese Sachen für sie zu holen, doch dauert es eine Weile, bis ich den Verschluss für die Wärmflasche gefunden habe. Dann hole ich das Schachspiel.

Wir spielen nun seit einigen Wochen wieder häufiger Schach. Manchmal fragt sie mich, ob ich Lust dazu habe, manchmal frage ich sie. Lange hatte sie keine Lust zu spielen, doch Myla schlug vor, ein größeres Spielfeld und größere Figuren als die, die wir anfangs hatten, zu besorgen, und auch eine Schachuhr, wo jeder Spieler nach seinem Zug mit einem Schlag auf den Knopf seine Uhr anhält. Diese Uhr bereichert das Spiel irgendwie. Es ist, als würde man durch sie ausdrücklich bestätigen, dass man den Zug wirklich so gemeint hat. Sie spielt gern mit der Uhr, und mir selbst geht es ebenso, obwohl wir nie überprüfen, wie viel Zeit vergangen ist. Es ist dieser definitive Schlag auf die Uhr nach jedem Zug, was uns so gut gefällt.

Wir beginnen mit unserem abendlichen Match. Sie hat die schwarzen Figuren. Sie wählt immer schwarz. Ich setze sie schnell matt. Wir sind beide überrascht. Ich hatte zuerst selbst gar nicht gemerkt, dass es Matt war. Sie hatte rochiert, und ich hatte meine Dame direkt neben ihren König gezogen, gedeckt von einem Läufer. Sie konnte mich nicht schlagen und sich auch nicht anders verteidigen. Die Partie war so schnell zu Ende, dass wir beschlossen, „noch ein Mal!“ zu spielen.

Im zweiten Spiel versuchte ich eine ähnliche Eröffnung, doch sie merkte schnell, was ich vorhatte. Ich erkannte es daran, dass sie einen Bauern an genau die richtige Stelle zog, was meinen Plan vereitelte. Mit ein bisschen Hilfestellung setzte sie mich genau einen Zug früher schachmatt als ich sie. Es machte so viel Spaß, dass wir entschieden, „noch ein Mal!“ zu spielen.

Mittlerweile bin ich müde und habe eigentlich keine Lust mehr. Durch die Energie des Augenblicks ist diese Unlust aber wie weggeblasen, als das dritte Spiel beginnt.

Diesmal entwickelt sich ein komplizierter Kampf im Zentrum des Spielfeldes. Beide Damen befinden sich auf benachbarten Feldern und werden von den Königen unterstützt, Türme und Läufer befinden sich in der Nähe, die Könige fliehen durch Schlupflöcher hierhin und dahin, wir verfolgen einander, bieten einander abwechselnd Schach und verteidigen uns. Es ist ein wunderbares Match, mit nichts zu vergleichen, was wir beide bisher jemals erlebt haben. Meine Tochter spielt mittlerweile im Liegen, das Kinn am Rand des Spielfeldes auf die Wärmflasche gestützt.

Manchmal schauen wir uns beim Spielen amüsiert oder misstrauisch an, um den anderen bei seinen Plänen zu ertappen oder einfach aus Freude an den Kräften in dieser seltsamen Welt aus 64 Quadraten und eleganten Archetypen aus Plastik. Sie will nie, dass ich sie auf etwas hinweise, doch manchmal lasse ich sie gern einen Zug zurücknehmen, wenn sie eine wichtige Figur verlieren würde, beispielsweise die Dame, oder wenn sie eine große Chance vergeben würde, die sie offensichtlich nicht gesehen hat. Manchmal erlaubt sie mir das auch – und will danach kein Wort mehr hören.

Sie möchte alles selber herausfinden, und ich merke, dass sie in jedem Spiel mehr erkennt und bessere Züge macht. Sie lernt so schnell aus Erfahrung, viel schneller als ich. Sie ertappt mich bei Unachtsamkeiten und ist manchmal gnädig, manchmal jedoch nicht. Sie lernt, meine Pläne zu erkennen und sie zu vereiteln, und sie lernt auch, eigene Strategien zu entwickeln, um meine Stellungen anzugreifen. Eine Art Gefühl für den Raum beginnt in ihr zu wachsen. Ich sehe es ihr an. Ihre Wahrnehmung wird durch das Spiel umfassender. Risiken müssen gesehen und abgewogen, Pläne entwickelt und immer wieder abgewandelt werden, je nachdem, wie sich die Situation auf dem Spielfeld verändert. Strategie und Taktik entwickeln sich aus der Notwendigkeit heraus.

Jedes Spiel bietet zunächst eine unendliche Zahl von Möglichkeiten, die sich allmählich reduzieren und irgendwann in ein unvermeidliches Ende münden. Doch wir können verschiedene mögliche Varianten des Endes durchspielen und tun das manchmal auch. Das ist so, als würden wir in einem Rollenspiel verschiedene Verläufe eines persönlichen Dilemmas durchspielen. Dadurch erkennen wir die Elemente, die in einer Situation eine Rolle spielen, die Möglichkeiten, sie zu kombinieren, und unsere eigene Fähigkeit, Entscheidungen zu treffen und den Lauf der Dinge zu beeinflussen. Wir stellen uns verschiedene Ansätze vor, erproben sie und sehen die Konsequenzen, die sich aus jeder Möglichkeit ergeben. Alle möglichen Psychotherapien machen Gebrauch von Rollenspielen, um emotionale Probleme zu lösen und unterschiedliche Möglichkeiten des Umgangs mit Schwierigkeiten zu erproben. Stellen Sie sich vor, Sie könnten das durch ein Spiel lernen und ein inneres Repertoire verschiedener Möglichkeiten und Züge entwickeln, das Ihr Leben auf neuen Wegen entfaltet und mit Weisheit bereichert.

Nach dem dritten Spiel geht es definitiv auf den Schlaf zu. Meine Tochter fragt, ob ich noch ein wenig bei ihr bleibe. Ich mache das Licht aus und setze mich wieder auf ihr Bett. Sie schläft sofort ein. Ich merke es an ihrem Atem, der plötzlich tiefer und ruhiger wird.

In dem Alter, in dem sie jetzt ist, sagt sie meistens nein, wenn ich frage, ob ich sie ins Bett bringen soll. Deshalb ist ihre Einladung für mich etwas ganz Besonderes, und mir scheint, für sie auch: die Chance, einen Zug zu wiederholen, den sie früher oft gemacht hat …

Ich atme noch ein paar Minuten lang mit ihr, gehe dann still aus dem Zimmer und mache die Tür zu.

Manchmal macht es uns nichts aus, den Verschluss der Wärmflasche zu suchen – oder etwas zu machen, wenn wir am Zug sind, das in unserem Leben eine ähnliche Bedeutung hat. In anderen Situationen, und gewöhnlich sind es viele andere Situationen, *macht* es uns etwas aus, den Verschluss der Wärmflasche zu suchen. Wir haben keine Lust, eine Mandarine zu holen oder uns irgendeine andere Mühe zu machen … Es ist schon zu spät, wir sind zu müde, wir wollen einfach, dass unser Kind endlich ins Bett geht … und wir *wollen* einfach nicht Schach oder irgendetwas anderes spielen.

Doch wenn wir uns einmal, vielleicht einfach als Experiment, dafür entscheiden, unseren Kindern in genau diesem Augenblick das zu geben, was wir ihnen am liebsten *nicht* geben wollen, und uns öffnen und bereitwillig auf sie einlassen, werden wir vielleicht feststellen, dass sich ihnen *und* uns eine ganze Welt eröffnet –, eine gemeinsame Welt, die wir rückblickend niemals mehr werden missen wollen, die wir nicht hätten vorhersagen können und die vielleicht wichtiger für uns ist als alles andere, was wir stattdessen hätten tun können, trotz unserer Erschöpfung und trotz des Zeitdrucks, unter dem wir zu stehen glaubten.

Wenn wir uns entscheiden, einem Kind in einem solchen Moment Aufmerksamkeit zu schenken, verhalten wir uns nicht wie sein Diener (auch wenn wir manchmal dieses Gefühl haben mögen), sondern eher wie ein echter König oder eine Königin, ein souveräner Herrscher, der reich an Zeit und von Herzen gütig ist.

Aber seien wir realistisch. Obgleich wir in unserer Elternrolle einerseits sicherlich souveräne Herrscher sind, *sind* wir, in manchen Augenblicken mehr als in anderen, auch Diener – so wie ein weiser König oder eine weise Königin oder jeder Staatenlenker ein wahrer Diener seines Reiches ist. Und es lohnt sich, in diesem Sinne Diener zu sein.

Es ist ein heikles Geschäft. Wenn wir uns völlig unseren Kindern hingeben, uns ihnen vorbehaltlos öffnen, ihnen jenes Sein öffnen, das, wie wir gesehen haben, seinem tiefsten Wesen gemäß grenzenlos ist, so widersetzen wir uns damit entschieden dem, was in unserer Gesellschaft üblich ist, so dass es praktisch nicht möglich ist, auch nur darüber zu sprechen. Und doch ist es wichtig für uns und unsere Achtsamkeitspraxis, über diese Dinge zu sprechen, sie zu untersuchen und mit ihnen zu experimentieren, so als würden wir neue Züge auf dem Schachbrett ausprobieren – manchmal kühne Züge, die wir uns vorher nie hätten vorstellen können. Wir müssen versuchen, aus dem zu lernen, was sich aus ihnen ergibt. Dann wird sich die Welt wie so oft, wenn wir die Initiative ergreifen, öffnen und es wird Raum für das entstehen, was wir erschaffen.

❁

Du bist die Töne, wir sind die Flöte.
Wir sind die Berge, du bist das Herabschallen.
Wir sind die Bauern und Könige und Türme,
Die du auf das Spielbrett setzt: Wir gewinnen oder verlieren.
Wir sind Löwen, die sich auf Flaggen einrollen und entrollen.
Dein unsichtbarer Wind trägt uns durch die Welt.

Rumi

Weggabelungen

Haben Sie schon einmal innegehalten und darüber nachgedacht, wie die Dinge in Ihrem Leben sich hätten anders entwickeln können, wenn da nicht dieses bemerkenswerte Zusammenfließen von winzigen, unergründlichen und scheinbar zufälligen Ereignissen gewesen wäre, wie sie oft unser Leben beeinflussen und weit reichende Chancen, aber auch Einschränkungen zur Folge haben? Wenn ich (jkz) an jenem Tag im Dezember beschlossen hätte, fünf Minuten früher oder später zum Mittagessen zu gehen, oder wenn Myla nicht zufällig eine Freundin getroffen und mit ihr ein Gespräch begonnen hätte, dann hätten wir uns höchstwahrscheinlich nie kennengelernt. Wir hätten dann nicht die Kinder bekommen, die wir jetzt haben, und wir würden wahrscheinlich auch nicht so leben, wie wir heute leben. Das weist uns auf eine kostbare und geheimnisvolle Eigenart des Lebens hin, über die nachzudenken sich lohnen könnte.

Hätten sich die Dinge nicht so entwickelt, wie es geschehen ist, so wären zweifellos andere Dinge geschehen, und unser Leben würde dann vermutlich ganz anders aussehen. Auch ich wäre dann wohl anders, denn wie ich jetzt bin, hängt in starkem Maße von meiner Beziehung zu Myla und von unserer Liebe zueinander ab.

Das Leben mag ein allgemeines Phänomen sein, doch Liebe und Schönheit sind etwas Spezifisches. Die Welt fordert uns ständig dazu auf, dieses ganz Spezifische zu feiern, an den Orten, wo wir uns wirklich zu Hause fühlen. Sie fordert uns auf, die Kinder zu feiern, die wir haben, das Leben zu feiern, das zu leben uns gegeben ist, wenn wir bereit sind und wach für seine Texturen, Bilder und Klänge, so dass diese vertrauten und stets gegenwärtigen Aspekte unseres Lebens nicht nur in der Erinnerung existieren und mit den Fotoalben im Regal verschwinden. Unsere aktuelle Situation ist ein echter Segen, und ihr tagtäglich neues Entstehen in all seinen Einzelheiten ist geradezu ein Wunder.

Diese Beobachtung erinnert mich ständig daran, dem fruchtbaren Potenzial jedes einzelnen Augenblicks Ehrerbietung und Respekt entgegenzubringen. Sie erinnert mich daran, dass das Potenzial jedes Augenblicks unergründlich ist, auch wenn wir ihn nicht vorausberechnen können, so viele Augenblicke unseres Lebens auf den ersten Blick langweilig und uninteressant wirken und jeder Tag mehr oder minder dasselbe zu sein scheint. Sehr leicht entgehen uns die tausend Spielarten, in denen jeder Augenblick die ungeheure Fülle des ganzen Universums enthält, dass er voller Überraschungen und ungeahnter Möglichkeiten steckt. Wir vergessen, dass wir zuschauen können, wie sich die Augenblicke entfalten, und dazu aufgerufen sind, an ihrer Entfaltung teilzunehmen. Kleine Kinder sind wie Ureinwohner dieser magischen Welt, in der alles frisch und neu und möglich ist.

Jeden Augenblick als potenzielle Weggabelung anzusehen, kann überaus nützlich sein, wenn wir versuchen, die Entwicklung unseres Lebensweges zu verfolgen. Wenn uns daran gelegen ist, dass sich in unserem Leben die Zukunft in irgendeiner Hinsicht von der Gegenwart unterscheidet, dann ist die einzige Zeit, in der wir das erreichen können, die Gegenwart. Denn ist nicht die Gegenwart im Grunde die Zukunft? Ist nicht das Heute die Zukunft von gestern? Hier ist sie. Sie ist schon da. Wir haben sie jetzt, direkt vor Augen.

Wenn wir die Gegenwart so sehen, könnten wir uns fragen: *Wie* ist sie? Sind wir hier, in dieser Aktualität zu Hause? Wissen, fühlen und spüren wir in diesem oder in jedem anderen Augenblick unseres Lebens, wo wir sind und wie wir an diesen Ort, in diesen Augenblick gelangt sind?

Herausfinden können wir das nur, indem wir unsere Augen offen halten, und nicht nur unsere Augen, sondern *alle* Sinne. Doch selbst dann wissen wir es vielleicht nicht, sondern erkennen, dass wir es *nicht* wissen – halten die Frage aber trotzdem aufrecht, weil sie interessant ist, weil wir neugierig sind und weil sich unser Leben, wie es im Augenblick auch sein mag, in diesem Augenblick entfaltet. Hier spielt die Musik!

Wir wissen, dass sich jeder Augenblick aus dem vorherigen ergibt, der ihn auf irgendeine Weise prägt. Der gegenwärtige Augenblick hat seine Eigendynamik. Unsere Handlungen haben immer Konsequenzen. Wenn wir hoffen, irgendetwas lernen oder wachsen oder unsere Gefühle ausdrücken oder die Qualität unseres künftigen Lebens verbessern zu können, dann ist *der jetzige Augenblick* tatsächlich der einzige Zeitpunkt, wo wir den unablässigen Strom der Handlungen und ihrer Folgen beeinflussen können. Wenn wir uns der Qualität und der Möglichkeiten *dieses* Augenblicks bewusst sind – ob wir nun mit einem Kind zusammen sind oder allein –, wird der nächste Augenblick von dieser Bewusstheit beeinflusst und somit anders werden.

Auf diese Weise kann Achtsamkeit uns Chancen eröffnen, die uns noch einen Augenblick zuvor nicht zur Verfügung standen, weil der Geist nun anders sieht. Diese Möglichkeiten mögen als Potenzial immer vorhanden gewesen sein, doch sie zu erschließen und zu nutzen erfordert häufig, dass wir uns voll einbringen. Wenn es also Zeit ist, das Geschirr zu spülen, dann tun wir es auf diese Weise, mit voller geistiger Präsenz. Das eröffnet uns die nächste Möglichkeit. Und so ist es mit allem.

Wir sind gefordert, das Leben, das uns gegeben ist, voll und ganz zu leben und zu verkörpern, mit den Kindern, die großzuziehen uns gegeben ist, hier und jetzt … und jetzt, und jetzt, und jetzt, jeden Augenblick, Tag und Nacht immer wieder von Neuem, während unser Weg uns durch Licht und Dunkelheit führt.

Teil Zehn

Dunkelheit und Licht

Vergänglichkeit

An einem frühen Morgen im Juli paddle ich (jkz) mit einem Kanu im Norden von Maine über einen See. Ich halte nach Elchen Ausschau, während meine Familie noch schläft, in einem Blockhaus am Seeufer. Ich beobachte die Strudel, die das Paddel im stillen Wasser des Sees erzeugt, einen am äußeren Rand des Paddels und einen zweiten auf der anderen Seite. Sie drehen sich eine Zeitlang in entgegengesetzter Richtung und verschwinden hinter mir, während sich das Kanu vorwärts bewegt. Die Strudel sind einfach bewegtes Wasser, eine Weile separat wahrnehmbar, mit deutlichen Konturen einfach durch das Strudeln des Wassers. Als ich hinter mich schaue, sehe ich, wie sie sich schnell wieder auflösen. Die Energie ihrer Bewegung verliert sich bald wieder im See. Mit jedem Paddelschlag entstehen neue Wasserwirbel, jedes Mal anders, und einzigartig. Mein Blick wird wie magisch immer wieder von ihnen angezogen. Infolge bestimmter Voraussetzungen, die der See und mein Paddel schaffen, tritt für einen Augenblick aus der Leere heraus eine Form in Erscheinung.

Für mich sind diese Wasserwirbel ebenso faszinierend – und in gewisser Weise auch ganz ähnlich – wie die Elche, die ich suche, aber an diesem Morgen nicht finde. Auch Lebewesen treten nur für wenige Augenblicke in Erscheinung, als scheinbar eigenständige Wesenheiten, die wir Körper nennen; sie tanzen eine Zeitlang im Licht des Tages, und bald darauf sind sie wieder verschwunden. Wir wissen, dass das Leben in seinen unterschiedlichsten Formen aufgrund bestimmter Bedingungen entsteht. Wir wissen, dass es aus diesen konkreten Formen bald wieder entweicht und sich dann anderswo neu manifestiert. Wir wissen um den Tod. Doch erscheint uns gerade *dieser* Elch oder *diese*r Mensch als mehr oder minder beständig, und dass sie irgendwann vergehen, überrascht uns und erfüllt uns mit Angst, Trauer, manchmal sogar Schrecken. Dennoch wissen wir, dass das Vergehen ebenso zum Wesen der Dinge gehört wie das Entstehen. Wir wissen, dass alle Dinge unbeständig und flüchtig sind, doch versuchen wir, diesen Aspekt so lange zu ignorieren, bis er uns unmittelbar vor Augen steht.

Einige Wochen nach dem morgendlichen Ausflug auf dem See erinnere ich mich an diese Betrachtungen, während ich auf den bleichen, ausgemergelten Körper eines fünfzigjährigen Freundes schaue, der, umgeben von seiner Familie und Freunden, mit Lymphknotenkrebs im Sterben liegt. Der Anblick seines abgemagerten Körpers ist schockierend. Die Muskeln und Sehnen zeichnen sich unter der Haut ab, so wie es nur unmittelbar vor dem Tod der Fall ist. Aber dieser Mensch nimmt trotz seiner Schmerzen, seiner Diarrhöe und seines von Ängsten gezeichneten und mit Medikamenten vollgepumpten Körpers noch irgendwoher die Kraft, eine Party zu besuchen. Im Kreise seiner Freunde liegt er auf der Couch, spielt mit atemberaubender Virtuosität Gitarre, und es gelingt ihm, den Saiten des Instruments eine Schönheit zu entlocken, die die Herzen aller Anwesenden berührt. Seine Frau und seine vor Leben sprühende elfjährige Tochter sitzen neben ihm.

Ich bin völlig ergriffen von der ganzen Situation. Meine Kinder werden Zeugen von etwas, das sie noch nie in ihrem Leben erlebt haben. Was sie sehen, ist nicht „schön", aber es ist Ehrfurcht gebietend, und es berührt den Bereich des Transzendenten. Ebenso wie der langjährige Arzt unseres Freundes, in dessen Haus die Party stattfindet, können auch wir nicht viel mehr für ihn tun, als es ihm für seine letzten Tage so angenehm wie möglich zu machen und das Leben zu ehren, das immer noch in ihm ist.

Wir können das Fortschreiten der Krankheit nicht aufhalten. Wir sind kaum in der Lage, sie beim Namen zu nennen, so stark ist der Impuls, sie zu leugnen oder sich von ihr abzuwenden. Während seine dünnen Finger die Saiten des Instruments zupfen, während er mit der anderen Hand die Bünde greift, zeigt sein Gesicht deutlich, wie viel Anstrengung ihn das kostet – oder ist es ein Ausdruck der Freude? In diesen wenigen Augenblicken scheint er außerhalb der Zeit zu stehen, und ich habe das Gefühl, dass er uns zeigen will, wie viel Kraft er immer noch hat; dass er mit uns allen, und vor allem mit seiner Tochter, die Schönheit teilen will, die er in seinem Leben geschaut und gehört hat.

Kürzlich habe ich eine Frau kennengelernt, deren Sohn im letzten College-Jahr gestorben ist. Er kam nachts in der Wüste mit dem Auto von der Straße ab, und das Auto wurde zertrümmert. Vielleicht war er eingeschlafen. Die Mutter wird nie genau erfahren, was in jener Nacht wirklich geschehen ist. Doch welche Erklärung wäre in einem solchen Fall zufriedenstellend? Ein Leben in seiner Blüte ist ausgelöscht worden. In das Leben dieser Frau ist ein tiefes Loch gerissen worden, weil das junge Leben, das sie geboren und genährt hatte, und all die Verbindungen, die sie noch zu ihm hatte, plötzlich nicht mehr existierten. Wie lässt sich so etwas ertragen? Wie kann man lernen, das Inakzeptable zu akzeptieren? Und doch ist auch das seit Anbeginn der Zeiten immer ein Aspekt der menschlichen Existenz gewesen, mit dem Eltern konfrontiert worden sind.

Vielleicht ist das Beste, was wir tun können, die Flüchtigkeit allen Lebens und unserer gegenwärtigen Augenblicke zu spüren und in ihnen zu leben, so intensiv wie möglich. Während wir unsere Kinder umarmen und uns an ihrem Leben mitfreuen, kann uns gleichzeitig die Gewissheit des Todes bewusst sein, die Tatsache, dass Leben entsteht und wieder vergeht. Der Atem kann uns an diese Tatsache erinnern, denn auch er entsteht und vergeht; ebenso können uns jeder Augenblick, unsere Freunde, das Wetter und unsere Gedanken an die Vergänglichkeit aller Dinge erinnern. Ob es uns gelingen wird, Möglichkeiten zu finden, um achtsam auf diesen Wellen zu reiten und das Leben durch uns hindurchfließen zu lassen? Sind wir in der Lage, diese Geheimnisse zu ehren, die jenseits unseres Verstandes liegen, die unsere zerbrechliche menschliche Existenz formen und ihr ein erstaunliches Maß an Stärke und Weisheit verleihen?

Grenzen der Liebe
Hinter und vor
den Ungerechtigkeiten der Leidenschaft
werden die vier Hälften
insgeheim verflochten.
Dispositionen unserer Wahrheit;
Möglichkeiten werden geboren und
zu gegebener Zeit begraben.
Verborgene Galaxien und
sinnlose Verluste,
unsere ungeduldigen Herzen dulden dies nicht.
Orte, wo das Unbekannte weilt,
sind exquisit und schwer fassbar.

Ryan Jon Robinson
(16 Jahre alt, Oktober 1995)

Dieses Gedicht schrieb Ryan Robinson, mehrere Wochen bevor er an einem unabsichtlich ausgelösten Schuss starb, der ihn in den Kopf traf. Der Vorfall ereignete sich während einer Teenager-Party im Haus eines Freundes, bei der Alkohol getrunken wurde und keine Erwachsenen anwesend waren. Die Jungen hatten im Elternschlafzimmer einen russischen Revolver gefunden und geglaubt, er sei nicht geladen. Anders als bei amerikanischen Modellen war es bei diesem möglich, trotz der Sicherung den Abzug zu betätigen. Wenn man das tat, ertönte ein Klicken. Die Jungen hatten das Magazin entfernt und mehrmals „trocken" in den Kamin gefeuert. Zufällig musste sich die Sicherung gelöst haben, bevor Ryan die Waffe bekam. Keiner der Anwesenden hatte auch nur im Entferntesten vermutet, dass noch eine Patrone in der Waffe stecken könnte. Der Vater des Jungen, der im Sommer vor dem Unglück an einem von mir geleiteten Achtsamkeitsseminar teilgenommen hatte, schrieb mir:

Ryan hatte gerade auf eine neue, wesentlich größere Highschool gewechselt. Am ersten Tag in der neuen Schule wollte er unbedingt ein Cape tragen, das seine Freunde von der vorherigen Schule für ihn gemacht hatten. Auf der Vorderseite stand: „Hi, ich heiße Ryan", auf der Rückseite: „Ich bin neu hier. Seid nett zu mir." Ich war gerade in der Küche, als er aus dem Haus stürmte, weil er wieder einmal spät dran war. Kurz darauf kam er eilig zurück und sagte: „Wo ist mein Cape? Ich habe mein Cape vergessen." Ich sagte: „Aber du willst doch sicher nicht am ersten Tag dein Cape tragen. Warum schaust du dir nicht erst einmal die neue Umgebung an?" Behutsam erwiderte er: „Ist das deine Meinung, was ich tun sollte, oder ist es das, was du selber tun würdest?" Nun, die Antwort auf diese Frage war natürlich klar. Er sah sehr genau, was in Menschen vor sich ging, auch wenn es unausgesprochen blieb. Manchmal war es für uns schwierig, mit dieser Fähigkeit zurechtzukommen. Aber was er sagte, war immer die Wahrheit.

Ryans Tod, kurz nach seinem sechzehnten Geburtstag, sprengte das Gefüge unserer gemütlichen kleinen Familie für immer. Dieses erschütternde Ereignis beendete schlagartig jenes Familienleben, das mir zuvor als so selbstverständlich erschienen war. In den Monaten nach dem Unfall litt ich Tag für Tag unter einem Schmerz, der weit größer war als jede Dankbarkeit, selbst zu leben. Es war ungeheuer schmerzhaft für mich, weiter am Leben zu sein.

Mit Ryan starb an jenem kalten Oktoberabend auch ein großer Teil von mir. In den letzten vier Monaten ist mein Leben für mich wie eine Gefängnisstrafe gewesen, etwas, das ich nur ertragen, worüber ich mich aber nicht mehr freuen kann. Wochenlang jagten mir nach dem Unfall Gedanken und Bilder unkontrollierbar durch den Kopf. Sie fraßen meinen Schlaf und mein Wachen auf. Ich versuchte, sie einfach wahrzunehmen, sie zu registrieren, in sie hineinzuatmen, aber es war hoffnungslos. Wohin ich mich auch wendete, alles erinnerte mich an meinen Sohn. Es war, als wären tausend wilde Hengste in Panik geraten …

Ich bin dankbar dafür, dass ich die Achtsamkeitspraxis kennengelernt habe. Sie ist für mich zu einer Landkarte geworden, die mich durch sehr schwieriges, sehr schmerzhaftes unbekanntes Gebiet führt. Interessant ist, dass ich vorher glaubte, ich sei mit meinen Gedanken identisch. Nun sind meine Gedanken etwas, das ich habe, nicht das, was ich bin. Mein Leben scheint der Kontext zu sein, in dem alle meine Gedanken auftauchen und in dem sich meine Emotionen manifestieren. Im Laufe des Tages treten die Gedanken und Emotionen in Erscheinung, so wie es immer war. Die wildesten unter jenen wilden Hengsten entziehen sich immer noch meiner Kontrolle, und ich fühle mich ihnen immer wieder ausgeliefert. Meist jedoch vermag ich sie einfach wahrzunehmen, sie zu erleben und dann loszulassen, während ich zum Atem zurückkomme. Die meisten kann ich mittlerweile am Sattel packen und mich auf sie schwingen, bevor ich selbst am Ende eines Seils hinter ihnen hergeschleift werde und dann auf den Felsen meiner selbst aufschlage, die „Opfer“ und „Selbstmitleid“ heißen. Dafür bin ich sehr dankbar.

Im Laufe eines Tages beobachte ich eine Vielzahl von Gedanken. „Ich kann das einfach nicht mehr … Mein Leben ist nicht mehr lebenswert. Ich habe als Vater versagt.“ Während der Sitzmeditation beobachte ich diese und andere Gedanken … Unterdessen versuche ich, geduldig immer wieder zum Atem zurückzukehren. Ich vergesse ihn und kehre wieder zu ihm zurück. Ich schweife mit meinen Gedanken ab und kehre wieder zurück. Ich bemerke meine Ungeduld und kehre zurück. Mittlerweile erkenne ich, dass unter den Gedanken und Emotionen, unter dem Schmerz und Kummer, unter der inneren Leere und unter meiner Trauer noch etwas anderes ist: die bedingungslose Liebe, die ich für einen wundervollen jungen Mann empfinde, den ich einfach ungeheuer vermisse.

Die vielleicht wichtigste Lektion, die ich aus dieser Tragödie gelernt habe, ist, dass ich vor dem Unfall in Bezug auf die Zeit sehr arrogant gewesen bin. Ich habe gelernt, wie wichtig es ist, Menschen zu sagen, dass man sie liebt, weil „morgen“ nichts weiter ist als eine Vorstellung.

Der Strom der verborgenen Trauer

Ich (jkz) war mit siebenhundert Männern aller Altersstufen in einem Raum, die nahezu alle über die verlorene Beziehung zu ihrem Vater weinten. Bevor sie den Raum betreten und miteinander geredet und einander zugehört hatten, war den meisten von ihnen nicht einmal klar gewesen, dass sie so viel Traurigkeit mit sich herumtrugen, und kaum einer von ihnen hätte mit anderen Männern über diese Trauer gesprochen.

Ich habe im Laufe von Achtsamkeitsseminaren mit Gruppen von Hunderten von Teilnehmern, die im Bereich der Gesundheitspflege tätig sind, erlebt, wie sowohl bei Männern als auch bei Frauen ein ungeheurer Strom von aus der Kindheit stammender Traurigkeit zu fließen begann. Bei solchen Seminaren oder Retreats lassen wir den emotionalen Ausdruck von Trauer und die Geschichten, durch die diese Trauer entstanden ist, an die Oberfläche kommen, und dann tun wir eine Zeitlang nichts weiter, als dieser Trauer schweigend unsere volle Aufmerksamkeit zu schenken. Es ist manchmal nicht leicht zu akzeptieren, dass zur Praxis der Achtsamkeit nicht nur gehört, dass wir lernen, unserem Atem zu folgen, sondern dass es ebenso wichtig ist, Raum für tiefe und auch unangenehme Emotionen zu schaffen.

In uns allen scheint ein richtiggehender Strom der Trauer zu fließen. Da er meist unterirdisch fließt, sind wir uns oft nicht darüber im Klaren, dass er überhaupt existiert. Doch ist dieser Strom der Trauer nie so weit weg und uns nie so fremd, wie wir vielleicht denken, wenn wir ihn durch das Herz eines anderen Menschen fließen sehen. Ob wir ihn sehen oder nicht, er kann sich auf unser gesamtes Leben auswirken wie auch auf unseren Charakter, unsere Berufswahl und den Umgang mit unseren Kindern.

Ich bin überzeugt davon, dass dieser Strom der Trauer in den meisten von uns fließt und dass er tiefe und vielleicht sogar archetypische Gefühle birgt, mit denen wir nur selten in Kontakt treten und von deren Existenz wir meist nicht einmal etwas ahnen. Wenn wir mit unserer Trauer nicht in Kontakt sind, kann es ziemlich unangenehm für uns sein, Zeuge der Trauer anderer Menschen zu sein. Wir können über ihr Verhalten beunruhigt sein, oder wir verhalten uns ihnen gegenüber reserviert und verurteilen sie, indem wir beispielsweise sagen: „Warum macht der nur so viel Aufhebens wegen dieser Sache?" – „Wie lange ist das jetzt her?" – „Hat sie sich denn in ihrer Therapie noch nicht damit beschäftigt?" – „Darüber bin ich nun wirklich hinaus."

Wir alle haben eine mehr oder weniger starke Panzerung gegen unsere tiefsten Gefühle aufgebaut. Wäre das nicht so, dann würden wir sie nicht mehr auf dieselbe Weise mit uns herumtragen. Die eigentliche Funktion der Achtsamkeit besteht darin, Raum für das zu schaffen, was geschieht, während es geschieht, was immer es sein mag. Diesen Raum können wir im Geiste der Offenheit, des Gleichmuts, der Empathie und des Mitgefühls schaffen. Das bedeutet, dass wir lernen, mit uns selbst und mit anderen geduldig zu sein und uns nicht verfrüht etwas anderem zuzuwenden, nur weil uns das, was geschieht, unangenehm ist.

Doch in den seltenen Augenblicken, in denen wir Kontakt zu unserer Trauer haben, in denen aus irgendeinem Grunde plötzlich unsere Gefühle zum Vorschein kommen, ist die Situation plötzlich anders. Dann ist die ganze Welt vom Schmerz gepeinigt, unser ganzes Universum ist von einer Trauer geprägt, von der wir das Gefühl haben, dass sie weit über unseren persönlichen Bereich hinausgeht.

Vielleicht würden wir als Erwachsene nicht so viel verborgene Trauer mit uns herumtragen, wenn wir als Kinder mit mehr Güte und Achtsamkeit aufgewachsen wären. Ob das zutrifft, werden wir nicht mit letzter Sicherheit sagen können. Die Situation jedes Menschen ist anders. Jeder von uns hat eine andere Konstellation schmerzhafter Erfahrungen erlebt und anders auf sie reagiert, wobei einige dieser Ereignisse und Erfahrungen im Unbewussten vergraben, andere dagegen bewusst sind.

Es braucht oft Jahre der inneren und äußeren Arbeit an uns selbst, um von den Verlusten verschiedenster Art sowie von dem Mangel an Anerkennung, Respekt und Fürsorge zu genesen, unter dem wir in unserer Kindheit gelitten haben. Oft dauert es viele Jahre, bis wir uns unserer tiefsten Gefühle über unsere Erfahrungen und darüber, wie wir behandelt worden sind, auch nur bewusst werden. Dabei ist es gar nicht immer so, dass unsere Eltern uns geschlagen oder missbraucht haben, dass sie Alkoholiker waren oder uns in schwerwiegender Weise vernachlässigt hätten. Ein großer Teil der Verletzungen, unter denen viele von uns leiden, ist entstanden, obwohl unsere Eltern im Rahmen ihrer Möglichkeiten, ihrer Umwelt und ihres Weltbildes versucht haben, ihr Bestes für uns zu tun. Unsere Eltern wurden durch ihre eigenen Erfahrungen geprägt, die positiven ebenso wie die negativen, und davon, was ihre Eltern ihnen mit auf den Weg gegeben hatten, so wie auch wir von unseren Eltern beeinflusst worden sind. Jede Familie ist durch ihre eigene und einzigartige Kombination von Liebe, Scham- und Schuldgefühlen, Vorwürfen, Liebesentzug und Mangelgefühlen gekennzeichnet, und am schädlichsten wirken diese Gefühle, wenn sie sich mit einem allgemeinen Mangel an Bewusstheit verbinden.

Eine Frau hat mir erzählt, als ihre Mutter gestorben sei, sei sie noch ein junges Mädchen gewesen und habe kleinere Geschwister gehabt. Ihr Vater habe den Kindern verboten, die Mutter nach ihrem Tod in irgendeiner Form zu erwähnen. Nachdem sie begraben war, war es, als ob sie nie existiert hätte. So wurden alle Kinder gezwungen, ihre Gefühle gegenüber der Verstorbenen zu unterdrücken. Der Vater glaubte, es sei besser, einfach mit dem normalen Alltag fortzufahren, ohne sich lange mit dem aufzuhalten, was nun einmal geschehen war. Damit fügte er seiner Familie enormen Schaden zu.

Wir sehen also, dass an der Wurzel unseres Schmerzes oft Ignoranz liegt (im buddhistischen Sinne, also zu ignorieren, wie die Dinge tatsächlich sind). Solches Ignorieren kann dazu führen, dass Eltern ihre eigenen Kinder nicht kennen. Diese Trauer existiert auch in Familien, in denen vieles positiv ist und die nach außen hin den Eindruck erwecken, hier würden Harmonie und Liebe vorherrschen. Das eine schließt das andere keineswegs aus.

Unbewusste Trauer wirft einen Schatten, der weit und tief in unsere Psyche hineinreicht. Sie lebt in den dunklen Schlupfwinkeln unserer Erinnerung. Sie führt ein unterirdisches Eigenleben, selbst wenn unser Leben oberflächlich hell zu sein scheint. Tatsächlich sind die emotionalen Schatten manchmal umso länger und dunkler, je heller die Oberfläche wirkt.

Robert Bly beschreibt in *Die dunklen Seiten des menschlichen Wesens* die Dynamik unserer verborgenen Emotionen, indem er das Bild einer unsichtbaren Tasche benutzt, die wir früh in unserem Leben erwerben und die wir während unserer Kindheit und Jugend allmählich mit all den Teilen von uns vollstopfen, die sich bei unseren Versuchen, gesehen zu werden, als unerwünscht herausgestellt haben. Das tun wir, um im Kreise derer, die uns wichtig sind und die wir schätzen, gesehen und akzeptiert zu werden. Das kann unter Umständen ein ganzes Leben lang so weitergehen, so dass wir, um den äußeren Anschein zu wahren oder um uns an unser Umfeld anzupassen, eine Lüge leben.

Diese Entwicklung hat vielleicht zu Hause bei unseren Eltern begonnen, als wir Babys oder Kinder waren und sie uns Botschaften darüber vermittelt haben, was ihnen gefiel und was nicht, welche Gedanken, Gefühle und Verhaltensweisen in ihren Augen „akzeptabel" waren und welche nicht. Aber sie setzt sich dann in der Schule, mit unseren Lehrern und Kameraden fort, und später in der Welt ist es auch nicht anders. Im Lauf der Zeit wird unsere Tasche immer voller und schwerer, weil wir immer mehr von uns in sie hineinstopfen: unsere Wut, unsere Impulsivität, unsere Spontaneität, unsere Sanftheit, unsere Stärke und sogar unsere Intelligenz. Von alldem distanzieren wir uns in dem verzweifelten Bemühen, geliebt, akzeptiert und gut angesehen zu sein oder um in einen bestimmten Rahmen hineinzupassen, von dem wir glauben, wir müssten ihm unbedingt entsprechen – dem des Stoikers, des Märtyrers, des Weisen. Es ist wirklich dunkel in unserer Tasche, weil wir kein Licht in sie hineinlassen wollen und weil wir nicht sehen wollen, was in einem großen Teil unserer Psyche vor sich geht.

Wenn wir so tun, als hätten wir keine solche Tasche auf der Schulter, und uns deshalb weigern, sie innerhalb von dreißig oder vierzig Jahren zumindest von Zeit zu Zeit einmal zu öffnen (und zwar nicht, um noch mehr hineinzustopfen), werden die Schatten, die wir darin versteckt haben – die in Wahrheit wichtige, wenn auch verleugnete und nicht akzeptierte Teile von uns selbst sind –, modern und giftig werden, weil wir sie nicht anerkennen und sie nicht zum Ausdruck bringen. Sie schwelen dort und können den Verlauf unseres Lebens tiefgreifend beeinflussen, auf Wegen, die uns nicht klar sind, die wir nur gelegentlich in Träumen erahnen oder dann, wenn das Gewebe unseres Lebens fadenscheinig wird oder zerreißt. Was wir in unserem Inneren nicht anschauen wollen, zeigt sich oft in unserer Außenwelt. Das Innere spiegelt das Äußere, und das Äußere spiegelt das Innere. Wenn wir einen Zustand der Harmonie erreichen wollen, müssen wir das Innere und das Äußere in Einklang bringen und beides wieder miteinander verbinden – in einer Umarmung aus Gewahrsein und Annehmen.

Vielleicht ist es an der Zeit, dass wir uns mit dieser Last beschäftigen, die wir ständig mit uns herumtragen, und uns bewusst und kontinuierlich darum bemühen, alle Aspekte unseres Seins zu akzeptieren, unserem Schatten und unserem unterirdischen Strom verborgener Trauer zuzuhören, mit ihm zu sprechen und ihn, so gut wir können, in Liebe und Wohlwollen anzunehmen. Das bedeutet, dass wir für uns selbst einfühlsame Eltern werden und dass wir die Arbeit zu Ende bringen, die zu dem führt, was wir „echtes Erwachsensein“ nennen könnten.

Wenn wir in diesem Sinne für uns selbst liebevolle Eltern werden, werden wir vielleicht – vielleicht –! auch unsere Kinder klarer sehen und in der Lage sein, sie auf eine Weise wahrzunehmen und zu akzeptieren, die sie nicht mehr zwingt, auf herzzerreißende Weise Teile von sich abzuspalten, damit sie akzeptiert werden – nur weil wir, aus Angst und aus Ignoranz, wie die Dinge wirklich liegen, sie anders haben wollen.

Ring the bells that can still ring.
Forget your perfect offering.
There is a crack in everything.
That's how the light gets in.

Leonard Cohen,
Anthem

Am seidenen Faden

Wenn unsere Kinder unter Schmerzen leiden, leiden auch wir. Aber auch, wenn sie nicht leiden, kann es schwer genug für uns sein, Eltern zu sein. Manchmal ist es so, als würden wir an einem seidenen Faden hängen.

❁

Kinder, die miteinander streiten, Wutanfälle, „Mir ist langweilig!", Zahnen, Lärmen, Krankheiten, schlaflose Nächte, lange Wintertage, dunkle Regentage, Tage, an denen wir uns antriebslos oder müde fühlen, an denen wir versuchen, verschiedene Bedürfnisse zu erfüllen und auszubalancieren, Beruf und Familie und noch hundert andere Dinge unter einen Hut zu bringen, mit den Kindern verhandeln, immer wieder neue kreative (oder unkreative) Ideen hervorbringen oder auch nur das Abendessen auf den Tisch bringen … Am Ende des Tages fühle ich (mkz) mich erschöpft, gereizt, total gefangen und gefesselt. Meine Welt ist mir zu klein geworden. Ich verspüre den überwältigenden Drang, ins Freie zu laufen, Luft zu schnappen, etwas Distanz zu gewinnen, etwas Raum.

Wenn es aufgrund des Wetters nicht möglich ist, ins Freie zu gehen, und wenn wir über lange Zeit ans Haus gebunden sind, werde ich mir der Grenzen meiner Möglichkeiten sowie all der Fähigkeiten, die ich nie entwickelt habe und deshalb auch meinen Kindern nicht vermitteln kann, schmerzlich bewusst.

Ich erkenne auch die Grenzen unserer Kultur. Es scheint, als hätte alles, was wir machen können, in irgendeiner Weise mit Konsumieren zu tun. Ob es Einkaufen oder Essen oder Ins-Kino-Gehen ist – oft fühlt es sich leer und leblos an. Wo gibt es in unseren Städten Zentren, in denen Menschen aller Altersgruppen tanzen, musizieren, Geschichten erzählen und miteinander reden können?

Es heißt, um ein Kind aufzuziehen, sei ein ganzes Dorf nötig. Doch wo sind in unserer Gesellschaft die Dörfer geblieben? Spuren der Dörfer aus alten Zeiten sehen wir immer noch in erweiterten Familien, Gemeindezentren, Selbsthilfegruppen, Freundschaften zwischen Menschen verschiedener Generationen und in Glaubensgemeinschaften. Dennoch sind Eltern viel zu häufig isoliert und auf sich gestellt. Das gilt vielleicht in besonderem Maße für alleinerziehende Eltern, die nicht mit einem Partner über ihre tagtäglichen Kämpfe sprechen oder neue Perspektiven entwickeln oder einfach jemandem ihr Leid klagen können – obwohl man aus einem anderen Blickwinkel sagen könnte, dass Partner manchmal auch keine Hilfe bieten und das Leben vielleicht sogar noch schwerer machen. Selbst wenn wir von Freunden oder von einem Partner unterstützt werden, sind die schwierigsten Situationen für uns alle doch gewöhnlich die, in denen wir allein sind. Das Elterndasein kann sehr einsam sein.

Um unsere individuellen Ressourcen und unsere zwangsläufig begrenzten Fähigkeiten zu erweitern und uns zu regenerieren, brauchen wir eine Gruppe. In einer Gruppe können wir neue Ideen kennenlernen, frischen Enthusiasmus entwickeln und auf die Lebenserfahrung von Menschen mit vielfältigen Lebensgeschichten und Talenten zurückgreifen, wenn wir mit unserem eigenen Latein am Ende sind. Als Eltern haben wir die Aufgabe, die feste Grundlage für unsere Familie zur Verfügung zu stellen – aber wir können nicht alles selbst machen.

✿

Wenn unsere Kinder in die Teenager-Jahre kommen, mit all ihren komplexen Veränderungen und Problemen, erscheint uns der Umgang mit Babys und Kleinkindern vielleicht vergleichsweise einfach, und manchmal sind wir verwirrt, entmutigt oder sogar verzweifelt. Wie wir schon gesehen haben, können wir leicht das Gefühl haben, dass unsere Kinder sich von uns entfernen, dass sie immer stärker dem Einfluss ihrer Altersgenossen erliegen und möglicherweise sogar auf potenziell selbstzerstörerische Verhaltensweisen verfallen. Auch spüren wir, dass wir unsere Kinder in gewisser Weise tatsächlich verlieren, wenn sie in die Welt hinaus gehen. Wir leiden dann, weil wir wissen, dass sie nach wie vor verletzlich sind und wir trotzdem keine Möglichkeit sehen, sie zu schützen. Und manchmal ärgern wir uns auch darüber, wie sie ihre Gefühle zum Ausdruck bringen – oder dass sie es nicht tun.

Die intuitive, elementare und sehr körperbetonte Form des Umgangs mit kleinen Kindern ist in dieser Situation nicht mehr angemessen. Vielleicht merken wir, dass an die Stelle unserer früheren physischen Erschöpfung nun eine mentale und emotionale Anstrengung tritt, teilweise, weil wir unsere Rolle ständig modifizieren müssen, während sich unsere heranwachsenden Kinder um die Befriedigung ihrer Bedürfnisse nach Autonomie, Verbundenheit, Liebe und Sinn bemühen.

Sie durchlaufen während der Pubertät erstaunliche und unerwartete Wandlungen, die für uns sehr anstrengend sein können. Doch auch wir selbst müssen in dieser Situation wachsen und uns verändern. Während unsere Kinder unabhängig werden und uns weniger brauchen, kann es sein, dass wir im Umgang mit ihnen in Routine verfallen – was für uns selbst ebenso oberflächlich, unbefriedigend und entfremdet ist wie für sie. Sie brauchen mehr Zeit für sich, mehr Raum, in dem sie nicht von uns gestört werden, und eine *andere* Art der Feinfühligkeit unsererseits. In mancherlei Hinsicht sind wir für sie nun unwichtig geworden, doch in anderer Hinsicht sind wir immer noch sehr wichtig für sie.

Manchmal spüren wir kaum, dass sie uns immer noch brauchen, wenn sie wütend sind, uns ständig kritisieren und sich uns gegenüber verschließen – vor allem, wenn wir diese Dinge durch den Schleier unserer eigenen Verärgerung und Besorgnis sehen. In bestimmten Situationen müssen wir ein ungeheures Maß an Willenskraft und Entschlossenheit aufbringen, um uns nicht völlig von ihnen zu distanzieren, wenn wir uns verwirrt, frustriert und verzweifelt fühlen und sie uns das Gefühl vermitteln, wir seien ihnen völlig unwichtig.

Zwangsläufig gibt es Situationen, in denen Heranwachsende ihr Leben als unbefriedigend empfinden, in denen ihre tiefsten Bedürfnisse unerfüllt bleiben, in denen sie unglücklich sind und Fragen stellen wie: „Wozu soll dieses ganze Leben eigentlich gut sein? Was für einen Sinn hat es? Hat das Leben nicht mehr zu bieten als das? Was könnte meine Aufgabe im Leben sein?" Manchmal werden sie launisch, ziehen sich zurück und fühlen sich von uns weiter weg, als wir uns das in ihrer Kindheit je hätten vorstellen können. Vielleicht stoßen sie uns durch ihre Feindseligkeit und Wut sogar regelrecht von sich. Wir sehen, wie sie leiden, aber es ist schwer, sie zu erreichen.

Wenn sie sich isoliert und allein fühlen, sollten sie spüren, dass wir immer noch auf jede erdenkliche Weise für sie da sind, wenn sie es wollen. Vielleicht ist es für uns, als würden sie von der anderen Seite einer tiefen Schlucht herüberschauen. Sie in diesem Zustand zu erreichen, kann sehr schwierig sein. Diese Kluft kann für uns und für sie erschreckend sein. Vielleicht fühlen wir uns so machtlos wie nie zuvor. Sie vermitteln uns unabsichtlich ein Gefühl unserer eigenen Schwäche, unserer Zweifel und Ängste, unserer eigenen Verletzlichkeit, die oft tief in unserem Inneren verborgen ist und sich dem alltäglichen Blick entzieht.

Wenn unsere Kinder die Echtheit von Gefühlen, von Menschen und gar von sich selbst in Frage stellen, würden wir gut daran tun, zu einem Ort in uns selbst zurückzukehren, der authentisch, geerdet, einfach und echt ist. In solchen Momenten können wir uns kurz Zeit nehmen, um unsere Aufmerksamkeit auf den Atem, den Körper und die Gefühle zu richten. Vielleicht fühlen wir uns in solchen Momenten nicht besonders stark mit unserem Kind verbunden, sind ihm nicht besonders nahe, doch wir können eine mitfühlende Präsenz entwickeln und die Verbindungsfäden, die sie uns anbieten, so dünn sie auch sein mögen, aufgreifen.

Wir können auch selbst vorsichtig Verbindungsfäden knüpfen, wenn wir das Gefühl haben, dass die Situation es zulässt. Das heißt vielleicht, dass wir ihnen einfach zuhören und ihnen bestätigen, dass sie sich in einer schwierigen Situation befinden oder dass wir ihren Schmerz und ihre Unsicherheit nachvollziehen können. In manchen Fällen müssen wir uns jedoch intensiver um sie kümmern, indem wir beispielsweise einen Tag, ein Wochenende oder sogar eine Woche mit ihnen verreisen. Vielleicht erscheint uns das in einer ohnehin schwierigen Situation unmöglich, doch wirklich schwierige Situationen erfordern kreative Lösungen. Wenn wir etwas mit ihnen unternehmen, von dem wir wissen, dass sie es gerne tun, so kann ihnen das helfen, wieder Kontakt zu jenem tieferen Sinn aufzunehmen, der unter ihrer Geschäftigkeit und ihren manchmal monotonen Alltagsroutinen verborgen liegt. Ein solches Heraustreten aus dem zermürbenden Alltag kann, auch wenn ihm eine Krise vorausgeht, für uns selbst die gleiche Funktion erfüllen wie für sie und uns helfen, unsere Verbindung zu unseren Kindern zu erneuern.

Manchmal ist es wichtig, dass wir entschlossen handeln – etwa wenn ein älterer Sohn oder eine ältere Tochter ein Tief hat, nicht weiter weiß, mit dem Leben unzufrieden ist. Das gilt insbesondere, wenn wir befürchten, dass sich ihr Leben in eine gefährliche oder selbstzerstörerische Richtung bewegen könnte. Sie sollen wissen, dass wir uns ihretwegen Sorgen machen und was das für Sorgen sind. Vielleicht brauchen sie uns bei der Lösung bestimmter Probleme, müssen wir uns für sie einsetzen oder mit ihnen Möglichkeiten suchen, ihr Leben befriedigender zu gestalten, sinnvoller.

Teenager sind sich oft völlig klar über die innere und äußere Situation, in der sie sich befinden. In anderen Fällen spüren sie zwar, dass irgendetwas nicht in Ordnung ist, doch wissen sie nicht, *was* es ist. In solchen Situationen kann es wichtig für sie sein, dass wir ihnen mit aller Weisheit, die wir im Laufe unseres Lebens erworben haben, bei der Lösung ihres Problems helfen. Ebenso wie wir selbst brauchen auch unsere Kinder viel Zeit, um zu verstehen, wie die Welt funktioniert und wie sie dieses Verständnis zu ihren Gunsten nutzen können. (Und „verstehen" wir die Welt wirklich jemals ganz und gar?)

Ihnen zu helfen kann für uns besonders schwierig sein, wenn sie meinen, wir seien ein Teil ihres Problems. Selbst wenn wir bereit sind, unser Verhalten zu ändern, bedeutet das nicht unbedingt, dass wir ihnen auch helfen können, ihr eigenes Leben zu ändern. Vielleicht sind wir nicht einmal der gleichen Meinung wie sie, was passieren müsste (oder auch nur, worin eigentlich das Problem besteht). Doch schon, indem wir ihre Schwierigkeiten anerkennen, können wir erreichen, dass sie sich nicht mehr isoliert, sondern wieder mit uns verbunden fühlen; dass sie nicht mehr das Gefühl haben, wir würden sie verurteilen, sondern dass wir uns um sie kümmern. Wenn sie spüren, dass ihre Eltern sich um sie sorgen und ihre Situation liebevoll akzeptieren, dann kann dadurch ein Kontext entstehen, in den sie ihre momentanen Schwierigkeiten besser einordnen können.

❁

Es gibt Situationen, in denen unsere Kinder, ganz gleich, wie alt sie tatsächlich sind, in ein jüngeres Alter zurückzufallen scheinen. Beispielsweise hatte sich der sechzehnjährige Sohn von Freunden emotional von seinen Eltern zurückgezogen und war etwa zur gleichen Zeit sehr schwer an einer Infektion erkrankt. Seine Eltern hätten die plötzliche Erkrankung als ein rein körperliches Problem sehen können, also unabhängig von seinem emotionalen Zustand und von den Schwierigkeiten, die der Sohn mit der Familie hatte. Die Eltern sahen die Erkrankung jedoch in einem größeren Zusammenhang und machten sich daran, die physischen und emotionalen Stressfaktoren im Leben ihres Sohnes und innerhalb der Familie zu untersuchen. Nach dieser Bestandsaufnahme nutzten sie die Zeit der Krankheit und der allmählichen Genesung, um eine Heilung im umfassenderen Sinne herbeizuführen. Sie akzeptierten sein Bedürfnis, zu Hause zu bleiben und zu „regredieren“ – dass er eine Art Ruhepause einlegte, sich eine Zeitlang in sich selbst zurückzog, besonders gesund aß und den Kontakt zur Familie wiederherstellte –, und sie erkannten die regenerierende und transformierende Wirkung von alldem auf ihn und auf die Familienbeziehungen.

„Regression“ ist heutzutage ein Wort mit stark negativem Beigeschmack. Gewöhnlich schwingen darin Bedeutungen mit wie „gestörte Beziehung zur sozialen Wirklichkeit“, „Unfähigkeit, sich dem eigenen Alter entsprechend zu verhalten“ sowie „Rückfall auf eine ‚infantilere‘ Entwicklungsstufe“. Doch ist es für Kinder, und nicht nur für kleine Kinder, manchmal wichtig, dass eine Zeitlang für sie gesorgt wird, dass wir ihnen Geschichten vorlesen und ihnen etwas vorsingen – eine Zeit, in der sie sich nach innen wenden, um sich später wieder der Außenwelt zuwenden zu können. Wenn unsere Kinder solch eine Zeit brauchen und wir verständnisvoll, gütig und ohne zu urteilen auf sie eingehen, stärken wir dadurch die Teile in ihnen, die wachsen wollen. Wir helfen ihnen, eine alte Haut abzustreifen und ihren Weg fortzusetzen. Das kann für sie ein großes Geschenk sein.

Natürlich ist es nicht immer möglich (und schon gar nicht einfach), diesen Raum zu schaffen. Berufliche und anderweitige Verpflichtungen machen es vielleicht unmöglich. Aber es hilft, wenn wir uns erinnern: Was unser Kind nach außen zeigt, ist nicht das ganze Kind. Wenn wir ein wenig nachspüren, finden wir vielleicht ein gewisses Vertrauen, dass gerade eine innere Transformation sich entwickelt, und können dem dann in Güte Raum geben, so gut es geht. Mit der Zeit gelangen wir vielleicht zu einer Einsicht, womit unser Kind zu kämpfen hat.

Wenn ein Kind unglücklich ist, wenn es sein inneres Gleichgewicht verloren hat und regrediert, ist es manchmal sehr schwer, mit ihm zurechtzukommen. Doch wenn wir ihm dieses schwierige Verhalten persönlich übel nehmen, uns deshalb ihm gegenüber abschotten und in Ängsten und Verletztheitsgefühlen stecken bleiben, werden die Mauern zwischen uns und dem Kind immer dicker und höher. Das sind die Momente, in denen die Augen der Ganzheit weiterhelfen. Das bedeutet, dass wir das Geschehen im größtmöglichen Kontext zu sehen versuchen, mit der Intention, die Dinge zu untersuchen, völlig in der Gegenwart zentriert zu sein und alles, was geschieht, innerhalb des scheinbar paradoxen Rahmens von Distanz *und* Mitgefühl zu betrachten. Wenn die Krise vorüber ist und wir unsere Verletztheit, unseren Groll und unsere Verärgerung loslassen können, haben wir die Möglichkeit, mit unseren Kindern einen völlig neuen Augenblick zu erleben.

Am Ende eines Tages, an dem ich von meinen beiden kleinen Töchtern ständig kritisiert und mit Negativität überhäuft wurde, kuschelte sich eine von ihnen, die zehn Jahre alt war, an mich und erklärte mir ganz ernst, dass sie mich lieb habe. Diese wundervolle Fähigkeit, negative Gefühle sofort wieder loszulassen, verändert sich, wenn Kinder älter werden. Wir müssen sie dann durch unser eigenes Verhalten daran erinnern, dass es durchaus möglich ist, sich aktueller Probleme bewusst zu sein und einander gleichzeitig in jedem Augenblick mit der Bereitschaft zu begegnen, neu anzufangen.

Was letztlich am meisten zählt, sind nicht unsere Ideen. Es ist die Echtheit unseres Seins und unsere konkrete Fürsorge in den Momenten, die uns an die Nieren gehen, in denen wir alles in Frage stellen und die alle Eltern erleben. In der Sprache der Zen-Praxis: „hartes Training".

Du brauchst nicht brav zu sein.
Du brauchst nicht zur Buße
auf den Knien hundert Meilen durch die Wüste zu rutschen.
Du brauchst nur das sanfte Tier deines Körpers lieben zu lassen,
was es liebt.
Erzähle mir von deiner Verzweiflung,
dann werde ich dir von der meinen berichten.
Inzwischen dreht sich die Welt weiter.
Die Sonne und die klaren Regentropfen
bewegen sich über die Landschaften,
über die Prärien und die tiefen Bäume,
über die Berge und die Flüsse.
Und die Wildgänse, hoch in der reinen blauen Luft,
fliegen wieder heim.
Wer auch immer du bist, so einsam du auch sein magst,
die Welt bietet sich deiner Fantasie dar,
schickt dir ihren Ruf, wie die Wildgänse, rauh und erregend –
und weist dir immer wieder deinen Platz zu
in der Familie der Dinge.

Mary Oliver,
„Wild Geese",
aus: *Dream Work*

Wenn der „Kragen platzt"

Allen Eltern platzt gelegentlich der Kragen. Manchmal verlieren wir die Geduld und manchmal richtiggehend den Verstand. Wir können das innere Gleichgewicht verlieren, unseren Weg, unsere Würde und unsere Selbstachtung. Wenn das passiert, ist das immer sehr schmerzhaft, ganz gleich, weshalb es passiert ist.

Gewöhnlich geschieht es, wenn wir erschöpft sind oder gezwungen, unsere Grenzen zu überziehen. Intensive Frustration baut sich auf, die wir vielleicht nicht gleich erkennen, oder wir schaffen es einfach nicht, rechtzeitig umzuschalten, oder es ist uns egal. Manchmal schreien, brüllen oder schimpfen wir, oder wir ohrfeigen oder schlagen. Sofort danach fühlen wir uns schrecklich – sind wütend über uns selbst, traurig für unsere Kinder. Plötzlich ist das ganze Leben ein Alptraum. Ich (mkz) gebe Ihnen ein Beispiel.

Ich bringe meine Tochter ins Bett. Es ist ihr immer schon schwer gefallen, abends schlafen zu gehen, und mit acht Jahren ist sie schon eine richtige Nachteule und bleibt ewig auf. Ich dagegen erreiche um zehn Uhr abends meinen Tiefpunkt. Ich bin dann nicht mehr geduldig. Meine Tochter wird um diese Zeit oft besonders anspruchsvoll wegen aller möglichen Dinge. Oft möchte sie dann noch etwas trinken, möchte nicht allein gelassen werden, möchte, dass das Licht an bleibt (die Nachtbeleuchtung reicht ihr nicht). Wenn es für sie Zeit fürs Bett ist, bleibe ich eine Zeitlang bei ihr sitzen. Falls ich merke, dass es ein langes Gezerre werden wird – und an diesem Abend ist es mal wieder so – und ich zu müde bin, um lange bei ihr zu bleiben, sage ich zu ihr: „Wenn du willst, kannst du heute Nacht in meinem Bett schlafen." Also zieht sie um. Aber ich sage: „Wenn du bei mir schlafen willst, musst du aber ein T-Shirt anziehen. Ich möchte mich nicht die ganze Nacht darum kümmern, dass dir nicht kalt wird!" Sie weiß das, hat jedes Mal etwas dagegen, zieht das T-Shirt dann aber trotzdem an. Diesmal jedoch fängt sie sofort an, Theater zu machen, indem sie um sich tritt und auf das Bett haut. Ich hole ihr ein anderes T-Shirt, das weicher und bequemer ist. Mittlerweile ist sie noch wütender und beschimpft mich. *Sie* will, dass das Licht an bleibt, *ich* will, dass es ausgeschaltet wird. Es kommt zu einem Kampf, wer seinen Willen durchsetzt. Ich fürchte, dass ihre Schwester wieder wach werden könnte, und fühle mich in einer Zwickmühle. Ich fühle mich unter Druck gesetzt. Ich fühle mich hilflos. Die Situation entwickelt eine gewisse Eigendynamik, und es scheint, als könnte ich nichts daran ändern.

Dann höre ich ihre Schwester rufen, wir sollten endlich still sein. Sie ist also aufgewacht. Ich werde noch wütender. Ich schreie meine Tochter an, sie soll still sein. Doch sie schlägt weiter auf das Bett ein und schreit, und schließlich fühle ich mich so frustriert, wütend und hilflos, dass ich ihr eine Ohrfeige gebe. Sie fängt an zu heulen und schreit noch lauter. Ich fühle mich schrecklich, weil ich meine Tochter geschlagen habe. Sie schreit, was ich getan hätte, sei Kindesmisshandlung, und sie werde die Polizei rufen. Ich bin gelähmt vor Scham und Reue. Das Ganze ist zu einem riesigen Alptraum geworden. Nachdem sie ungefähr zwanzig Minuten lang gebrüllt und geschrien hat und ich mir sicher bin, dass die ganze Nachbarschaft es gehört hat, ruft sie nach ihrem Vater. Doch der ist nicht zu Hause. Schließlich schluchzt sie: „Mami!"

Ich bringe ihr Eis und einen Waschlappen und setzte mich neben sie. Wir weinen zusammen, und ich gebe zu, dass das, was ich getan habe, ziemlich schlimm war. Ich sage ihr, dass es mir leid tut, dass ich ihr weh getan habe. Nach einer Stunde schließlich liegt sie in meinem Bett und schläft, an mich gekuschelt. Ich liege hellwach da und fühle mich schrecklich. Na dann, gute Nacht!

Kinder sind so verschieden. Für manche ist das Zubettgehen jeden Abend ein großes Problem, und am Morgen wach zu werden kann für sie genauso schwer sein. Andere Kinder schlummern selig ein, nachdem man ihnen eine Gutenachtgeschichte erzählt oder ihnen ein Schlaflied vorgesungen hat. Doch manchmal können wir versuchen, was wir wollen, es führt alles in die Katastrophe. Am eben geschilderten Abend begannen meine Versuche, meine Tochter ins Bett zu bringen, damit, dass ich ihr am Kaminfeuer Geschichten vorlas. Danach hatten wir gemeinsam auf ihrem Bett gesessen und Bilder gemalt – ein wunderschöner Anfang, der trotzdem in allseitiger Betrübnis endete.

Später frage ich mich, was ich hätte anders machen können. Manchmal ist es sehr einfach, diese Frage zu beantworten. In diesem Fall jedoch ist es alles andere als einfach. Wenn ich nicht auf dem Hemd bestanden hätte, hätten wir den Konflikt vielleicht vermeiden können, aber vielleicht hätte sie dann etwas anderes bemängelt. Manchmal scheint es, als wären diese nächtlichen Gewitter einfach unvermeidlich und müssten sich eben austoben. Aber musste es in diesem Fall wirklich so geschehen? Hätte es etwas gegeben, was ihr den Übergang erleichtert hätte? Wie kann ich mit meinem Zorn und meiner Frustration umgehen, damit ich nicht noch alles schlimmer mache? Wann gebe ich nach? Wann bin ich zu nachgiebig? Hätte ich die Möglichkeit gehabt, das Geschehen in eine andere Richtung zu lenken? Manchmal müssen wir die Ereignisse aus einer umfassenderen Perspektive betrachten. Vielleicht hätte das Gute-Nacht-Ritual mit diesem Kind ganz anders sein müssen, viel schlichter und in Stein gemeißelt, und das von klein auf.

Mitten in diesem Orkan hätte es vielleicht geholfen, wenn ich einen Moment innegehalten hätte, bewusst geatmet und begriffen hätte, dass ich in diesem Moment keine Lösung finden musste. Dann hätte ich vielleicht diese überschäumende Wutreaktion vermeiden können, die die Situation nur noch verschlimmerte.

Damit aus der Sache etwas Heilsames und Lehrreiches entstand, war es enorm wichtig, dass ich Reue für meinen Fehler und Anteilnahme an ihren Gefühlen zeigte, statt das Geschehene einfach auf sich beruhen zu lassen und darüber hinwegzugehen. Dazu musste ich zugeben, dass das Geschehene schrecklich war, und durfte nicht versuchen, es zu verharmlosen oder sie dafür verantwortlich zu machen. Am nächsten Tag, als es ruhiger geworden und der Sturm abgezogen war, konnten wir über den Vorfall reden und darüber, wie wir uns gefühlt hatten.

Nach diesem Vorfall einigten wir uns auf ein Zeichen, das uns aufmerksam machen und signalisieren sollte, wenn sich eine schwierige Situation anbahnte, damit wir gegensteuern konnten. Es ist zu hoffen, dass wir jedes Mal, wenn so etwas passiert, etwas lernen, das die Wahrscheinlichkeit einer Wiederholung verringert.

Es kann schrecklich sein, die Beherrschung zu verlieren. Und doch können wir sogar das nutzen, um zu lernen und zu wachsen, wenn wir keine Angst haben, es einzugestehen und zu akzeptieren, statt es zu leugnen oder herunterzuspielen. Es hilft nichts, wenn wir uns selbst oder unsere Kinder beschuldigen oder uns wünschen, dass es anders gelaufen wäre. Später einmal, je nach Alter, können wir unseren Kindern helfen, ihren Anteil am Geschehenen zu sehen, und mit ihnen zusammen überlegen, ob es effektivere Möglichkeiten gibt, Gefühle auszudrücken und die verschiedenen Alternativen zu sehen, die sie in schwierigen Situationen haben.

Es gibt keine Garantie

Als Eltern wissen wir nur zu gut, dass es viele Dinge gibt, auf die wir keinerlei Einfluss haben, und dass es auch keinerlei Garantien gibt, ganz gleich, was wir tun mögen. Wichtig in unserem Bemühen um einen achtsamen Umgang mit Kindern ist, dass wir uns unserer Erwartungen und unserer eigenen Grenzen bewusst sind und dass wir in jeder Situation unser Bestes versuchen, ohne ein bestimmtes Ergebnis erzwingen zu wollen.

Vom Augenblick der Schwangerschaft bis zur Geburt unseres Kindes und auch in den folgenden Jahren gibt es Myriaden von Faktoren, die seinen Lebensweg und seine Entwicklung beeinflussen. Einige dieser Faktoren kennen wir, andere nicht. Manche sind leicht zu verstehen, andere zutiefst geheimnisvoll. Wir können „alles richtig machen" und stellen später fest, dass unsere Entscheidungen doch nicht so „richtig" waren und dass Faktoren im Spiel waren, die uns nicht bewusst waren und an die zum betreffenden Zeitpunkt vielleicht niemand gedacht hat. Letztendlich können wir nur auf eine Kombination aus Intuition, gesundem Menschenverstand, Gewahrsein, Informationen und, was am wichtigsten ist, Liebe vertrauen. Selbst wenn wir uns alle Mühe geben, die Bedürfnisse unserer Kinder zu erfüllen, ist es wichtig zu erkennen, dass wir viele Einflüsse weder kontrollieren noch unterbinden können.

Das offensichtlichste Beispiel hierfür sind jene tragischen Missgeschicke und Unfälle, die ein Kind für sein ganzes weiteres Leben beeinträchtigen und seine Familie zwingen können, ihr Leben völlig umzustellen, um die Bedürfnisse des Kindes weiterhin erfüllen zu können. Ebenso einschneidend ist der Tod eines Kindes, denn er reißt ein riesiges Loch in das Leben der zurückbleibenden Familienmitglieder.

Die Gesundheit eines Kindes kann auch durch Kontakt mit Umweltgiften geschädigt werden. Ständig werden neue Erkenntnisse über derartige Gefahren bekannt, die manchmal widersprüchlich und oft verwirrend sind. Mittlerweile weiß man von vielen Umweltfaktoren, die Krebs und Missbildungen verursachen. Bei anderen besteht der Verdacht, dass sie schädlich sind, und manche Umweltrisiken sind noch gar nicht identifiziert.

Von Alkohol, Rauchen und Drogen, aber auch Asbest, Blei, Radon, Pestiziden und vielen anderen Chemikalien ist heute zweifelsfrei erwiesen, dass sie für die menschliche Gesundheit schädlich sind und dass sie bei Kindern die stärksten Auswirkungen haben. Die gesundheitsschädlichen Folgen anderer, heute allgegenwärtiger Faktoren werden zurzeit noch untersucht.

Als Eltern sollten wir uns einerseits darüber im Klaren sein und akzeptieren, dass unser Wissen über all diese Gefahren und darüber, wie wir unsere Kinder vor ihnen schützen können, begrenzt ist, und andererseits sollten wir versuchen, uns im Rahmen unserer Möglichkeiten zu informieren und unsere Kinder so gut wie möglich zu schützen.

Achtsamkeit gegenüber der Umgebung zu entwickeln, der ein Kind ausgesetzt ist, ob während der Schwangerschaft, zu Hause oder in der Welt, erfordert Energie und Aufmerksamkeit. Diese ganze Thematik kann stark angstbesetzt sein, weil es dabei um wichtige Dinge geht und wir uns oft machtlos fühlen. Außerdem lässt sich manchmal schwer feststellen, was wirklich über eine Sache bekannt ist, um dann die Risiken für die einzelnen Familienmitglieder abwägen zu können. Oft ist es leichter, die gesamte Problematik der Umweltgefahren einfach völlig zu ignorieren.

Manchmal werden wir auch in unserem Zuhause mit Umweltgefahren konfrontiert, etwa in Form von Asbest in Heizkörpern oder abblätternder bleihaltiger Farbe. Manchmal weisen Gerüche uns auf Gefahren hin, beispielsweise auf Formaldehyd oder andere flüchtige chemische Stoffe, wie etwa die Ausdünstungen neu verlegter Teppiche. Andere Gefahren können wir nicht mithilfe unserer Sinne feststellen, etwa Blei oder diverse Chemikalien im Leitungswasser. Umweltrisiken wie die chemische Verseuchung von Quellen, Pestizide in Nahrungsmitteln und die Luftqualität in Schulräumen können es erforderlich machen, dass wir uns in Gruppen organisieren, um uns gemeinsam für die Verbesserung der Lebensbedingungen unserer Kinder zu engagieren.

So ungeheuer wichtig es für unsere Kinder ist, dass sie sich in emotionaler Hinsicht geschützt fühlen, so groß ist unsere Verantwortung als Eltern, auch die physische Umwelt unserer Kinder sicher zu gestalten.

Andere Faktoren, auf die wir als Eltern keinen Einfluss haben, mit denen wir uns aber trotzdem beschäftigen müssen, sind die einzigartigen physischen und emotionalen Eigenschaften, mit denen unsere Kinder geboren werden. Natürlich wissen alle Eltern, dass jedes ihrer Kinder mit einzigartigen Eigenschaften geboren wird, die sich im Laufe der Zeit entwickeln und verändern. Eine von diesen wird gewöhnlich „Temperament" genannt. Der deutsche Philosoph und Pädagoge Rudolf Steiner unterschied vier verschiedene Kategorien von Temperamenten: den *Choleriker* (feurig, energievoll, oft athletisch, leidenschaftlich und eigenwillig), den *Melancholiker* (introvertiert, einsam, pessimistisch, sensibel, mag Regentage und traurige Geschichten), den *Sanguiniker* (leichtlebig, nachlässig, launisch, gesellig, verträumt) und den *Phlegmatiker* (isst gern und macht es sich gern gemütlich; introvertiert, vorsichtig, wachsam, bedächtig).

Bei uns allen mischen sich die Einflüsse von verschiedenen dieser Temperamente, und zu verschiedenen Zeiten in unserem Leben überwiegen jeweils andere Aspekte. Ein Kind, das sehr cholerisch, anspruchsvoll und vital ist, kann später zeitweilig eher sanguinische Eigenschaften und manchmal auch melancholische Züge entwickeln. Und ein sanguinisches Baby kann als Teenager einen starken Willen und ein feuriges Temperament haben.

Die jeweiligen Merkmale eines kindlichen Temperaments können für Eltern manchmal sehr anstrengend sein. Und aufgrund unserer unbewussten Erwartungen und unseres eigenen Temperaments kann der Umgang mit unseren Kindern für uns noch schwieriger werden. Wenn in einer Familie mehrere unterschiedliche Temperamente vertreten sind, können sich starke Spannungen, unerfüllte Erwartungen und Aggressionen entwickeln. Ein sehr sportlicher und ehrgeiziger Elternteil hat wahrscheinlich Probleme mit einem Kind, das seinem Wesen nach eher phlegmatisch ist und es sich am liebsten mit einem Snack und einem Buch auf dem Sofa gemütlich macht. Sehr stark verbal orientierte Eltern werden vermutlich mit einem künstlerisch veranlagten Kind Schwierigkeiten haben, das ein reiches und tiefes Gefühlsleben hat und eher den nonverbalen Ausdruck bevorzugt. Wenn wir solche Eigenschaften in unseren Kindern und in uns klar und bewusst sehen, so kann uns das helfen, verständnisvoller zu werden und mit mehr Einfühlungsvermögen an konkrete Situationen heranzugehen.

Vielleicht war eines unserer Kinder als Baby sehr „pflegeleicht“, es ließ sich leicht stillen und war auch sonst nicht besonders anspruchsvoll, und dadurch haben wir Erwartungen in Bezug auf das nächste Baby aufgebaut, das aber eventuell wesentlich schwieriger zu stillen und schwieriger im Umgang ist oder an Koliken oder Allergien leidet. Einem pflegeleichten und anpassungsfähigen Kind kann ein Kind folgen, dem jede Umstellung schwer fällt und das ständig gegen Grenzen jeder Art rebelliert. Einem Kind, das gut lernt und eine echte Leseratte ist, kann ein Kind folgen, das große Schwierigkeiten hat, sich zurechtzufinden, und dem auch das Lesen schwer fällt.

Manche Kinder scheinen es in unterschiedlichster Hinsicht schwerer zu haben als andere. Vielleicht ist das schon seit ihrer Geburt so, oder die Probleme entwickeln sich später, oder sie fühlen sich zu Dingen hingezogen, die problematisch oder sogar gefährlich oder selbstzerstörerisch sind. Gewissenhafte Eltern zeichnen sich nicht dadurch aus, dass ihre Kinder im Leben keinerlei Probleme haben. Doch stellen wir uns einmal vor, wie das Leben unserer Kinder wohl ausgesehen hätte, wenn sie in einer Familie aufgewachsen wären, in der sie nicht so gesehen wurden, wie sie sind; in der die Eltern sich nicht bemüht hätten, auf achtsame Weise die tatsächlichen Gegebenheiten einer Situation zu berücksichtigen, und in der sie vielleicht ignoriert, abgelehnt oder beschimpft worden wären, weil sie in irgendeiner Hinsicht anders als andere Kinder und vielleicht auch ziemlich anstrengend waren.

Achtsamkeit im Umgang mit Kindern verlangt uns einiges ab. Es ist ein tiefgreifende innere und äußere Arbeit zu leisten. Unser Gewahrsein muss alles mit einbeziehen. Wir tun es für unsere Kinder – in dem Wissen, dass es keinerlei Erfolgsgarantien gibt.

Verirrt

Dante Alighieri spricht etwas sehr Tiefes in uns an, wenn wir die Anfangszeilen seiner *Göttlichen Komödie* lesen:

Mittwegs auf unsres Lebens Reise fand
In finstren Waldes Nacht ich mich verschlagen,
Weil mir die Spur vom graden Wege schwand.

Mit anderen Worten: verirrt, verlaufen. Um wirklich zu wissen, wo wir sind, so erklärt uns Dantes Gedicht im weiteren Fortgang in allegorischer Form, müssen wir zuerst in die Tiefe hinabsteigen, unter die Erde, in die Dunkelheit der Hölle. Erst danach können wir zum Himmel emporsteigen.

Wenn wir glauben, dass wir uns in einer Zeit der Dunkelheit, der Verzweiflung, der Verwirrung befinden und uns verlaufen haben, können wir uns fragen: „Wie bin ich hierher gekommen?" – „Wo bin ich?" – „Was ist das für ein Ort, wo ich mich jetzt befinde?"

Sobald wir anfangen, uns mit der Situation auseinanderzusetzen, endet der Zustand des Verirrtseins. Wir sind dann einfach da, wo wir sind. Und der Ort, an dem wir tatsächlich sind, ist immer ein guter Ausgangspunkt, sowohl wenn wir in der physischen Realität die Orientierung verloren haben, als auch im metaphorischen Sinne – wenn wir das Gefühl haben, als Eltern oder in unserem Beruf oder in irgendeinem anderen Bereich unseres Lebens nicht mehr zu wissen, was wir tun sollen.

Vielleicht befinden wir uns in einem gewissen Sinne ständig im Zustand der Verirrung – nämlich in dem Maße, wie wir nicht völlig erwacht sind. Am wichtigsten ist, dass wir bereit sind, da zu sein, wo wir tatsächlich sind, dass wir wirklich voll und ganz dort weilen, in der Dunkelheit ebenso wie im Licht, ohne dass wir irgendwo anders hingehen müssten. Vielleicht wird uns erst dann klar, wohin wir unseren Fuß setzen müssen, wenn die Zeit gekommen ist, aufzubrechen.

In einem Gedicht von David Wagoner, das auf der Tradition der Indianer des Nordwestens beruht, ist dieser Geist eingefangen. Das Gedicht beschreibt, was ein älterer Mensch einem Jungen oder einem Mädchen auf die Frage: „Was kann ich tun, wenn ich mich im Wald verirrt habe?" antworten könnte.

> *Bleib stehen. Die Bäume vor dir und die Büsche neben dir*
> *haben sich nicht verirrt. Wo auch immer du bist, wird Hier genannt,*
> *Und du musst dieses Hier wie einen mächtigen Fremden behandeln,*
> *musst um Erlaubnis bitten, es kennenzulernen und erkannt zu werden.*
> *Der Wald atmet. Höre. Er antwortet.*
> *Ich habe diesen Ort um dich her gemacht.*
> *Wenn du ihn verlässt, kannst du wieder zu ihm zurückkommen,*
> *indem du Hier! sagst.*
> *Für einen Raben gleicht kein Baum dem andern.*
> *Für einen Zaunkönig gleicht kein Ast dem andern.*
> *Wenn dir entgeht, was ein Baum oder ein Busch tut,*
> *hast du dich wirklich verirrt. Bleib stehen. Der Wald weiß,*
> *wo du bist. Du musst zulassen, dass er dich findet.*

David Wagoner,
„Lost"

Der Dichter erinnert uns daran, dass unser Leben von unserer Sensibilität gegenüber den Einzelheiten abhängt, dass wir uns wirklich zutiefst verirrt haben, wenn wir nicht mehr sehen, was der Wald oder ein Baum oder der Blick eines Kindes sagen will. Unser aller Aufgabe ist es, unsere Aufmerksamkeit zu entwickeln, wach zu werden und zu erkennen, wo wir sind, was sich vor uns und um uns herum befindet, hier und jetzt. Können wir lernen, stehen zu bleiben? Hören wir den Wald des Lebens und die Welt atmen? Hören wir, wie sie uns zurufen: „Sei einen Augenblick still! Wach auf! Spüre die Verbundenheit aller Dinge und Wesen! Erkenne, dass kein Augenblick dem andern gleicht!" Sind wir in der Lage, auf diese Weise unseren Kindern zuzuhören?

Das ist die Herausforderung der Achtsamkeit im Umgang mit Kindern, vor allem in den finstersten Augenblicken, in denen wir uns besonders hilflos und orientierungslos fühlen – verirrt. Können wir genau dann und dort stehen bleiben – also genau hier, genau jetzt –, durch unsere Aufmerksamkeit zum Fundamentalsten überhaupt in Kontakt treten und uns davon leiten lassen?

Es ist nie zu spät

Wir alle sind mehr oder minder ein Produkt unserer Zeit. Die Entscheidungen, die wir als Eltern treffen, sind von der Zeit und den Werten der Zeit beeinflusst, in der wir unsere Kinder bekommen, und von den Menschen in unserer Umgebung – unseren Eltern, unseren Freunden und natürlich von den „Experten". Wir nehmen die von Autoritäten verkündeten Lehrsätze für bare Münze und berücksichtigen dabei oft nicht den sozialen Kontext, aus dem heraus sie gesprochen wurden. Wenn etwa alle Welt die Ernährung mit der Flasche propagiert, ist es sehr schwierig, ein Baby zu stillen, da es einer jungen Mutter an Unterstützung, sachkundiger Information und Vorbildern fehlt. Vielleicht sind wir in einer Familie aufgewachsen, wo man Umarmungen und Nähe vermied, in der Gefühle keinen Raum hatten oder liebevolle Zuwendung immer an Bedingungen und Erwartungen geknüpft war. Vielleicht setzen wir als Eltern diese Art des Umgangs fort, weil wir nicht zu viel nachdenken wollen und uns lieber auf das verlassen, was einmal vertraut und bequem war, oder weil wir nicht den Mut oder den Willen aufbringen, uns dem vorherrschenden Zeitgeist zu widersetzen.

Vielleicht haben wir uns manchmal bei Dingen, die wir als Eltern getan haben, nicht wohl gefühlt, und unsere Intuition hat sich geregt oder sich nach etwas anderem gesehnt, doch wir haben in der betreffenden Situation keine andere Möglichkeit gesehen. Unsere Gefühle, unsere Instinkte und unsere Intuition waren vielleicht verschüttet, und jetzt, später im Leben, stehen wir da mit unserem Bedauern, unserer Traurigkeit, unserem Verlustgefühl oder unserem Schmerz.

Wir geben unser Bestes, und da wir Menschen sind, ist unsere Perspektive immer begrenzt und verändert sich zwangsläufig. Wir alle bereuen Dinge, sind hinterher klüger und wünschen, wir hätten es anders gemacht.

Eine Mutter erwachsener Kinder hat uns die folgenden Gedanken geschickt, die sie mehrere Jahre vor unserer Begegnung niedergeschrieben hatte:

> Ich bin selbst noch fast ein Baby, als ich mein erstes Kind bekomme. Dreiundzwanzig Jahre – das bedeutet, dass man irgendwo in Europa herumreisen möchte oder auf die Uni gehen oder mit mehr als einem Jungen in einer Woche ausgehen möchte. Mit dreiundzwanzig will man noch keine Windeln wechseln oder Babyflaschen sterilisieren oder Baumwollpolster auf dem Schoss liegen haben. Aber es ist Anfang der sechziger Jahre, und was hat ein hübsches jüdisches Mädchen mit zwanzig anderes zu tun, als einen netten jüdischen Jungen zu heiraten und ein Enkelkind zu bekommen? Es ist Anfang der sechziger Jahre, und mein Ehemann setzt mich einfach am Krankenhaus ab, als bei mir die Wehen einsetzen. Der Arzt sagt, er werde ihn zu Hause anrufen … damit er sich keine Sorgen macht und ein wenig Schlaf bekommt. „Mach's gut, Liebling", sagt er zum Abschied. Die Schwester fährt mich im Rollstuhl weg und mustert meine kleine Gestalt. „Was fehlt Ihnen denn?" – „Ich bekomme ein Baby", antworte ich. Sie schaut sich meinen Bauch an und fragt: „Wo ist es denn?" Es ist Anfang der Sechziger, und je schlanker man ist, umso besser. Ich wiege 15 Pfund mehr, als ich laut Normalgewicht wiegen dürfte. Es ist Anfang der Sechziger, und den dicken Bauch zu verbergen ist „in" … zu zeigen, was da heranwächst wie eine Blüte, ist definitiv „out".
> Ich werde in den Kreißsaal gefahren. Es ist Anfang der Sechziger, und ein Kind bei klarem Bewusstsein zu bekommen ist „out" … Dabei bewusstlos zu sein ist „in". Deshalb bekomme ich eine Injektion, die mich in einen Dämmerschlaf versetzen soll. Im Entbindungssaal fühle und sehe ich nichts mehr. Das einzige, woran ich mich noch erinnern kann, ist, dass irgendjemand meinen Arm

schüttelt und ich undeutlich eine Stimme höre, die sagt: „Es ist ein Junge." Es ist Anfang der Sechziger, und ich bekomme meinen Sohn erst viele Stunden nach der Geburt zu sehen. Anfang der Sechziger ist es in Krankenhäusern nicht üblich, dass Mutter und Kind in einem Zimmer zusammen bleiben. Die Väter bekommen ihre Frauen und die Kinder nur während der offiziellen Besuchszeit zu sehen. Stillen ist „out" … Babynahrung aus der Fabrik ist „in" … Für die ersten vier Wochen eine Amme zu haben ist „in" … Bonding ist – nun ja, zu dieser Zeit spricht noch niemand über so etwas.

Mein Mann und ich, wir mögen als Eltern gelten, aber im Grunde sind wir selbst noch Kinder. Keiner von uns beiden hat sich mit den grundlegenderen Problemen des Kinderhabens auseinandergesetzt, und als die Amme nach vier Wochen das Haus verlässt, weine ich. Die Situation ist für mich unglaublich hart. Mit dreiundzwanzig bin ich gefangen. Ich habe einen festen Zeitplan: Füttern, Windeln wechseln, Baden, Schlafen. So bin ich „reif" für den Rat, den „erfahrene Eltern" mir geben: „Du darfst ihn nicht verwöhnen … Nimm ihn nicht ständig hoch … Lass ihn einfach schreien. So haben wir es mit dir auch gemacht. Hör auf uns … Wir sind deine Eltern. Wir haben zwei Kinder aufgezogen, wir wissen, was richtig ist. Das Schlimmste ist nachzugeben, wenn er schreit … Oh, du kannst natürlich schauen, ob er eine neue Windel braucht oder ob er Hunger hat, aber wenn das nicht der Fall ist, dann lass ihn schreien. Irgendwann wird er schon einschlafen."

Ich nehme den Rat an … Ich will eine gute Mutter sein und mein Kind nicht verwöhnen. Also füttere ich den Jungen, wechsle die Windeln, bade ihn, und wenn ich ihn schreien höre, lasse ich ihn schreien.

Das Wort „verwöhnt" bringt mir unangenehme Erinnerungen zu Bewusstsein, Erinnerungen an Situationen, in denen mich meine Eltern als Kind als „verwöhnt" bezeichnet hatten.

„Du solltest dankbar sein für das, was du hast … für das, was wir für dich tun … Andere Kinder haben es nicht so gut wie du … Wir haben dich verwöhnt …"
Ich schaue meinen kleinen Sohn an … Nein, ich werde seinem Weinen nicht nachgeben.
Es ist Anfang der Sechziger, und es ist „in", eine Haushälterin zu haben; es ist „in", Mitglied eines Country-Clubs zu werden; es ist „in", in einem Verein Hallentennis zu spielen. Zwar tue ich nichts von alldem, aber ich erfülle auch nicht das primäre Bedürfnis meines Sohns nach Nähe und Kontakt. Auch über die große Bedeutung des Bonding zwischen Mutter und Kind höre ich erst fünfundzwanzig Jahre später zum ersten Mal etwas.
Irgendwann während der achtziger Jahre fällt mir auf, dass immer mehr Frauen ihre Babys stillen – in der Öffentlichkeit genauso selbstverständlich wie zu Hause. Ich lerne, dass es in Ordnung ist, Bedürfnisse zu haben und etwas zu wollen. Ich höre zum ersten Mal Wörter wie „Kontakt", „Wärme" und „Bonding". Irgendetwas in mir ist zutiefst traurig. Irgendetwas in mir möchte weinen. Ich sehne mich danach, zu meinem kleinen Sohn zurückzukehren, ihn auf den Arm zu nehmen und seine Baby-Tränen zu küssen; ich sehne mich danach, ihn zu liebkosen und ihn sanft in den Schlaf zu begleiten. Doch sich tatsächlich noch eine solche zweite Chance zu ermöglichen ist „out".
Nun sind wir in den Neunzigern … Mein Sohn ist ein erwachsener Mann, und für mich ist es „in", Schmerz und Gefühle zu spüren."

✲

Die Trauer über ungenutzt verstrichene Gelegenheiten, darüber, wie wir zu einer anderen Zeit waren oder nicht waren, liegt tief in der menschlichen Psyche begraben. Manchmal weckt sie in uns die Sehnsucht nach einer Möglichkeit, den Schmerz unserer Kinder und unseren eigenen Schmerz zu heilen und uns auf diese Weise einander zu nähern. Wir müssen wohl oder übel akzeptieren, dass wir das bereits Geschehene nicht mehr rückgängig machen können. Wir können es nur erkennen, tief erkennen, fühlen, tief fühlen, und vielleicht können wir es durch unser Erkennen und Akzeptieren transformieren. Neue Möglichkeiten existieren nur in der Gegenwart. Dass wir unseren Kummer und unsere Trauer akzeptieren und den Schmerz, den wir vielleicht verursacht haben, ist ein Teil der Gestaltung jener neuen Möglichkeiten. Es trägt dazu bei, dass in uns etwas Neues geboren werden kann, und das erfordert vielleicht auch, dass wir uns von etwas Altem trennen, so zäh es auch an uns festhalten mag und wir an ihm.

Unserer Meinung nach ist es für uns als Eltern nie zu spät, zu versuchen, unsere Beziehungen zu erwachsenen Kindern, die wir durch unsere einstmalige Ignoranz beschädigt haben, zu heilen. Dabei spielt es keine Rolle, wie ahnungslos wir waren oder wie verständlich unser Versagen erscheinen mag, ob es aus mangelnder Aufmerksamkeit, aufgrund unserer Geschäftigkeit, aus Nachlässigkeit, Reserviertheit, dem zwanghaften Bedürfnis, ständig zu urteilen, oder aufgrund von Missbrauch geschehen ist. Es ist nie zu spät dazu, dass wir uns um eine Erneuerung unserer Beziehung zu unseren Kindern bemühen, selbst wenn sie uns nicht mehr vertrauen oder wenn sie über unser früheres Verhalten verärgert sind, über Dinge, die wir getan oder nicht getan haben und deren Konsequenzen sie als schädlich für ihre Entwicklung ansehen.

Ein Weg, diese Wunden zu heilen, ist, unseren erwachsenen Kindern einzugestehen, dass uns das, was wir getan haben, leid tut, dass uns klar geworden ist, dass wir Dinge getan haben, die für sie schädlich waren oder deretwegen wir sie vernachlässigt haben. Wir können ihnen das entweder in Form eines Briefes oder in einem Gespräch mitteilen. Ein Brief ist sicherlich die sensiblere Form der Kontaktaufnahme, insbesondere, wenn ein Kind das Gefühl hat, dass wir absichtlich oder unabsichtlich seine Grenzen verletzt haben. Ein solcher Versuch ist allerdings nur dann sinnvoll, wenn er ein echtes Angebot ist; wenn es uns dabei vor allem um das Wohl unseres Kindes geht und wenn wir, so hart das auch für uns sein mag, akzeptieren, dass möglicherweise ein irreparabler Schaden verursacht wurde und eine Versöhnung unmöglich geworden ist. Wir müssen uns an einem inneren Ort befinden, wo es uns nicht darum geht, selbst Sympathie, Verständnis, Bestätigung oder Zuneigung zu finden, und der frei ist von jeglichem Wunsch, von irgendeiner Schuld befreit zu werden. Wir können diese Gefühle zur Kenntnis nehmen, wenn sie auftauchen, und unsere Aufmerksamkeit anschließend wieder auf die Frage richten: „Was ist für mein Kind am besten?“ – auch wenn dieses Kind schon erwachsen ist.

❁

Wenn wir die Beziehungen zu unseren erwachsenen Kindern im Geiste der Achtsamkeit gestalten wollen, ist es wichtig, dass wir uns bewusst werden, ob und wie unsere Annahmen und Erwartungen hinderlich oder respektlos auf sie wirken könnten. Genauso wichtig ist, dass wir uns der Anforderungen und Belastungen bewusst werden, mit denen unsere Kinder in ihrem Leben zu kämpfen haben.

Das heißt nicht, dass wir in der Interaktion mit unseren erwachsenen Kindern unsere Gefühle und Bedürfnisse nicht zum Ausdruck bringen dürften. Wenn etwas passiert, worüber wir uns Sorgen machen, ist es durchaus sinnvoll, möglichst bald nach dem Ereignis mit ihnen darüber zu sprechen, statt die Dinge sich aufstauen zu lassen. Wenn wir unsere Kinder um etwas bitten, müssen wir akzeptieren, dass sie Erwachsene sind und dass sie die Freiheit haben, nein zu sagen und ihre Gefühle zum Ausdruck zu bringen.

Es hilft sehr, unsere erwachsenen Kinder so zu sehen, als würden wir ihnen zum ersten Mal begegnen, nicht wie Babys („unsere Kleinen“), sondern wie völlig fremde Menschen. Jeder gemeinsame Augenblick, auch am Telefon, ist eine neue Chance, in der Gegenwart verankert zu sein, Vertrauen aufzubauen, eine Verbindung herzustellen, sensibel und empathisch zu sein, sie so zu akzeptieren, wie sie sind, und ihre Eigenständigkeit und Selbstbestimmung zu achten.

Wenn wir gelegentlich in ein altbekanntes Muster zurückfallen, wenn wir merken, dass wir unsere erwachsenen Töchter und Söhne kritisieren, dass wir ihnen gegenüber unfreundlich sind, dass wir sie verurteilen, Forderungen an sie stellen, uns von ihnen distanzieren oder irgendeine andere der Myriaden Arten negativen Verhaltens zeigen, dann können wir einen Augenblick innehalten und auf das zurückblicken, was geschehen ist. Wir können uns eingestehen, was wir getan haben, daraus lernen und uns für unser Verhalten entschuldigen. Und dann … fangen wir neu an.

❁

Die westliche Medizin basiert auf dem von Hippokrates formulierten Kardinalprinzip, zuerst und vor allem nicht zu schaden. Vielleicht sollten wir eine Art „Hippokratischen Eid" für Eltern schaffen, der beinhaltet, dass wir uns zuallererst bemühen wollen, keinen Schaden anzurichten. Das allein wäre schon eine gute Übung.

Achtsam zu sein bedeutet vor allem, das Leben zu leben, das uns gegeben ist. Dies können wir nur, indem wir einen Raum schaffen, in dem unsere wahre Natur hervortreten kann – das Tiefste und Beste in uns. Obgleich wir alle als geheimnisvolle Wesen geboren wurden, kann unser Genius ohne adäquate Nahrung an Sauerstoffmangel ersticken. Der Sauerstoff, der unsere wahre Natur nährt, findet sich in Stille, Aufmerksamkeit, Liebe, Selbstbestimmung und gemeinsamem Erleben. Achtsamkeit im Umgang mit Kindern heißt, Möglichkeiten zu finden, unsere Kinder und uns selbst zu fördern und der Suche treu zu bleiben. Jener Heldenreise, die ein im Geiste des Gewahrseins gelebtes Menschenleben ja ist, und dadurch zu dem heranzuwachsen, was wir alle sind und füreinander werden können – für uns und für die Welt.

Epilog

Vier Achtsamkeits-Übungen, sieben Intentionen und zwölf Übungen zur Entwicklung von Achtsamkeit in der Familie

Vier Achtsamkeits-Übungen für den Alltag

1. Spontanbesuch bei sich selber

Wann immer Sie Lust haben oder es Ihnen in den Sinn kommt, können Sie sich spontan besuchen, egal, was gerade los ist. Können Sie einen Moment ruhig werden und aufnehmen, was innen und außen geschieht? Ein paar Sekunden genügen: ein Einatem, ein Ausatem. Sie können es natürlich jederzeit, wenn Sie möchten, auf mehrere Atemzüge ausweiten.

Das heißt, Sie bringen Bewusstheit in das Gefühl, wie der Atem im Körper ein- und ausströmt. Sie denken nicht bloß an den Atem.

Sie können auch probieren, Ihre Bewusstheit so auszuweiten, dass sie ein Gefühl des gesamten Körpers umfasst, einschließlich seines Atems … einer eventuell besonders auffälligen Körperempfindung … oder einer Verspannung oder Enge …

Probieren Sie, das Bewusstheitsfeld so auszuweiten, dass es auch alle Gedanken umfasst, die aufkommen … wobei Sie sie als Gedanken erkennen und anerkennen, als Vorgänge im Raum der Bewusstheit, wie Wolken, die sich am Himmel bilden, kommen und gehen.

Nehmen Sie auch wahr, welche Stimmungen oder Emotionen da sind, ob sie angenehm, unangenehm oder neutral sind … erkennen Sie sie an … so gut es geht, beurteilen Sie sie nicht, sondern legen ihnen eine „Willkommen"-Fußmatte hin. Wo spüren Sie sie im Körper (wenn überhaupt)?

So gut es geht, ruhen Sie sanft, Moment für Moment, in Bewusstheit …

Wenn Sie feststellen, dass Ihr Geist in Gedanken oder etwas anderes abdriftet, was natürlich häufig geschehen kann, stellen Sie einfach fest, was es auch immer ist, werden Sie sich dessen bewusst, und dann lenken Sie Ihre Aufmerksamkeit wieder sanft auf das Erleben des Atems und des Körpers in diesem Moment …

2. Für ein Kind (oder Kinder) ganz bewusst da sein

Suchen Sie eine Tageszeit aus, wo Sie mit einem Kind oder Kindern zusammen sind und wo Sie gerne ausprobieren würden, mit voller Absicht ganz aufmerksam auf alles zu sein, was sich entfaltet. Das könnte das morgendliche Wecken sein, die Vorbereitungen für die Schule, die Zeit, wenn sie von der Schule nach Hause kommen, wenn sie abends ins Bett gehen, das Wickeln oder Stillen, oder jede andere Zeit. Sie können probieren, Ihr(e) Kind(er) in diesem Moment mit allen Sinnen zu erleben.

Das Wichtigste ist, schlicht und einfach zu erleben, was in diesem Moment bei Ihrem Kind geschieht, und restlos dafür präsent zu sein ohne Erwartung, was als nächstes passiert … nur dieser zeitlose Moment, wie er gerade ist.

Wenn Sie sich in Gedanken verlieren, wie es gelegentlich vorkommen soll (etwas Ironie meinerseits), dann können Sie immer zu den Empfindungen des Atems und des gesamten Körpers zurückkommen, um sich im gegenwärtigen Moment zu erden, und Ihre Aufmerksamkeit wieder auf das Kind oder die Kinder lenken. Wenn Sie bemerken, dass Ihre Gedanken irgendwohin gewandert sind, Ihr Geist abgelenkt oder zerstreut ist, stellen Sie fest, wohin er gewandert ist, und bringen Sie ihn sanft in den gegenwärtigen Moment zurück. Arbeiten Sie mit dieser Übung, so oft Ihnen daran gelegen ist.

3. Das Akzeptieren üben

Hilfreich ist auch, auf die innere Landschaft des urteilenden Denkens zu achten, wann immer es sich zeigt – das Denken, das an Ideen und Meinungen hängt, nur schwarz und weiß kennt; der Drang, alles festzuhalten, was man mag, und wegzuschieben, was man nicht mag. Immer wenn Sie bemerken, wie das Denken sich in Urteilen ergeht, registrieren Sie einfach den Inhalt des Gedankens und bringen dann Ihre Aufmerksamkeit wieder sanft zum Atem zurück – in den gegenwärtigen Moment in seiner ganzen Fülle und zu allem, was in diesem Moment geschieht: bei Ihrem Kind, Ihrem Partner, am Arbeitsplatz, was es gerade ist.

Denken Sie daran, dass Achtsamkeit sich einfach als die Bewusstheit beschreiben lässt, die entsteht, wenn wir gezielt „Acht geben" – im gegenwärtigen Moment und ohne Wertung. Das heißt nicht, dass wir nicht mehr werten. Natürlich werten wir – und nicht zu knapp! Wir alle tun das. Aber dieses eine Mal beurteilen wir nicht, sondern wir bemühen uns stattdessen, so gut wir können, die Urteile einfach als Gedanken zu sehen, die oft an starke Gefühle verschiedener Art gekoppelt sind; wie bereits gesagt, als Wolken, die über den Himmel ziehen, kommen und gehen, manchmal länger verweilen – aber nicht als etwas, das wir im jetzigen Moment abwehren, bekämpfen oder beurteilen müssten.

Die Fähigkeit des Akzeptierens lässt sich kultivieren, indem man sich eine Zeit sucht, in der man jeden Tag an diesem Akzeptieren der Dinge, so wie sie gerade sind, gezielt arbeitet – in Bezug auf Kinder, auf einen selbst, auf momentane Ereignisse. Man arbeitet damit, den Zwang loszulassen, dass alles nach den eigenen Vorstellungen laufen muss. Versuchen Sie in dieser Zeit, mit einem offenen Herzen präsent zu sein.

4. Empfänglichkeit contra „reflexartiges Reagieren"

Es ist gut, darauf zu achten, was in den Momenten vor sich geht, in denen wir uns in einer automatischen Reaktion auf etwas erleben, was ein Kind tut oder sagt und was uns nicht gefällt. Automatische, gewohnheitsmäßige Reaktionen können ein großes Spektrum von Gedanken und Gefühlen umfassen: von leichter Gereiztheit und Verärgerung bis dahin, dass man von Wut, Frustration, Angst und ähnlichen Emotionen regelrecht umgehauen wird.

In solche Momente sollte man Bewusstheit für den Körper und den Atem einbringen, eine neugierige, offene, wohlwollende Aufmerksamkeit auf alle Gedanken und Gefühle, die diesen Moment färben. Sie können alles registrieren, was aufkommt, und dann versuchen, mit den entstehenden Gedanken und Gefühlen zu atmen, ohne sie festzuhalten oder wegzuschieben oder weiter darüber nachzudenken – Sie umgeben sie einfach mit gütiger Bewusstheit. Diese Übung kann zwar in emotional brisanten Momenten eine echte Herausforderung sein, kann aber auf Dauer zu neuen Einsichten und Perspektiven führen.

Besonders hilfreich und sogar erhellend kann es sein, wenn Sie nicht überhastet anfangen, die Situation zu korrigieren oder zu ändern, obwohl Sie den starken Impuls dazu verspüren. Sie könnten versuchen, genau in diesem Moment die Situation mit den Augen Ihres Kindes zu sehen. Was könnten seine Gefühle und Bedürfnisse sein? Was braucht es von Ihnen?

Sehen Sie vielleicht, während Sie die Intensität dieses Moments akzeptieren, einen Weg, weniger reflexhaft und dafür angemessener und vertrauensbildend zu reagieren?

Wenn Sie ratlos oder verwirrt sind, was Sie in einem problematischen Moment tun oder wie Sie reagieren sollen, ziehen Sie auch in Betracht, gar nichts zu tun – zumindest für den Moment.

Wenn Sie emotional völlig mitgerissen werden und die Richtung nicht ändern können, können Sie versuchen, sich hinterher einen Moment Zeit zu nehmen, um über das Geschehene nachzudenken. Sie werden als Vater oder Mutter viele Gelegenheiten bekommen, das Überwinden von Gewohnheitsmustern zu üben.

Sieben Intentionen – Elternschaft als spirituelle Disziplin

Intention: ein Ziel, das das Handeln leitet.

Die Intentionen, die wir uns selbst setzen, erinnern uns daran, was wichtig ist. Wenn wir uns vornehmen, etwas zu tun, und diese Intention unsere Entscheidungen und Handlungen prägt, steigen die Chancen außerordentlich, dass wir sensibel werden für das, was in unserem Leben wichtig ist, und es besteht eine höhere Wahrscheinlichkeit, dass wir den größeren Zusammenhang im Auge behalten. Unsere Intentionen helfen uns, unseren Bemühungen Gestalt und Richtung zu geben und die Resultate unserer Bemühungen einzuschätzen, etwas Wertvolles in uns und unserem Leben zu schaffen. Aus diesem Grunde ist es sehr hilfreich, wenn wir uns irgendwann entscheiden, was uns wirklich wichtig ist, und dann daran arbeiten, diesen Orientierungsrahmen immer im Sinn zu behalten, während sich unser Leben entfaltet.

Für die Praxis der Achtsamkeit in der Familie ist es wichtig, gewisse Grundprinzipien von Anfang an zu beherzigen. Das bedeutet jedoch nicht, dass es zu spät ist, sich um Achtsamkeit zu bemühen, wenn wir bereits Kinder haben. Es bedeutet vielmehr, dass wir dann beginnen, wenn wir bereit sind (wo auch immer wir in unserem Leben stehen), und dass wir mit dem Hier und Jetzt arbeiten und die Intentionen formulieren, die zu bestärken und anzuwenden für uns wichtig und realistisch ist. Es ist nicht nur nie zu spät, Achtsamkeit in sein Leben zu integrieren: vielmehr ist der Augenblick, in dem wir die innere Verpflichtung eingehen, es zu tun, in jedem Fall der richtige Augenblick für diesen Anfang!

Wir haben im Folgenden ein paar Intentionen zusammengestellt, die Ihnen vielleicht eine Hilfe sind. Am besten sind natürlich die, die Sie selbst entwickeln.

Intention 1

Ich will das Elterndasein als spirituelle Disziplin ansehen, einen Weg des Umgangs mit meinem Erleben, der mir jede denkbare Möglichkeit liefert, Bewusstheit, Weisheit und ein offenes Herz zu kultivieren. Möge ich durch diese kontinuierliche Kultivierungsarbeit lernen und verkörpern, was in mir das Beste und Tiefste ist, und es für meine Kinder und die Welt zum Ausdruck bringen.

Intention 2

Ich will meine gesamte Kreativität in die Arbeit der Achtsamkeit in der Familie einbringen.

Intention 3

Ich will in meinem alltäglichen Leben mehr Achtsamkeit und Unterscheidungsvermögen entwickeln, besonders im Umgang mit meinen Kindern, und das Gewahrsein für den Körper und den Atem nutzen, um mich im gegenwärtigen Augenblick zu verankern.

Intention 4

Ich will mir alle Mühe geben, meine Kinder klar zu sehen, wie sie wirklich sind, und mich immer wieder daran erinnern, sie in jedem Alter als die anzunehmen, die sie sind, statt mich von meinen eigenen Erwartungen und Ängsten blenden zu lassen. Indem ich mich dazu verpflichte, mein eigenes Leben voll zu leben und daran zu arbeiten, dass ich mich so sehe und annehme, wie ich bin, wird es mir auch leichter fallen, meine Kinder so zu akzeptieren, wie sie sind. So kann ich ihnen helfen, zu wachsen und ihr volles Potenzial als einzigartige Wesen zu realisieren.

Intention 5

Ich will mir alle Mühe geben, die Dinge immer wieder auch aus der Sicht eines jeden Kindes zu sehen und zu verstehen, welche Bedürfnisse jedes meiner Kinder hat. Diese will ich, so gut ich kann, erfüllen und dabei im Blick behalten, dass sie auch lernen müssen, Dinge selbst zu tun.

Intention 6

Ich werde alles, was in meinem Leben und im Leben meiner Kinder geschieht, auch die düstersten und schwierigsten Situationen, als „Korn für die Mühle" nutzen, um als Mensch zu wachsen, so dass ich besser imstande bin, meine Kinder und das, was von mir als Mutter oder Vater gefordert ist, zu verstehen.

Intention 7

Ich werde diese Intentionen in meinem Herzen bewahren und mich dazu verpflichten, sie, so gut ich kann, in die Praxis umzusetzen – jeden Tag und auf eine Art und Weise, die ich als richtig empfinde und die sowohl die Selbstbestimmung meiner Kinder als auch meine eigene respektiert.

Zwölf Übungen zur Entwicklung von Achtsamkeit in der Familie

1 Versuchen Sie, sich die Welt aus der Perspektive Ihres Kindes vorzustellen und sich dabei bewusst von Ihrer eigenen Sichtweise zu lösen. Tun Sie das jeden Tag wenigstens ein paar Augenblicke lang, um sich daran zu erinnern, wer dieses Kind ist und was er oder sie in der Welt vielleicht erlebt.

2 Stellen Sie sich vor, wie Sie auf Ihr Kind wirken oder wie Sie in seinen Ohren klingen – auf das Kind, das Sie in diesem Augenblick zur Mutter oder zum Vater hat. Wie könnte sich das darauf auswirken, wie Sie in Ihrem Körper zuhause sind und sich im Raum bewegen, wie auf Ihre Art zu sprechen und auf das, was Sie sagen? Wie möchten Sie zu Ihrem Kind in *diesem* Augenblick in Beziehung treten?

3 Üben Sie sich darin, Ihre Kinder, so wie sie sind, als vollkommen zu sehen. Versuchen Sie, sich in jedem Augenblick ihrer Selbstbestimmung bewusst zu bleiben, und arbeiten Sie daran, dass Sie sie freundlich so annehmen können, wie sie sind – besonders in Situationen, in denen es Ihnen schwerfällt. Denken Sie daran, dass das nichts damit zu tun hat, ob Sie ihr Verhalten mögen oder billigen.

4 Machen Sie sich Ihre Erwartungen Ihren Kindern gegenüber bewusst und überlegen Sie, ob sie wirklich zu ihrem Besten sind. Dies ist ein kontinuierlicher Prozess, zu dem gehört, dass Sie Ihre Überzeugungen hinterfragen und versuchen zu sehen, was Ihnen vielleicht entgeht. Üben Sie, Bewusstheit in den Stil zu bringen, in dem Sie diese Erwartungen kommunizieren und wie das Ihre Kinder beeinflusst. Wenn Sie feste und angemessene Grenzen setzen müssen, so sorgen Sie dafür, dass sie durchdacht und im Einklang mit Ihrem Verständnis davon sind, was Ihr Kind braucht.

5 Üben Sie Altruismus, verstanden als eine selbstlose Fürsorge für das Wohlergehen anderer. Wenn Kinder klein sind, heißt das zwangsläufig, dass Sie die Bedürfnisse Ihrer Kinder über Ihre eigenen stellen. Wenn sie älter werden, kann Altruismus bedeuten, ihnen in Bezug auf ihre Bedürfnisse mehr Eigenverantwortung und Selbstständigkeit zuzuweisen. Sie werden vielleicht überrascht sein, wie viele Überschneidungen es zwischen den Bedürfnissen unserer Kinder und unseren eigenen tatsächlich gibt, vor allem, wenn man fantasievoll und geduldig ist. Denken Sie daran: Ihre eigenen Bedürfnisse zu kennen und sie den Kindern auf angemessene Weise zu kommunizieren, ist ein zentrales Element der Achtsamkeit in der Familie.

6 Halten Sie inne, wenn Sie das Gefühl haben, Sie hätten sich verirrt, so wie es David Wagoner in seinem Gedicht „Lost" beschreibt: „Der Wald atmet …". Lassen Sie seine Botschaft zu sich sprechen: „Der Wald weiß, wo du bist. Du musst nur zulassen, dass er dich findet …". Meditieren Sie über das Ganze, indem Sie der Situation, Ihrem Kind, sich selbst und Ihrer Familie volle Aufmerksamkeit schenken. Auf diese Weise können Sie vielleicht über das Denken hinausgelangen, so positiv und umfassend es auch sein mag, und intuitiv mit Ihrem ganzen Wesen (Gefühlen, Intuition, Körper, Geist und Seele) wahrnehmen, was wirklich zu tun ist. Wenn Ihnen das nicht in jedem Augenblick klar ist, ist es vielleicht am besten, gar nichts zu tun, bis es klarer geworden ist. Manchmal ist es gut, einfach still zu bleiben.

7 Üben Sie sich im stillen Gegenwärtigsein. Es wird sich mit der Zeit aus der formellen wie auch der nicht-formellen Achtsamkeitspraxis entwickeln, während Sie größere Bewusstheit entwickeln und mehr in Kontakt sind mit innerem Wohlbefinden und Gelöstheit.

8 Lernen Sie, mit Spannungen zu leben, ohne das Gleichgewicht zu verlieren. Tun Sie das, indem Sie üben, in jeden noch so schwierigen Augenblick hineinzugehen, ohne irgendetwas verändern zu wollen oder ein bestimmtes Ergebnis zu erwarten. Bringen Sie einfach Ihr volles Gewahrsein und Ihre Präsenz in diesen Augenblick. Üben Sie sich zu sehen, dass Sie mit allem, was in Erscheinung tritt, zurechtkommen können, wenn Sie bereit sind, sich ihm zuzuwenden und dabei so gut wie möglich auf ihre Intuition und ihre Instinkte zu vertrauen. Für Ihr Kind ist es wichtig – insbesondere, wenn es noch sehr jung ist –, dass Sie ein Zentrum der Ausgewogenheit und Vertrauenswürdigkeit sind, ein verlässlicher Orientierungspunkt, mit dessen Hilfe es in seiner eigenen Landschaft Orientierung gewinnen kann.

9 Entschuldigen Sie sich bei Ihrem Kind, wenn Sie sein Vertrauen verletzt haben. Entschuldigungen können heilend wirken. Wenn Sie sich entschuldigen, bringen Sie dadurch zum Ausdruck, dass Sie über die fragliche Situation nachgedacht haben, dass Sie sie nun klarer sehen und vielleicht auch die Sicht des Kindes besser verstehen. Doch sollten wir uns andererseits auch davor hüten, dass uns zu oft etwas „leid tut". Wenn wir uns zu häufig entschuldigen, wenn wir es uns zur Gewohnheit machen, verliert es seinen Sinn. Dann kann es ein Weg sein, die Verantwortung für unsere Handlungen zu umgehen. Es ist gut, das im Auge zu behalten. Hin und wieder im Gefühl echter Reue zu schmoren, ist eine wertvolle Meditation.

10 Bewahren Sie ein Bild jedes Ihrer Kinder im Herzen und wünschen Sie jedem das Allerbeste.

11 Es gibt viele Situationen, in denen wir uns darin üben müssen, unseren Kindern gegenüber klar, stark und eindeutig zu sein. Bemühen Sie sich darum, in solchen Fällen, so gut Sie können, aus Bewusstheit, Großzügigkeit und Unterscheidungsvermögen heraus zu handeln und nicht aus Angst, Selbstgerechtigkeit oder dem Bedürfnis, die Situation zu kontrollieren.

12 Das größte Geschenk, das Sie Ihrem Kind machen können, sind Sie selbst. Deshalb besteht ein Teil Ihrer Aufgabe als Mutter oder Vater darin, an Selbsterkenntnis und Gewahrsein zu wachsen. Wir müssen im gegenwärtigen Augenblick verwurzelt sein, um unsere tiefsten und besten Aspekte mit anderen teilen zu können. Dies ist eine Übung für das ganze Leben. Sie kann dadurch unterstützt werden, dass wir uns Zeit für stille Kontemplation nehmen – wie auch immer es für uns passt. Wir haben nie etwas anderes als das Jetzt. Nutzen wir es zu unserem Besten – um unserer Kinder und um unserer selbst willen.

Empfohlene Literatur

Bardacke, Nancy, *Mindful Birthing.* San Francisco, CA: HarperOne, 2012 – Dt.: *Der achtsame Weg durch Schwangerschaft und Geburt.* Freiburg: Arbor, 2013

Hughes, Daniel A., *Attachment-Focused Parenting.* New York: W.W. Norton, 2009

Kaiser Greenland, Susan, *The Mindful Child.* New York: Free Press/Simon and Schuster, 2010 – Dt.: *Wache Kinder.* Freiburg: Arbor, 2011

Kastner, Laura S., *Wise-Minded Parenting.* Seattle, WA: ParentMap, 2013

Lantieri, Linda, *Building Emotional Intelligence.* Boulder, CO: Sounds True, 2008

Shapiro, Shauna und White, Chris, *Mindful Discipline: A Loving Approach to Setting Limits and Raising an Emotionally Intelligent Child.* Oakland, CA: New Harbinger, 2014

Siegel, Daniel J., *Brainstorm: The Power and Purpose of the Teenage Brain.* New York: Jeremy P. Tarcher/Penguin, 2013 – Dt.: *Aufruhr im Kopf: Was während der Pubertät im Gehirn unserer Kinder passiert.* München: mvg, 2015

Siegel, Daniel J. und Payne Bryson, Tina, *The Whole-Brain Child.* New York: Bantam, 2012 – Dt.: *Achtsame Kommunikation mit Kindern.* Freiburg: Arbor, 2013

Siegel, Daniel J. und Payne Bryson, Tina, *The Whole-Brain Child (Workbook).* Eau Claire: Pesi, 2015 – Dt.: *Achtsame Kommunikation mit Kindern (Arbeitsbuch).* Freiburg: Arbor, 2016

Siegel, Daniel J. und Payne Bryson, Tina, *No-Drama Discipline. The Whole-Brain Way to Calm the Chaos and Nurture Your Child's Developing Mind.* New York: Bantam, 2014 – Dt.: *Disziplin ohne Drama – Achtsame Kommunikation mit Kindern.* Freiburg: Arbor 2015

Siegel, Daniel J. und Hartzell, Mary, *Parenting from the Inside Out.* New York: Jeremy P. Tarcher/Penguin, 2004 – Dt.: *Gemeinsam leben, gemeinsam wachsen.* Freiburg: Arbor, 2013

Snel, Eline, *Sitting Still Like a Frog.* CD with guided meditations voiced by Myla Kabat-Zinn. Boston: Shambhala, 2013 – Dt.: *Stillsitzen wie ein Frosch: Kinderleichte Meditationen für Groß und Klein.* München: Goldmann, 2013

Stiffelman, Susan, *Parenting Without Power Struggles.* New York: Atria/Simon and Schuster, 2010

Geführte Meditationsübungen mit Jon Kabat-Zinn

Geführte Achtsamkeits-Meditationen in verschiedener Länge finden Sie auf den folgenden Websites (in Englisch):

www.mindfulnesscds.com

www.jonkabat-zinn.com

www.mindfulnessapps.com

(Bitte beachten Sie: Dies sind Übungen zur Kultivierung von Achtsamkeit und *keine* Übungen zum Thema „Achtsames Elterndasein“.)

Quellen

Rilke, Rainer Maria, *Briefe an einen jungen Dichter.* Frankfurt/Main: Insel, 1997

Lazarus, Mell, „Angry Fathers“, in: *Sunday New York Times.* New York: The New York Times Company, 1995

Goleman, Daniel, *Emotionale Intelligenz.* München: Carl Hanser, 1996

Sears, William und Martha, *The Baby Book.* New York: Little Brown & Co, 1992

Erdrich, Louise, *The Blue Jay's Dance.* Scranton, PA: HarperCollins, 1995

Eliot, T.S., *Gesammelte Gedichte. 1909–1962.* 4 Bände. Frankfurt/Main: Suhrkamp, 1988

Whyte, David, „Looking Back at Night“, in: *Where Many Rivers Meet.* Langley, WA: Many Rivers Press, 1996

Mumonkan, *Die Schranke ohne Tor. Meister Wu-men's Sammlung der 48 Kôan.* Mainz: Grünewald, 1975

Rumi, „You are the notes“, in: *When Grapes Turn to Wine: Versions of Rumi.* Cambridge, MA: Yellow Moon Press, 1986

Yeats, William Butler, „A Dialogue of Self and Soul“, in: *The Collected Works of W.B. Yeats. Volume 1: The Poems.* New York: Simon and Schuster, 1989

Hanh, Thich Nhat: *The Long Road turns to Joy. A Guide to walking Meditation.* Berkeley, CA: Parallax Press, 1996

Phelps, Ethel Johnston, *Tatterhood and Other Tales.* New York: The Feminist Press, 1978

Oliver, Mary, „Wild Geese“, in: *Dream Work.* New York: Atlanic Monthly Press, 1986

Estés, Clarissa Pinkola, *Women Who Run With the Wolves.* Ballantine Books, 1995

Estés, Clarissa Pinkola, *Warming the Stone Child* and *Theater of the Imagination,* Vol. 1. Boulder, CO: Sounds True, 1990

Sutcliff, Rosemary, „Gawain and the Loathely Lady“, in: *The Sword and the Circle.* Boston: Dutton Childrens's Books, 1981

Martin, William, *The Parent's Tao Te Ching: Ancient Advice for Modern Parents.* Jackson, TN: Perseus Book Group, 1999

Pfeufer Kahn, Robbie, *Bearing Meaning: The Language of Birth.* Champaign, IL: University of Illinois Press, 1995

Weitere Literatur aus dem Arbor Verlag

Lienhard Valentin & Petra Kunze

Die Kunst, gelassen zu erziehen

Achtsamkeit im Leben mit Kindern

„Bis ich Mutter wurde, konnte ich in der schönen Illusion leben, ein netter Mensch zu sein!"

Kennen Sie das? Dieses Zitat stammt von einer Mutter in einem Elternseminar. Kinder sind wundervolle, zauberhafte Wesen. Aber: Sie können uns manchmal auch zur Weißglut treiben. In diesem Buch erfahren Sie:

- wie Sie mit Ihren Kindern auch im täglichen Familienchaos und in schwierigen Situationen *achtsamer, gelassener und liebevoller* umgehen können;
- wie Sie sich klarer werden können über Ihre Haltung zu sich und zu Ihren Kindern;
- wie Sie Wichtiges von Unwichtigem unterscheiden, manches ändern und anderes *loslassen*;
- wie Sie eine neue, *harmonischere und glücklichere* Familien-Atmosphäre schaffen können.

„Dieses Buch weist uns einen wirkungsvollen, wahrhaft praktischen Weg, um unsere Kinder achtsam ins Leben zu begleiten."

Jon und Myla Kabat-Zinn

ISBN 978-3-86781-142-2

Jon Kabat-Zinn

Das Abenteuer Achtsamkeit

Wie Sie Weisheit für Körper, Geist und Seele entwickeln

Achtsamkeit ist weit mehr als eine Übung: Sie ist ein Abenteuer, eine Einladung, jede Minute unseres Daseins bewusst zu leben. Mit viel Humor und Entdeckerfreude stellt Jon Kabat-Zinn verschiedene Aspekte der Achtsamkeit vor und zeigt uns Wege, sie umstandslos in unserem Alltag zu kultivieren. Dabei lernen wir,

- uns mit allen Sinnen in unserem Leben zu verwurzeln – in jedem Augenblick,
- beruflichen oder privaten Stresssituationen auf neue Weise zu begegnen und auch angesichts schwieriger Erfahrungen im inneren Gleichgewicht zu bleiben,
- die Denkmuster aufzuspüren, die zu Leiden führen, und emotionale Ausgeglichenheit zu kultivieren,
- dass jeder Moment unseres Daseins ein Wendepunkt sein kann – ein verheißungsvolles Tor in eine neue Lebensweise.

Dieses Buch beinhaltet eine schrittweise Anleitung grundlegender Achtsamkeitsübungen. Es basiert auf Jon Kabat-Zinns umfassendsten Audio-Programm zum Thema Achtsamkeit und enthält zwei Audio-CDs (bearbeitet und gesprochen von Lienhard Valentin) mit geführten Meditationen und Yoga-Übungen.

ISBN 978-3-86781-114-9

Jon Kabat-Zinn

Achtsamkeit für Anfänger

In diesem Buch zeigt uns Jon Kabat-Zinn, wie wir die Praxis der Achtsamkeit in unser Leben integrieren können. Mit seinen begleiteten Übungen und Meditationen bietet *Achtsamkeit für Anfänger* einen Einstieg für all jene, die mit der Achtsamkeitspraxis noch wenig oder gar keine Berührung hatten. Doch auch den Freunden seiner Arbeit und den Teilnehmern von MBSR-Kursen vermag dieses grundlegende CD-Buch ein täglicher Begleiter auf dem Weg der Achtsamkeitspraxis zu sein.
Die beigefügte Audio-CD lädt uns ein, die Praxis der Achtsamkeit zu entfalten und im Moment zu verweilen. Genau hier, genau jetzt – um so das wahre Potential unseres Menschseins auszuloten.
Wer praktisch in die Welt der Achtsamkeit eintauchen will, findet in diesem Einführungsprogramm alles, was er braucht. Das Basiswerk für alle, die sich für Achtsamkeit interessieren.
Achtsamkeit für Anfänger ist seit Jahren eines der meistverkauften Bücher im Arbor Verlag. In dieser 2013 komplett neuen Ausgabe wurde das Werk grundlegend überarbeitetet, umfangreich erweitert und neu eingesprochen von Lienhard Valentin. Als Geschenk an seine deutschen Leserinnen und Leser spricht Jon Kabat-Zinn die einführende Essmeditation in deutscher Sprache.

ISBN 978-3-86781-100-2

Daniel Siegel & Tina Payne Bryson

Achtsame Kommunikation mit Kindern

12 revolutionäre Strategien aus der Hirnforschung für die gesunde Entwicklung Ihres Kindes

Ihr Kind hat mitten im Supermarkt einen Wutanfall? Ihre Fünftklässlerin schmollt auf der Bank, statt mit den anderen Kindern zu spielen? Haben Kinder die Absicht, ihren Eltern andauernd das Leben schwerzumachen? Nein – hier zeigt sich nur, dass sich das Gehirn Ihrer Kinder noch entwickelt!
In diesem richtungsweisenden praktischen Buch enträtseln der Neuropsychologe Daniel Siegel und die Erziehungsexpertin Tina Payne Bryson die emotionalen Zusammenbrüche und ausweglosen Situationen im Leben mit Kindern. Für jeden verständlich, erklären sie die neuen wissenschaftlichen Erkenntnisse über die Prägung und Entwicklung des kindlichen Gehirns. Durch die Anwendung dieser Erkenntnisse auf das tägliche Leben mit Kindern können Sie Wutausbrüche, Streit oder Ängste zu einer Gelegenheit machen, um die Integration des Gehirns Ihres Kindes zu unterstützen und wirkliches Wachstum zu ermöglichen.

„Jeder, der für Kinder sorgt oder der ein Kind liebt, sollte dieses Buch lesen."

Daniel Goleman

ISBN 978-3-86781-082-1

Online

Umfangreiche Informationen zu unseren Themen, ausführliche Leseproben aller unserer Bücher, einen versandkostenfreien Bestellservice und unseren kostenlosen Newsletter. All das und mehr finden Sie auf unserer Website.

www.arbor-verlag.de

Mehr von Jon Kabat-Zinn

www.arbor-verlag.de/jon-kabat-zinn

Seminare

Die gemeinnützige *Arbor-Seminare gGmbH* organisiert regelmäßig Seminare und Weiterbildungen mit führenden Vertretern achtsamkeitsbasierter Verfahren. Nähere Informationen finden Sie unter:

www.arbor-seminare.de